清华史学文库

性善论新探

方朝晖 著

清华大学出版社
北京

内 容 简 介

人性问题是人类思想史上的永恒主题。孟子早在2300多年前提出的性善论在此后几千年历史上引发了无数争论，不仅影响到日本、朝鲜、越南等东亚国家，也在20世纪西方学界产生了广泛影响。本书在全面研究中国、日本、朝鲜（韩国）及欧美国家有关孟子性善论的各种观点的基础上，对孟子性善论进行了新的阐释，在如何理解古人人性概念的含义，性善论应该从性之善还是性善的角度理解更好，为何可以从成长法则的角度看性善论，以及两千多年来各种西方人性学说的主要问题及争论焦点上均提出了新见，许多观点发学界所未发，对于深化和重新认识孟子性善论有重要价值。

版权所有，侵权必究。举报：010-62782989，beiqinquan@tup.tsinghua.edu.cn。

图书在版编目（CIP）数据

性善论新探 / 方朝晖著. —北京：清华大学出版社，2022.10
（清华史学文库）
ISBN 978-7-302-61787-7

Ⅰ.①性… Ⅱ.①方… Ⅲ.①性善论—研究 Ⅳ.①B82-069

中国版本图书馆CIP数据核字（2022）第166624号

责任编辑：梁　斐
封面设计：傅瑞学
责任校对：欧　洋
责任印制：杨　艳

出版发行：清华大学出版社
网　　址：http://www.tup.com.cn, http://www.wqbook.com
地　　址：北京清华大学学研大厦A座　　邮　编：100084
社 总 机：010-83470000　　邮　购：010-62786544
投稿与读者服务：010-62776969, c-service@tup.tsinghua.edu.cn
质量反馈：010-62772015, zhiliang@tup.tsinghua.edu.cn
印 装 者：三河市东方印刷有限公司
经　　销：全国新华书店
开　　本：165mm×235mm　　印　张：23.75　　字　数：340千字
版　　次：2022年10月第1版　　印　次：2022年10月第1次印刷
定　　价：118.00元

产品编号：096789-01

序

对人自身的认识应该成为人应当做什么，人可以希望什么的一个基础。我们无法脱离有关人的基本性质的事实而考虑人能够有何作为。尤其是对于道德哲学和政治哲学来说，这一对人性的认识就更加不可或缺。传统思想在西方自苏格拉底转向以人为中心的思考以来，在中国自"周文"兴起以来，皆以一种对人自身的认识为道德奠基。

但是，相对于传统思想，我们的确可以看到，现代思想学术对人性的研究还是很不足的，尤其在当代西方学术界，由于这个问题看来涉及有关人的本性或本质，就常被作为一种形而上学而遭拒斥。但西方人性研究消沉的更重要原因是它还涉及诸如种族、性别、遗传、基因等敏感议题，学者们就还常常不得不避开这一禁区。但是，有关人性的问题却是泯灭不了的，无视它不仅会遇到思想学术的失误，还会遭到社会后果的惩罚。

我们在最近一百年的西方学界，已经很少看到有道德和政治哲学领域里的著名学者专门研究人性的著作问世了，史蒂芬·平克也许是近年来唯一的一个影响较大的例外，但他的专业领域是人的心理、语言和思维。他从这些专业的角度，同时也观察当今社会和启蒙历史来探讨人性。他在《白板》一书中感叹：尽管来自大脑科学、基因科学、神经科学等领域的学术进展带来越来越多的新知，但还是有许多西方学者视人性的存在为禁忌，不敢越雷池一步，一些激进学者且已使任何关于该问题的讨论都成为一种被禁止的异端邪说。然而，平克坚持认为，来自科学的证据和人类的常识都表明人性确实存在，而对人性的否定不仅使批评界和学术界分裂，还对现实世界中芸芸众生的生活造成了伤害。相对于平克的批评，应该说，国内的人性研究反而没有这许多禁忌，也取得了相当的成果。但在吸纳新的知识和方法，面对全人类共同的问题方面也还有待进一步努力。

所以，在这样一种思想学术的背景下，我很高兴看到方朝晖的《性善论新探》的出版。首先，它能促使我们更为关注这一根本问题。而中国古代的人性论思想，尤其是居于主导地位的"性善论"是富有这方面的思想成果和学术资源的，很值得我们深入挖掘。其次，作者还试图在前人学术研究的基础上进一步创新，借助于他对性善论的细致而系统的梳理和分类，同时也借鉴域外新的思想和理论，提出了一种自己对人性的解释框架，即用生命成长法则来解释性善论。

当人一旦生而"接物"，就开始了先天和后天的因素互动的过程，或者用孔子的话来说，就开始了一个"性近习远"的分化过程，人的"性近"因素还是会发生作用，这其中重要的就是"向善"的因素，一些潜在的禀赋将逐步显露出来。我们正是从这些潜在的禀赋的显露和发展可以追溯到人的"善端"，乃至看到它还是超过"恶端"，从而让我们对性善论有了一种认识和信心。但是，当人有了身体，也就会有维系、延续乃至"富养"这身体的欲望，乃至有远超出这一体欲的物欲，"恶"的诱惑也就增大。后天的学习和修身的努力也就具有了重要的意义。但是，是否所有人都会有一种对生命全面和完善发展的价值追求，最后是否都能完全地"成性"或"践形"的确还是一个疑问。对于道德如何同时基于人的共同性和差别性，既面向所有人又接纳少数人，以及一种君子渴慕的圣贤伦理和全社会的纲常伦理如何并行这样一些困难，古代先贤应该说做过充分的思考和恰当的处理，并建立和发展了相应的制度。

借助于朝晖的这本著作，我希望能够进一步推动中国学者对人性论的更为拓展深入、同时又具体缜密的研究。我个人以为，可以考虑优先推进对人性的事实和经验的研究。为此，我们也可以拓宽我们的视野，特别注意对科学新知的吸纳、对文学作品的体察和对生活事实的调查。比如近年像进化心理学、行为遗传学等一些交叉学科有不少新的研究成果，有些成果还是和流行的社会科学理论乃至我们这些年在这些理论影响下形成的、"习焉而不察"的"常识"不合的，需要我们关注和细察。还有古往今来大量虚构和非虚构的文学作品，也常常生动形象地展示了人性的各个方面，有些大师的作品甚至堪称一部"人性的百科全书"。种种有关人的实际生活状况的调查、人们实际持有的价值观的调查等也都值得我们注意。总之，我们需要首先认识人的事实，认清真实的人。

另外，我们还可能有必要对中国传统的人性理论和话语系统既"入乎其中"，又"出乎其外"。传统的人性理论对人性有许多深刻的直觉，但是，在论证方式和概念推理方面还是有它们的局限。而且，我们还会看到今天的人类面对着前人没有遇到过的不少新的问题和挑战，甚至可以说人性正面临新的考验，"人类将何去何从"的大问从来没有像今天这样严重和迫切。尽管学者的地位今天已远不能与昔日相比，作为一个人来说更是言微力轻，但还是可以努力发声，汇聚起来成为一种回应挑战的"智"的力量。

中国传统的人性理论一直有一种对实践生活的强烈关注和指向，超过对人的一般认知能力的关注，这是它的一个特点，或还可说是它的一个优点。它尤其关注人的道德实践。在今天的世界上，人类的科技控物能力有了突飞猛进的飞跃发展，而作为一种自控能力的道德和精神力量相对来说却远为不足。还有人们曾以为已经通过"进步"基本驱除了的战争、时疫等灾难，似乎又回到了我们身边。在今天人类已经存亡与共的全球化的世界上，人类急需寻找和达成一些既贴近真实的人性，又能展现人性的光辉一面的道德共识和精神。

是所望焉。谨序。

何怀宏

2022 年 3 月 26 日

自　序

我一开始对古代人性论感兴趣，是因为很多年前被孟子道德内在于人性的观点所震动，这让我认识到多年来我们所看到、所经历的许多道德教育多从他律出发。孟子生动地告诉我们，真正的道德基于人性本身，而不是基于外部需要。同时我也认识到，一切统治、管理、教育的基础都在于人性。因此，我后来花了许多精力向学生们论证性善论，却几乎每次都以失败告终。于是我又花了很多精力研读前人研究，发现歧见纷繁，难以统一。即便是很多大家、名家，对孟子性善论的解释也莫衷一是、分歧极大。其中最有名的一种观点是：孟子与荀子人性论立场的差异，是由于二人赋予人性概念的含义不同，许多人认为孟子赋予了人性不同于同时代多数人的含义（这一观点本书中有全面反驳）。这种观点引起了我的困惑，致使我花了不少精力对人性概念的含义作一系统清理，这就是读者在本书导论以及特别是第一章所看到的内容。

另一个导致我对中国历史上的人性论加以关注的动因，是前些年国内兴起了读经热，我也因故加入了对读经热的讨论之中。在讨论读经的方法时，我发现有一些人对经典阅读持盲目迷信的态度，甚至鼓励不讲道理的死记硬背。我认为教育永远都是讲方法的，盲目、机械的背诵，其意义即便对幼儿也有限。因此我主张幼儿读经应当遵循的原则之一是人性原则。所谓人性原则，即尊重孩子们的天性，顺应他们的思维，讲究方式和方法。这一讨论的结果，使我更加认识到，"人性"对于我们今天探讨一切与现实有关的问题依然是十分重要的原则之一。今天我们的语言之所以将反人性、违背人性、灭绝人性、不合人性等当作贬义词，正是因为人性原则的重要性。而这一流行用语之所以有意义，还因为它揭示人永远是最高目的。找到这一原则的意义在于，它让我们在任何一个价值混乱、道德滑坡、人心迷茫的时代里，都能找到确立重建价值和秩序的一个标准。

本书可以看作以孟子性善论为重心的、对古今中外历史上人性论的一种研究。它大概分为如下几方面：一是人性作为一个术语的含义问题（导论、第一章），我特别关注古今人们赋予人性一词的不同含义，以及它们可能对性善论、性恶论产生的影响。二是古今学者对性善论的不同解读。我在第四、五章重点分析历史上几种典型的解读方法，系统地总结前人对性善论的各种典型辩护，也全面总结了古今学者对性善论的各种批评，提出从"性之善"而不是"性善"来看性善论的意义。三是我提出了一种解读性善论的视角，即从生命成长法则这一角度来理解性善论及其意义（第二、三章）。在这部分，我除了从《庄子》《吕氏春秋》《淮南子》等书中找到旁证外，也从《孟子》文本中找到一系列证据。四是西方学者对人性及其善恶的看法（第六章）。我希望通过这一部分，特别是对包括康德在内的许多西方学者对人性问题的研究，来深化本书的主题，从中西比较的视野进一步理解人性及其善恶问题。最后，我在《跋》中对孟子性善论研究中依然存在的若干问题作了补充分析。

本书虽有论文集性质，但在汇集成书时，我试图在保持各章之间相互区分的同时，使之成一结构关联的整体（从而更像专著）。为此，这里想说明几点：

（1）第二章（即本质论与发展观章）可能是各章中写得最早的，其中有关发展观的想法为我后来发展出来的、在第三章系统呈现的想法奠定了基础。但正因为写得最早，观点与后面几章不全同，特别是对性善论辩护态度较强，而我在后面更强调"性之善"而不是"性善"，与此章立场略别。因我在写第二章时，对性善论是基本认同的，但后来我的立场有所转变，变为以挖掘性善论的积极意义为主，不刻意为性善论成立与否辩护。尽管我一直非常欣赏性善论，但并不认为要或可以在理论上证明它成立。本书第四、五、六章的内容体现了我的这一立场。

（2）本书第六章论西方人性论及其善恶观，其历史背景与中国完全不同，我认为对于我们从宏观上看问题也十分重要，尽管内容不完全是关于人性善恶的。

（3）各章当初作为单独论文写成，内容相对独立，所以个别地方可能有重复。我目前感觉第二、三章可能有少量重复，整体上全书重复应该仍有一些，希望不要太多。

方朝晖

2021 年 11 月 18 日于清华园

本书引用体例

（1）注释采取著作年体例（参书末参考文献），如"张岱年，1996：48"之类。但正文中有作者名，则括弧注时省去作者，写作如"1996：48"。

（2）括弧注中的文献与前注相同且在同一自然段，或为紧接前面的整段引文文献时，有时只注（页**）（中文文献）或（p.*, pp.**）（英文文献），不标作者及著作年，亦不写"同上"或"Ibid."。

（3）同一文献有两个或多个作者，正文注时只取第一个作者。如文献作者是"程颢、程颐"，括弧注时可能只写第一个作者"程颢"。

（4）中文词典类工具书（如《新华词典》《辞海》）已列于参考文献之首，正文注时不写编纂者，只注页码（读者自己可以看出书名）。

（5）先秦及两汉古籍，按通行版本引用，只注篇名，不注版本及页码（包括新出《郭店简》《上博简》）。所用古籍版本见书末参考文献。

（6）本书引用《孟子》，篇名之外，复标注了哈佛—燕京文献章号（此章号目前国际通用），即7A1（指《尽心上》第1章）、6B43（指《告子下》第43章）之类，方便国外同行查找。①

---

① 目前国内亦流行《孟子》各章的数字注，如6.1, 13.21之类，与哈佛—燕京标注相近。本书用哈—燕标注主要为便国外读者。

目 录

导论：人性及其善恶问题 1
    一、现代汉语中的人性概念 1
    二、对性善论及其意义的若干误解 7

第一章 先秦秦汉"性"字的多义性及其解释框架 13
    一、引言 13
    二、性之多义 14
    三、解释框架 16
    四、原初特性 19
    五、原初特性的问题 22
    六、生长特性 25
    七、原初特性还是生存方式？ 28

第二章 本质论与发展观的误区 33
    一、本质论 35
    二、发展观 37
    三、性之二义 40
    四、成长法则 43
    五、性善何义 48
    六、人禽之辨 51
    七、意义所在 52

第三章 从生长特性看孟子性善论 55
    一、动态人性观 56
    二、道家性概念 66

三、孟子性概念 66
　　四、重解性之善 81
　　五、余论：理与则 84

第四章　古今学者对性善论的解释：模式与判断 92
　　一、心善说 94
　　二、可善说 111
　　三、有善说 117
　　四、人禽说 119
　　五、本原说 129
　　六、本体说 139
　　七、才情说 148
　　八、总体说 154
　　九、成长说 159
　　十、性善还是性之善？ 168

第五章　古今学者对性善论的批评：回顾与总结 179
　　一、人性无善无恶 183
　　二、人性超越善恶 190
　　三、人性善恶并存 200
　　四、人性善恶不齐 206
　　五、人性恶 215
　　六、人性善恶不可知 222
　　七、人性善恶后天决定 225
　　八、论证方法问题 231
　　九、小结：从陈大齐的意见看 245

第六章　西方人性概念及学说：问题与意义 249
　　一、西方人性概念 250
　　二、西方人性思想 258
　　三、介绍三个案例 271
　　四、余论：中西人性论之别 287

跋：再谈孟子人性论研究中的若干问题 292

参考文献..*332*
 一、中文文献..*332*
 二、英文文献..*346*
索引..*351*
后记..*363*

导论：人性及其善恶问题

一、现代汉语中的人性概念

只要稍加分析，不难发现现代汉语中的"人性"一词至少有两个基本含义，一是指人与生俱来、难以改变的那些特征或属性。在线汉语辞海"人性"词条称其为"人的各种特性或属性的总和与概括"。这一含义实际上强调了人性超越社会性、阶级性甚至种族性等因素，与历史唯物主义的决定论不符。1980年版《辞海·哲学分册》（页101）"人性论"词条说："指撇开人的社会性和阶级性去解释人的普遍的共同本质的观点或学说。"这个词条是解释"人性论"而非"人性"，但从中可以发现作者实际上是从超越社会性、阶级性的角度来理解"人性"一词的。因为我们长期坚持唯物主义决定论，把"人性"当作各种社会关系的总和，才提出一种新的由社会性、阶级性来决定的人性观，然而这不等于我们可以从语义上改变"人性"一词的本义是超越社会性和阶级性的先天自然属性。从这个角度上看，人性一词是有生物学的内涵的。

然而，现代汉语中的"人性"还有另一重要含义，我认为指生命按照正常、健康的方式成长的特征。《新华词典》"人性"词条说："人所具有的正常的感情和理性。"（页746）这里所谓"正常的"，我认为就是指健康状态。在线汉语辞海"人性"词条也说其第二个含义是"指人的正常情感理性"，并举"为着贪婪而失掉人性""不通人性"两个例句。考虑到"理性"一词容易引起混乱，不宜称为"感情（或情感）和理性"；而且从"失掉人性""不通人性"这两个例句看,由于它们都明显带有价值褒贬的意思,两句应该指人的生理、心理等不正常、不健康的方式,因此"人性"一词应该是指人正常、健康成长的方式或特征。我曾在有关文章中称其为"成长法则",指人的生命在正常、健康状态下成长或表现的方式;所谓"不通人性""失掉人性",指违背了这样的方式或法则。假如我们把上述第一种含义称为"自然属性",把第二种含义称为"成长法则",则第二种含义虽有价值判断的成分,但可以看作第一种含义的延伸,因为它终究还是指人的生命的特征。第一种含义更多生物学特征,第二种含义则更多地指人在社会生活中所表现出来的特征。

为了说明上述两种含义的区别,我举个简单的例子。比如"人有好色之心"这一语句中,好色是人性中的自然属性,这是在用人性的第一个含义。但是从另一个角度讲,西门庆因好色而丧生,是否可以说一味好色也不符合人性的需要呢?所谓"纵欲可伤身",难道不是生命成长的一条法则因而也是人性的内容之一吗?正因如此,我们可以说西门庆因好色而丧生是因为他的行为违反了人性的需要。当我们说他的行为"违反了人性的需要"时,已经在第二种含义上使用此词,即把人性理解为"正常、健康成长的法则"。"人性的需要"这一语句中的"人性"一词,可替换成"生命正常、健康成长的法则"。(注意:如果把"违反了人性的需要"中的"人性"理解为"生命",虽然表面上可通,但是漏失了"生命成长法则"的含义。下面我们会讲到,现代汉语中"人性"一词有时确实就是指"人的生命"。)

这个例子也表明,人性的这两种含义有时是矛盾的:从第一种含义出发,顺应人性的需要是指一味好色;从第二种含义出发,则顺应人性的需要就包括不能一味好色。人性的第一种含义包括对人的本能需要的满足,而其第二种含义则包含节欲、养生等内容,所以第二种含义比第一种含义内容更丰富、完整,因为它是从生命作为一个整体成长的法则出发的。当然,也可以将上述两种含义合起来,抽象地说"人性"就是指人在成长过程中所表现出来的特征,人性的第二种含义(成长法则)当然可以看成是其第一种含义(自然属性)的延伸。食、色等诚然是生命与生俱来的特征,"纵欲伤身"又何尝不是生命与生俱来的特征？也许可以说，在这两种含义之间，第一种含义讲的好比是内容（如食、色等），第二种含义讲的好比是方式（食、色以何种方式存在）；它们有时是一致的（正常满足食、色等各种需要），有时是冲突的（不正常地满足食、色等各种需要）。

再举一例："人性是扭曲的"这一常见说法中的"人性"是什么意思？当然，它可以指一个人的食、色等欲望长期得不到正常的满足，但是更多时候是指人缺乏一种正常、健康的心理状态。比如我们可以说那些虐待犯人的士兵其人性是扭曲的；强奸幼女的村长其人性是扭曲的；纳粹的人性是扭曲的，等等。显然，在这里，"人性"一词主要不是指人的食、色等欲望得不到满足，而是指人的成长方式不正常、不健康。与此类似，诸如"压抑人性""违反人性""合乎人性""没有人性""毫无人性""灭绝人性"等句子中，"人性"一词虽然并非完全不可以理解为其第一种含义，即指对人正常具有的自然属性如各种生理欲望，但句子更多地应当是指人的正常、健康成长的方式被破坏，即接近人性的第二种含义。

下面我们搜罗出如下几组使用"人性"一词的现代汉语句子，分成四组，代表"人性"一词在现代汉语中的四种常见含义：

第一组：与生俱来的各种属性（包括自然属性和社会属性）

"人性本质上是自私的"

"江山易改，本性难移"

"美化/丑化了人性"

"酒后乱性"

"人性的阴暗面"

"人性的弱点"

"人性的特点"

"人性的光辉"

"人性的呼唤"

"人性的奥秘"

"人性的力量"

"人性的美好"

"人性的深处"

"人性的闪光"

"对人性的认识"

第二组：高于动物、体现人的高贵与尊严的本质属性

"没有人性"

"没有人性的畜生"

"灭绝人性的行为"

"毫无人性的制度"

第三组：生命健全成长的法则

"违反人性"

"合乎人性"

"压抑人性"

"扭曲人性"

"人性化管理"

第四组：生命（人性与生命是同义词）

"人性的成长"

"人性的发展"

"人性的健全"

"人性的升华"

现在我们来分析上述第一组术语中的"人性"概念，其含义是什么呢？我们用"人人与生俱来、难以更改的自然属性和社会属性"来概括。在这组句子中，"人性"应当指人的生命所具有的某种共通的特征（有好的，也有不好的），其中有的特征可能需要在特定环境条件下才能表现出来，所以会有"人性的奥秘""人性的阴暗面""人性的光辉""人性的闪光""人性的力量"等说法。所谓"美化/丑化人性"并不是真的指能改变人性，而应是指凸显了人性中的好的或坏的方面。这里的"人性"一词应当是个

中性词，没有价值内涵。

但第二组句子性质就迥然不同了，基本上是建立在人与动物区别的价值判断的前提下，在《孟子》中就是有名的"人禽之辨"。在西方人性论史上，也一直有以人实际具有的自然属性（包括人与动物共有的属性）为内容，还是以人与动物区别的本质特征为内容的争论（参本书第六章）。现举两例，电视剧《红高粱》中九儿对朱豪三县长说过这么一段话：

你要是还有一点人性的话，就把那两个孩子放了。

试想，这句出于九儿这样一个村妇之口的话中所使用的"人性"一词，是什么意思呢？是不是指上述第二个含义呢？我们再来看这样几句话：

为什么革命，一定要，又一定会消灭那种源自人性里最初、最本真的美好情感呢？

被击落的是人性。

上面第一句出自《读书》2014年第9期上一篇题为《我读俄罗斯》的文章（陈彩虹，2014：45）；下句出自联合早报网2014年7月19日一篇评述马航MH17航班被击落的题为《尊重生命、人性和良知》的文章。大家看看这两段话里的"人性"一词，其含义似乎也是从人禽之别出发的。此外，现代汉语中"没有人性的畜生"这句话中的"人性"一词，也是从人禽之别出发的，其中人性的含义就是"人区别于动物的高贵属性"。

现在我们阐述第二种含义与第三种含义的关系。

第二组中的"人性"代表一种受强烈肯定的价值，不符合人性、违背人性在这里是作为不能被接受的事情。那么这里的"人性"显然不可能是指人的各种感官需求，毕竟人的感官需求有时相当自私，甚至是贪婪的，完全不可能被作为某种价值来肯定。这里的"人性"应当指某种人之所以为人的价值，是否可以说人之所以为人应有的存在方式呢？或者说，人们认为，人的存在或健全成长有其自身的法则，一旦违背了就不成其为人。因此，这里的"人性"或者可以更准确地理解为"健康成长的法则或要求"。

所谓"生命正常或健康成长的法则或要求",可以包括不受伤害、营养充足,还可以说包括今天常讲的合理饮食、适度运动、心理健全、家庭幸福、快乐长寿等。但是所有这些都是局限于从生理的角度讲的,还可以从道德的角度讲,包括尊重、关心、爱护别人等。当我们说一个人"是个没有人性的牲畜"时,就是指此人不懂得对他人应有的尊重。所以,在第一组句子中"人性"这个词没有褒贬,在第二组句子中"人性"获得了价值标准的含义:合乎人性是褒,违反人性是贬。因为第二组句子中的"人性"概念是以健康成长为原则的,所以能作为价值标准。这样一来,我们是否可以说,人性的第二种含义是以第三种含义为基础得出来的?

如前所述,第一组句子的"人性"有时与第二、三组中的"人性"是相冲突的。比如我们说好逸恶劳是人的本性,但是循此欲望下去,反而可能与人性相悖。此处"与人性相悖"中的"人性"指第三组中健康成长的方式。又如我们说,人有七情六欲,这是人性与生俱来的。但是不加限制地满足七情六欲,可能会伤性。这里"伤性"是指人处于一种不健康的生活方式。如果说第一组句子是事实判断,第二组句子就是价值判断（normative judgement）。原因在于,第二组句子基本上都假定了一个前提,即"生命原则"。我们认为生命本身是值得尊重的,生命的健康成长本身是一个值得肯定的价值。正是在这一成长原则的前提下,凡是不符合生命正常或健康成长的需要或法则的行为,皆可斥为"反人性的",这是第二组判断句得出的根本原因。

因此我想说的是,第二种含义之所以有力,恰恰在于它建立在第三种含义——人性健全成长法则的理解之上。人禽之辨之所以出现,即人的价值与尊严之所以能确立,恰恰是因为为恶不符合生命健全成长的法则。因此,人禽之辨赖以出现的根本原因（这同时也是人的尊严与价值赖以确立的基础）,在于对生命健全成长的法则的发现。据此,我们发现,上述人性的含义中,第二、三种含义关系亲密,而第三种含义更基础。由此我们对孟子的性善论有了更多的理解。孟子提倡性善论,并不仅仅是基于对人禽之别的重视,更是基于对人健全成长法则的发现。这正是本书的一个重要观点。

本书的主要观点之一是，人性本身是一总体，既包括自然属性，也包括道德属性。孟子并非只以道德性为人性，不以自然性为人性。孟子要说明的是，人性作为一总体健全成长的法则是合乎善的。

二、对性善论及其意义的若干误解

除了人性概念之外，另一个有趣的问题是人性善恶问题。本书对此有很多总结和分析，这里我想谈谈几个常见的误解。

1. 性善不等于性本善，性恶不等于性本恶

很多人从现代汉语的习惯出发，认为儒家的性善论主张人性本质上是善的（即人的本性是善的），相反地性恶论主张人性本质上是恶的（即人的本性是恶的）；前者以孟子为代表，后者以荀子为代表。这一说法严格说来不成立。

首先，无论是孟子还是荀子，都没有使用过"性本善"或"性本恶"这样的表述，孟子的典型说法是"性善"，荀子的典型说法是"性恶"。须知，"性善"与"性本善"、"性恶"与"性本恶"一字之差，却有非常重要的含义之别。因为"性本善/恶"很容易被理解为"人性本质上是善/恶的"，"本"在现代汉语中极容易被理解为"本质"。正如我在本书第二章指出的那样，古汉语中没有现代意义上的、来源于西方的"本质"（essence）一词。宋以后出现的《三字经》上"人之初，性本善"这一说法，其中的"本"指开始、原初，也不指本质。本书第五章也将论述，孟子从人与禽兽"几希"之别论性善，与康德等从人的本质角度论人性有相似处，但不能因此说孟子是从人的本质角度说性善的。

当然也有的学者可能把"性本善"理解为"人性本来是善的""人性本身是善的"，甚至"人性从根本上是善的"或"人性之本体是善的"，分别接近于本书第四章所说的"本原说"（本来善或根本善）、"才情说"（本身善）或"本体说"（本体善）。如果再考虑现代汉语中的"本质"一词还有超出

前述古希腊哲学的其他含义，更会导致"性本善"一词在汉语中含义多而难定。因此，"性本善"这一表述容易产生混淆，是否合乎孟子本义也易生疑问。

其次，古汉语中的"性"，虽然有很多定义，但大体上是指人天生就有的属性；由于人天生的属性很多，所以"性"不能理解为"本性"，或者说不是指人的本质。从《孟子》中有关"山之性""水之性""牛之性""犬之性""杞柳之性""食色性也"之类用法，以及《荀子》从生理机能（如目可见、耳可视）、生理欲望（如饥欲饱、寒欲暖）及好利、疾恶和好声色等有关"性"的用法，可以发现孟、荀所讲的"性"均不是指本质或本性。这一点，英国学者葛瑞汉（A. C. Graham［1919—1991］，1986：7-8）早在20世纪60年代末就已明确指出，并特别强调用现代英语中的 human nature 来翻译先秦汉语中的"性"存在片面性。其后夏威夷大学的安乐哲（Roger T. Ames, 1991）一再论证不能用西方语言中的 human nature 来翻译古汉语中的"性"。他们的看法正是基于古汉语中的"性"不代表本质或本性这一点。

换言之，既然"性"在孟子、荀子那儿不是指人的本质或本性，而只是指生来就有的一系列属性，那么所谓"性善""性恶"也只是指这些属性之善恶，涉及不到人的本质或本性是善还是恶。把"性善/恶"理解为人的本性善/恶，或人性本质上是善/恶的，并不符合古人的原意。由于把性善论理解为人性本质上是善的，很容易得出结论说，孟子性善论是对人性过度理想化的认识，但这样说对孟子并不公平。

2. 性善论是否儒家人性论的主流？

由于宋明理学在元代以来居官方统治地位，在宋明理学中性善论又得到程朱理学的推崇，所以很多人认为，过去两千多年来性善论代表儒家人性论的基本立场。现在想问的是：在孔子以来的儒学史上，性善论是不是一直处于主流地位？中国历史上的绝大多数儒生都主张人性善吗？

只要我们认真考证一下，即可发现，所谓性善论代表儒家人性论的主流的说法未必成立，至少在多数历史时期并不成立。

首先，没有证据表明，在先秦儒学中，性善论占主导地位，即使在儒家传统中也是如此。孔子本人主张"性相近、习相远"(《论语·阳货》),没有说过"性善"。根据王充《论衡·本性篇》介绍,在先秦儒生中,周人世硕、宓子贱、漆雕开、公孙尼子之徒皆主张性有善有不善。除了跟孟子论辩的告子外,先秦儒家集大成者荀子明确批评孟子性善说。20世纪90年代初出土的《郭店楚墓竹简》之《性自命出》《语丛》诸篇,与后来发表的《上海博物馆藏战国楚竹书》中相关篇目,更向我们揭示了战国时期儒家人性论的真貌,与孟子所谓性善之说相去甚远。

其次,虽然汉代出现了主张人性善的个别儒生,但明确反对性善论的显然更多。董仲舒、刘向、荀悦、王充皆明确反对孟子性善论。扬雄明确提出"人性善恶混"的主张,影响甚大。汉代以后到唐代,似乎没有文献证明多数儒者主张性善论。唐人皇甫湜、杜牧皆曾批评孟子性善说[①]。即使是被公认为后世学道统说之祖、对孟子评价极高的韩愈,也在《原性》中明确提出性三品说,并对孟子的性善论提出了批评。唐人只有李翱明确为性善论辩护,但其实他是持性善情恶论。如果把他所说的"七情"(喜怒哀惧爱恶欲)按汉人做法算作人性的一部分,则他实际上也不是真正意义上的性善论。

其三,宋代可能是明确批评孟子性善论最多的一个朝代。早在北宋时期,李觏、王安石、司马光、欧阳修、苏轼、苏辙皆明确批评了孟子的性善论。南宋的叶适也对性善论颇有疑义。虽然宋代是程朱理学兴起的时代,但是他们所代表的"道学"并不在宋代居统治地位,甚至是官方打压、禁止的对象,所以不能说性善论在宋代是主流看法。即使在程朱理学谱系内部,也没有形成支持性善论的明确共识;同属理学家阵营的程颢、胡安国、胡宏、黄震即对性善说有不同声音。

其四,有清一代,支持性善论的人仍不少,戴震、焦循、程瑶田均支持性善论。但也有人有疑义,如孙星衍。俞樾则明确反对性善论。清末三

---

① 陈澧(2012:32-42)《东塾读书记》卷三《孟子》介绍了荀况、扬雄以降,唐宋时期批评性善论各家,包括韩愈、董仲舒、王充、皇甫湜、杜牧、司马光、王安石、苏辙、程颢、黄震、胡安国、杨东明、朱熹等人的观点。

位大儒康有为、梁启超、章太炎均未明确接受性善论,特别是梁、章明确表示不赞同性善论。康有为倾向于认为人性有善也有恶(接近于扬雄),梁启超倾向于告子性无善无不善之说,章太炎认为孟、荀人性论各执一偏,皆不如孔子性近习远之说为妥。

综上所述,在如果从孔子开始的2500多年的儒学史上,是否可以说:只有在公元1315年(元代)①到清末(1911年)大约600年时间里,由于程朱理学为官方正统,可以说性善论占主导地位;但在其余的绝大多数时间里,性善论并不占主导地位;而且即使在1315年到1911年这段时间里,尤其是在清代(1644—1911),性善论也受到了明确的挑战,到了清末更是近于崩溃。

总之,虽然我对孟子的性善论高度欣赏,但并不认为性善论在儒学史上多数时间里居于主流。同时,本书试图深入阐明性善论及其意义,但也不等于我认为性善论在学理上已经站住了脚。

3. 人性善恶与民主、专制

还有一种常见的观点认为,性善论更有利于专制,性恶论更有利于民主。理由是:性善论对人性持过于乐观的态度,因而不注重从制度上限制权力,由于一味寄望于道德而容易成为专制的帮凶;相反,性恶论对人性持怀疑的态度,因而注重从制度上制衡权力,由于一直寄望于制度而容易促进民主的发展。然而,历史的事实却正好相反。且不说在中国历史上,主张性善论的孟子、程朱理学家都是反对专制、抨击独裁的急先锋,主张性恶论的韩非子、李斯等法家人物,莫不成为有利专制、主张集权的倡导者。同样的情况也发生在西方历史上,我们都知道,主张西方主张性恶论的马基雅维利、霍布斯明确支持君主专制。相反,西方支持民主政治理论的卢梭、孟德斯鸠、洛克等人皆从自然状态说出发,持一种近于人性善的立场。

---

① 元延祐二年(1315年)恢复科举,始以朱熹《四书章句集注》为义理标准,参《元史·选举志·科目》。

首先，洛克（John Locke，1632—1704）在《政府论》上册中驳斥当时人以《圣经》等为据否认"人生来是自由的"、从而为君主专制张本的论调；该书下册则一开篇就从自然状态切入，洛克（1964：5-7）在其中提出：

（1）人在自然状态时，每个人都千篇一律地是上帝的造物，因而都是完全平等的，没有任何人有高于其他人的特权，也没有任何人可以说生来就从属于他人；

（2）在自然状态，每个人都是自由的，但是这种自由不是任性，即没有人有权力根据自己的欲望随意处置他人。因为人人都知道，如果你不希望别人随意剥夺自己的自由，自己也不能随意剥夺别人的自由。

（3）在自然状态，人人都听凭自己的理性和良心的指示，而不是凭着情感和一时冲动来支配他人。

其次，孟德斯鸠（Montesquieu，1689—1755）在《论法的精神》中，明确批评了霍布斯人性自然恶的立场。他指出，霍布斯认为人类在自然状态下处于战争状态，他的这一观点如果成立，就否定了自然法的合理性。孟德斯鸠强调，人类最初的状态并不是相互征服。他说：

> 霍布斯认为，人类最初的愿望是互相征服，这是不合理的。权力和统治的思想是由许多其他的思想所组成，并且是依赖于许多其他的思想的，因此，不会是人类最初的思想。（孟德斯鸠，1961：4）

> 霍布斯问道："如果人类不是自然就处于战争状态的话，为什么他们老是带着武装？为什么他们要有关门的钥匙？"但是霍布斯没有感觉到，他是把只有在社会建立以后才能发生的事情加在社会建立以前的人类的身上。自从建立了社会，人类才有互相攻打和自卫的理由。（页4）

其三，卢梭（Jean-Jacques Rousseau，1712—1778）在《论人类不平等的起源》中假想人类在原始自然状态中没有一切为恶的本性，对他人充满了怜悯和关爱，人与人之间的关系也完全平等。人性的一切堕落、邪恶都是在进入文明状态后才出现的。他说，"最不幸的是：人类所有的进步，不断使人类和它的原始状态背道而驰"（卢梭，1962：63）。他正是从这一自然状态说出发，提出了"天赋人权说"。所谓"天赋人权"，即是说自由和人权是天生自然而然的本性。

最后要指出，严格说来，从人性是善还是恶，推不出人类应建立什么具体的制度，无论是民主还是专制的制度。这不仅是因为人性是善是恶，本来不可能确定；而且更是由于人们认识到政治制度的基础远非某种宏大设计或意识形态的产物。所以到了柏克、托克维尔，特别是哈耶克以来，则越来越不从抽象人性论为某种政治制度立论。

但是如果硬要把人性善恶与专制、民主联系起来，则会发现：历史上多数主张君主专制的学者主张或倾向于人性恶，多数主张自由民主制的学者主张或倾向于人性善。为什么会这样呢？根源在于：从人性善的立场更容易推出反对专制的政治制度来。这是因为它相信并尊重人性的自我主宰能力。这也是历史上所发生的事。在西方，这就是洛克、卢梭、孟德斯鸠等人皆主张人的自由是天赋、神圣不可侵犯的来为其自由民主制立论的原因。

相反，从人性恶出发，固然会想办法限制权力，但是一种靠丑陋反对丑陋、阴暗限制阴暗来运行的制度，是没有生气和活力的。由于其对于人性根深蒂固的不信任，所以最终更容易给独裁者以借口，因为制度必须靠人来运行啊。这就是我们看到韩非子、马基雅维利、霍布斯等人持有利于君主专制立场的原因吧。

第一章　先秦秦汉"性"字的多义性及其解释框架

【提要】"性"是中国古代思想的核心范畴之一，千百年来围绕它形成了许多不同的人性学说。然而，"性"字早在先秦时期就有了多种不同的含义，只有厘清了这些不同的含义及其间的关系，才能真正认清有关人性善恶的各种争论的根源。本章综合前人研究及原始文献，提出一种解释先秦秦汉时期人性词义的初步框架，概括为七种基本含义：①"生"；②生理属性；③物理属性；④社会属性；⑤原初特性；⑥生长特性；⑦后天或特定属性。在对这些不同含义及其关系进行分辨的同时，本章重点依据《庄子》和《淮南子》对原初特性和生长特性这两种含义进行分析和评述。

一、引言

学界对先秦至两汉人性论的综合研究代不乏人，从前辈学者如王国维（2009）、江恒源（1926）、张岱年（1986，1996a：550-576）、唐君毅（1968）、徐复观（1978）、牟宗三（1985）、葛瑞汉（Graham，1986）等人以来，有关方面的研究成果（包括出土文献方面的）已非常丰富。然而这些研究多在阐发古代人性论思想，对于古人的人性概念，特别是"性"字词义，虽也有探讨并提出了不少有意义的看法，但还不够全面、系统。

清代学者阮元《性命古训》重在分析"性"字古义，仅及儒家文献，不及诸子百家；且将先秦"性"字全部解释为"血气心知"，过于笼统。傅斯年《性命古训辨证》从语言学出发将先秦的"性"字基本上都读作"生",未免偏颇。英国学者葛瑞汉(Graham,1986)曾考证道家及《孟子》中的人性概念,限于少量文献。牟宗三《心体与性体》第一部第四章亦对先秦部分儒家经典中的"性"字加以考察,主要是想说明超越意义上的性概念早已存在。亦有部分学者以出土简帛结合传世文献对先秦"性"字词义及其与"生"字关系等进行了重新解释,颇有启发但涉及面有限。迄今为止,还没有人针对先秦秦汉主要文献中"性"字的多义性进行过全面、系统、客观的统计和分析,并以此来解释古代各种人性论的形成与基础。下面我们试图在前人研究的基础上,对先秦秦汉时期人性概念的多义性进行初步的归纳总结,试图建立一个理解古代早期人性概念的框架,并重点考察其中若干含义。

二、性之多义

对"性"字之义,学者们多认为指生来就有的属性或特性之类(各家表述不尽相同,以下简称"生有属性")。但是对于"生有属性"的具体内容,各家分歧甚大。诚如台湾学者曾昭旭(1982:9)所言:"虽人人都说一个性字,其语意内容是不尽相同的。这些不同处,前贤鲜有人自觉地加以省察。"下面为几种典型观点:

- 张岱年(宇同,1958:262-263)认为"性"在古代或指"生而自然者"(本文称生有属性),或指"人之所以为人者",即"人之所以异于禽兽者",或指"人生之究竟根据"(指宇宙之本性而人禀得以为生命根据者);
- 徐复观(1978:57-61)曾指出先秦的"性"字包括(1)生来就有的欲望、能力,(2)本质、本性,和(3)"生"这三个不同的含义;
- 曾昭旭(1982:11)提出古人认为"性是指一物存在的依据,而使吾人可依之而确定或指认一物之存在者",具体包括"形性(物之形色相状)、质性(物之本质结构)、体性(物之形上依据)、个性(物

之独一无二的特殊存在）等等";
- 傅元龙（1982：82-83）认为"性"在中国古代有自然属性、社会属性、道德属性、物质属性、认知及心理属性、自由意志等多种含义；
- 张立文（1995：99-100）认为"性"字有生、性命及本性、自然之性等义，并探讨了人性概念所具有的自然属性、社会道德属性和本质属性等重要方面（页475-476）；
- 姜国柱、朱葵菊（1997：导论）认为中国古代"人性"概念含义有"人类具有的各种属性"和"人类所独具的而所以区别于其他物类的特殊属性"这两个层次，具体包括人的本能欲望、意识活动、道德属性、理性能力、根本属性以及后天思想品格和知识能力等；
- 李沈阳（2010：11-15）从生命、本来面目、性格、天赋素质、气，甚至五行等角度总结了汉代"性"字之义；
- 丁四新（2015：35）认为"在郭店竹简写作的时代，人们正在努力而细致地从道德、心理及生理等方面来认识'人性'的具体内容"。

此外，尚有一种从动态角度对"性"之义的解释：
- 唐君毅（1968：17）曾将"性"字右侧之"生"作动词解，故"性"包含"生之为一有所向之一历程之义"；
- 葛瑞汉（Graham，1986：10）称"性"为"生命之恰当的生存方式"；
- 李景林（2009：8）以"生生不已的存在之展开"描述"性"；
- 张祥龙（2010：236-238）称"性"为"天然趋向""天然倾向"。

上面后四种说法代表了对"性"字比较特别的一种解释。

上述这些说法各有道理，但纷繁多样、极不统一；后来个别说法未经深入分析和全面考证，自立标准、自说自话；有的学者不自觉地把古人的人性观混同于"性"字词义。可以说，目前学术界对于先秦秦汉"性"字词义，并没有形成一套较有说服力的完整、全面的看法。重要原因之一，可能是由于人们总是比较多地关注人性理论，而非"性"字词义。为了摆脱这种状态，需要针对原始文献进行全面考证，努力建立一套较好的解释模式。

只有搞清了早期"性"字词义的多样性及其间的关系，才能对古代人性论的立论基础有更好的认识。不少学者发现，先秦秦汉时期人性论观点的对立，来源于所持人性概念之异。比如张岱年（1996a：551-553；字同，1958：199-205）、陈大齐（1953：3-6；1970）等人均指出，孟子和荀子由于对人性词义的理解不同，才导致了性善论与性恶论的所谓对立。又比如，《庄子》与《淮南子》虽同属道家，其人性观前者更重回归自然，后者更重宁静清虚。然而，《庄子》与《淮南子》中的人性概念又是相关的，"性"字都被理解为先天决定的自然属性。进一步看，《孟子》《荀子》《庄子》《淮南子》四家的人性概念均是对"生有属性"这一共同含义从不同角度的理解；而这些不同的理解是如何形成的、其间关系如何，则有待进一步考证。

先秦秦汉学者对于"性"字之义的理解究竟有多少种？这些不同的词义之间的关系如何，比如有无内容的联系或演变过程？如何摆脱目前对于"性"字词义各说各话、无法统一的状态？本章尝试针对"性"字词义的多样性提出一个通用的解释框架，并重点分析其中两种理解，即作为原初特性的"性"与作为生存方式或成长法则的"性"，说明前者不如后者更合理。

三、解释框架

通过对《左传》中9个"性"字、《庄子》中86个"性"字、《荀子》中119个"性"字、《礼记》中26个"性"字、《吕氏春秋》中62个"性"字、《淮南子》中175个"性"字以及个别出土文献进行统计分析，笔者初步总结出先秦秦汉"性"字词义至少有如下七种：

含义①：读作"生"。如《诗经·卷阿》"弥尔性"（依傅斯年）、《左传·昭公十九年》"民乐其性"（依徐复观、牟宗三等），等等。

含义②：生理属性（针对有生命物），包括感官、生理、心理、思维等特征。如耳能听、目能视，又如喜怒哀乐和认识能力等。《孟子·尽心下》："口之于味也，目之于色也，耳之于声也，鼻之于臭也，四肢之于安佚也；

性也。"《郭店简·性自命出》："喜怒哀悲之气,性也。"《乐记》："血气心知之性。"

含义③:物理属性(针对无生命物)。如雪性白、羽性轻、水性清、竹性浮、金性沉之类。与含义②同为自然属性,只是对象不同。

含义④:道德属性,亦可称社会属性。孟子所谓"四端"或仁义礼智之性,汉人所谓"五常之性",又如"父子之道,天性也"(《孝经》)、"好恶,性也"(《郭店简·性自命出》)。《上博简·孔子诗论》有"吾以《甘棠》得宗庙之敬,民性固然:甚贵其人,必敬其位;悦其人,必好其所为",民性在这里指普遍人性。

含义⑤:原初特性。接物之前的特性。来自《礼记·乐记》"人生而静,天之性",《淮南子》及道家认为"性"作为接物之前的状态是清虚宁静的,故以宁静清虚为性。

含义⑥:生长特性。生存方式或成长法则。《庄子》中多见,其他经典中也不时见到。如《庄子·马蹄》"马,蹄可以践霜雪,毛可以御风寒。龁草饮水,翘足而陆,此马之真性也";《庄子·天地》"形体保神,各有仪则,谓之性";《易传》"成性存存"(依李景林)。陈确、唐君毅、葛瑞汉、李景林等人皆从生存或生长的动态过程解"性"义。

含义⑦:后天或特定属性(西文中称为"第二性")。特定人物或人群的性格或后天属性,有时也被称为"性"。如"小人之性"(《左传·襄公二十六年》)、"彼民有常性"(《庄子·马蹄》)、"性为暴人"(《墨子·大取》)、"人主之性"(《吕氏春秋·谨听》)皆针对特定人物,非普遍人性。

"性"字的所有这些含义,并非一团乱麻,而是有内在的逻辑关联。首先,除了含义①、⑦之外,其余皆从属于"生有属性"这一范畴。具体来说,含义②、③皆自然属性,②、③、④合起来分别代表自然属性和社会属性。含义⑤、⑥分别是从静态特征(接物之前)和动态特征(接物之后)来理解人性。这五种含义都是从"生有属性"出发。再看含义⑦,可理解为是"生有属性"的进一步延伸。如果说含义①是"性"的来源义,含义②③④⑤⑥都是"性"的基本含义即"生有属性"的展开,含义⑦则是对"生有属性"的延伸。大体关系如表 1-1 所示。①

表 1-1 "性"字含义分类

分类	含义	说明
来源义	含义①："生"	汉字同音假借
基本义：生有属性	含义②：生理属性	自然属性与道德属性
	含义③：物理属性	
	含义④：道德属性	
	含义⑤：原初特性	接物前之性与接物后之性
	含义⑥：生长特性	
引申义	含义⑦：后天或特定属性	先天属性与后天属性

当然，以上提出的对先秦秦汉"性"字含义的归纳是否可行还有待验证，或许还有一些上述框架未能解释的例子，因此需要根据先秦秦汉文献进行全面分析、修改和完善。这里只想指出，古人人性概念的含义虽多种多样，但其间并非没有关系和脉络；而一旦搞清了其间的关系和脉络，古人的人性词义看似多样，却不难理解。

对于上述人性词义多样性的归纳，本章限于篇幅，不全面展开分析。下面我们重点以《乐记》《庄子》《淮南子》等书为例，来讨论"原初特性"和"生长特性"这两种词义。

---

① 丁四新（2021：27）批评我在这里未讨论"'性'概念"，以及不当以"生"为"性"之"来源义"，认为应当反过来，"应用'生'字读为'性'字的例子来证明其所谓'来源义'"。我认为他忽略了拙文（即本章）的重心是字义分析而非人性思想，尤其是传世文献中的"性"字之多义。我所谓"来源义"特指传世文献中"性"读作"生"之例，它说明性之义来源于"生"。至于"生"字读作"性"，属另一种情形，因本文探讨"性"字多义而非"生"之多义，故未涉及（亦为篇幅所限）。出土文献如《郭店简》《上博简》中的"性"字写作"眚"，并不会影响我们讨论"性"之多义（写法差别并未影响含义），因此作者的"古文字学知识"在此并未显示出意义。作者又提出"在古典语境中，凡'性'都是即人物之'生'而言，均是后天的"（页27），此一说法大可怀疑，后文及本书第四章亦有讨论。丁文似多误解而失于武断。

四、原初特性

本章所谓"原初特性",表面看来与"生有属性"含义无别,其实不是一码事。所谓"原初特性",实际上是强调古人所谓"未接物状态",它来自《礼记·乐记》:

> 人生而静,天之性也;感于物而动,性之欲也。……夫物之感人无穷,而人之好恶无节,则是物至而人化物也。人化物也者,灭天理而穷人欲者也。

这段话里,"天之性"与天理相应,并与人欲对立,因而"人欲"不属于性/天性。若以性为生而具有的一切属性,则人欲当然属于性/天性,告子、荀子等多数先秦学者都如此理解。为何作者将"人欲"视作性外之物?原因在于认为"性"在未接物状态即有,而不是与物感应后而生:"感于物而动,性之欲也。"接下来作者将哀心、乐心、喜心、怒心、敬心、爱心六者排除在"性"之外,声称"六者,非性也,感于物而后动"。而这六者确实也可称为"人之好恶",与《礼运》中的七情,即喜、怒、哀、乐、爱、恶、欲义近。在《乐记》中,凡是接物之后呈现的性质,皆不属于"天性"范畴。

这种严格地从接物/未接物之分出发来理解性之义,在《庄子》《淮南子》中得有进一步论述。《庄子》《淮南子》构想了"原初特性"作为"性"的主要含义,它是生命在完全没有接触外物,因而真正体现天命的原初状态下所具有的特性。由于人一旦降生之后就进入了社会,开始了接物,难免受到习染的影响,从而失掉天性。因此,人生的主要任务在于认识"原初状态",并以回归此原初状态为宗旨,而这个原初状态正如《乐记》所说是"静态的"。《庄子》《淮南子》进一步认为原初状态以宁静、清虚、无为为特征。《庄子》《淮南子》有一种观点:人极易为物所诱,沉湎于其中而不能自拔,从而导致性/天性的丢失。

张岱年(宇同,1958:262)先生曾总结古人所讲的"生有属性"(他称为"生而自然")作为性之义有"三种意谓":"一是'生而完具'的",即生时即已完备;"二,虽非生而完具,而确实是自发的,幼时虽无,长大则自然发生;非由习而生,亦非由习而成",告子"食色之性"中之"色"即是此义,盖好色为长大方有;"三,生而有其可能或倾向,但须经学习方能发展完成,非由习而生,却是由习而成",荀子不承认此项。宋儒所谓气质之性则兼含上述三项含义。

据此,"生有属性"不一定是生来就有的,有时必须在后天生活中形成或呈现。张先生对"性"作为生有属性三种含义的理解,却不一定与《庄子》《淮南子》等的理解完全一致。在《庄子》《淮南子》看来,所谓生有属性是指接物前,因此第二、三项均不能接受为性之义。然而,第一项究竟该如何理解则是个问题。如果性是指未接物之前的特性,凭什么说它只限于清虚宁静这一特性呢?比如食之性、五官之性不是未接物前就有了吗?对此,也许只能这样来解释:《庄子》《淮南子》认为五官之性皆是在接物状态中才体现出来的,凡是在动态的交接中体现出来的属性,不能称为先天就有的属性,也不属于"性"。这就把"生有属性"原始含义中"未接物前即有"这一思想发展到极致。也正因如此,《庄子》《淮南子》不将我们"看到"的任何属性视为性,只承认完全未接物前的属性为性。但是凭什么说完全未接物前的属性是"清虚、宁静和无为"呢?他们的根据是:接物后的属性是动态中展现的,而接物前既然不动,必定是宁静的;接物后的属性可称为有,接物前则为无,故号清虚;接物属有为,未接物属无为。

《庄子》外杂篇这样将无为、宁静、清虚和"性"联系在一起:

无为也而后安其性命之情。(《在宥》)
夫明白入素,无为复朴,体性抱神。(《天地》)

此外,《天道》讲无为、虚静,"其鬼不祟,其魂不疲",虽未明言这是合性的生活,但联系其他诸篇,应是此意。《刻意》以水之性论"纯粹而不杂,静一而不变,惔而无为"。《缮性》论"缮性于俗,俗学以求复其初"。《徐无鬼》"驰其形性,潜之万物,终身不反,悲夫!"《盗跖》"计其患,虑其反，以为害于性"。一是反对人事有为，二是反对思虑有为。因此，合性的生活就是屏弃这些。

《庄子》还构想了人类原初状态，大致是在三皇五帝之前存在过的，那时仁义礼智及百家之学、帝王之术尚未兴起，人们自然而然地生活，不加雕饰，无为素朴。因此，人性亦处于正常状态。因此，复归本性指回到此原初状态。在作者心目中，人类原初的自然状态，就是此原初特性的最好体现。在《马蹄》《胠箧》《缮性》等多篇中比较典型地描绘了此理想的原初自然状态。这一自然状态说与西方从古希腊罗马晚期以来的自然状态说相比，虽有相似之处，但由于有明确的时代指称（三代以上、五帝甚至三皇之前），而不完全一致。《天地》《至乐》等篇又从存在论的角度论述了生命从无到有的过程，论证回到原初状态的合理性。总之，《庄子》外杂篇试图同时从宇宙论、历史观和人性论三种角度论证回到原初状态。

以宁静、清虚等为原初特性（即性）的思想，在《淮南子》中被发挥到极致：

> 人生而静，天之性也。感而后动，性之害也。(《原道训》。此段与《礼记·乐记》相近，而称感而后动为"性之害"。)
>
> 达于道者，反于清静；究于物者，终于无为。以恬养性，以漠处神，则入于天门。(《原道训》)
>
> 古之真人，立于天地之本，中至优游，抱德炀和，而万物杂累焉，孰肯解构人间之事，以物烦其性命乎？(《俶真训》)
>
> 至道无为……外从其风，内守其性，耳目不耀，思虑不营。(《俶真训》)
>
> 是故圣人之学也，欲以返性于初而游心于虚也。达人之学也，欲以通性于辽廓，而觉于寂漠也。若夫俗世之学也则不然，擢德搴性，内愁五藏，外劳耳目。(《俶真训》)
>
> 夫唯易且静，形物之性也。(《俶真训》)
>
> 静漠恬澹，所以养性也；和愉虚无，所以养德也。外不滑内，则

性得其宜；性不动和，则德安其位。(《俶真训》)

古之圣人，其和愉宁静，性也。(《俶真训》)

《淮南子》的大体思路是，人的形神只有回归寂静，才能不受外在万物影响，故圣人"仗性依神"，"处混冥之中，神气不荡于外，万物恬漠以愉静"(《俶真训》)。一个人追逐外物，精神飘荡于外，这种情况下要在具体事物中找回自我，那是舍本逐末；外内相符、形神不离的理想，需要在心神合一中达到，"心有所至，而神喟然在之，反之于虚"(《俶真训》)。

《淮南子》还认为，源于天地的人的精神是有限的，不能随意挥霍。"夫天地之道，至纮以大，尚犹节其章光，爱其神明，人之耳目曷能久熏劳而不息乎？精神何能久驰骋而不既乎？"(《精神训》)因此要努力"使耳目精明玄达而无诱慕，气志虚静恬愉而省嗜欲，五藏定宁充盈而不泄，精神内守形骸而不外越"(《精神训》)。故"圣人以无应有，必究其理；以虚受实，必穷其节；恬愉虚静，以终其命"(《精神训》)。这些大概是作者主张回到宁静清虚的其他原因。

《淮南子》以水为喻（源于《庄子·刻意》）：水虽本性清静，但极易被人搅混；人性虽本清静，也极易为物搅混。"今盆水在庭，清之终日，未能见眉睫，浊之不过一挠，而不能察方员。人神易浊而难清，犹盆水之类也"(《俶真训》)。万物对人性的扰乱也是同样的道理："今万物之来，擢拔吾性，攓取吾情。有若泉源，虽欲勿稟，其可得邪！"(《俶真训》)这是典型地从动静对比来喻性。

五、原初特性的问题

《庄子》《淮南子》从原初特性来理解"性"之义，与先秦秦汉时期大多数学者对性之义的理解有别。但是要说《淮南子》的解释方式错了也不对。因为《庄子》《淮南子》抓住了"性"字原始含义的一个重要特点，即"生来就有的属性"自然是未及物时就有了。所谓"原初特性"，可以看作对"生有属性"的发挥。

其实，我们前面提及的性字的其他几个含义，比如生理属性、物理属性、道德或社会属性甚至生长特性等，都在一定程度上带有"原初特性"的特征。至少在古人的理解中，一切"生有属性"都是未接物之前即有的。所谓"天命之谓性"（《中庸》），当然超越于接物与否而存在，因而就是未接物前之性。只不过，在其他文献中原初特性未必被理解为"宁静清虚无为"而已。这种"未接物前即有"的概念，也有时被现代学者表述为"先验的""先天的"属性。在《孟子·公孙丑上》（2A6）中，作者即是一再试图论证仁义礼智之端——恻隐之心、羞恶之心、辞让之心和是非之心——是先天而有的。"四端"明明皆是在接物过程中才表现出来的，孟子为何认为是生来具有的呢（"我固有之"，《告子上》6A6）？他的理由似乎是，人们见孺子将入井而怵惕恻隐，并非是因为"内交于孺子父母""要誉于乡党朋友"或"恶其声"。孟子大概想说，恻隐之心是自然而然地涌现出来的。然而，这种"自然而然地涌现"也是一种接物状态呀！

严格说来，人们在特定情境下表现出某种心理无论是多么自然，也是接物之后的反应，何以能证明先天而有或未接物之前即有呢？这就涉及古人整个人性概念词义的内在矛盾问题。正如程颢所说：

"人生而静"以上不容说，才说性时，便已不是性也。（程颢，2004：10）

古人赋予人性概念"未接物之前"之义，或先验、先天之义，严格说来是不成立的。除了《淮南子》这种极端的例子外，在通常情况下，我们可以把古人所讲的"生有属性"理解为是指人物在外部环境中普遍具有的特征；由于其普遍性、规律性，可以说是这些属性是先天地被决定的，故又称为"天性"。"先天地被决定"，与"先天地具有""未接物之前即有"，是有所别的。此即张岱年"生有属性"的第二义和第三义。在现代汉语中，"人性"一词也是同样的含义。

比如，日常生活中我们说雪有白的性质，其实是指在通常情况下，特别是白天光线下雪是白的，并不是说它在任何情况下，特别是任何光照下都是白的。如果把"雪有白的性质"从这些外在条件中抽离出来，变成一个抽象的逻辑命题，就容易被理解为雪在任何情况下都是白的。因此，没有脱离外部条件的、抽象意义上的"白性"。如果问：在脱离一切外部条件的情况下，雪的颜色性质如何？是不是白的？这就是一个无意义的问题，根本无法回答。

关于这一点，王国维先生有很好的分析。王国维《论性》一文也借助于康德（他称"汗德"）先验、经验二分说表达了先天意义上的"性"无法知晓的意思。对于性的认识究竟是先天的知识，还是后天的知识？他说：

> 若谓于后天中知之，则所知者又非性。何则？吾人经验上所知之性，其受遗传与外部之影响者不少，则其非性之本来面目，固已久矣。故断言之曰：性之为物，超乎吾人之知识外也。（王国维，2009：5）
>
> 人性之超乎吾人之知识外，既如斯矣，于是欲论人性者，非驰于空想之域，势不得不从经验上推论之。夫经验上之所谓性，固非性之本然。（页5。着重号为引者所加）

性的本义应该是一种先天就有的属性。但是先天的属性，按照康德的观点，只是一个空洞的形式，没有半点内容。康德指出，先天意义上的知识只有纯粹形式，而无实质内容。从这个角度看，性作为先天的属性在内容上也必然是空洞的；也就是，严格意义上的性，是不可知的。而实际上，人们所讨论的所有"性"的含义或内容，只能是经验中的、后天的，皆似乎违背了"性"之本义或真义。这无疑是一个由人性概念的本义所预设的、不可解的逻辑悖论。正由于未发现这一点，中国古代学者论性，始终无法走出性善论还是性恶论的循环怪圈。故王国维（2009：6）认为他们无论是说其善还是说其恶，都是从后天出发的，"故古今言性之自相矛盾，必然之理也"。中国历代之性论，之所以出现性二元论（性既有善、亦有恶）与性一元论（即或主性善或主性恶）之争，原因也在于此。这其实是一个一开始就注定了无果的争论，因而是没有意义的。

破解王国维"性不可知"悖论的途径只有一条，即认识到古人虽赋予人性概念"先验或先天属性"这一含义，但事实上他们所谈之"性"，都只是指事物在通常情况下普遍具有的特性而已，也是出生时就已注定的属性。正因如此，《庄子》《淮南子》将经验中所得之性，说成是原初特性，在理论上是不成立的。同样的道理，《孟子》中孺子入井之例，也不能证明仁或恻隐之心为先天的人性含义。恻隐之心当然也是"物交物、则引之"而起的。王国维认为后天的性不是性（"非真性""非性之本然"），这是从性指"生有属性"这一本义出发得出的，其实我们没必要固守"性"字的这一含义，如果我们能修正一下古人"性"概念的定义，将它理解为接物后的普遍特性，古人的人性理论就可接受了。换言之，"生有属性"不应当指先天或先验属性，应当只是指被先天地决定的潜能，而不是指先天地具有的内容。从这个角度看，本章所谓生有属性与先天属性不是一码事，当然也并不是指后天属性。

认识到古人论原初特性的局限后，再回过来看《庄子》《淮南子》，可以发现：所谓回到接物之前来看性，以宁静、清虚、无为为性，在逻辑上都是不成立的。因此，从规范的角度看，原初特性这一《乐记》《庄子》《淮南子》等书中的性之义，应当改造甚至抛弃，或重新理解。

六、生长特性

下面我们来看看先秦人性概念的另一重要含义：生长特性，本章又称为"生存方式或成长法则"。张岱年曾指出，明确从生存方式作为一动态过程理解先秦"性"字词义的最早学者之一是王夫之（1619—1692）。他在《如何分析中国哲学的人性学说》一文中称王夫之赋予"性"一种动态的含义，即指"生之理"，"以人类生活必须遵循的规律为性，这规律既包含道德的准则，也包含物质生活的规律"（张岱年，1986：3[①]）。不过，我

[①] 最早发表于《北京大学学报》（哲学社会科学版），1986年第1期，页1-10。张先生对此较系统的阐述见所著《中国伦理思想研究》，上海：上海人民出版社，1989年，页70-106（亦收入《张岱年全集》第三卷，石家庄：河北人民出版社，1996年，页550-576）。

认为更典型地、最早从成长过程来解释"性"的后世学者当属清儒陈确（字乾初，1604—1677）。这是因为王夫之从"天命"随时有、性"日生日成"来说性，而陈确（1979：447-448）以谷物经风霜而成熟解释《易传》"成性""各正性命"，才真正涉及个体生命成长的全过程。在当代学者中，唐君毅（1968：9-10，17）亦重"生长趋势、方向"等角度来解性。这类思想在英国学者葛瑞汉那里也得到了阐发，在西方汉学界引起了广泛的讨论。下面我们说明把"性"理解为生存方式或成长法则，确实在《庄子》《淮南子》等文献中也有所表现。

需要指出，以生存方式或成长法则为性，是符合"性"字的本义的。如果说性的本义是生有属性，那么它不仅可以是静态的性质，也可以是动态的性质。所有的生物都有生长过程，其动态性质体现为生长的方式、规律或特点，这些当然也是生来就潜在地具有的。

下面我们以《庄子》《淮南子》等为例来说明性字的这一含义在早期文献中的表现。先看《庄子》：

彼民有常性，织而衣，耕而食，是谓同德；一而不党，命曰天放。（《马蹄》）

民之常性，就是民的生存方式。这是针对人，《马蹄》中还有针对动植物的例子：

马，蹄可以践霜雪，毛可以御风寒。龁草饮水，翘足而陆，此马之真性也。虽有义台路寝，无所用之。及至伯乐，曰："我善治马。"烧之，剔之，刻之，雒之，连之以羁馽，编之以皂栈，马之死者十二三矣；饥之，渴之，驰之，骤之，整之，齐之，前有橛饰之患，而后有鞭策之威，而马之死者已过半矣。

陶者曰："我善治埴，圆者中规，方者中矩。"匠人曰："我善治木，曲者中钩，直者应绳。"夫埴木之性，岂欲中规矩钩绳哉？

这里，把马和树（埴木）的本性理解为其正常的或健全的生存方式再妥当不过了。诚如作者所说,"夫马,陆居则食草饮水,喜则交颈相靡,怒则分背相踶,马知已此矣。夫加之以衡扼,齐之以月题,而马知介倪、闉扼、鸷曼、诡衔、窃辔。故马之知而态至盗者,伯乐之罪也。"伯乐对马的伤害并不仅仅是局部的生理机能,而是对马的生存方式的颠覆。因此,性字之义不当理解为生理属性,而是生存方式。

> 老聃曰:"请问,仁义,人之性邪?"孔子曰:"然。君子不仁则不成,不义则不生。仁义,真人之性也,又将奚为矣?"……老聃曰:"……天地固有常矣,日月固有明矣,星辰固有列矣,禽兽固有群矣,树木固有立矣。夫子亦放德而行,循道而趋,已至矣。又何偈偈乎揭仁义,若击鼓而求亡子焉?意,夫子乱人之性也!"(《天道》)

上文中,孔子说仁义为"人之性"的理由之一是"不义则不生"。"不生"就是不能健全生存,所以"性"有生存方式之义。所谓"仁义为人之性",就是指"仁义合乎人的恰当生存方式",也可以说"符合生命健全成长的法则"。另外,日月有明、星辰成列、禽兽成群、树木有立,都不简单地是自然属性,而是有生存方式之义,皆属于"天地之常"。《庄子》又认为,人们贪图名利,追逐仁义,都属于伤性、损性、易性(《骈拇》)。为什么这样说呢?因为违背了生之常然,这个"常然"我认为当指正常的生存方式,也可理解为健全成长的法则:

> 且夫待钩绳规矩而正者,是削其性者也;待绳约胶漆而固者,是侵其德者也;屈折礼乐,呴俞仁义,以慰天下之心者,此失其常然也。天下有常然。常然者,曲者不以钩,直者不以绳,圆者不以规,方者不以矩,附离不以胶漆,约束不以纆索。(《骈拇》)

在上段中,如果把"性"理解为生理属性,似乎不如理解为正常的生存方式更通顺。就树木而言,"削其性"的"性"理解为生理属性未尝不可通;但对人而言,"呴俞仁义"为失其常然,当然不限于指生理属性受伤害,而是指不能健全成长,或正常的生存方式不复存在。所谓"曲者不以钩,圆者不以规"之类，就是指事物皆有自身合适的生存或存在方式。《骈拇》批评"属其性"于仁义、五味、五声、五色，皆非"性命之情"，即有此义。

《淮南子》同样有不少以生存方式或成长法则为性的例子：

> 夫萍树根于水，木树根于土，鸟排虚而飞，兽蹠实而走，蛟龙水居，虎豹山处，天地之性也。（《原道训》）

上段中，若将"性"理解为生理属性似亦可通，但若理解为成长方式显然更顺，特别是"虎豹山处"一句。

> 今夫徙树者，失其阴阳之性，则莫不枯槁。故橘树之江北，则化而为枳；鸲鹆不过济；貂渡汶而死；形性不可易，势居不可移也。（《原道训》）

"形性不可易"若理解为成长方式比生理属性更顺。"阴阳之性"，当指万物阴阳两面交替互动的方式，由此体现了万物的成长方式，从"阴阳之性"术语看，"形性"之性更应当理解为成长方式。

> 广厦阔屋，连闼通房，人之所安也，鸟入之而忧。高山险阻，深林丛薄，虎豹之所乐也，人入之而畏。……形殊性诡，所以为乐者，乃所以为哀；所以为安者，乃所以为危也。（《齐俗训》）

此处性可理解为生理属性，但也暗含着由生理属性决定的动物生存方式。

七、原初特性还是生存方式？

在《庄子》一书中，对于宁静清虚无为的生活方式理想的论述背后，还有一个也许更深层次的理念，即认为真正顺乎性的生活是自然而然的。所谓"自然而然"，包括反对:(1)沉湎于感官欲望,(2)追逐个人名声利益,(3)消耗精神、心劳神疲。其中第（3）条或许可看作是第（1）(2）条的自然结果,而第(3)条含义显然来自前述"原初特性"之义。如果我们把第(1)(2)条与第(3)条结合起来,就可发现所谓无为、清虚并不是一无所为,所谓自然而然并不是放任一切,而是指感性欲望和名声利益这些东西会伤害精神、心理,会摧残健全的生活。因此,合乎"性"就指遵循恰当的生活方式或健全成长的法则。据此,《庄子》宁静、清虚、无为意义上的"性",或可解读为基于他对"健全成长法则"意义上的"性"的认识。

> 而且说明邪,是淫于色也;说聪邪,是淫于声也;说仁邪,是乱于德也;说义邪,是悖于理也;说礼邪,是相于技也;说乐邪,是相于淫也;说圣邪,是相于艺也;说知邪,是相于疵也。天下将安其性命之情,之八者存可也,亡可也;天下将不安其性命之情,之八者乃始脔卷狯囊而乱天下也。而天下乃始尊之惜之,甚矣,天下之惑也!(《在宥》)

> 百年之木,破为牺尊,青黄而文之,其断在沟中。比牺尊于沟中之断,则美恶有间矣,其于失性一也。桀跖与曾、史,行义有间矣,然其失性均也。且夫失性有五:一曰五色乱目,使目不明;二曰五声乱耳,使耳不聪;三曰五臭熏鼻,困㥄中颡;四曰五味浊口,使口厉爽;五曰趣舍滑心,使性飞扬。此五者,皆生之害也。而杨、墨乃始离跂自以为得,非吾所谓得也。(《天地》)

这两段文字都强调声、色之类感官欲望以及仁义之类道德法则,皆可能成为"生之害",因而导致"天下不安其性命之情",也就是违背性命的实际需要。这里所说的性,虽似指原初特性,但若理解为生存方式或成长法则,则更妥当。

这里涉及"性"的两种含义,一是指生存方式或成长法则(含义⑥),二是指清虚宁静无为(含义⑤)。有时读为第一种含义非常通顺,但不符合全篇文意。如果硬将两者统一起来,当然可以说作者认为回到清虚宁静符合生命健康成长的法则,尽管这未必是作者的本意。鉴于"宁静无为"这一人性词义在《庄子》中本已存在,我们认为将"生存方式"(含义⑥)

和"宁静无为"（含义⑤）这两重人性之义结合起来，可以让《庄子》的人性思想更自圆其说。即认为它在讲宁静无为时，事实上是基于人性作为一种生存方式的理解：清虚宁静无为符合生命健全成长的法则。

下面我们来尝试一下在《淮南子》用含义⑥代替含义⑤，以便保留其人性论思想的精华或合理成分（鉴于含义⑤本身在逻辑上的前述缺陷）。即如果把"性"理解为天然决定的恰当成长法则或生存方式，这就走出了人为设定一个并不存在或无法证明的"未接物状态"（原初特性）的樊篱，直接从后天动态过程出发理解"性"。这样理解，就会发现，《淮南子》所谓的回到宁静清虚才"合乎性"的思想，实际上是基于对人性健全成长法则的发现；而《淮南子》作者认识不到这一点，误以为回到宁静清虚是回到原初状态，也即回到性之本然。其实在《淮南子》中有很多地方，其所谓"性"解释为"生存方式"更顺当。

我们注意到，《淮南子》在以原初特性为性的同时，有大量批评情欲之词，认为情欲乱性、逆性（这一思想也可看作源于《庄子》等道家思想）。这与作者对"性"的理解基本一致，即认为情欲是感物而动的，所以是后起的，而性是原初的、先天的。"人性安静，而嗜欲乱之"（《淮南子·俶真训》）。其实人有情欲为何不是天生的呢？从另一个角度看，在以情欲为逆性的地方，若将"性"字理解为"健全成长的法则"，反而更妥当。该书认为，感官影响精神，声色破坏本性，"耳目淫于声色之乐，则五藏摇动而不定矣；五藏摇动而不定，则血气滔荡而不休矣；血气滔荡而不休，则精神驰骋于外而不守矣"（《淮南子·精神训》）。这种感官欲望"逆性"之说，如果理解为违背了人性健全成长的法则，而不是破坏了原初状态的宁静清虚，也是可通的。事实上，绝对意义上的宁静清虚，正如古人所说，是"身如槁木，心如死灰"，不可能是一种真正的理想生活状态。《淮南子》认为：

> 夫喜怒者，道之邪也；忧悲者，德之失也；好憎者，心之过也；嗜欲者，性之累也。人大怒破阴，大喜坠阳，薄气发喑，惊怖为狂。忧悲多恚，病乃成积；好憎繁多，祸乃相随。（《原道训》）

此段"道之邪""德之失""心之过"与"性之累"是平行对应的，都在强调同一种含义，这个含义可以理解为：情绪和嗜欲与人性的成长需要对立，或者说，并不符合人性健康成长的法则。一方面，从本篇上下文看，"嗜欲者，性之累"一句中的"性"，却应该是指未接物前的清虚宁静状态或特性。本段的逻辑是喜怒、忧悲、好憎、嗜欲破坏或违背了人生来具有的宁静清虚状态。"圣人不以人滑天，不以欲乱情"（《淮南子·原道训》），"乱情"即乱性。情、性二字常通用，都与嗜欲对立。但是另一方面，从行文"破阴""坠阳""发喑""为狂""多患""病积""祸随"等一系列术语可以看出，作者也认识到情欲违背了生命健康成长的法则，所以才说它是"性之累"。

> 乐作而喜，曲终而悲。悲喜转而相生，精神乱营，不得须臾平。察其所以，不得其形，而日以伤生，失其得者也。是故内不得于中，禀授于外而以自饰也。不浸于肌肤，不浃于骨髓，不留于心志，不滞于五藏。故从外入者，无主于中不止；从中出者，无应于外不行。故听善言便计，虽愚者知说之；称至德高行，虽不肖者知慕之。说之者众，而用之者鲜；慕之者多，而行之者寡。所以然者，何也？不能反诸性也。（《原道训》）

在这里，"不能反诸性"应当理解为人们之所以不能用善言便计、行至德高行，是因为惑于外诱，喜怒无常，内外失调，精神紊乱。"反诸性"即"内得于中"。前述人们沉迷于钟鼓、管弦、车马、酒乐，而不能真乐，原因在于"内不得于中"。"内不得于中"即"不能反诸性"。故"性"可指七情六欲发动之前，即原初的清静完美状态。但是另一方面，作者也是从精神紊乱、喜怒无常、须臾难平、日以伤生等不健康状态来论证的，所以这里的性也可以说包含着"人性健康成长的法则"这一含义，"不能反诸性"就是指违背了这一法则。

> 嗜欲连于物，聪明诱于外，而性命失其得。（《俶真训》）
> 贪饕多欲之人，漠睭于势利，诱慕于名位，冀以过人之智，植于

高世,则精神日以耗而弥远,久淫而不还,形闭中距,则神无由入矣。(《原道训》)

形神相失、精神日耗,当然代表不恰当的生存方式。作者认为原因在于昏于势利、慕于名位,根本原因在于"贪饕多欲"。从全篇看,贪饕多欲就是指人陷于感官欲望引诱,脱离了原初的清静本性。如果换一个角度,贪饕多欲之所以逆性,是因为它导致形神相失、精神日耗,也就是说违背了人性健康成长的法则。下文称"夫精神气志者,静而日充者以壮,躁而日耗者以老。是故圣人将养其神,和弱其气,平夷其形,而与道沉浮俯仰。恬然则纵之,迫则用之"(《原道训》),这段是在论证宁静清虚的重要,但也可以理解为描述生命健全成长的法则,所谓"形劳而不休则蹶,精用而不已则竭"(《精神训》)。

《览冥训》主张"夫全性保真,不亏其身",此处"性"与"真"相应,当指原初的本真状态,未受染于世事。葛瑞汉(Graham, 1986)屡称此句,以此说明"性"指恰当的生活历程,虽不切于本义,但若将"性"理解为"生存方式或成长法则",同样可通。

以上考证了先秦秦汉人性概念的两种词义及其相关性,即作为原初特性的人性概念,与作为生存方式或成长法则的人性概念。限于篇幅,本章未考证同时期其他几种人性概念的词义。

第二章 本质论与发展观的误区

【提要】本章通过对本质论和发展观的批评，试图提出一种理解孟子性善论的新思路。我们发现，先秦时期的"人性"概念包括本能属性和成长法则这两种不同的含义，所谓成长法则是指生命健全、完整发展所必须遵循的规律，它决定着生命能否充分地实现自身。成长法则与本能属性都是生来就有的，都属于"性"。孟子性善论不一定是指人性本善，也不完全是指有善、向善或心善，而可能指人性在成长法则意义上是个好东西（不排除可能有坏成分）。其逻辑根据是：（1）每个人都希望实现生命的健全、完整发展，即所谓"尽其性"；（2）在道德意义上，只有为善才能真正地"尽其性"，而为恶则导致人性扭曲、不健全。

孟子性善论的最高原则是人性，而不是善（仁义礼智）或良心；善、良心或本心等都不是目的，而是实现生命的健全、完整发展这个目的的手段；这才是"自反"（《公孙丑上》2A2）、"存心"（《离娄下》4B28）、"修身"（《尽心上》7A1，7A9）的主要目的，也是"根于心"（《尽心上》7A21）、"我固有之"（《告子上》6A6）等一系列说法的根本原因，还是人禽之别能确立人的价值与尊严的深层原因。也许孟子本人对这套逻辑的表述易生误解，但从"睟面盎背不言而喻"（《尽心上》7A21）、"足之蹈之手之舞之"（《离娄上》4A27）、"反身而诚乐莫大焉"（《尽心上》7A4）、"若决江河莫之能御"（《尽心上》7A16）等一系列说法，可以理解为什么孟子能将道德的真正基础建立在人性而不是外部需要之上，这也是性善论的巨大魅力所在。

多年来我一直在教学中摸索如何讲解孟子的性善论，发现要让学生们理解性善论很难，关键是要有一套可以把孟子思想真义说清楚的语言。很多人认为，人性本质上是善还是恶，这其实是说不清的；如果人性本善，如何解释人间那么多的恶；况且，善恶本来就是人类社会道德的产物，先天的人性也许无所谓善恶。按照这样理解，就会觉得孟子太肤浅。然而，细读《孟子》可以发现，性善论根本就不是在上述意义上展开的，有关误解需要得到进一步澄清。

在历史上，关于孟子的性善论有太多的批评与争论。从荀子、董仲舒、王充到司马光、王安石、苏轼等人，从宋明理学家的气质天命之分到王夫之、戴震、颜元等人性不离气之说，有过很多争论。现当代学者康有为、唐君毅、徐复观、牟宗三、胡适、冯友兰、钱穆、张岱年等人对之均有所论述。在西方汉学界，有关性善论的研究也很热烈，特别是自从20世纪60年代末葛瑞汉发表那篇关于孟子的著名文章以来（Graham，1986），孟子的人性论引起了西方汉学界持久的讨论。夏威夷大学主办的《东西方哲学》杂志1997年推出了一个儒家人性论的专辑；① 信广来（Kwong-loi Shun）于1997年出版《孟子及早期中国思想》一书；2002年出版、陈金樑（Alan K. L. Chan）主编的《孟子：背景及解释》一书所结集的13篇论文中，有9篇直接或间接地论及孟子的人性论。顾立雅（Herrlee Glessner Creel）、史华兹（Benjamin I. Schwartz）、倪德卫（David S. Nivison）、孟旦（Donald J. Munro）、林毓生、张灏、安乐哲（Roger T. Ames）、柯雄文（Antonio S. Cua）、华霭云（Irene Bloom）、艾文贺（Philip J. Ivanhoe）、万百安（Bryan W. Van Norden）等不少学者都曾对孟子或其人性论有研究或论述。本章试图以前人的成果为基础，进一步分析孟子性善论的意义。

---

① Human "Nature" in Chinese Philosophy: A Panel of the 1995 Annual Meeting of the Association for Asian Studies (Special Issue), *Philosophy East & West*, vol. 47, no. 1, January 1997, pp.1-74.

一、本质论

所谓本质论，我指认为人性有某种先验的本质，于是性善论就变成"人性本质上是善的"，性恶论变成了"人性本质上是恶的"。对此，正如我在导论部分指出的，孟子未使用过"性本善"这一表达方式，他所使用的表述只是"性善"而不是"性本善"。"性善"与"性本善"的差别在于，"性善"就如同我们今天说"某某是个好人"一样，并不等于说这个人"本质上"好，更不意味着此人没缺点。

我们知道，把"性善"解释为"性本善"在历史上是后来的事；即便如此，"性本善"在中国古代也不是指"人性本质上是善的"。古汉语中的"本"是个指事字，原指树的根部，有两个基本含义：一指原初（本来）；二指基本或根本。这两个意思都与现代汉语中的"本质"相距甚远。比如《三字经》中的"性本善"，其"本"字就是指"原初"，故前有"人之初"三字。

现代汉语中的"本质"一词来源于希腊哲学。按照亚里士多德的说法，"本质"一词指存在于事物背后、代表一事物成为该事物（"是其所是"，*to ti en einai* 等）的属性。在希腊哲学中，"本质"代表变化不定的现象背后永恒不变的实体。希腊哲学中的"本质"（如柏拉图的 *ousia*，亚里士多德的 *to ti en einai* 等）针对现象而言，指在变动不居的现象背后永恒不变、确保事物自身同一性的属性（比如苏格拉底的体貌特征天天在变，但不妨碍他仍然是苏格拉底，那个在变化之中确保苏格拉底为苏格拉底的东西就是他的本质）（Aristotle，1941：786-787；亚里士多德，1959：129-130；方朝晖，2022：61-62）。这种隐藏在背后且永恒不变的"本质"概念在古汉语中未见，不过深受西方自然科学影响的现代汉语已经接受它，并在解释孟子性善论的时候被不自觉地引入：先把"性善"理解成"性本善"，再把"性本善"解释成人性"本质上"是善的。这是一系列误解的根源。

因此，假如我们放弃把"性善"解释为"性本善"，并进一步解释为"人性本质上是善的"，那么"性善论"丝毫也不否认人性之中存在着与生俱来的坏成分，而可能只是说人性从整体上看仍然是个好东西。如此，"性善"

作为一个判断句就不能理解为：

（1）人性本质上是善的（本质判断）

（2）人性全部是善的（全称判断）

（3）人性生来是善的（先天判断）

而可能理解为（当然也不是唯一解释）：

（4）人性总体上是善的（总体判断）

所谓"人性总体上是善的"，就是"总体上是好的"，但并不否定它也有不好的方面（就像我们说某人虽有许多缺点，但总的来说还是好人），类似于戴震所说的"材质良"。① 至于说"人性全部是善的"，未免对人性的好坏不加辨别，显然过于简单，难以让人信服。而至于说"人性生来就是善的"，问题是有人认为人生来就有不善的成分（荀子的性恶说即是此意），而现代学者多倾向于认为人性在进入社会之前无所谓善恶（告子亦如此）。不难发现，这里的（1）（2）（3）三个判断都直接或间接地包含着某种本质化预设，甚至可以说判断（1）正是以判断（2）或（3）为基础推导出来的；如果判断（2）或（3）成立的话，现代人就可能得出判断（1），即人性本质上是善的；而当人们说判断（1）的时候，他们心里想的也可能是判断（2）或（3）。②

由此我们也可以理解，后世很多学者可能因为认识到判断（1）（2）（3）不成立，或猛烈批判孟子的人性论（如历史上的告子、荀子、董仲舒、王安石、苏轼、司马光、苏辙、俞樾等人）；或为了替孟子辩护，提出各种新的解读，比如把性善论解释为有善说（陈澧等），心善说（徐复观、唐君毅、张岱年等），向善说（唐君毅、傅佩荣），或善端说（董仲舒、孙星

---

① 戴震（1982：183）以心、材质、理义三者合而言性，即所谓血气心知之性，谓此性之材质得天理之全，故谓"人之材质良"。不过，我这里只是借用，戴震对性善的论述倾向于"有善论"，与我有所不同。

② 本质论还有另外一种表现方式，即认为人性部分是善的，但由于这部分善的内容代表了人性的本质，即人之所以为人（或人异于禽兽）之处，所以可以说人性善。这一观点认为孟子的"性"与通常本能意义上的"性"不同，是他自己重新界定了"性"。这一观点非常有影响，戴震、冯友兰、张岱年、余纪元、梁涛等人均主此说，我在第四章专门评述这些看法。

衍、胡适、冯友兰等），人禽说（即以善性/人异于禽兽者为人性，戴震、冯友兰、张岱年、余纪元、梁涛等），本原说（张载、程颐、朱子等），等等。① 甚至可以说，宋代理学家张载、二程和朱熹等天命之性与气质之性的提出，也是为了走出孟子"性善"这一判断所带来的上述三个判断的困境。这些解释诚然各有一定道理，然而，如果性善论本来的表述只是指"从总体上是善的"，那么这些辩护的必要性是否有可能要另加考虑？

二、发展观

早在1967年，英国学者葛瑞汉（Graham，1986：7-8）就曾撰文指出，孟子的性善论不能完全从西文human nature来理解，西方哲学中的有关概念把人性固化，不适用于先秦人性论。美国学者李耶理（Lee H. Yearley，1990：58-62）在专门讨论孟子的性善论时，提出了研究人性的两种模式：发展模式和发现模式。所谓发展模式（developmental model），是认为一个人在营养充足且不受伤害的情况下有自然可能发展出德性的能力（capacities）。所谓发现模式（discovery model），是对人的存在的"存在现实"（ontological reality）的发现。他认为孟子的性善论是基于发展模式而不是发现模式提出的。安乐哲（Ames, 1991; 2002）在后来的一系列论文中进一步阐述葛瑞汉的观点，强调孟子的"性"不是一个固定的、死的先天本质，而是在特定的历史、文化情境中不断自我创造、自我实现的过程；因此"性"是在后天修身中为实现自我而建立的，而非从初生时就被给定的抽象理念。安乐哲之所以反对把汉语"人性"翻译成human nature，正是因为来自希腊哲学传统的西方人性论把人当作孤立的实体个体，把人性当作由外在法则（archē, eidos）所支配的现象，其背后的宇宙论（cosmogonic cosmolgy）与中国先秦时期的宇宙论（non-cosmogonic cosmolgy）迥然不同。

不难发现，安乐哲所反对的正是本质论思维。他的观点虽有道理，但

---

① 历代学者各种性善论解释之总结见第四章，那里我把向善说、善端说均作为心善说之一种。这里之所以分开，是为了让读者有更直观的理解。

如果完全把人性当成发展的过程,也有重要问题。孟子所讲的"性"严格说来不是在历史、文化情境中建构出来的产物;从孟子"仁义礼智根于心"(《尽心上》7A21)、"先得我心之所同然"(《告子上》6A7)、"我固有之"(《告子上》6A6)、"皆备于我"(《尽心上》7A4)到"知性知天"(《尽心上》7A1)等论断,可以看出他强调人性的某些道德特征是先天的。他虽然重视修身和存养,但这些行为有一个共同的目标,即"尽其才"(《告子上》6A6)。所谓"尽其才",实际上是完成上天所赋予"我"的天性要求,所以也即《中庸》的"尽其性"。我把"尽性"理解为"让生命得到健全、完整、充分的成长或发展"(在孟子这儿是道德意义上的),葛瑞汉指出这是在不受伤害、营养充足的条件下实现的繁荣和发展。人怎样才能获得健全、完整的成长或发展呢?这正是需要我们下一步探讨的大问题,也是涉及性善论能否成立的关键所在。这里先强调一下:人性的健全、完整发展肯定有自己的规则——本章称为"成长法则",而成长法则可能是一生下来就已被赋予的;如果人的所作所为违背了这套法则,就会导致"逆性""伤性""害性"或"失性",在孟子那儿就是"戕贼"、不能"尽其才"(当然主要是道德意义上)。

人们一般都承认,人的成长、发展有自己的规律,有自己的法则,包括生命周期、成长方式、营养条件、理想特征等在内。这些当然也是与生俱来或天生的,所以也属于"性"的范畴。以桃树为例,春天来了,我们看到园子里一棵棵桃树茁壮成长后枝繁叶茂,开放出鲜艳的花朵。这样的桃树可以看成已经在"尽其性",即最大限度地挖掘了自身潜能,充分地实现了自身。而这棵树之所以"尽其性",正是由于人能按照其成长法则的要求来培育它。设想另一棵桃树发育不充分、开花不鲜艳,枝条萎缩、躯干短小、树叶发黄,那么我们可以说这棵桃树没有"尽其性",不符合其"天性"。这是由于外部伤害或营养不良所致,即孟子所谓"戕贼杞柳"。"戕贼杞柳"就是其柳之性受到了扭曲而不健康的意思,也就是违背了其成长法则的要求。

从孟子的"性"所代表的成长法则是先天而不是后天发生的这一重要

事实看，安乐哲等人坚持孟子的"人性"是一动态过程的说法忽视了性的先天特征，恐怕与孟子本义有背离之处。孟子所说的人的发展过程，绝不是自然而然的发展（与自然事物不同），而是有目的、有方向的刻意努力；人的生命不可能漫无边际、没有极限地发展，不管历史—文化环境如何塑造它。换言之，修身、尽心、存养皆须遵循某种先天的规则，才能达到"尽其性（才）"的成效。从这个角度说，生命的全面发展乃是为了成全其原有的天性，其中包括充分实现其潜能，真正成全其自我。安乐哲认为亚里士多德所谓"潜能/现实"的二分不适合于孟子的人性论，恐未必正确（Ames，1991：159）。这也正是他受到华霭云（Irene Bloom，1939—2010）批评的主要原因吧（Bloom，1994；华霭云，2005）。

现在我们可以得出初步结论，"性"（人性）作为与生俱来或天生的特性，其实可以有两种完全不同的理解，一是指本能属性，二是指成长法则。从本能属性的视角看，人性是指人们生而具有的一些特点如食、色之类，这是性恶论的典型理解方式。但是其实还可以从成长法则的角度看，每种生命都有自己的成长法则或规律，这些法则或规律能决定一个生命能否健全、完整地成长、发展。这两个层面的"性"，孟子同样给予了重视；但是恰恰后面这个意义上的"性"，才是导致孟子得出人性善的主要原因，这一点下面论述。

孟子的"性"有时是从成长法则的角度来理解的，前人也指出过。例如，清儒戴震曾提出，孟子所谓的"性"，包括人先天地获得的一切特性；其中有些特性是可见的，如食、色之类；有些特性是不可见的，如成长周期、成熟样式等。这些不可见的特征需要长时段观察才能发现，但不能否认它也是人性的一部分，它接近于本章所谓成长法则。他说，"其禀受之全，则性也；……如桃杏之性，全于核中之白，形色臭味，无一弗具，而无可见，及萌芽甲坼，根干枝叶，桃与杏各殊；由是为华为实，形色臭味无不区以别者，虽性则然，皆据才见之耳。成是性，斯为是才"（戴震，1982：39-40）。按照上述戴震的理解，"性"代表先天具有的潜能，"才"代表后天表现的形质。

葛瑞汉也注意到了孟子人性概念作为成长法则的上述含义。他指出，孟子的人性概念更加接近于《庄子》《吕氏春秋》《淮南子》等之中的人性概念。比如他引用《庄子·达生》"吾生于陵而安于陵，故也；长于水而安于水，性也；不知吾所以然而然，命也"等来说明，先秦中国学者的"性"还包括在成长中充分实现其潜能的特征，孟子的"性"概念也正是在此意义展现的（Graham，1986：8；葛瑞汉，2005：13-14）。所以他反对局限于与生俱来的特征来理解孟子的"性"，因为"性"还包括人在成长过程中所展现出来的特征（接近于本章所谓"成长法则"）。

三、性之二义

葛瑞汉从人性内部复杂性，特别是其中各部分相互冲突的角度来论证孟子的人性论，确实是较以前大大前进了一步。他主要认为，人性中既有道德倾向（moral inclinations），也有自然倾向（natural inclinations），但在两者的冲突中，并不是遵循后者就一定符合生命总体的需要；每个人在冲突发生时需要自己作出权衡和选择，最后确定选择哪个符合人性。如果说前者是大体，后者就是小体。他认为孟子的性善论是基于对大体的认识，即只有舍小体、取大体才符合人性（Graham, 1986: 26-42）。但是还有两个问题，第一，为什么在道德倾向与感性欲望的冲突中，前者就代表大体，后者就代表小体？因为，在健康长寿与本能欲望的冲突中，我们很容易分辨何者大、何者小，但是在这两者的区分中，如何来分辨？葛瑞汉确实提供了鉴别标准，即前者反映了人异于甚至高于禽兽之处。不过人异于禽兽之处，也不能说明就一定是最重要的，这涉及价值判断标准的问题；如果一个人不接受道德倾向为更高的价值标准，就无法拿出更具说服力的理由来了。毕竟健康长寿与感性欲望二者之间的比较，孰轻孰重一望便知，而道德倾向与感性欲望二者的比较很难分辨轻重。葛氏之说易陷于以道德标准代替事实标准，或以价值预设凌驾经验现象的思维方式。这恰恰没有点出孟子思想最精彩的地方。第二，凭什么说，在两种倾向（感官欲望与道德倾向）相互冲突时，只有顺从道德倾向才是真正合乎人性的？固然，葛氏已经说明，这两种倾向或冲动都是人性的组成部分，但是为什么选择后者即道德倾向会比选择前者更合乎人性？如果说后者代表了人高于禽兽的高级价值，但这也只是人为的价值预设啊！事实上，我个人认为，这一说法还是不足以阐明性善论。

在这里，我认为葛瑞汉还应该再走一步，说明什么是合乎人性的标准。这个标准，杨朱和道家学派认为包含健康和长寿，不过不应当限于生理意义，还应包括精神和心理意义，即人的精神和心理的健康。杨朱和道家所说的健康长寿已包含这两方面，但他们既然没有认识到道德冲动也内在于人性，自然不能从道德角度来理解健康长寿的内涵。所谓从道德角度理解健康长寿，指人的精神和心理的健全还依赖于为善，即行仁义。这里涉及健全成长的法则问题。正因为需要从道德角度来理解人性的法则，所以孟子会提出性善的立论来，毕竟杨朱和道家不愿意从道德角度来讨论健全成长的法则问题。

具体来说，孟子与杨朱、道家均探讨了人性健全成长的法则，二者对于人性健全的标准理解应当差异不会太大，比如应包括健康、长寿等内容，所以均重视养生。但是杨朱、道家只涉及节欲、为我等方面，而没有涉及道德方面。孟子发现，为恶，即按照人的私心去做事，不仅会伤害他人，也会伤到自己，让生命不能健康成长。具体来说是这样的：顺着人的自私欲望，有时会让人的心灵扭曲，心理不健康，精神受压抑；反之，顺着人的道德倾向，会让人的心理更健康，精神更奋发，身心更和谐，甚至灵魂趋不朽。这是人性健全成长法则的道德层面，也是道家和杨朱学派所未注意到的。

现在我们以图 2-1 来说明孟子与杨朱、道家之别：

在图 2-1 中，人性 1 与人性 2 时常是相互冲突的，但是人性 2 无疑是最高原则，遵循人性 2 也就是"顺性""因性""循性""率性"或"全性"，或"性之"（《尽心上》7A30），也即所谓"尽性"或"尽己"。道家和杨朱已经力图在揭示人性健全成长的法则，孟子接受了他们的影响，进一步提出全性之道并不限于道家的养生或杨朱的为己，还包括居仁行义（讲守道德）。

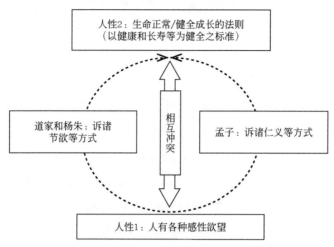

图 2-1　孟子与道家人性观之别

葛瑞汉的认识停留于道德内在于人性，而不能进一步到道德行为何以合乎性；他所谓"合乎性"（accordance with our nature）（Graham，1986：40-42），限于道德本身也是性的一部分这一含义，即在大体、小体之分中舍小取大。他在分析道家和杨朱时确实也多次提到了"性"在当时包括生命成长的趋势、方向、规范等含义，但是没有明确地认识到：孟子之所以要遵循道德（仁义），主要并不是由于它代表大体，而是由于这才真正合乎生命成长的趋势、方向或规律，从而合乎生命健全成长的法则，即真正"合乎人性"。他并没有发现，孟子已经有意识地把人性健康成长的法则作为道德的准则，而不是只认识到道德也是人性中一个方面的要求（即葛氏所谓"原初道德冲动"[incipient moral impulses]）。认识到这一点十分重要，因为只是在孟子这里，道德的基础才明确地不是建立在道德本身之上，而是建立在人性目标之上。这里有两个观点，虽均正确，但区别十分重要：

观点一：道德内在于人性；
观点二：遵循道德才能让生命健康成长（符合人性的法则）。

这两个观点的差别在于，前者只说明人有本能而内在的道德冲动（即仁义皆内），但并不等于人遵循这些冲动生命才能健康成长。因为正如我们已知的，感官欲望也是人本能而内在的冲动，但遵循它们未必能让生命健康成长。由于孟子讲得最多的是观点一，绝大多数学者被观点一所迷惑，误以为这是孟子性善论的主要论据。其实不然。观点一之所以能说明性善，是因为观点二。换言之，如果认识不到观点二，观点一单独、孤立地也不能说明性善。孟子大量突出了观点一，但同时，也特别强调了观点二。由于其观点二的表述方式不太清晰，导致很多人不太理解。所以可以说葛瑞汉是未达一间。事实上，孟子讲大体、小体之分，是在确立人性健全成长的法则基础上的事，而不是以之为前提来论性善。

四、成长法则

从成长法则的角度所说的"性"或"人性"，是指每一个生命要想得到健全、完整的成长所要遵循的法则或规律。比如它的生命周期、健康状态、营养条件、成长方式等。成长法则也代表生命健全、完整成长发展的根本需要，一旦违背生命就会走向枯萎，生机、活力受到压抑，我们称其伤性、逆性、害性或失性。这些需要或规律是生命刚出生或在种子阶段时就已经被决定了的。成长法则代表"性"的另一个重要方面，决定了一个生命能否健康地成长，包括让它天生的潜能得到充分实现，即所谓"尽其性"（孟子说"尽其才"，《告子上》6A6）。该长高时长不高，该开花时不开花，该鲜嫩时却枯黄，皆是不能"尽其性"的表现。

事实上，在日常生活中，现代人也常常从成长法则的角度来使用"人性"一词。例如，当我们说某件事"没有人性""违反人性"或"没有人味"时，所谓违反人性或没有人性，意味着对生命的伤害或毁灭；而之所以会伤害或毁灭生命，正由于背离了生命成长的根本需要，也即是对其成长法则的违背或蔑视。这里的"人性"一词并不限于人的本能需要，更是指符合生命健全生长的根本需要，也即生命成长的法则。

应当认识到，人的本能需要、感官属性有时与生命的根本需要或成长法则是相冲突的。比如好逸恶劳是人的本能需要，但它可能使人变得懒惰而失去活力，并不符合人的根本需要，因而我们也说它可能反人性。比如纵欲符合人的本能需要，但可能毁掉我们的健康，摧残我们的心理，因而也是不符合人性的，这是因为这类行为违背生命成长的法则，不符合健全成长的根本需要。

试以表2-1描述两种不同的性概念：

表2-1　两种性概念

区别点	性恶论	性善论
理解角度	感官属性	成长法则
作为需要	本能需要	根本需要
典型说法	人性本来就是自私的	教条的教育违反了人性

现在我要说的是，孟子所用的"性"有时正是从成长法则的角度说的。具体说来，我认为孟子的"性"或"人性"可指充分、健全、完整地生长、发展所遵循的规律，也可以说指向生命"充分地实现自身"的根本需要或条件。这是孟子"知其性""尽其才"等言语所蕴含的意思。如果我们忽略了孟子的"性"（人性）与荀子的"性"存在含义上的这一重要区别，就为理解性善论设置了巨大障碍，从而无法理解孟子思想的深刻意义。荀子的人性概念更接近于本能属性，而孟子的人性概念包含成长法则。为了更好地理解这一问题，我提出下面几个问题供大家讨论：

其一，人们通常容易用"性"指食、色之类"与生俱来的感官属性"，但是顺着此性发展却不合乎"人性"，这说明了什么？可见，"性"的含义本来就不应当限于指食、色、味、臭、安佚之类与生俱来的属性，而应当包括生命成长的规律或法则。这就表明，人们以本能的感官属性来理解人性，是太过于肤浅了。孟子正是在这个意义上超越了告子，也超越了后来的荀子。孟子曰："饥者甘食，渴者甘饮，是未得饮食之正也，饥渴害之也。

岂惟口腹有饥渴之害？人心亦皆有害。"（《尽心上》7A27）所谓"非饮食之正"，就是指害性，也即"戕贼杞柳"之义。

其二，当我们说"这个没有人性的畜生"时，这里的"人性"一词是指什么？显然不是指食、色等感官属性吧？那么它是什么意思呢？直观的含义当然是指一种价值立场，即我们所认可的最基本价值，也指衡量人之为人的基本价值标准。那么，作为衡量人之为人的价值标准的"人性"概念究竟是如何得出的？我想"没有人性"在这里是指某种行为违反了人类生命成长的根本需要，或者说与生命健全成长、完全发展的法则相对立。所以，这里的"人性"概念照样与通常限于食、色等本能需要来理解的"人性"概念有所不同，主要指成长法则，尽管这两种人性都指某种与生俱来的特性。

其三，孟子"睟面盎背"（《尽心上》7A21）、"乐莫大焉"（《尽心上》7A4）、"手舞足蹈"（《离娄上》4A27）、"尽心知性"（《尽心上》7A1）等一系列表述，主要是为了说明为善合乎人性，而不是为了确立所谓良心/本心为性之本体。为善不是由于善本身，而是为了"尽其性"（《中庸》）、"尽其才"（《告子上》6A6），善本身不是自在的价值或目标。"尽性""成己"，才是为善的根本目标。这正是孔子的"为己"传统。"率性"（《中庸》）与"尧舜性之"（《尽心上》7A30）含义是一样的，无论是"率性"还是"性之"，都代表一种精神："性"是比道德更高的标准。唯此，道德的基础才能真正奠基于人性之内，而不是在其外。这才触及了孟子性善论的核心，才能证明仁义在内而不在外。

戴震[①]、冯友兰（1961：153-162）、张岱年（宇同，1958：203；1996b：550-554）、余纪元（Yu Jiyuan，2005）、梁涛（2007；2009）等人认为，孟子把人性定义为善性/人异于禽兽者。如果真是这样的话，则容易把修身、

[①] 戴震说，"人以有礼义，异于禽兽，实人之知觉大远乎物则然，此孟子所谓性善"（1982：35），"性虽不同，大致以类为之区别……言类之相似，则异类之不相似明矣。……人物之性，咸分于道，成其各殊者而已矣"（页25）；又说："人物之生，类至殊也；类也者，性之大别也。……盖孟子道性善，非言性于同也；人之性相近，胥善也"（页182）。

存养变成一个为了求善而求善的过程,忽视了人性本身才是孟子性善论的最高准则,反而可能走到人性的对立面(扼杀人性)。我认为这一理解并不完全符合孟子性善论的精神。

其四,《中庸》"率性之谓道","率"多读为循;杨朱、庄子、列子、《淮南子》《吕氏春秋》已有"循性""因性""全性""顺性"之说;上述诸家皆明确反对淫于声色滋味,其"性"显然也不能理解为食、色之类的本能属性,否则何以能"率循"。如果不像冯友兰、张岱年、余纪元、梁涛等人那样,将"性"理解为善性/人异于禽兽者,而是理解为"生命成长的法则"(=生命健康完整生长的根本需要),显得更顺。徐复观(1978:163)称:"天命之谓性的性,自然是善的,所以可以直承上句而说'率性之谓道'。这两句话,是人性论发展的里程碑。"不过,"天命之性"亦有恶端,何以就是善的?徐说授人以柄矣。须知,"率性""尽性""因性""循性""全性""顺性"就是孟子"尧舜性之"之义,这是对"性"完全肯定的态度,但前提是此性不是声色、滋味、安佚之类本能需要,而是指健康发展根本需要或法则也。

其五,孟子强调"自反"(《公孙丑上》2A2)、回到"良心"(《告子上》6A8)、不失"本心"(《告子上》6A10),需要搞清的是:为何"自反"会有无比强大的力量?所谓"自反而缩"(《公孙丑上》2A2),所谓"舍生取义"(《告子上》6A10),所谓"浩然之气"(《公孙丑上》2A2),所谓"大丈夫"(《滕文公下》3B2),代表的是"自反"所带来的无比巨大的精神力量。这种精神力量从何而来?有人谓性善的基础是心善,即良心/本心(徐复观,1978:163-174;杨泽波,2010:33,165),故要自反;然未解决为何良心本心有如此强大的力量?你可以说因为回到了人之所以为人的尊严与价值。但后者毕竟是后发的人为价值判断,我们在讨论性善论时要避免先入为主地从道德价值出发。从价值判断出发,我们确实可以说,善性/人高于禽兽者代表了人的高贵、尊严与价值;但是从事实判断出发,人的高贵、尊严与价值感是怎么建立起来的?原因在于:为善因为符合人性成长的法则,所以才使人变得生机勃勃、有无限活力。这也是"四体不言而喻"(《尽心上》

7A21）、"足之蹈之手之舞之"（《离娄上》4A27）、"反身而诚乐莫大焉"（《尽心上》7A4）、"先得我心之所同然"（《告子上》6A7）、"若决江河莫之能御"（《尽心上》7A16）的根本原因。

其六，许多学者均已认识到，孟子"仁义礼智根于心"（《尽心上》7A21），将道德植根于人性而不是社会需要或环境，这是孟子性善论的强大意义所在。但是为什么这一观点成立？这一观点真的成立吗？前述"人禽说"（或以人禽之别为人性）就回答不了这一点。为什么仁义礼智根于心呢？杨泽波（2010：77-85）提出"人性的自然生长倾向"一说。但此说还是会面临何以有向善的"自然倾向"，难道不可以说人性中也有向恶的自然倾向吗？更多的人还是接受人性在纯粹自然状态（即生物学意义上）是无所谓善恶的。所谓"根于心"（《尽心上》7A21）、"我固有之"（《告子上》6A6）、"心之所同然"（《告子上》6A7），我认为其真实含义是：当我们行善时，会发自内心地感到幸福，发现这才是真正符合自己人性的做法；也就是，由于仁义礼智从根本上有利于生命健全完整发展，让人觉得仿佛它们是发自人的内心一样。正因为当我们行善时，会有一种发自内心的舒适，会感到生命的繁荣灿烂，所以我们感觉这些善并不是出于外部的需要而行，而是从我们内心流出来；而在相反的情形下，孺子入井而不救，自己会受到良心责备，这也同时意味着自己的人性扭曲，所以不利于生命健全完整发展。这一思想，千百年来很少为人所讲。

可以说，性的成长法则之义可以弥补"心善说"无法给道德行为以动力的重要缺陷，此其一。从心善出发，人固然皆有天生的仁义之心，但是他何以必须遵守仁义之心，而不遵守食色之心？成长法则说给予回答：我们是为了生命健全成长的需要而遵守仁义。其二，此义可以弥补"人禽说"容易导致道德教条主义，以及特别是将食色之性与义理之性对立的缺陷，此即后世批评宋儒道德杀人之原因。

其七，许多学者均已认识到，孟子"仁义礼智根于心"，将道德植根于人性而不是社会需要或环境，这是孟子性善论的强大意义所在。葛瑞汉阐明孟子"为善合于人性"之逻辑尤为清晰（Graham，1986）。但是仅仅认识这一点仍然是不足的,因为这远不足以证明性善论。另外,为什么人性善这一观点成立?这一观点真的成立吗?前述"人禽说"(以人禽之别为人性)就回答不了这一点。为什么仁义礼智根于心呢?所谓"根于心",若从起源上说是有逻辑问题的(比如性恶论也可从起源上说性),它的实际意思是说它们从根本上有利于人性健康发展,而这一点孟子只有比较模糊的说法,如说"戕贼杞柳"(《告子上》6A1)、"乃若其情"(《告子上》6A6)、"非才之罪也"(《告子上》6A6)、"睟面盎背"(《尽心上》7A21)、"若水之就下"(《告子上》6A2)、"闻一善言若决江河"(《尽心上》7A16)、"圣人先得我心之所同然"(《告子上》6A7)、"尧舜性之也"(《尽心上》7A30)之类。杨泽波(2010: 77-85)为了说明为什么"根于心",提出"人性的自然生长倾向"一说。但此说还是会面临何以有此倾向之问,因为毕竟我们可以说人性在纯粹自然状态(即生物学意义上)是无所谓善恶的。

事实上,孟子在论述山之性(《告子上》6A8)、水之性(《告子上》6A2)时,都涉及了性作为动态过程之义。比如山有生木之性,水有下流之性。孟子在论述杞柳之性时,涉及了性作为生存方式之义(《告子上》6A1)。下面我们摘录孟子关于行善最乐的若干句子,我认为它们非常能说明他的人性概念至少在相当重要意义上是基于他对生命成长法则的认识:

　　孟子曰:"乐则生矣,生则恶可已也。恶可已,则不知足之蹈之、手之舞之。"(《离娄上》4A27)

　　孟子曰:"反身而诚,乐莫大焉。"(《尽心上》7A4)

　　孟子曰:"君子所性,仁义礼智根于心,其生色也睟然见于面,盎于背,施于四体,四体不言而喻。"(《尽心上》7A21)

五、性善何义

有了上述理解,我们就可以更好地理解孟子的性善论。既然孟子所谓的"性"是指生命充分实现自身的特征,那么"性善"的意思可以指生命充分地实现自身——得到充分完整的发育和健全的生长——是一件好事，因为这不仅有利于自身，更有利于他人，甚至有利于世界。如果我们认同"桃树得到充分的发育和成长比得不到充分的发育和成长要好"这一判断，那就等于承认"桃树之性善"。相反，假如我们不认同上述判断，那就等于认为"桃树之性不善"。这里衡量某一生命"性善"还是"性恶"的标准不在于其先天的本能需要，或固有的道德种子，而在于它的充分、全面发展（尽其性）好不好（是否有利于同类，乃至于世界）。

比如，我们有时认为，苍蝇这种东西越是得到充分的成长、发育，越是给世界带来危害。这种态度如果上升为一种价值立场，也可以说认为"苍蝇之性不善"。然而，我们不能仅仅从人特别是特定人群的态度来下结论。从现代生态学立场看，苍蝇的健康、茁壮生长是否符合自然界发展的整体需要也不好说。如果如此的话，苍蝇之性是不是善的就不好说。但是世界上是不是有什么生物，它的充分生长、发育是一件坏事（即有害于他人和世界）呢？比如吸血鬼这种东西如果有的话，我们可以按照孟子逻辑说其性不善，不过不是说其无善心，而是指它越是充分生长，就要越多地伤害他人。

综合上面两条，我们可以得出，孟子所谓的"性善"只是指人如果能充分地实现他的性/天性，是好事一件。这可能是孟子"性善"的本义之一。然而认识到这里还不是最重要的，最重要的是，为什么人的生命的健全、完整成长是一件好事呢？我认为这里有两个基本的前提假定，也可以说是性善论的两个前提假定：

（1）每个人都希望最大限度地成全自己的性/天性，即所谓"尽其性"（《中庸》）或"尽其才"（《孟子·告子上》6A6）。

（2）人要成全自己的性/天性，就不能作恶，因为作恶会戕害自己的性/天性，即所谓"戕贼杞柳以为桮棬"（《孟子·告子上》6A1）。

现在我们可以说：性善论是否成立，取决于前面（1）（2）两条是否成立。那么这两条是否成立呢？第（1）条成立似乎没有问题，因为它符合常识。第（2）条也应该没有问题，因为没有人认为一个为非作歹的人，其人格是健康的。我们大概都承认，坏人的生命是扭曲的。

由此，"人性"或"天性"一词就获得了一种价值，即它是好东西，值得追求，故曰"性善"。设想吸血鬼（当然世间并无此物）为了生存必须以害人为前提；而人为了健全成长，就不能伤害他人。相比之下，可以说人比吸血鬼的"材质"好，即人性比鬼性好。从这个角度说，性善也是相对而言的，并不涉及本质问题。

回到开头，当我们说"那个人没有人性"时，显然已经假定了"人性"是好的。换言之，这一说法已经预设了"性善论"。否则，如果人性不是好的，"没有人性"就不能成为一句骂人的话。那也就是说，人们在日常生活中也已经坚持了孟子的"性善论"了。尽管许多人在批评性善论时凿凿有词，但事实上他们也都是性善论者。关键在于：人们在内心深处都知道，生命的健全、完整成长是我们在有意无意之中追求的理想，也是我们衡量事物的最高价值之一；而与此对立的状态就是逆性、伤性、害性或失性，也就是违反了人性。尽管我们并不总是明确地意识到这一点，但我们确实是从此预设出发来判断的，并最典型地体现在说某人是"没有人性的畜生"时。

再看性善说与性恶说的关系。性恶说抓住的是与生俱来的那些自私的欲望等特征，但是这一事实并不妨碍性善论。因为，顺着这些与生俱来的自私欲望，最终可能导致人性的扭曲。也就是说，这些私欲有时也是反人性的，因为不符合生命健全、完整成长的根本需要，也即违反了生命的成长法则。所以性善论、性恶论（甚至性无善无恶论）可以并存，并不一定相互矛盾。

孟子在明确的意义上是从心善说性善，而在不明确的意义上注意到了成长法则这一性善的另一重要依据。而孟子心善之论，其实也应该在成长法则的意义上得到更合理的说明。孟子在明确意义上从四端之心说性善，从其自身文本出发应该说不能成立，因为这是典型地从特例上升到普遍结论，以偏概全。从这一角度出发，把不善之心说成是由于习染，仿佛人内在的天性中没有恶的因子，这不能服人，所以后人批评甚多。但是性善论仍然有强大的生命力，正是由于它间接揭示了为善合乎生命健全成长的法则。

无论是心善说（徐复观、梁涛），还是成长法则说，都不能说在逻辑上成功地证明了"人性是善的"，性善论更多地是基于价值判断。关键在于所基于的价值判断是什么，需要挖掘出来搞清楚，从而揭示性善论的意义。

六、人禽之辨

从成长法则说性善，也有一个问题，即如何看待禽兽之性善恶？因为禽兽也有健全成长的法则，是否可从这一角度说兽之性亦善？虽然孟子未说过禽兽性恶，不过，他似乎有禽兽之性不善的倾向。孟子所讲人性区别于禽兽的"几希"之善，即是其良知良能，后者似乎是人性善的主要依据。显然，所谓"无某某之心，非人也"（《公孙丑上》2A6），正是讲的《告子上》（6A8）中容易"梏亡"的"良心"，这个良心，就是孟子认为人与禽兽区别的主要所在。也就是说，他认为禽兽无四端之心，故为禽兽。孟子又曰：

> 人之所以异于禽兽者几希，庶民去之，君子存之。舜明于庶物，察于人伦；由仁义行，非行仁义也。（《离娄下》4B19）

讲由仁义行，非行仁义，与"君子存之"相应，正是指君子保存并发展了与禽兽不同的四端之心。"由仁义行"即"尧舜性者也"（《尽心下》7B33），均指舜。可见孟子以为人性与兽性不同，差别在于人有恻隐之心等，而禽兽没有。这似是他认为人性善的依据之一，而无所谓成长法则之义。从这些地方出发，孟子似乎确实从人禽之别说人性善。

然而，孟子若认为禽兽没有恻隐之心等，恐怕就是孟子的错误了，即使古人也都知道"虎狼有父子，蜂蚁有君臣"。因此，如果我们从心善说出发，就无法证明人性善，特别是如果把心善理解为四端之心的话。那样的话，孟子人性善的逻辑也可用来证明禽兽之性善，孟子所谓人禽之别就似乎不成立。人与禽兽的主要区别在于人的认识能力强于禽兽，而不在于有无善心。然而，孟子《离娄下》（4B19）的重心还可换个角度来理解，即人与禽兽之别不在于有无善心,而在对于善心或恻隐之心的做法:是"去之"还是"存之"。这正是孟子讲君子与庶民的区别所在。

从这个角度看人禽之别,可以发现,从成长法则角度理解性概念,性善说与孟子所谓人禽之别的关系或许更好理解。我们刚才讲到了苍蝇和吸血鬼的例子。吸血鬼不存在,但苍蝇存在。把苍蝇之例扩大到一切禽兽即动物,可以发现,人的健全成长与动物的健全成长的重大区别在于,禽兽的认识能力有限,由此导致它们对于善,特别是自己的行为可能对世界造成的伤害缺乏自觉认识,更缺乏坚持追求善的勇气。即对于仁心,人能存之,禽兽则不能,所以可以说,人性善。人的健全成长依赖于人对于善的认识和追求,而禽兽的健全成长主要是生理意义上的,无法真正地认识和追求善。清儒戴震(1982:29)就特别强调禽兽在知觉方面与人类的差别,并以此为理解孟子性善的重要前提,指出"孟子言'人无有不善',以人之心知异于禽兽,能不惑乎所行之为善"。戴震认为,禽兽虽然也有一定程度上的君臣礼仪,但不能像人那样"扩充其知至于神明",达到"仁义礼智无不全"(页28);"凡血气之属皆有精爽,而人之精爽可进于神明"(页30)。

孟子是否人为地重新界定了人性,只把人的道德天性当成人性呢?这种观点认为,性善论的要义在于只承认人所先天具有的道德良心才属于"人性",而人的自然生理欲望只属于动物性,不属于"人性";孟子人为地界定了人性是什么,再来讨论性善;这一界定的合理性在于人类在内心深处普遍相信人之为人应有的尊严和价值是什么,所以即使在日常生活中我们也会骂有些人"不是人,是畜生"。另外,"睟面盎背"(《尽心上》7A21)的说法也是孟子这样界定人性的理由之一(即人们干了坏事后会心中不安)。关于此,我将在本书《跋》等地方另行探讨。

七、意义所在

一种观点认为道德完全是环境的产物,不同的民族、国家、文化有不同的道德,因此,无法找到绝对的道德基础。这是环境决定论。这种观点否认道德植根于人的天性，不认为道德有先天的本源。一个反例是：历史上当一个种族欺压或侵略另一个种族时，常常倾向于把其他种族或敌人一方以非人的名号称呼之，把对方称为兽类、魔鬼、妖怪，与人性根本对立……比如欧洲人贩卖黑奴时，是不把黑奴视为人的。中国古代亦称少数民族为"蛮""夷"。这种现象可作为孟子性善论的一个佐证。在这里，固然人们在侵略时为恶，但是连这种为恶的理由也必须是先把对方说成不是人。这里面毫无疑问有价值判断在起作用。它体现了侵略一方下意识地认为"只要是人，都是值得尊重的"，侵略者认识到，只有把敌人打入"非人"的行列，才有理由侵略和虐待他们。为什么承认他们也是人，就不能侵略和虐待他们呢？显然，这里面有一种假定，人是一种高贵的动物，值得珍重。而这一假定中的"人"是个普遍名词。这里面有对人的尊严、高贵和价值的理解，非常普遍地植根于各民族人类的心灵中。而后来历史的发展让他们相互接触之后，能够因此而抛弃了原来的歧视政策，这一历史事实（如放弃贩卖黑奴，反对种族歧视的提出等）也是性善论的另一佐证。

经过上述解读，我想孟子的性善论具有强大的现实意义：

（1）性善论揭示了道德的真正基础不在于外部的社会需要或总体目标，而内在于每个人的天性之中。一个世纪以来，人们已经习惯于把道德的基础归之于外在社会需要（比如社会秩序和集体安宁之类），是一种典型的环境决定论，也正是孟子所反对的"以其外之也"（《公孙丑上》2A2）"行仁义"（非"由仁义行"）（《离娄下》4B19）。孟子的高明之处在于从人性自身需要的角度来理解道德的基础。

（2）性善论主张人性的尊严和价值是比其他一切外在的社会需要或总体目标重要得多的东西，因为只有每一个人的人性都得到充分尊重和实现，才谈得上理想社会。这不仅是一切现代人本主义/人道主义的基础，也是现代社会的最高价值之一，即以人为目标而不是手段（康德名言）。

（3）性善论包含一种全新的政治理论（王道），即统治者只需引导人民自觉追求自身天性/人性的完满实现即可天下太平，而丝毫不必害怕人民为非作歹。因为只要人民知道如何实现自身的天性/人性，自然就不会为非作歹。因此我们不必担心人们会背叛,会不服从。这是一个革命性的结论,是刺向一切不尊重人性尊严的专制统治的一把匕首,这也是孟子性善论比荀子性恶论在历史上更受青睐的原因所在。

(4)性善论对于我们正确认识道德教育方式和人类社会的构成法则有巨大的启发。即道德教育和社会管理主要应着眼于引导人们走向人性的自我健全,而不是引导人们听话、服从或为整体献身。也即是说,性善论主张道德教育甚至一切教育都要立足于人性的自我挖掘,这样自然会反对一切形式的教条说教了。

第三章 从生长特性看孟子性善论

【提要】 自葛瑞汉（A. C. Graham）、唐君毅等人以来，越来越多的学者主张从动态人性观出发来重新解释孟子的性善论。所谓动态人性观，指认为先秦"性"概念有时指生长这一动态过程的特性，这与把"性"理解为生命这一静态存在的属性不同。我们对前人解释孟子性善论时的几种动态人性观加以批评，提出一种新的动态人性观，即认为孟子的"性"概念包含先天地决定的生存方式或成长法则这一重要含义，而性善论的主要依据之一是指孟子发现了生命健全成长的一条法则——为善能使生命辉煌灿烂。孟子与道家均有一种动态的人性观，如果说道家人性论是从精神和生理角度发现了人性健全成长的法则，孟子人性论则是从道德角度发现了人性健全成长的法则。对孟子人性观的重新认识，可以弥补心善说和人禽说在解释孟子性善论时的不足。

　　古今对于孟子性善论的解释，多半把孟子的"性"概念理解为静态生命存在的属性，并形成以心善说为主、以人禽之别为要点的多种看法（本章称为静态人性观）。自从20世纪60年代末以来，葛瑞汉（A. C. Graham）和唐君毅二人明确提出把"性"理解为动态生长过程的特性，对孟子性善论提出了新的解释，并得到了多人的呼应（本章称为动态人性观）。本章在前人基础上，提出一种新的动态人性观，以重新解释孟子性善论。本章认为，孟子所谓的动态人性观如果有的话，应当指先天决定的生命成长法则或恰当生存方式。从这一角度出发，可以发现孟子之所以提出性善论，不仅是由于发现了"四端"和人禽之别，也由于他在有意无意中发现了生命健全成长的一条法则，即"为善可使生命辉煌灿烂"。这一法则是人性的一部分，不管它是否足以证明人性是善的，但在孟子那儿成为他相信人性善的主要原因之一。如果说静态人性观以心善和人禽之别为性善论基础，那么动态人性观以恰当的生存方式或成长法则为性善论基础。前者从静态固有属性出发，后者是从动态成长过程出发。本章认为，这一人性内容的发现，不仅使得性善论的论据大大加强，而且是孟子性善论的所有论据中最有活力、最经得起考验和最有价值的成分。

本章的目的并不在于推翻或否定前人从心善、人禽之辨等角度对孟子性善论的解释，而只是试图揭示孟子性善论赖以提出的另一种深层内涵。事实上，上述静态人性观和动态人性观在《孟子》中也许并存，如果孟子在明确意义上使用静态人性观为性善论论证，那么他同时也在一定意义上使用了动态人性观为性善论论证。

一、动态人性观

所谓动态人性观，指把"性"理解为生命动态成长过程的特性。张岱年（1986: 2; 1996a: 555）曾指出，王夫之在《尚书引义》等书中提出"日生日成"之说，主张从动态过程而不是静态属性来解释"性"概念[①]，他将王夫之"性"概念之义称为"人类生活必须遵循的规律"。唐君毅（1968: 9-10）特别强调"性"字右侧之"生"作为生长过程之义，因而"性"被理解为生长过程之特性，葛瑞汉称之为"恰当的成长过程"（Graham, 1986: 10），安乐哲（Ames, 1991: 158）称其为"教养的产物"（as a cultivated product），信广来称为"一物成长的总体方向"、"生命作为一总体的方向"或"一物特有的趋势"（Shun, 1997a: 1, 10; 1997b: 180），史华兹称为"与生俱来的、按照预定的方向成长或发展的固有趋势"（Schwartz,

---

[①] 严格说来，王夫之强调的是"命日受则性日生"（2010b: 301），即每日皆在受命中，而非本章所谓成长过程中生命从总体上遵循的法则（参王夫之，2011b: 299-301）。

1985:175），李景林（2009：8）称之为"生生不已的存在之展开"，张祥龙（2010：237）称其为"天然趋向"，江文思（James Behuniak Jr.，2005：21）称之为开放的动态过程。这是对"性"字比较特别的一种解释。本章把这一类人性概念称为"生长特性"。

需要指出，把"性"理解为生命动态成长过程的特性，是符合"性"字的本义的。因为"性"字从"生"，"生"作为名词，指"生命"；作为动词，指"生长"。在前一种情况下，"性"指生命的属性；在后一种情况下，"性"可指生长的特性。与过去人们从静态立场解释"性"之义不同，所谓"生长特性"是一种对生命总体成长规律的理解。这种规律是先天地决定的，当然也是生命的特性，故也可称"性"。唐君毅（1968：10）举例说，"一物生，则生自有所向，即有性"。比如草木生长的特性之一就是能开花结果，纵使我们事先不知道，也不能说它没有此性。唐君毅的解读方式，正是把"性"字所从之"生"作动词用；于是"性"可解读为生存、生长之特性。下面我们来比较这两种人性观（见表3-1）。

表3-1 两种人性观

静态人性观	动态人性观
以生为名词，指生命	以生为动词，指生长
静态存在的属性	生长过程的特性
如食、色、安佚、四端之类	如山有生木之性，水有就下之性，草木有开花结果之性，心有向善之情，人有趋善之势

然而王夫之、张岱年都不曾使用这一人性概念来解释孟子的性善论。最早从这一动态性概念出发理解孟子性善论的可能是清代学者陈确（1979：447-451）[①]，葛瑞汉、唐君毅可能是最早使用动态人性观来解释孟子性善论的现代学者。他们的观点，得到了安乐哲、江文思等西方学者，以及傅佩荣、李景林、张祥龙等中国学者的呼应。不过，唐君毅（1968：20-32）在

---

① 参本书第四章有关"成长说"的论述。

具体解释《孟子》性善论时,主要还是从"心善"的角度来解读。尽管他也确实从"生长方向、特征、潜能"的角度把性善论解释为"趋向于,或向往于仁义等","人心之趋向与向往其道德理想"(页30),即所谓"趋向之性";但他更认为"孟子乃即心之生,以言心之性之善"(页515)。所谓"心之生",他是指心见孺子入井即生恻隐之类,故又谓之"心之直接感应"。可以说,唐的说法前后并不一致,从生长特性解释孟子性善论并不是他的主要目的。陈大齐(1953:19-21)、史华兹(Schwartz,1985:173-185)也是如此。真正从"趋向之性"出发认真解释孟子性善论的是傅佩荣、信广来、张祥龙等人,下面逐一讨论。

1. 葛瑞汉

我们先来看葛瑞汉。葛瑞汉虽认为先秦诸子的"性"概念指"生命之恰当的成长过程"(its proper course of development during its process of *sheng*),但他在解释孟子性善论的立论基础时,主要从大小体之说入手,认为孟子发现了人性的两个方面,即感官的倾向和道德的倾向。道德倾向与感官倾向(appetites, natural or physical inclinations)有时未必冲突,但有时会相互冲突。当发现冲突时该怎么办呢?孟子不可能不知道人性的内在复杂性和矛盾性,他认为人需要把这些不同的倾向放在一起,作为一个整体来面对,作出正确的取舍,才是合乎人性的(accord with our nature)(Graham, 1986:10, 40)。其中人性的道德含义是大体,感性欲望是小体。既然二者都属于人性,当大体与小体不可兼得时,当然是选择大体。葛瑞汉的解释预设了道德属性高于感官属性,特别是二者相互冲突。

细析可知,葛瑞汉作为动态过程的"性"概念,主要是想说明,万物都有自身的潜能,而尽性代表将其潜能充分实现的过程。他说,"我们可以根据自己的意愿把'性'理解为趋势、方向、途径、规范或潜能",理解为"事物在不受伤害且营养充足的情况下自发的、充分实现潜能的成长","认识人性就是充分地认识人的构成中的全部潜能,无论是寿命方面的还是道德方面的"(Graham, 1986:8, 42)。这可以解释他为什么从大小体关系来解释性善论的根据,即大小体都代表人性的潜能,有时不得不舍小

第三章 从生长特性看孟子性善论

取大。

葛瑞汉的这一理解一方面与孟子的本义有背。因为孟子非但没有强调感官属性与道德属性相互冲突，恰恰相反，从其"形色天性也""践形"(《尽心上》7A38)、"睟面盎背""四体不言而喻"(《尽心上》7A21)、通过心"养吾浩然之气"(《公孙丑上》2A2)等言论，完全可以看出，他认为这两种属性不仅可以相互一致，并且真正合乎人性的理想恰恰是二者高度的统一。关于这一点，唐君毅（1968：21-24）曾专门论证。而且孟子在与齐宣王的交流中，曾建议国君与民同欲、同乐（《梁惠王上》1A2,《梁惠王下》1B1，1B2，1B4），可见他的出发点不是要人放弃感官情欲，而是承认它们为人性内容。正如刘殿爵所说，在孟子看来，人是一个完整有机的总体（an organic whole）；在这一总体中，各部分之间构成某种复杂的结构；其中虽然有的部分高级、有的部分低级，但是那些对各部分关系处理得当的人，则会让各部分都得到完满的发展，所以才会"睟面盎背、施于四体"，"惟圣人为能践形"（Lau，1970：16）。总之，处理得当的人，也会同时兼顾到那些低级的感官需要，让人作为这个有机的总体各部分得以和谐、全面发展。

事实上，葛瑞汉强调先秦人性概念作为一种生存方式或动态过程，主要是为了破除欧洲人性论的本质主义，而在具体讨论孟子的人性论时，他的动态人性观重在强调人性需要在成长过程中实现其道德的潜能，为此有时不得不付出情欲方面的代价。葛瑞汉并没有认识到：对于孟子来说，人们为善并不是因为道德高于情欲，而是由于为善有利于生命总体朝着更加健全的方向成长。而所谓"健全"，是指生命力从总体上更有活力，即所谓"不知足之蹈之手之舞之"（《离娄上》4A27）、"生则恶可已也"（《离娄上》4A27）、"其为气也则塞于天地之间"（《公孙丑上》2A2）、"四体不言而喻"（《尽心上》7A21）、"践形"（《尽心上》7A38）等一系列同时融汇了感官和精神因素的生命生机盎然的理想，而不需要让感官或生理属性完全被牺牲。须知人的生理属性也是多重多样的，局部生理上的满足未必有利于总体生理上的健康。如果尊重生命作为一个总体的成长法则，则局部感官需要的放弃可能从总体上更有利于生命的健康成长，其中包括整体生理机体的健康。葛瑞汉从大小体相互冲突的角度来理解性善论的基础，实际上还是把"善"当作一种静态的属性特别是先天的潜能来对待，人们为善只不过是为了把这种潜能挖掘出来，不要浪费了它。而其实孟子的本义却是，为善并不仅是为了挖掘潜能，不使之浪费，还是实现生命健康发展的必要。葛瑞汉诚然也提及，遵循道德更符合生命总体需要（Graham, 1986: 39-40），但从来没有上升到把"性"理解为生命健全成长的法则。下面我要说明，对孟子而言，这条法则可能才是理解性善论的最重要线索。

2. 安乐哲

安乐哲（Roger Ames）、江文思（James Behuniak Jr., 2005）对葛瑞汉的观点作了进一步发挥，不仅将孟子的人性概念解读为动态的过程，还强调"性"在孟子处指一种完全开放、没有任何预设的成长过程，从而几乎否定了孟子的"性"的先天含义。安乐哲强烈地表达出来的基本观点是，孟子的人性概念并不指某种先天地、一次性被给定的普遍本质，而是在历史—文化环境中不断变化和创造着的，也正是这个原因它不能用西方语言中的 human nature 来理解。西方的 human nature 是一种起始心理状态，代表一种内在、普遍而客观的人的概念；而汉语中的"性"则是一种历史地、文化地、社会地呈现出来的人的概念。他说：

> 在古典儒家中，一个人的人性（one's humanity）绝非是前文化的（precultural），而显而易见地是一种文化创造。换言之，"性"绝不仅仅是一个起指示作用的标签，而需要从文化学的角度出发，把它作为在共同体中塑造或形成的东西来解释。（Ames, 1991: 143）

这与孟子本人的用法明显矛盾。华霭云曾通过一系列原始文献的引用来反驳安乐哲的这一看法，说明孟子的"人性"作为人的普遍属性，虽实现于动态过程，但也来自天命；安乐哲主张孟子的人性概念完全是一种规范性力量，其先天特征并不重要，这是对葛瑞汉的片面解读，后者并未否认人性的先天特征。安乐哲认为在孟子那里，"天命"只是生命的基础条件（basic conditions），真正重要的是后天的发展过程。华霭云（Bloom, 1994; 1997）认为这一看法有问题，因为孟子的"性"是"天之所命"，决不仅仅是基础条件那么简单。

本章认为华霭云对安乐哲（从观点看也包括对江文思，尽管她未提及后者）的批评，是可以接受的。安乐哲、江文思所理解的孟子的性概念，虽有动态含义，却与本章所讲的"生存方式或成长法则"有别。在本章中，一物的恰当生存方式或健全成长法则均是先天决定的，不是事物后天能突破或拒绝的。比如一种草木按照什么样的规律开花、结果，这是先天地决定好的，是由该草木的生理特征所预先决定的。

3. 傅佩荣

傅佩荣在一系列论著中表示，孟子不可能幼稚地认为人性因为有善端就是善的，所以孟子从未提倡过"性本善"。孟子的实际意思是，人心有向善的动力或萌芽，只要顺着这一动力或萌芽的要求去做，自然会实现善。"心就是'不断发出要求的动力状态'，也就是显示为人性向善的'向'字……依此了解的本性是什么呢？是向善。如果追问这种向善的本性之根源，则答案是'天'。换言之，是天给了人向善之本性"（傅佩荣，2012：346）。

傅佩荣的向善说有两个主要内涵：一方面指生命天生具有善端。他说："一个人只有善的萌芽或开始，有了内在的向善力量作为基础，然后将它实现出来，才叫做真正的善"（傅佩荣，2012：自序）。另一方面指生命成长的自然趋向。人只要顺应其善端，即可为善，所以向善说是一种可善说。

然而向善说不是没有问题的。首先，如果是指人有善端的话，和过去人们一贯主张的心善说并无本质差别。因为徐复观（1978：163-174）、唐君毅（1968：22，30）等人认为孟子以心善说性善，所谓心善就是指人心中有善端（"四端"），他们提出的心善说已包含善端说。傅佩荣本人也同意心善说。[①]

考虑到善端说与动态人性观还有所别，我们来看看向善说的另一内涵，

[①] 傅佩荣在《儒家哲学新论》中强调孟子"人之性善在于人之心善"（傅佩荣，2010：57），"我们将设法指出：孟子的'性善论'其实是一种'心善论'"（页55）。

即自然趋向说。傅佩荣（2012：299）释"乃若其情"（《告子上》6A6）之"若"为"顺"，以此说明人性向善是指顺应人性之自然，即顺其常性。就好比牛山只要不受人为伤害就自然能长出花草树木一样，"我反复强调人性就是：只要给他机会，一个人就能够变得真诚，并且真诚地去行善，这不就是'向善'吗？"（页304）。这一对性善论的理解方式，目前也为张祥龙所认可。不过张祥龙（2010：246-251）认为，孟子虽从"天然趋向"为性善论立论，但在理论上很难站得住脚。张对自然趋向说的批评，恰好构成了对傅说的批评。同时更重要的是，所谓的"自然趋向说"在《孟子》中是否存在，我认为值得怀疑。

4. 信广来

信广来（Kwong-loi Shun）在其有关先秦性概念的讨论中，曾举出《尚书》《诗经》《左传》《国语》《吕氏春秋》中有关的材料来证明早期性概念主要指"某物一生成长之方向"（a thing's direction of growth over its lifetime），"生存的欲望和需要"，"典型的趋势或倾向"（its characteristic tendencies or inclinations）。他并总结道："在所有这些情况下，'性'都有一种动态内涵，指的并非固定的性质，而是成长方向、欲望或其他趋势。也许在早期文献中，'性'字一般都确实具有动态的含义"（Shun, 1997b：39）在讨论孟子的性概念时，通过对"君子所性"（《尽心上》7A21）、"尧舜性之也"（《尽心上》7A30）、"尧舜性者也"（《尽心下》7B33）三章的讨论，提出作为动词的"性"字指"通过修身把某物变成自己的一部分"，并说这与先秦性概念的动态含义有关（Shun, 1997b：180，39，181）。其中"某物"指仁义之类。他也说这一解释接近于安乐哲的说法。这一解释有把"性"理解为后天属性即英文中 second nature（第二性）的嫌疑，与孟子所反对的仁义外在说相近。按照这一说法，"性之"就是"实践……使之成为性"，也即仁义变成"外铄"了。与此同时，他又将孟子的性善论解释为"心向善"，可以说是徐复观的"心善说"与傅佩荣的"向善说"的综合。他说：

> 如果我们同意，孟子认为性由人心的道德禀赋所潜含的发展方向

构成，那么宣称［性善］就等于肯定这一发展方向是趋向善的。（Shun, 1997b: 210）

> 所谓人可以为善，孟子指的是人的禀赋中有某种情感结构，这种结构趋向于善，借助于它人们就能为善。按照孟子的说法，这就是他所谓的"性善"。（pp. 219-220）

在此，信广来将"性"的动态性含义主要理解为人心具有道德禀赋（moral predispositions），因而具有一定的方向性或趋势，实际上就是四端所具有的趋向性。正因为他主张的方向性主要指"心"的指向性，所以他批评了傅佩荣将心本善与心向善对立起来，因为心向善以心本善为基础；性本善即可指性有善端，而不一定指性已充分地善（fully good）（Shun, 1997b: 212）。由此可知，信广来在用动态性概念来解释性善论时将性的动态含义限制为"心的方向性、趋向性"（在道德意义上），这与本章下面所使用的动态性概念迥然不同。

5. 张祥龙

张祥龙（2010: 237）认为，"'性'是中国古人首先用来表达有生命的存在者，特别是人的天生禀赋、天然倾向的这么一个字"。所谓"天然趋向"，张的解释是"让它处于适宜的天然匹配的条件和环境中，那么这些趋向就会自然地实现出来"（页247），即"无人为干涉、自然发展"（页250）。他以此来讨论孟子性善论的立论基础，认为孟子"是主张性善是一种天然的趋向，如果让人得到正常的生存和发展，善就会体现出来"（页243），即"苟得其养，无物不长；苟失其养，无物不消"（《告子上》6A8）。但是他认为这是孟子性善论理据中最弱的一个，张举出了大量例证有力地说明，究竟什么才是生命的天然趋向，没有标准可言，可包含完全相反的情形，基本上无法界定（页249-251）。

然而更大的问题还在于《孟子》是不是真的用自然趋向来论证过性善论？张祥龙（2010: 246-251）和傅佩荣一样，举出自然趋向说在《孟子》中存在的两个证据：一是孟子说"乃若其情则可以为善矣，乃所谓善也"

(《告子上》6A6），他认为"乃若其情"指顺着天生的四端之情往下走即可为善；二是孟子关于牛山之木的讨论。正如张著指出的，"自然趋向"的发展主要靠"得其养"，即在没有受到不应有的虐待的情况下自然出现的生长状况（傅没有借用"得其养"的说法，但也是这个意思），因而主要依赖适宜的外在环境包括个人努力来实现。换言之，"自然趋向"，包括傅佩荣所谓"内在的向善力量"和信广来所谓"心的方向性"本身是脆弱的。"一个人得到内外环境的滋养，就会向善，才能论证人性本善"（张祥龙，2010：250），如此论证性善未免牵强。因为环境影响究竟有多大，随解释而变化，这样论证性善，"你怎么讲都行，总能解释，所以实际上也就什么都没解释"（页247）。

从张著对孟子之"性"作为"天然趋向"的界定方式，也确实容易得出它作为性善论的理据很弱的结论来，故张祥龙对此说的批评也构成对傅说的批评，但更大的问题还在于孟子可能并无此思想。我在下面将要论证，傅、张所说的"天然趋向"，作为在动态环境下呈现出来的生长趋势，可以换个角度来解释，即解释为"天然决定的恰当生存方式或成长法则"，这个法则就是：为善可使生命变得辉煌灿烂。生命既然遵循此法则，故可作为性善的一个积极理由（但是否充足则是另一码事）。

6. 李景林

本章将性的动态含义解释为生长特性，具体表现为恰当的生存方式，或健全成长的法则，并从这一角度来讨论孟子性善论的理解问题，在这一问题上，李景林的思路显得比诸位学者更接近于本人。应该说，李景林非常深刻地论证了人性作为一种成长法则与性善论的关系问题。他利用《易·系辞》上"一阴一阳之谓道，继之者善也，成之者性"及"成性存在，道义之门"来论孔孟性概念，指出：

> "成之者性"，即着眼于过程性、活动性以显性之本真意义。在动态的、历时性的展开、生成中显现其整体性内涵，以确立人的存在的形上基础，这是孔、孟理解人、人性的方式。（李景林，2009：7）

第三章 从生长特性看孟子性善论

> 孔孟凡论"性",皆从"成性"、"生成"的过程上着眼。(页8)

对于孟子性善论的内涵,他认为其"最根本的观念是伦理道德的规定内在于人的形色实存之性",因为孟子所谓"根于心"的"仁义礼智"绝不是"一个和所谓人的'生物本性'无关的道德性;……相反,正是因为孟子把'君子所性'的'仁义礼智'看作人的形色自然实存之内在、本有的规定,才导致了他的'性善'的结论"(李景林,2009:221-222)。我想他的意思是,孟子认为人性是一完整生成过程,而不是一个固定现成的实体,它要在性与天道相贯的动态过程中方能实现自身,这个过程会通过生理的属性自然而然地展现善,所以有性善论。

李的观点很精彩,但还没有进一步触及:孟子的上述人性观其实来源于同时代的一种人性概念,即把"性"理解为恰当的生存方式或健全成长法则。他强调的是孔孟人性观的独特特点和规范性含义,力图彰显孔孟人性论区别于其他人性论的内在理路,但似乎未触及,孟子的说法只是由于他发现了生命成长的一条普遍法则:为善有利于生命健康成长。不点明这一点就无法揭示孟子人性论与先秦其他人性论(如道家人性论)的内在关联和区别。本章将说明,孟子所发现的成长法则或生存方式意义上的人性观,也一直持续存在于现代人日常具有的人性观中,因而有助于说明性善论的现代意义。孟子的人性论不是凭空产生的,而是其时代人性思潮的产儿;孟子的人性观不是儒家道统内的自说自话,而是包含着某种可以适用于任何一个人的普遍法则,直到今天也未过时。因此,对李景林的超越从下述问题开始:孟子的"性"概念与先秦时期人们共同接受的性概念有何关系?性善论是否包含对某种人性成长的普遍法则的发现?从今天的角度看,是否还有一个可以普遍适用的法则?本章试图说明,其实孟子的人性概念可以从更广阔的先秦人性概念,尤其是道家人性概念中得到理解,李景林作为"存在之生生不已的展开过程"的人性概念,乃是基于对生命成长法则的一个发现。

本章接下来先从文献入手证明,如果我们把前述动态人性观解释为先天决定的恰当生存方式或健全成长法则，可以发现这一性概念在先秦秦汉时期即已存在。然后尝试从这一角度来分析孟子的性善论。

二、道家性概念

在前面的讨论中，我们说明了前人的动态人性观及其问题，并由此提出一种新的动态人性观："性"指恰当的生存方式或健全成长的法则。这一人性观，我们认为在前人的讨论中，尚未引起充分重视。

本书第一章第六节"生长特性"部分以《庄子》《淮南子》等为例来说明"性"字作为生存方式或成长法则这一含义在早期文献中的表现，这里不再重复。①

三、孟子性概念

葛瑞汉强调，孟子性善论是对同时代杨朱学派及道家思想的论战中提出来的（Graham，1986：7-66）。如果说道家对性作为生存方式或成长法则的发现，是基于对养生之道的重视；那么孟子对性作为生存方式或成长法则的发现，则是基于对道德基础的探索。孟子发现，为善可使生命辉煌灿烂，也就是合乎生命健全成长的法则，或者说符合人的恰当生存方式。

前述葛瑞汉、信广来、安乐哲、江文思、傅佩荣、张祥龙等人已注意到孟子之性作为动态过程之义，但是抛开他们解释中存在的种种问题不说，他们似乎没有人明确地从性作为恰当生存方式或健全成长的法则来理解孟子的性善论。本章重点论述孟子在成长法则或恰当生存方式意义上的动态人性观。下面我们从《孟子》原文找出如下材料，试图说明其中包含对生命成长法则的发现。我们并不是说"生存方式或成长法则"是孟子"性"概念的唯一含义（本章并不否认孟子的"性"概念有多重含义）：

---

① 葛瑞汉（Graham，1986：9-17）讨论到的先秦其他文献如《左传》《吕氏春秋》《淮南子》及《庄子》中的动态人性概念，多不能用来说明本章作为成长法则的人性概念，故本章不从。

1. 杞柳

　　告子曰："性，犹杞柳也；义，犹桮棬也。以人性为仁义，犹以杞柳为桮棬。"孟子曰："子能顺杞柳之性而以为桮棬乎？将戕贼杞柳而后以为桮棬也。如将戕贼杞柳而以为桮棬，则亦将戕贼人以为仁义与？率天下之人而祸仁义者，必子之言夫！"（《告子上》6A1）

什么叫"顺杞柳之性"？什么叫逆杞柳之性？以杞柳为桮棬就是逆其性，让其自然成长是顺其性。然而以杞柳为桮棬必须顺其物理属性，所以"性"不是指物理属性。如果把"性"理解为生理属性，做桮棬当然也是逆性；但是当"性"指生理属性时，通常是对事物局部的而不是总体的描述，比如食、色、安佚之类。事实上，做桮棬不仅是对杞柳生理属性的局部破坏，更是对杞柳生长方式的总体破坏。所以，"杞柳之性"中的"性"可以指生理属性，但若理解为恰当生存方式或成长法则更顺当。

2. 湍水

　　告子曰："性，犹湍水也，决诸东方则东流，决诸西方则西流。人性之无分于善不善也，犹水之无分于东西也。"孟子曰："水信无分于东西，无分于上下乎？人性之善也，犹水之就下也。人无有不善，水无有不下。今夫水，搏而跃之，可使过颡；激而行之，可使在山。是岂水之性哉？其势则然也。人之可使为不善，其性亦犹是也。"（《告子上》6A2）

此段以"人性之善"比喻"水之就下"，"就下"乃就水之运动变化法则言。此一法则在告子所列"湍水"、"决诸东方则东流"、"决诸西方则西流"两例中亦同样体现了。因此，水之性不是指水流向何方，而是无论流向何方，都遵从"就下"这一规律。这也是人性的特征。人性之善，不是指人性一定会走向善，而是指人性成长的法则体现了善。

3. 其情

　　孟子曰："乃若其情则可以为善矣，乃所谓善也。若夫为不善，非才之罪也。恻隐之心，人皆有之；羞恶之心，人皆有之；恭敬之心，人皆有之;是非之心,人皆有之。恻隐之心,仁也;羞恶之心,义也;恭敬之心,礼也;是非之心,智也。仁义礼智,非由外铄我也,我固有之也,弗思耳矣。故曰:求则得之,舍则失之。或相倍蓰而无算者,不能尽其才者也。《诗》曰:'天生蒸民,有物有则。民之秉彝,好是懿德。'孔子曰:'为此诗者,其知道乎!故有物必有则,民之秉彝也,故好是懿德。'"(《告子上》6A6)

此处的"仁义礼智我固有之",常被理解为孟子以心善喻性善的主要证据之一(徐复观等),结果导致性善论被攻击为知其一不知其二的一偏之见(王安石、司马光等)。殊不知,此处明明以"能为善"(为作动词,指做)说"性善",不是指以四心说性善;以"尽其才"说性善,而不是以四心早有说性善。从上下文看,"乃若其情",情读为实(戴震,1982:41;牟宗三,1985:23;陈大齐,2012:7-8。陈的论证尤为有力),则指如其实情。实情可读为人心生长的规律。下面"求则得,舍则失"亦是讲人心生长的规律,这与后面"有物必有则"的"则"相应。同时,两次使用的"才",亦喻生命生长的潜力;"非才之罪""不能尽其才"指生命成长的潜力未充分呈现。若"才"为静态存在,"尽其才"则为动态过程,喻生命总体的成长过程。

此处暗示,人的生命若能如其自然地成长,充分彰显潜力,仁义礼智四心会不断生长出来(宛如山木不被斧斤就会不断生长)。人在成长中能不断呈露四心,顺之则会为善,此乃我所谓性善。为不善,乃未顺其成长规律。注意"为"两次出现,皆为动词,"则可以为善矣"与"若夫为不善",为善与为不善,均体现出生长的效果。显然,顺其实情(成长法则)即可为善,不顺实情则为不善。因此,"我固有之",不是指四端早已存于我心,而是指四心能不断呈露,故为我牢牢据有。《说文》曰:"固,四塞也。""固"进一步训"坚实",如《孟子·公孙丑下》"固国不以山溪之险"(2B1),《论语·学而》"学则不固"。总之,"固有"不指原来就有,而指有之坚实。如"固有"指早已具有,何以后面又说"舍则失之"(《告子上》6A8)?此心我可以随时"得之"或"失之",然我欲得则必得,可见我之所固有(坚有)之。

结合《公孙丑上》（2A6）以孺子入井论人皆有不忍人之心，显然仁、义、礼、智四心皆指"心之生"而言（唐君毅）；《尽心上》（7A21）讲"仁义礼智根于心"，并不是指心中原有，而是从心上生出后，导致"生色""施于四体"的连串过程；"根于心"，不指如根存埋于心中，也可指以心为根而生，如牛山上的萌蘖因以山为根而不断长出（《告子上》6A8），萌蘖并非早就存埋于根下。故"仁义礼智我固有之"就是"仁义礼智根于心"，都是动态过程。

注意本章有好几个动词，"乃若其情"的"若"（顺），"为善""为不善"的"为"，"我固有之"的"有"，"求则得之"的"求"，"尽其才"的"尽"，"好是懿德"的"好"……均指向生命成长过程中人的作为或表现。人要在此作为中理解、顺应生命成长的法则，让生命的自然潜力充分发挥出来，就会为善。"乃所谓善"是针对"可以为善"而言，非指已然为善；性善非仅指人有此潜能，而喻为善合乎生命成长的自然规律。人们自然地会好懿德，而恶不仁，虽极恶之人亦如此，在此，生命成长的法则体现于"好"字上，而非体现于四心上。

"才"非形上的存在，与才质相连，此处极有深意。为善并不只是顺应了自然生长出来的四心，而是让生命总体——从精神到肉体，从物理到心理——充分地成长起来。"若其情"的"情"训"实"，亦喻生命成长的总体实情，其中包含"尽其才"。因此，为善方可尽才，也就是说为善方可使生命充分地、健全地、全面地成长。为善符合生命健全成长的法则也。

现在我不把此章读为以心善释性善，而读为为善符合生命健全成长法则，其中包含：四心自然会生长，如山木一般；若顺此生长过程自然展开，则能尽其才，即实现生命总体健康成长。若有人问：四心自然生长，不善之心亦自然生长呀？怎么解释呢？孟子可能说，那样就不能尽其才呀！因此，有此四心是不够的，还要"好是懿德"，才合乎生命健全成长的法则。

4. 山木

孟子曰："牛山之木尝美矣。以其郊于大国也，斧斤伐之，可以为美乎？是其日夜之所息，雨露之所润，非无萌蘖之生焉，牛羊又从而牧之，是以若彼濯濯也。人见其濯濯也，以为未尝有材焉，此岂山之性也哉？虽存乎人者，岂无仁义之心哉？其所以放其良心者，亦犹斧斤之于木也。旦旦而伐之，可以为美乎？其日夜之所息，平旦之气，其好恶与人相近也者几希，则其旦昼之所为，有梏亡之矣。梏之反复，则其夜气不足以存。夜气不足以存，则其违禽兽不远矣。人见其禽兽也，而以为未尝有才焉者，是岂人之情也哉？故苟得其养，无物不长；苟失其养，无物不消。孔子曰：'操则存，舍则亡。出入无时，莫知其乡。'惟心之谓与！"（《告子上》6A8）

此段历来被解释为人性本善，谓山之萌蘖喻良心之固有。此乃误读。孟子明明以山木喻良心（"放其良心，亦犹斧斤之于木"），人们对待良心犹如匠人对待山木。山木不是固有的，可以砍掉；良心也不是固有的，可以"梏亡"。"操则存，舍则亡，出入无时，莫知其乡"体现了良心生灭的方式，可见良心并不是如宋儒所谓的早已存在或先天存在的东西。

那么，所谓性善体现在哪些？注意这里以山之性比喻人之性，山能不断地长出萌蘖，人能不断地生出良心来。山之可贵在于山木砍伐后仍不断生长，人性可贵在于良心梏亡后仍不断生长。所以这里不是在谈良心先天而有，正如萌蘖不是先天而有一样。这里是在谈论良心为什么总能在梏亡后又生出来。性之善体现在良心总能生长这一规律上，这不正是在谈生命成长的法则吗？安乐哲（Ames, 1991）即曾注意到，此章以山之生长喻人之成长；不过他强调的是生长的无限开放性，而非所谓生长法则。

本章"情""才"二字再度出现，"人见其禽兽也，而以为未尝有才焉者，是岂人之情也哉？"其中"情"明显当读为实情。何谓人之情？人之情，或曰人之实情，此实情类似山之情。山之情即山之性。山之性、山之情就是山总能在砍伐后长出萌蘖来，因此人之性、人之情就是人总能在良心梏亡后长出良心来。所以山之性、人之性皆喻成长法则。联系《告子上》6A6"乃若其情则可以为善矣，乃所谓善也"，我们对其中"乃若其情"之"情"更能理解。孟子实以情喻性，而这样做正是因为情代表生命成长的实情。

再看"才"。孟子同时提到了山之材和人之才，因此山之材与人之才相应。山之材好理解，是从材质言。人之才当然也是就才质言，接近于宋儒所谓"气质"，但并非与后者一样，将气质与义理分割为二。《告子上》6A6言"非才之罪"，"或相倍蓰而无算者，不能尽其才者也"，其中的才之义在此得到映证。"人见其濯濯也，以为未尝有材焉，此岂山之性也哉？"山之性是能长出萌蘖（即生出材），人之性是能长出良心（即仁义之心）。才与形、色相连，若结合下面《尽心上》7A21、7A38，更可看出所谓"尽其才"之义。"尽其才""有才"都是指示生命整体的健康、茂盛、蓬勃、有生机与活力的成长，"尽"与"有"均指向动态过程，与主观努力有关，即《尽心上》7A21"其生色也，睟然见于面、盎于背、施于四体"和《尽心上》7A38"践形"之义。

性、情、才三者关系并非如汉以来所理解之义：性代表成长法则，情指生命成长的实情，成长法则正是由此实情体现，故情、性一体；才指生命通过躯体来呈现的总体面貌，接近于《乐记》所言、戴震（1982:64）称道的"血气心知之性"。

此章"虽存乎人者，岂无仁义之心哉？"一句中，"存"是不是指仁义之心保存在人心之内？此处"存"不当指先天地存在，孟子应无后世先天、先验存在之思想。《说文》："存，恤问也。从子、才声。"存作动词，有关心、存问之义，指示主观用心做某事，今人有"存心那样做"之语。《孟子·尽心上》"存其心"与"求放心"含义一致，"存"亦有主观用心之义。故《告子上》6A8"存乎人者"的"存"，亦当指主观用心。只有这样读，才能与紧接着"其所以放其良心者"顺起来。如读"存乎人者"为"先天地保存于人"，就与下面"放其良心"矛盾。

《孟子》所谓内外之辨中的"内"，后人读为先天存在于内心，可能为误。《告子上》"仁内义外"，实指并非外在强加于人，指自然而然地呈现出来。"吾弟则爱之……是以我为悦者也，故谓之内"（《告子上》6A4），我自己喜欢他，不是因别人要求而喜欢，故曰内。这里对"内"的定义很明显，是人自发地体现出来，不是被动地因人之求而为。联系《告子上》

6A6"仁义礼智,非由外铄我也,我固有之也","固有"之义已如前述,"外铄"就是指外部强加。故内、外之别很清楚。那么,孟子在《尽心上》(7A15)所谓"不虑而知者,良知也"该如何解释?所以"不虑而知",正因为良知能自发生长之故。良知不虑而知,因为是人心中自然而长出来,不是外部强加的。良心是内在的,但这是就后天的发生过程而言,不是就先天的存有而言。另外,此处并未以良知喻性善,故不一定要解释为因为良知本来就有所以性善,也可解释为因为良知能不断生长所以性善。

5. 生色

广土众民,君子欲之,所乐不存焉。中天下而立,定四海之民,君子乐之,所性不存焉。君子所性,虽大行不加焉,虽穷居不损焉,分定故也。君子所性,仁义礼智根于心;其生色也,睟然见于面、盎于背;施于四体,四体不言而喻。(《尽心上》7A21)

学者们常以此章为孟子"以心善说性善"的一个证据,这是因为他们常常在"根于心"后加句号。但是事实上,"其生色也……四体不言而喻"紧承"根于心"之后,也是在形容"君子所性",应当在"根于心""盎于背"后面皆加分号;这样一来,整段话提示我们,性善不限于指心善,而涉及生命总体健全成长的过程问题。如果说"根于心"是指道德属性,那么"面""背""体"的表现已上升到生理属性。"其生色也……施于四体……"一句,证明了一条法则:为善可以使生命辉煌灿烂;人的生命成长既遵循这一法则,所以性善决非心善那么简单,而包含生理机能健全发展的问题。如果联系"上下与天地同流,岂曰小补"(《孟子·尽心上》7AB)理解,那么"分定"也可解释为先天决定的成长法则,其中既有道德含义,也有生理含义。所以"分定"不仅指"性"中有仁义礼智之端。

形、色,天性也,惟圣人然后可以践形。(《尽心上》7A38)

这段表明孟子并不反对感官属性为性,不过比告子所说的"食色"更进了一步。如果联系《尽心上》第 21 章(7A21),则"践形"即"睟于面、盎于背、四体不言而喻"。如果我们把孟子的"性善"理解为就是心善,就无法解释"践形"所标志的形、色与心的统一。

6. 则故

> 天下之言性也,则故而已矣。故者,以利为本。所恶于智者,为其凿也。如智者,若禹之行水也,则无恶于智矣。禹之行水也,行其所无事也。如智者亦行其所无事,则智亦大矣。天之高也,星辰之远也,苟求其故,千岁之日至,可坐而致也。(《离娄下》4B26)

此句中的"故",历来歧义极多。[①] 导致难解的原因有二:一是前面两个"故"与最后讲星辰的"故"是否同义;二是开头"天下言性"是不是针对凡人。赵岐以"故常"释"故",含义类似"惯例",今日常说的"规律"与此义近,本章讲成长法则,亦是成长规律之义。后世朱熹(1987:426)、陆象山(1980:415)[②]、王夫之(2011a:1032-1033)、焦循(1987:585)、康有为(1987:42)以往事、旧迹、陈迹等训"故"。由已往之事知其则,则"故"与今日规律、法则义通。今人裘锡圭之文可为旁证。

赵岐以为三个"故"含义一致,首句无贬义:

> 言天下万物之情性,当顺其故,则利之也。改戾其性,则失其利矣。(焦循,1987:584)

> 天虽高,星辰虽远,诚能推求其故常之行,千岁日至之日可坐知也。(页588)

---

① 参林桂榛(2014)讨论了黄彰健、林忆芝、裘锡圭、梁涛、徐圣心、田智忠和胡东东、陈迎年、李锐、徐克谦、任新民等多人的意见。丁四新(2020)并有全面检讨。另参中国人民大学主办的《国学学刊》2014年第3期所载林桂榛、丁为祥等人的文章。葛瑞汉亦认为两个"故"的含义应是一致的(Graham,1986:49-53)。梁涛(2019)收录黄彰健、林忆芝、裘锡圭、梁涛、李锐等13位现代学者观点,同时汇集了赵岐、孙奭、二程、苏辙、朱熹、陆九渊、张栻、杨简、孙奕、许谦、孙慎行、刘宗周、王夫之、潘平格、毛奇龄、李光地、于鬯、焦循、俞樾、张文虎、康有为、裴学海在内的23位古代学人解释《孟子》此章的观点。
② 不过,陆象山视"故"与"性"对立,谓"言性者大抵据陈迹言之,实非知性之本"(陆九渊,1980:415)。此与本章之解相反。象山之释非常独特,尤其称"千岁之日至,可坐而致也","正是言不可坐而致,此明不可求其故也"(页415),异于古今众家,似与上下文不合。

朱熹实与赵说契合。朱子将"故"解释为"已然之迹","利"解释为"顺",即"语其自然之势也"（朱熹，1987：426），并谓"事物之理莫非自然，顺而循之，则为大智"（页426-427）。《语类》又称："如故，有所以然之意","利顺者，从道理上顺发出来是也，是所谓善也"（朱熹，1994：1354），"顺其所以然，则不失其本性矣"（页1354），"毕竟顺利底是善，逆行底是恶"（页1352）。因此，朱子认为言性之方在从求其生命之故常、故则，知其故常，顺而循之，则不失本性。循此，故、性含义一致，首句言性"则故"与尾句星辰"求故"含义一致，均体现了将性解释为事物后天成长中呈现的故常、惯例，今日亦可说或规律、法则。

清人毛奇龄（2005：1338）《四书賸言补》认为，首句"观其语气，自指泛言性者……至'以利为本'，然后断以己意"①；谓"是时俗尚智计"，"孟子言天下言性，不过智计耳。顾智亦何害，但当以通利不穿凿为主。"焦循（1987：585）顺此意，曰"孟子独于故中指出利字"，并读"利"为《周易》"元亨利贞"之"利"，"利者义之和也"，"言于故事之中，审其能变化，则知其性之善"。所谓"于故事之中，审其能变化"，当指于事物变化中求其法则，从而知其利与不利，包含于嫁娶中"知有夫妇父子"，于饥食中"知有火化粒食是为利也"；故"非利不足以言故"，"不明其故之利，所以言性恶"；因此，"于故之中知其利，则人性之善可知矣"（页586）。所谓"明其故之利""于故之中知其利"，指在事物变化中知其规律、法则也（即赵岐所谓"故常"、下文裘锡圭所谓"常规"）。

近来，裘锡圭先生证明"故"可引申为指成例、规范，我认为与上述规律、法则之义相通。首先，裘从《郭店简》及大量古书考证，得出先秦古文献中"故"的重要含义之一指"有为为之"，与《荀子》与性相对的"伪"

---

① 此意朱子亦指出过，称"凡人说性，只说到性之故，盖故却'以利为本'"（《朱子语类》卷五十七。朱熹，1994：1354）。不过这与《集注》说法不太一致。《集注》似将首句"天下之言性"说成君子所为（与赵注同），非凡人所为，谓"天下之言性者，但言其故而理自明，犹所谓言天者必有验于人也"（朱熹，1987：426）。

相似,甚为有据。①"故"的本义是有意识的作为,故可引申为指"事"或"故事"。所以,他指出,"故"的"有为也者"也引申为指"人们所遵循的成例、规范或制度"(裘锡圭,2019:61),见于《国语·鲁语上》《公羊传·昭公三十一年》《左传·定公十年》《礼记·曲礼下》;更有意思的是,引申为"成例、规范或制度"意义的"故"亦可以与"人为"无关,可指"原故、理由"或"道理、事理"(页59-60)。他解释《孟子》4B26针对星辰"苟求其故"句说:

> 我怀疑此章的"故"指星辰运行的常规,是当成例、规范一类意思讲的"故"字的引申用法。"故"的引申用法,其意义可以与"人为"无关,例如"故"的原故、陈旧、固有等义,就往往如此。(裘锡圭,2019:66)

如裘言,"故"指与人为无关的成例、规范,《庄子·达生》"吾生于陵而安于陵,故也;长于水而安于水,性也",《列子·黄帝》张湛注"故,犹素也"皆其证。②古文常见的"故曰""故而""以故""因故"之"故",表达的是事物之间的前后联系,即今日缘故之义,此义当为成例、规范基础上引申出来。前人之所为,后人之所据也(所谓习惯法)。

我以为,后面"求其故"可释为依其过去之迹求其变化法则,因此,

---

① "故"作"有为为之""有为也者"(如今日"有意为之"之义),可理解《庄子·刻意》及《管子·心术上》中的"去智与故",及《韩非子·解老》中"饰智故",今日汉语有"故意"一词。方按:《说文》"故,使为之也"。段注:"凡为之必有使之者,使之为之,则成故事。引伸之为故旧。"(许慎,1988:123)可为裘说旁证。裘锡圭(2019:65)由此推测《孟子》"则故而已矣"之故当释"人为的规范、准则",说孟子批评时人"既把仁义看作规范、准则,就免不了……'往往以利害推说',往往把义和利联系在一起"(页65)。但这一说法与后面求星辰之"故"的说法不太一致,他因此说"天之高也"一句文义也难明(页66)。
② 郭象注此段曰:"此章言人有偏能,得其所能而任之,则天下无难矣……何往而不通也!"(郭庆藩,2012:658)方按:"生而陵而安于陵,故也","故"可读为故地、素有之地,类似《中庸》"素富贵行乎富贵……无入而不自得也"之义,言既生此地则安之,然亦可读为动词,指"循其故",即遵循山陵习性;"长于水而安于水,性也",指既长于水乡,则因水而养成其性,故能安于水。"性"仍指人之天性,但是人在水方面的天性,亦可读为与水相处的恰当方式。"故"读作动词与下文"性"读作动词一致,契合上下文,不当读为名词。

这里比较明显地从动态法则或规律角度来理解"性"。而首句"天下之言性者，则故而已矣"，则可读为"天下人若能本着有利原则，效法生命成长的法则，则可以知性"，此即《尽心上》"尽心知性"。据此，则三个"故"均解释为陈迹、故事、故常是可行的，亦符合大禹治水"行其所无事"及本章反对智凿之旨。

此章理解的焦点之一在于："故"作为后天行为何以与先天之性相一致。只有从成长法则角度，才能将性的先天义与故的后天义统一起来。比如《庄子》中多将性理解为成长法则，故《达生》篇中性、故统一。而在其他地方，古人仅从"有为"之义使用"故"，故有"去智与故"（《庄子·刻意》）或"不设智故"（《淮南子·原道训》）之说，则性、故不统一。最后一句"苟求其故……"表明，"求其故"是值得肯定的褒义做法。如本章的"故"都作褒义解，则"性"针对物理现象而言可指变化法则，针对生命而言指成长法则。赵岐、朱熹、王夫之、毛奇龄、焦循皆认为三个"故"含义一致，其所谓故迹、陈迹、故常，我认为可引申为今人所谓规律、法则（裘说可为旁证）；以顺释利，或以通利释利，就能将后天之故与先天之性打通，先天之性体现为后天成长之法则、规律，正是此法则体现了性善——为善合乎生命健全成长之法则，否则就将不"利"。同样针对物理现象的例子还有《孟子·告子上》第2章以"就下"为水之性，针对生命现象的例子有《告子上》第8章以"生木"为山之性。当然，像毛奇龄等许多人那样，将首句"则故而已矣"理解为针对流俗之人而言的泛言，亦可通，而"故"之义不变。

7. 悦乐

下面几段包含着孟子对于生命健全成长法则的发现。虽然这几段未使用"性"字，但间接揭示了孟子的动态人性观：

> 口之于味也，有同耆焉；耳之于声也，有同听焉；目之于色也，有同美焉。至于心，独无所同然乎？心之所同然者，何也？谓理也，义也。圣人先得我心之所同然耳。故理义之悦我心，犹刍豢之悦我口。（《告

子上》6A7）

这章通常也被作为孟子以心善释性善之据。然而，这章并不只讲心之善，还讲到了心之悦。这个"悦"与下面的"乐"（《离娄上》第27章，《尽心上》第4章）含义相通，都不是道德现象，而是生理现象或精神现象。如果说，四端之心让人们自然而然地行善是一种纯道德现象，那么由四端之心让人们自然而然地感到喜悦，就不纯粹是一种道德现象，而变成对生命健全的认知。为何礼义能使我心愉悦？显然这反映了生命成长的一条法则。

反身而诚，乐莫大焉。（《尽心上》7A4）

"反身而诚"，就能"乐莫大焉"，为什么呢？这里的"乐"当然并不是纯粹的道德现象，而是指由道德行为导致的生理反应。也就是道德行为导致精神幸福，也可以说是暗含着孟子所发现的生命健全成长的法则：为善有益于生命健全成长。

乐则生矣，生则恶可已也？恶可已，则不知足之蹈之，手之舞之。（《离娄上》4A27）

此章与"反身而诚乐莫大焉"（《尽心上》7A4）、"若决江河"（《尽心上》7A16）、"睟面盎背四体不言而喻"章（《尽心上》7A21）联系起来理解，皆生动地说明，为善可使生命变得灿烂，让生命得到自身最圆满的实现。这应当是性善本义之一，其中包括性作为生命健全成长的法则之义。

"何如斯可以嚣嚣矣？"曰："尊德乐义，则可以嚣嚣矣。故士穷不失义，达不离道。"（《尽心上》7A9）

"嚣嚣"，是一种快乐自在的生活状态。为什么尊德乐义就可以嚣嚣？尊德乐义，并不是因为葛瑞汉所说的那样，因为它们代表"大体"，或者说代表道德，而是因为这样做可以"嚣嚣"。"嚣嚣"不是一种道德行为，而是一种生命总体的良好生存状态。因此，可以说，尊德乐义就可以嚣嚣，原因就在于它符合生命成长的法则——为善可使生命健全成长。

8. 自得

  君子深造之以道,欲其自得之也。自得之,则居之安。居之安,则资之深。资之深,则取之左右逢其原。故君子欲其自得之也。(《离娄下》4B14)

能"左右逢原",即孔子"从心所欲而不逾矩"(《论语·为政》)之义,也即适应了生命健全成长的法则。此章与"足之蹈之手之舞之""舜若决江河""四体不言而喻"等句子同义。

  舜之居深山之中,与木石居,与鹿豕游,其所以异于深山之野人者几希。及其闻一善言,见一善行,若决江河,沛然莫之能御也。(《尽心上》7A16)

本章若联系"尧舜性之也"(《孟子·尽心上》7A31)理解,则"若决江河,莫之能御"当与"性"之义有关。为何其行善力量"若决江河,沛然莫之能御"?如此巨大的内在力量,若解释为由于其天性中的仁义礼智之端被挖掘,即依据心善说来解释,似乎很难。因为这里"若决江河"标志一种生理性的反应,与前述因行善而"生色,睟面盎背……"的生理反应类似。这里可见心善说解释力的不足。如果解释为行善由于符合天然形成的生命健全成长的法则,所以有如此巨大的力量,是否更妥?因为这样来解释,"若决江河"这样一种生理反应可解释为生命总体性健全成长的标志之一。

9. 心气

  "昔者曾子谓子襄曰:'子好勇乎?吾尝闻大勇于夫子矣:自反而不缩,虽褐宽博,吾不惴焉;自反而缩,虽千万人吾往矣。'孟施舍之守气,又不如曾子之守约也。"

  曰:"敢问夫子之不动心与告子之不动心,可得闻与?"

  "告子曰:'不得于言,勿求于心;不得于心,勿求于气。'不得于心,勿求于气,可;不得于言,勿求于心,不可。夫志,气之帅也;气,体

第三章 从生长特性看孟子性善论

之充也。夫志至焉，气次焉。故曰：持其志，无暴其气。"

"既曰'志至焉，气次焉'，又曰'持其志，无暴其气'者，何也？"

曰："志壹则动气；气壹则动志也。今夫蹶者趋者，是气也，而反动其心。"

"敢问夫子恶乎长？"

曰："我知言，我善养吾浩然之气。"

"敢问何谓浩然之气？"

曰："难言也。其为气也，至大至刚，以直养而无害，则塞于天地之间。其为气也，配义与道。无是，馁也。是集义所生者，非义袭而取之也。行有不慊于心，则馁矣。我故曰：告子未尝知义。以其外之也。必有事焉，而勿正，心勿忘，勿助长也。无若宋人然。宋人有闵其苗之不长而揠之者，芒芒然归，谓其人曰：'今日病矣，予助苗长矣。'其子趋而往视之，苗则槁矣。天下之不助苗长者寡矣。以为无益而舍之者，不耘苗者也。助之长者，揠苗者也，非徒无益，而又害之。"

（《公孙丑上》2A2）

所谓"自反而不缩，虽千万人，吾往矣"，正是说明内心的自省能转化出巨大的精神勇气和生理能量，为什么"自反"会有如此强大的效果？"浩然之气塞于天地之间"，这不是道德现象，而同样是精神和生理现象。这些都说明，内心的修为可以培养出巨大的精神和生理能量。此章常作为孟子以心善释性善之间接材料。然而浩然之气何以能生？难道不正说明了生命成长的法则吗？浩然之气，是生命灿烂的标志，这不是回到恻隐之心，也即回到道德那么简单的事，而是再次说明为善可使生命繁荣灿烂这一法则。这一法则，难道不也应当是"性"之一义吗？若然，岂不说明人性之可爱吗？下面两章与此章可对照阅读，同样可理解为对生命健全成长的道德法则的发现。

夫君子所过者化，所存者神，上下与天地同流，岂曰小补之哉！（《尽心上》7A13）

> 万物皆备于我矣。(《尽心上》7A4)

君子何以能做到与"与天地同流","万物皆备于我"？这种境界与"浩然之气塞于天地之间"一样，都是一种精神体验，并非日常经验。这当然是生命总体上繁荣灿烂的标志，但同时也是精神升华的结果。从《孟子》全书的内容来看，这种升华的发生，也是由于养心、正心的结果。然而，为何养心、正心就会产生如何神奇的效果？它不能仅仅通过道德原理本身来解释，我们只能归之于"天"：这是生命健全成长的一条法则。是老天赋予的，没有什么道理。人们越是能遵从它，越是能健全地成长。

10. 其他

下面这条文献则表明孟子发现了生命成长的另外一条法则，它同样跟道德有关，那就是——每个人都本能地要捍卫自己的尊严。

> 一箪食，一豆羹，得之则生，弗得则死。嘑尔而与之，行道之人弗受；蹴尔而与之，乞人不屑也。(《告子上》6A10)

为何良心或本心能使人舍生取义？并不是因为良心合乎道德，而是因为每个人都需要捍卫自己生命的尊严。然而为什么都会本能地想捍卫自己的尊严呢？这只能诉诸"天"。人们在某些情况下感到自己"受到了侮辱"，这不能完全解释为"四端"之用，因为尊严是一种"感觉"。诚然，无良心作用，人就不会有尊严感；然而良心何以能导致尊严感，不能仅仅从良心本身来解释，只能解释为先天地决定的、生命成长的一个法则。对于人而言，特定情况下尊严感能自然升起，而对动物来说却不行，所以骂人时称其为畜生。孟子用这个法则来说明，"万钟则不辨礼义而受之"(《告子上》6A10)是有辱人的尊严的。

> 养心莫善于寡欲。(《尽心下》7B35)

此章与"尽心知性，夭寿不贰，修身以俟之"(《尽心上》7A1)对照阅读，说明修身必须遵从生命成长的一条法则：纵欲使人无法健康成长。

在上面"悦乐"以下的材料中，孟子并未使用过"性"字，但并不妨碍他实实在在地发现了生命健全成长的法则。至于成长法则的具体内容，除了《离娄上》第27章（4A27）、《离娄下》第14章（4B14）外，均包含这样的特点：为善符合生命健全成长的法则（《尽心上》第13章、第4章表面上与性善无关，若联系上下文看亦如此）。这里，生命的辉煌灿烂是不能仅仅用心善或人禽之别来解释的，后者只能说明人性中有高于动物的道德成分，但不能解释为何只有为善才可使生命如此辉煌灿烂。结合孟子使用"性"字并赋予其成长法则之义的其他场合，我们相信：孟子已经有意无意地从恰当的生存方式或成长法则角度来使用"性"字。

如果说，道家是从生理和心理的角度发现了生命成长的法则，孟子就是从道德或社会的角度发现了生命成长的法则。所以道家所发现的法则可表述为：宁静清虚有助于生命健康成长。而儒家所发现的法则可表述为：为善有助于生命健康成长。

四、重解性之善

现在我们来看看孟子性善论的立论基础问题，分析比较一下迄今可以找到的几种最有代表性的解释，看看从成长法则这一角度解释性善论有什么优势。学者们对孟子的性善论提出了许多不同的解释（见下章系统归纳），这些不同的解释并不一定相互排斥，有时可以并存于同一个人。系统考察这些不同的解释，可以发现它们基本上都建立在两种最有代表性的说法之上，即"心善"和"人禽之辨"。这两者之间并不是矛盾的，而是常被认为共存互补。

一是认为，人心中先天地包含着善的成分，即所谓仁义礼智之端，故称"心善"。持此说者甚多，其中以徐复观（1978）、唐君毅（1968）、牟宗三（1985）为最典型；海外学者如刘殿爵、信广来亦持此说。历史上持善端说、向善说、有善说、可善说者，也都基本上认为孟子"以心善说性善"。

二是认为，孟子之所以坚持人性善，是因为他发现了人与禽兽的根本区别之一在于人有道德属性（各家说法大同小异），故称"人禽之辨"。从清儒戴震、焦循、程瑶田、阮元到现代学者如徐复观、牟宗三、张岱年等大批学者，均认为孟子以人禽之别为性善论立论关键或主要依据。从人禽之别理解性善论的学者又分为两派，一派主张孟子承认人的自然属性（如食、色、形之类）为人之性，另一派主张孟子不承认人的自然属性为人之性。本章无暇对这两派之见专门讨论，只讨论其共同之处。

毫无疑问，上述两条都可以在《孟子》找到相当多的证据。其中第一条比较典型地见于《公孙丑上》第6章，《告子上》第4、5、6章，《尽心上》第15、21章，《离娄下》第12章，亦间接地见于《告子上》第7、8、10、11、17章，《尽心上》第1、3章。第二条论人禽之别，见于《离娄下》第19章，《告子上》第7、8章，《公孙丑上》第6章，《尽心上》第16章，尤其是前三处。

从今天的眼光看，"心善"说的最大逻辑问题就是如何能证明人先天地具有仁义礼智之端。严格说来，要证明人先天地具有善端，就必须证明人性在未接物之前的具体内容。而在人未接物之前，其实是无法辨明其内容的。事实上，在著名的孺子入井案例中，恻隐之心显然也是在接物之后形成的，而孟子却用它来证明人的先天属性。宋儒程颢（2004：10）曾说："'人生而静'以上不容说，才说性时，便已不是性也。"这正是针对此而言的。王国维曾借用康德关于物自体不可知的观点说明，"性"字原义之所指，其实不可知。所以包括苏轼、王国维、梁启超、陈大齐等人都倾向于认为告子"性无善无不善"之说在逻辑上更能站得住脚（具见本书第五章）。因此，虽然孟子似乎试图从心善说性善，但是从今天的角度看，其立论基础是存在问题的。由此我们也能理解，为什么安乐哲、江文思等人试图将孟子人性概念解释到一个完全非先天、非预成的后天过程，其用心何所在，可能是因为他们发现了孟子思想存在的这个逻辑问题，试图在孟子基础上建立一种新的人性论。但由于他们试图把自己的思想立场说成是"孟子本人的"，因而难以成立。

再看"人禽之辨"。孟子确实在几处强调了人与禽兽相差"几希"这一事实,并且认为恰恰这几希之别构成了人之所以为人的高贵和价值。孟子似乎没有明确地说过,人禽之别是性善论立论的主要基础,但这一思路应当确实包含在其行文中,细读《公孙丑上》(2A6)、《滕文公下》(3B9)、《离娄下》(4B19)、《告子上》(6A8、6A14)、《尽心上》(7A16)等可发现这一点。然而一方面,对人禽之别的强调,包含将人性的两个方面,即自然属性(或称生理属性)与道德属性割裂甚至对立起来的倾向。这正是后来宋儒天命之性与气质之性区分说中所存在的问题,王夫之、戴震、颜元等人之所以竭力反驳理气之分、天命气质之分(本书第四章第七节),原因也在于此。事实上,在《孟子》一书中,这二者之间并不是割裂的。我们从他论述"浩然之气""践形""睟面盎背""四体不言而喻"等行文中,不难发现孟子并未认为二者之间应当割裂,我们需要将二种属性合在一起来完整地理解孟子的性善论。

另一方面,从教育学上说,人禽说也容易导致道德教条主义。即鉴于人与动物有此区别,要真正成为一个人,唯一的道路就坚守道德。这正是后来程朱理学被批评为"杀人"的根源所在,尽管后者完全超出了理学家的原意。以葛瑞汉为例,葛瑞汉从大小体关系角度论述性善论的基础,已把人禽说的内在问题暴露得清清楚楚。他的"舍小取大"说,暗含着道德目的论倾向,容易导致泛道德主义或道德教条主义。这恰恰是把孟子思想中最精彩、最有活力的部分屏蔽掉了。当然,这不是说孟子没有人禽之别的思想,而只是说孟子性善论不完全甚至不主要建立在人禽之别基础上。

现在我们可以总结一下,本章从生存方式或成长法则这一角度来理解孟子性善论,可以避免上述心善说和"人禽之辨"所存在的理论缺陷;即使从今天的角度看,孟子所发现生命健全成长的法则也是成立的。与道家不同,孟子从道德意义上发现了生命健全成长的法则。这并不是说,成长说给性善论提供了足够充分的证明,但是使它有了更强大的正能量。本章的目的并不是说明孟子的性善论究竟是否成立,也没有认为心善说、人禽说或成长说足以证明性善论成立,而只是进一步挖掘孟子性善论的思想内涵，说明其可能具有的现代意义，特别是教育学上的意义。心善说、人禽说和成长说，在我看来都确实存在于《孟子》性善论的立论语境中，但其意义是不一样的。

五、余论：理与则

最后我想补充一点，在儒家学说史上，除了孟子之外，其实一直并不缺乏从成长法则来理解人性的传统，尤其是宋明理学家"性即理"之说。不过，前人对这一思路似不够重视。

1．"有物有则"

首先一个被古人经常引用的例子，就是《诗·大雅·烝民》如下一段话：

> 天生烝民，有物有则。民之秉彝，好是懿德。

此段话《孟子·告子上》（6A6）在与公都子论人皆有仁义礼智之心时，即曾引用，并引孔子对此段的理解：

> 孔子曰："为此诗者，其知道乎！故有物必有则，民之秉夷也，故好是懿德。"

这是孔子的解读，但其中的"物""则"该如何理解尚待探讨。其中的"则"，《说文》释为：

> 等划物也。从刀从贝。贝，古之物货也。

据此，"则"是以刀具均分之义。故《毛传》曰："则，法。"郑笺以"其情有所法"释"有则"二字，并谓"民所执持有常道，莫不好有美德之人"（《毛诗正义·烝民》）。赵岐则解释为："言天生众民，有物则有所法则，人法天也。民之秉夷，夷，常也。常好美德。"（《孟子注疏·告子章句上》）焦循（1987：759）进一步解释以为，赵氏"以有物有则为人法天，是以有物指天，有则指人之法天，盖亦如笺物象之说，性为天所命，性之有仁义礼智信,即象天之木金火土水,故以性属天,以六情从五性,是以人之情法天之性。"

然宋人开始对这段的解释就与汉人以"效法"释"则"不同。程颢就将"有物有则"的"则"解释为事物的法则:

> 《诗》曰:"天生蒸民,有物有则,民之秉彝,好是懿德。"故有物必有则……万物皆有理,顺之则易,逆之则难。各循其理,何劳于己力哉?(程颢,2004:123)

然朱子注《告子上》(6A6)中所引此诗时称:

> 有物必有法,如有耳目,则有聪明之德;有父子,则有慈孝之心。是民所秉执之常性也,故人之情无不好此懿德者。以此观之,则人性之善可见。(朱熹,1987:470)

朱熹的解读与郑笺有别,认为孟子引用"有物有则"的意思就是指天生人而赋予了其美德,此乃天生人之法则。此处"则"指法则,暗示人物的生存方式,推广可指成长法则。

张栻《南轩先生孟子说》解《告子上》"食色性也"章(6A4)时云:

> 食色固出于性,然莫不有则焉。今告子乃举物而遗其则,是固出于性无分于善不善之论也。其说行,而天理不明,人欲莫之遏矣。(张栻,2015:542)

南轩之意盖以为,食、色之类的感官属性诚然为性之一部分,但是食、色的活动难道没有法则吗?若是从其活动法则看,不是自然地能看出性善吗?因此,告子"举物而遗其则"。事实上,孟子在以"水无有不下"(《告子上》6A2)回答告子湍水之喻时,也已经在讲到生命成长的法则问题,南轩之言正据于此。

2."性即理也"

此外,宋明理学中"性即理"之说,此"理"亦包含条理、法则之义,虽然理学家们的解释常常把人们引导到仁义礼智信之德上去。张载（1978：7）《正蒙》曾谓"天地之气，虽聚散攻取百途，然其为理也顺而不妄"，《二程遗书》载伊川先生语曰：

> 万物皆只是一个天理，已何与焉？（程颢，2004：30）
>
> 天理云者，这一个道理，更有甚穷已？不为尧存，不为桀亡。（页31）
>
> 性即理也。所谓理，性是也。天下之理，原其所自，未有不善。（页292）

"天下之理""未有不善"，其中包括喜怒哀乐未发及发而中节，皆无不善。这里的关键是理无不善。未发之善与已发之善，反映的都是事物发生的道理。此中"理"是"一个道理"，道理在我看来即是法则。可见程氏所谓"理"有法则义，如此"性即理"是用法则释性，性有成长法则之义。那么，朱子所谓"理"是否也是道理、法则呢？答案应该是肯定的。下面略加考辨。朱熹在《孟子集注》中称：

> 性者，人所禀于天以生之理也，浑然至善，未尝有恶。（《滕文公上》3A1注。朱熹，1987：361）
>
> 性者，人之所得于天之理也。（《告子上》6A3注。页466-467）
>
> 人之有形有色，无不各有自然之理，所谓天性也。（《尽心上》7A38注。页516）

在《中庸章句》首章注中则曰：

> 性，即理也。天以阴阳五行化生成物，气以成形，而理亦赋焉，犹命令也。于是人物之生，因各得其所赋之理，以为健顺五常之德，所谓性也。（朱熹，1987：26）

性就是理，万物皆得其理而成性，故而性反映的是人物之理。那么，理学家所谓"理"究竟是指什么？朱熹（1987：467）《孟子集注》在解释孟子性善时曾说："以气言之，则知觉、运动，人与物若不异也；以理言之，则仁、义、礼、智之禀，岂物之所得而全哉？此人之性所以无不善而为万物之灵也。"（《告子上》注）据此，则性之理似指"仁义礼智之禀"。朱子又说"仁、义、礼、智，性之四德也"（《尽心上》7A21注。1987：508）。那么，朱熹是不是把"理"限定为仁义礼智呢？显然不是。《朱子语类》一开始就讨论太极、理、气等问题，以太极为"天地万物之理"，称：

> 未有天地之先，毕竟也只是理。有此理，便有此天地；若无此理，便亦无天地，无人无物，都无该载了！（《语类》卷1。朱熹，1994：1）
> 动而生阳，亦只是理；静而生阴，亦只是理。（《语类》卷1。页1）

朱熹又强调万事万物莫不以理为据，曰：

> 天下之物，皆实理之所为，故必得是理，然后有是物。所得之理既尽，则是物亦尽而无有矣。（《中庸章句》第25章。朱熹，1987：48）
> 做出那事，便是这里有那理。凡天地生出那物，便是那里有那理。（《语类》卷101。朱熹，1994：2582）

关于朱子的理，还有许多其他文献，学界多有探讨。

今人冯友兰从普遍与特殊的关系理解二程之"理"，认为二程语录中所讲的"理"是事物的"标准""准则"，但同时又从西方哲学中普遍与特殊的关系来理解之：

> 从哲学的观点看，这里所谈的问题是一般和特殊的关系。一般是特殊的标准，"有物必有则"，"则"就是标准的意思，"则"就是理。《语录》所举的例，都是伦理方面的问题。举别的方面的例子也是一样。例如几何学所讲的方的定义就是方之所以为方者，这就是方的理，一切方的东西，都是这个理的实例。"方"是一般，一切方的东西是特殊。（冯友兰，1999：116）

冯氏这种新实在论解释方式早在其20世纪30年代所著《中国哲学史》中已存在，是否合适尚可商榷；尤其是普遍与特殊的关系，在西方哲学中是完全在逻辑认知的意义上讲的，与中国古代思想家的讲法迥然不同，未必可直接套用到程朱。但其举"方之所以为方之理"的例子，来说明对理学家之"理"的理解，却有合理处。冯友兰弟子、当代学者陈来（2010：168）用"事物的规律、法则、原理"以及"合乎规律的必然性"来描述朱熹的"理"。若依此说，则宋明理学家以理释性，已经将孟子所谓性解释为成长的原理或法则，与本章做法相近。

3. 理与条理

今查得，《孟子》中"理"有7见，除了《尽心下》（7B19）"稽大不理于口"中的"理"学者多训"赖""俚""利"，而与性善论关系不大外，其他6处"理"确实有一定思想价值：

> 心之所同然者，何也？谓理也，义也。圣人先得我心之所同然耳。故理义之悦我心，犹刍豢之悦我口。（《告子上》6A7）

此段以人心同悦理义释性善，故理与性关系密切。赵注谓"理者，得道之理"（焦循，1987：765），似以道释理。然道、理何义，不甚清晰。《孟子·万章下》首章论"条理"曰：

> 孔子之谓集大成。集大成也者，金声而玉振之也。金声也者，始条理也；玉振之也者，终条理也。始条理者，智之事也；终条理者，圣之事也。（《万章下》5B1）

赵注以金、玉之音次第有序释条理，并谓"智者知理物，圣人终始同"（焦循，1987：673）；朱熹注谓"条理，犹言脉络，指众音而言也"（1987：451），与赵注同义。此段以条理释圣人，圣人集大成不过终始条理而已。本章表面上与性善论无关，历代注释家亦不作联系。但清儒戴震却认为二者关系密切，并认为性之善就是指人能认识条理。

首先，戴震认为，孟子"理义"之理，就是条理，亦称"分理"：

> 理者，察之而几微必区以别之名也，是故谓之分理；在物之质，曰肌理，曰腠理，曰文理；得其分则有条而不紊，谓之条理。（戴震，1982：1）
>
> 天理云者，言乎自然之分理也。（页2）

他并认为，《易·系辞上》"易简而天下之理得"，《中庸》"文理密察，足以有别也"，《礼记·乐记》"乐者，通伦理者也"皆是古人"理"之义最好的见证。从这些文献确实可以看出，先秦儒家所谓"理"，与条理、文理、分理关系密切。

其次，戴震认为，理应用于世间，与情关系密切，指"情之不爽失"、人人之情皆"得其平"。不过，这里的情指实情，包含但不限于感情：

> 理也者，情之不爽失也；未有情不得而理得者也。（戴震，1982：1）
> 自然之分理，以我之情絜人之情，而无不得其平是也。（页2）
> 在己与人皆谓之情，无过情无不及情之谓理。（页2）

他借用《大学》"絜矩之道"来说明理与情的关系，理就是人人之情"无不得其平"，类似于今日所谓以同理心相处，如此理、义关系就可说得通。这样一来，如果联系孟子"乃若其情则可以为善矣，乃所谓善也"（《告子上》6A6），就可进一步揭示孟子之理与性善关系：以情释性，就是以理释性（《告子上》6A7）；孟子似乎藉情善、理善揭示性善。

其三，戴震认为孟子在《告子上》（6A6）所引《诗经》"天生烝民，有物有则"，其中的"则"与"理"含义相通：

> 孟子申之曰："故有物必有则，民之秉彝，故好是懿德。"以秉持为经常曰则，以各如其区分曰理，以实之于言行曰懿德。（戴震，1982：2-3）

则、理、德三者相通。有物必有则，就是有物必有理。据此，性善似可理解为性有条理，然而戴氏的解释却非如此，而是引向了另一方向。

其四，戴震进一步解释《告子上》"心之所同然谓理也义也"（《告子上》6A7）一段曰：

> 举理，以见心能区分；举义，以见心能截断。分之，各有其不易之则，名曰理；如斯而宜，名曰义。是故明理者，明其区分也；精义者，精其截断也。……求理义而智不足者也，故不可谓之理义。（戴震，1982：3）

这里他把《孟子》中的理、则等与心贯通了起来，认为理义是人心从事事物物之情中洞察出来的，"理义非他，所照所察者之不谬也"（页6）。

最后，戴震认为，孟子的性善论就是指人心能通于理义；相比之下，禽兽不能通于理义，故不能谓其性善。

> "孟子专举'理义'以明'性善'，何也？"曰："古人言性，但以气禀言，未尝明言理义为性，盖不待言而可知也。至孟子时，异说纷起，以理义为圣人治天下[之]具，设此一法以强之从，害道之言皆由外理义而生；人徒知耳之于声，目之于色，鼻之于臭，口之于味之为性，而不知心之于理义，亦犹耳目鼻口之于声色臭味也，故曰'至于心独无所同然乎'，盖就其所知以证明其所不知，举声色臭味之欲归之耳目鼻口，举理义之好归之心，皆内也，非外也，比而合之以解天下之惑，俾晓然无疑于理义之为性，害道之言庶几可以息矣。孟子明人心之通于理义，与耳目鼻口之通于声色臭味，咸根诸性，非由后起。"（戴震，1982：6）

戴氏之意，并不是说理义已经先天地储存于人心，而是因为心有"思之官"，"人之精爽能进于神明"（戴震，1982：6）。因此，性善是指人有高于禽兽、能进于神明的心知也。据此来看，性善并非指性已善，而指性可善。

戴氏以此为据批评宋儒将理义与气禀分为两物，殊不知"人之心知"

必于气物中察得理义也;"后儒见孟子言性,则曰理义,则曰仁义理智,不得其说,遂于气禀之外增一理义之性,归之孟子矣"(戴震,1982:6)。

据上言之,戴震对性善的解释,并不是将性解释为生命成长法则,而是指将性善解释为对理义的认识能力,尽管他把理解释为近乎法则的条理、分理等。

第四章　古今学者对性善论的解释：模式与判断

【提要】本章试图对前人关于孟子性善论的研究进行全面总结，认为前人在对孟子性善论的解释中大体形成了九种不同的观点，即心善说、可善说、有善说、人禽说、本原说、本体说、才情说、总体说、成长说。这九种解释的理论基础可从五组、十种不同类型的判断方式来说明：先天判断/后天判断，本质判断/特征判断，全称判断/特称判断，比较判断/总体判断，以及价值判断/事实判断。其中后天判断、本质判断、全称判断都难以成立，本原说、总体说、成长说（部分）不符合孟子本意，不能成立。此外还可以得出，心善说、可善说、有善说、人禽说、本体说、才情说、成长说都只能找到部分文本上的依据，都不足以证明"性善"，只能说明"性之善"；因此把性善论从整体上归结为上述九种观点中的任何一种，都是片面的。如果我们换个思路，不纠缠孟子是不是真的证明了"人性善"，而分析孟子如何说明了"人性之善"，也许会有更多的发现。从"性之善"而不是"性是善"的角度看性善论，也可以发现前述心善说、可善说、向善说、有善说、人禽说、本体说、成长说都对于我们理解人性之善有帮助。因此也许孟子真正的贡献并不在于证明了"性善"，而在于揭示了"性之善"。如果因为发现了上述某种观点的价值，硬要为性善论辩护，就容易把性善论解释成前面九种意见的一种或几种，就会遇到种种难以克服的理论难题。抛弃寻找各种理由为性善论辩护的动机，转而深入挖掘孟子所揭示的人性之善的内涵，也许更有意义。

第四章 古今学者对性善论的解释：模式与判断

古往今来，学者们对孟子的性善论不知有过多少争论。特别是20世纪60年代以来，由于英国学者葛瑞汉（A. C. Graham）从道家立场对孟子人性论提出了新的看法，在西方汉学界引起了广泛而持久的讨论，史华兹（Benjamin I. Schwartz）、刘殿爵（D. C. Lau）、安乐哲（Roger T. Ames）、信广来（Kwong-loi Shun）、华霭云（Irene Bloom）、罗哲海（Heiner Roetz）、朱利安（Francois Jullier）、孟旦（Donald J. Munro）、艾文贺（Philip J. Ivanhoe）、李耶理（Lee H. Yearley）、欧阳博（Wolfgang Ommerborn）、江文思（James Behuniak Jr.）、余纪元（Yu Jiyuan）等一大批西方汉学家均加入了讨论之列。在港台地区，在唐君毅、徐复观、牟宗三、陈大齐、黄彰健、傅伟勋、蔡仁厚、刘述先等老一代学者的倡导下，又出现了傅佩荣、袁保新、李明辉、黄俊杰等一批中青年学者，对孟子性善论的研究大有推动之功。在中国大陆，在冯友兰、张岱年等老一代学者的影响下，也出现了不少有价值的研究成果，相关成果下面介绍。而在此前，围绕孟子性善论的问题在中国、日本、朝鲜等地，学者已争论了一两千年。

本章认为，学者们在解释孟子的性善论时，自觉或不自觉地建立了多个不同的解释模式；与此同时，他们对于孟子人性善之说建立于其上的判断类型，也各有自己的预设或理解。下面让我们分别对它们进行分析和说明。我们将会看到，对于孟子的性善论，各家的解释有相当大的差别。

今将历史上各种对性善论的解释意见列表如下：

表4-1 性善论的九种解释

序号	类型		代表人物
1	心善说	善端说	赵岐、董仲舒、陈澧、孙星衍、焦循、胡适、冯友兰、唐君毅、杨泽波、于连、何怀宏[①]
		本心说	韩婴、朱熹、王阳明、牟宗三、丁茶山、唐文治、徐复观、刘殿爵、郭齐勇[①]、杨泽波[②]、末永高康
		向善说	伊藤仁斋、丁茶山、唐君毅、陈大齐、傅佩荣、杨泽波

[①] 何怀宏观点参氏著（2017: 107-109）。

续表

序号	类型		代表人物
2	可善说		程瑶田、康有为、陈大齐、张岱年、安乐哲、艾文贺、江文思、张奇伟
3	有善说		陆世仪、陈澧、钱穆
4	才情说	情善说	程瑶田、唐文治、凌廷堪、宋翔凤
		气善说	王夫之、陆世仪、颜元、伊藤仁斋③
		才善说	陈确、戴震、程瑶田、焦循、李景林
5	人禽说		王夫之、陆世仪、李光地、戴震、焦循、程瑶田、伊藤仁斋、伊藤东涯、张岱年、徐复观、冯友兰、唐君毅、刘殿爵、黄彰健、袁保新、余纪元、梁涛
6	本原说		张载、程颐、胡宏、朱熹、陈淳、黄震、王夫之
7	本体说		陆象山、王阳明、牟宗三、傅伟勋、李明辉、刘述先
8	总体说		陆世仪、伊藤仁斋、伊藤东涯、葛瑞汉、刘殿爵、何怀宏
9	成长说		陈确、唐君毅、葛瑞汉、李景林、张祥龙、万百安、方朝晖

一、心善说

这种观点认为，孟子的性善论其实是"心善论"，因为孟子是从人心具有善质这一点来认证人性是善的。例如，徐复观（1978：163）认为，"孟子所说的性善，实际便是心善"，"孟子所说的性善即是心善"（页178），"孟子便专从心的作用来指证性善"（页171）。牟宗三（1985：132）称，

---

① 郭齐勇说，"本心是性善的基础或根据"（2013：255），"仁义礼智这些道德源于本心……孟子的仁义内在，性由心显，是心善言性善的特征"（页258-259）。
② 杨泽波说，"性善论由两个不同的要素构成，一是人性中的自然生长倾向，一是作为伦理心境的良心本心"（2010：84），"良心本心是性善的前提"（页36）。他把良心本心解释成"后天而先在的伦理心境"。杨同时主张性善论的这两个要素使他同时有向善和心善两种看法。
③ 宋儒多以情属之气质，故情善与气善无严格区别。本章所谓情善，主要指专以情感（包括四端之情）论性善。

"孟子主性善是由仁义礼智之心以说性"。持心善说的学者还有丁茶山、唐文治、刘殿爵、傅佩荣、信广来、李景林等一大批人。在所有持"性善即心善"说的学者当中,唐君毅、刘殿爵的论述尤有代表性。

首先,唐君毅认为,孟子以心善说性善,是针对当时流行的"即生言性"而来,欲以"即心言性"涵盖"自生言性"。他认为当时流行"自生言性",而孟子"即心言性"并不是要排斥"自生言性",孟子不当是自创"性"之一新定义,他的创新之处在于以即心言性说涵盖了生之谓性说,此即孟子大小体之说真义(大体谓心之性,小体谓自然之性)。故称"孟子言性,乃即心言性善"(唐君毅,1968:20),"孟子之言性、乃即心言性"(页22)。

为什么孟子是即心言性呢?这是因为孟子区分了"求诸己"和"求在外"。如若"求诸己",则"求则得之,舍则失之";如果"求在外",则"求之有道,得之有命"。前者"纯属于自己,而为人之真性所存";而求诸外,"非人所得而自尽","故亦非全属于自己者,而非人之真性所存之地"(唐君毅,1968:20-21)。

唐君毅(1968:21)还认为,仁义礼智之心(即心言性)与自然生命之欲(自生言性)之关系可这样来看:前者为人与禽兽相异处,后者为人与禽兽相同处;但重要的是,前者可统摄后者,因为仁义礼智之心与自然生命之欲同行,则能理解他人也有食色之欲,而生起不忍他人饥寒之心。这两方面加在一起,可证前者高于后者一个层次。

其次,唐君毅(1968:29-33)强调孟子"即心言性"乃是"即心之生言性":

> 孟子乃即心之生,以言心之性之善。(唐君毅,1968:30)
> 所谓即心言性善,乃就心之直接感应,以指证此心之性之善。(页20)

所谓"心之生",指见孺子入井即生恻隐之心之类,故又谓之"心之直接感应"。他并强调,孟子所即之心乃是"性情心、德性心之义",故而"不同彼自然的生物本能、或今所谓生理上之需要冲动之反应者"（页20）。这与王阳明、牟宗三将孟子之良心解读为心之本体迥然不同。他并批评戴震以血气心知一体为性，不分心与气，乃是从《礼记》解读孟子（页22）。

其三，唐君毅（1968：24-28）重点从四个方面说明了"即心言性"可统摄"自生言性"。这四个方面分别是：（1）"自心之对自然生命之涵盖义"（有了仁心则自己推人，同情理解甚至成全他人之食、色、安佚之欲）；（2）"自心对自然生命之顺承义"（有了仁义则对前人特别是祖先之自然生命持肯定态度，此非孟子义但可推想）；（3）"自心对自然生命之践履义"（自然生命之体乃仁义得以实现之具、之载体）；（4）"自心对自然生命之超越义"（可以杀身以成仁，不可以丧仁以求身，可见仁心高于自然生命）。因此，他强调，这两种"性"之义体现了孟子所谓"大体小体之分"，"此中大可统小，而涵摄小，小则不能统大而涵摄大"（页24）。

刘殿爵（D. C. Lau, 1970：14-15）则从另一角度解释了为什么孟子性善论当读为心善论，这是因为孟子主要是从"心"这一角度来理解人禽之别，所以提出或使用了"存心""本心""良心""放心"等概念。心之所以构成人禽之别中最关键的要素，是因为心有"思"之官；人一旦不用心思，就会受到外物引诱、听从感官欲望支配而身不由己，从而坠入与禽兽一样的境地。因此，"心"与"感官"（sense organ）的重要性有别，而大人与小人之别也源于以心优先，还是以感官优先。心能悦于理义，但感官则不会。所以他说：

> 把人与动物相区别的是人的心，尽管这只是人性中很小的部分，却是人所独有、且是人的一切器官中最高级的部分。（Lau, 1970：15-16）
>
> 人性被从人所独有的——心——的角度来定义，而不从人与动物共有的欲望来定义。（p. 28）

然而，什么叫作"心善"？其实有几种截然不同的解读：一种典型的解读是把心善解释为心中有善端；另一种解读把心善解读为心中有仁义礼智四德，我认为可称为本心说，具体又分为良心说与宋明儒的心体说；第三种是把心善解释为心向善。向善说与善端说十分接近，但由于相关学者说法不同，有的特别强调"向善"的重要，故单列出来讨论。

1. 善端说

关于第一种说法，《孟子·公孙丑上》有"恻隐之心，仁之端也；羞恶之心，义之端也；辞让之心，礼之端也；是非之心，智之端也。人之有是四端也，犹其有四体也"（2A6）。赵岐注曰：

> 端者，首也。人皆有仁义礼智之首，可引用之。（焦循，1987：234）

首即头部，有开端之义。焦循（1987：234）进一步指出，"端与耑通"，而《说文·耑部》云："耑，物初生之题也。"这样，"端"可读为物初生露出地面之芽。此种解释，若联系孟子在多处强调的"推广扩充"思想[①]，似乎可信。董仲舒正是从这一角度来解读孟子所谓"端"，称"性有善端，动之爱父母，善于禽兽，则谓之善，此孟子之善"（《春秋繁露·深察名号》），他在《春秋繁露》之《深察名号》《实性》中以禾米关系比喻善端，批评孟子混淆了善端与善本身。

现代学者当中，胡适（1928：289-296）、冯友兰均将性善解释为善端。冯友兰的说法最为典型：

> 孟子所谓性善，只谓人皆有仁义礼智之四"端"；此四"端"若能扩而充之，则为圣人。人之不善，皆不能即此四"端"扩而充之，非其性本与善人殊也。（冯友兰，1961：155）
>
> 人何以必须扩充此善端？……依孟子之意，则人之必须扩充此善端者，因此乃人之所以为人也。（页155-156）

[①] 孟子曰："凡有四端于我者，知皆扩而充之矣，若火之始然、泉之始达"（《公孙丑上》2A6）。《梁惠王上》（1A7）中孟子劝齐宣王将其对牛的不忍之心推广下去，可达百姓，所谓"老吾老以及人之老，幼吾幼以及人之幼"；《尽心上》（7A45）讲"亲亲而仁民，仁民而爱物"。其中所谓"扩充"均有从萌芽发展壮大之义。

今人杨泽波亦以大量材料，证明孟子所谓性善是指人人皆有善端。杨泽波（2010:81）说："孟子提倡性善论，其实是主张在现实生活中任何一个人都有恻隐、羞恶、辞让、是非之心的端倪，这些端倪是人生而具有的，本身就有向上发展的趋向，按照这种趋向发展，人就可以达成完整的善性了。"他并得出：

> 性善论并不是"性本善论"，"性善完成论"，而是"心有善端可以为善论"。（杨泽波，2010：80）

所谓善端，也即恻隐、羞恶、辞让、是非之心，按现代道德哲学术语，是指道德情感，类似于今人所谓怜悯之心、同情心之类。就此而言，我认为法国学者于连（Francois Jullier，又译朱利安）对善端说的意义提出了一种极有意义的解释。他比较中西方思想对于道德来源的不同解释传统，特别是与基督教传统相比较，认为中国思想不同于西方的一个地方在于，它不是从抽象实体（substance）或客观绝对标准出发来探讨道德的基础。于连（2002：45）说："在中国思想中，人性没有以一个预先设定的绝对标准来加以规定，道德意识也没有依附于任何实体性的'灵魂'，所以对孟子来说，由羞恶、怜悯等反应来开掘道义之心，再以道德为唯一基础来定义人性是尤为重要的。"这一说法让我们从一个更广阔的视野来理解善端说的道德意义。今人亦容易发现，善端说容易在西方历史上的道德情感论、道德直觉论中找到共鸣。

2. 本心说

然而，心善说还有另一种解读，即认为指人心中本有仁义礼智，而所谓恻隐之心皆指示其存在。在《孟子·告子上》即称：

> 恻隐之心，人皆有之；羞恶之心，人皆有之；恭敬之心，人皆有之；是非之心，人皆有之。恻隐之心，仁也；羞恶之心，义也；恭敬之心，礼也；是非之心，智也。仁义礼智，非由外铄我也，我固有之也，弗思耳矣。

第四章 古今学者对性善论的解释：模式与判断　　99

在这里，孟子对恻隐之心等四端的理解似乎与《公孙丑上》第六章（2A6）有所不同，没有将四心称为"仁之端""义之端""礼之端"和"智之端"，而是等同于仁义礼智；特别是其强调"仁义礼智非由外铄我，我固有之"，似乎认为仁、义、礼、智四者为人心本有之物。这与孟子在他处所讲"本心"（《告子上》6A10）、"良心"（《告子上》6A8）、"良知"（《尽心上》7A15）之说呼应。与此相应，对于《公孙丑上》中的"端"，也有学者提出了不同的理解，朱熹在《孟子集注》中即谓：

　　端，绪也。因其情之发，而性之本然可得而见，犹有物在中而绪见于外也。（朱熹，1987：342）

以"绪"释"端"，如绳之一端，"犹有物在中而绪见于外"，故四端可视为呈现"性之本然"之端。譬若核潜艇潜于水，而一端露于外，此端即指示水下之庞然大物。此庞然大物即"性之本然"，亦即仁义礼智。这种将四端等同于四心的解释，在汉代亦已存在。汉初学者韩婴《韩诗外传》第 6 卷第 16 章即称：

　　天之所生，皆有仁义礼智顺善之心。①

此处虽未提及孟子，其表述似为对孟子心善的解释，暗示孟子所谓四心当指仁义礼智之心，亦即孟子所谓良心。②

为什么良心可证性善？朝鲜学者丁若镛（号茶山，1762—1836）认为，这是因为任何人，不管好人坏人，均有良心发现的时候。他举例说：

　　穿窬之盗负赃而走，欣然善也，明日适其邻，见廉士之行，未尝不油然内怍。古所谓梁上君子可与为善，此性善之明验也。此地有尹

---

① 李沈阳（2010：45）据此认为："首先继承孟子的性善说，提出'人性善'观念的是西汉初年的韩婴。"
② 日本学者末永高康以出土《五行》经、说与《孟子》对比，分析得出孟子性善说的重要背景是不再以"仁气""义气"等气的角度，而是从直接心来理解人性（末永高康，2020；2021）。

氏子为盗，余令其兄弟谕之以仁义，盗泫然以泣。又有郑氏子，恶人也，余临溪打鱼，使之切脍，关长跪赧色而自数其罪，曰"我恶人也，我杀无惜者也"，缕缕言不已。苟性不善，岂有是也？（丁若镛，2010：453）

即使是盗贼也能自知不义，而有自惭形秽、"泫然以泣"的时候，可见人的良心是天生的、不可泯灭的，"苟性不善，岂有是也？"因此，"孟子以尧舜明性善，我则以桀跖明性善"（丁若镛，2010：453）。

以盗贼而不是尧舜来说明人皆有善心，非常贴近生活。民国学者唐文治也持与茶山类似的、良心处处可见的见解。唐文治（2016：10）指出，即便是"乞墦之齐人，垄断之世侩"，"孳孳为利，心纵极卑鄙龌龊"，亦能"阖户而诏以良心所在，则未有不面赤汗下悚然憬悟者，然则本心之呈露，良知之发见，其有功于世道固非细也"。不管一个人多么自私，都有本心呈露的时候；不管一个人多么可恶，都有良心发现的时候。如果不是人人都有善心，如何来解释这一现象呢？唐文治进一步从《周易·复》出发，给出了一种宇宙论的解释，称人在静极之时，"良心亦偶一呈露"，此即是"性善之明验"：

《复》之《象传》曰："复其见天地之心乎？"《程传》云："一阳复于下，乃天地生物之心也。先儒皆以静为见天地之心，不知动之端乃天地之心也。"此谊尤精。盖人虽至愚极恶，不能无静时。静极而将动，其中本有生生之机，故良心亦偶一呈露，此尤性善之明验也。（唐文治，2016：725）

对人的道德良心及其与性善的关系，徐复观也作了深刻的阐释。徐复观从道德意识觉醒以及道德主体自觉这一独特角度来说明孟子由心善说性善。汉语中虽然早在孟子之前就有了心字，但是赋予心以道德根据之义，直到孟子才开始：

在孟子以前所说的心，都指的是感情、认识、意欲的心，亦即是所

第四章　古今学者对性善论的解释：模式与判断　　101

谓"情识"之心。人的道德意识，出现得很早。但在自己心的活动中找道德的根据，恐怕到了孟子才明白有此自觉。（徐复观，1978：173）

孟子在生活体验中发现心独立而自主的活动，乃是人的道德主体之所在，这才能作为建立性善说的根据。（页174）

心是道德主体觉醒的标志，人性之善也由此而来。他把孟子"乃若其情"的情理解为以四端为内容的情感，认为孟子把性、情、才都放在心的主导下，以心统性、情、才，故性善归于心善：

性、心、情、才都是环绕着心的不同的层次。张横渠说"心统性情"（《横渠语录》）；此就孟子而言，应当是"心统性、情、才"。心是善，所以性、情、才便是善的。因此，《孟子》中的性、心、情、才，虽层次不同，但在性质上是完全同一的东西。（徐复观，1978：174）

性、情、才、心各不相同，但均统一在一心之下。四端虽是情，但可由之以见心、性之善。因此，"性善性恶，都是推论的结果"；"而推论的根据"则是"心的现实活动"（页173）。

本心说还有一种，或可称为心体说，与后面本体说有部分交叉。

如果说前面良心说对于孟子所说的良心、本心主要是从经验角度作了解释，宋明理学则大大超出了经验的层面，给出了全新的解释，称其为"心之本体"或"性之本体"，简称"心体"，包含仁义礼智。宋明儒常站在宇宙论或存在论高度，赋予心体包容宇宙、统摄万有的至高无上的地位，故与前述从良心角度讲心善有很大区别。

宋儒张载（1978：338-340）主"心统性情"（《张子语录·后录下》），胡宏（1987：16）谓"性主乎心"，"夫性无不体者，心也"，已经赋予心极高的地位。朱熹（1987：499）则谓"心者，人之神明，所以具众理而应万事者也，性则心之所具之理"（《孟子集注》）。在解释《孟子·尽心上》（7A1）"尽心、知性、知天"时，朱熹称：

天大无外而性禀其全，故人之本心，其体廓然，亦无限量。（《尽

心说》。朱熹，2010：3273）

朱子在这里将仁义礼智称为"人之本心"，谓"其体廓然无限量"。《孟子集注》《告子上》在注"恻隐之心，仁也；羞恶之心，义也……仁义礼智，非由外铄我也，我固有之也"（《告子上》6A6）时称："前篇言是四者为仁、义、礼、智之端，而此不言端者，彼欲其扩而充之，此直因用以著其本体，故言有不同耳。"（朱熹，1987：470）"直因用以著其本体"，实将仁义礼智理解为心之本体。这一说法到王阳明被发挥到了极致。

王阳明明确认为，孟子所谓"良知""良心"即指"心之本体"。《传习录》云：

> 良知，心之本体，即所谓性善也，未发之中也，寂然不动之体也，廓然大公也。（《答陆原静书》，此是陆氏话。王阳明，2014：70-71）

> 尚谦问："孟子之'不动心'，与告子异？"先生曰："……心之本体原自不动。心之本体即是性，性即是理，性元不动，理元不动。集义是复其心之本体"。（页28）

> 惟乾问："知如何是心之本体？"先生曰："知是理之灵处。就其主宰处说，便谓之心；就其禀赋处说，便谓之性。孩提之童，无不知爱其亲，无不知敬其兄，只是这个灵能不为私欲遮隔，充拓得尽，便完；完是他本体，便与天地合德。"（页39）

上引阳明及其弟子之言，显然是在解释孟子所谓性善，将性善解释为心善，将仁义礼智落脚为心之本体。良知、良心即心之本体，"心之本体""即是性"，它"寂然不动、廓然大公"，"粹然至善"（《大学问》）。①

然而牟宗三（1985：135）认为，王阳明"视尽心知性知天为生而知之，存心养性事天为学而知之"，"此种比配全无意义"，当承明道、象山，将"心

---

① 《传习录》称"至善是心之本体"（徐爱录。王阳明，2014：2），"至善者，心之本体也，心之本体那有不善？"（黄以方录。页135），"知至善即吾性。吾性具吾心。吾心乃至善所止之地"（陆澄录。页29）。

第四章　古今学者对性善论的解释：模式与判断

体"联系到"天"来理解，认识到"心之体与天同"（页134）：

> 《中庸》云："天地之道可一言而尽也，其为物不贰，故其生物不测"，此承天命不已而言者也。此天是一实位字。吾人之所以如此知之，乃完全由吾人之心性而体证其为如此。（牟宗三，1985：133-134）

他还主张，孟子以心善说性善，用意在于说明人性的"道德的创造性"，故必须与从知识上说性区别开来，"'尽心'之尽是充分体现之意，所尽之心即是仁义礼智之本心。孟子主性善是由仁义礼智之心以说性，此性即是人之价值上异于犬马之真性，亦即道德的创造性之性也"（牟宗三，1985：97）。

此外，牟宗三（2003a：556-584）在《心体与性体》中，通过对张载《大心篇》的解读，提出"横渠显是本孔子之仁与孟子之本心即性而言一超越的、形而上的普遍之本心"：

> 此本心如不为见闻（耳目之官）所拘蔽，自能体天下之物而不遗而为其体。此是一绝对普遍的本体。心即是体，故曰心体。（牟宗三，2003a：584）

在《从陆象山到刘蕺山》中，牟宗三（2003d：178）说孟子的"本心"不是心理学意义上的"心"，"乃是超越的本然的道德心"，"孟子说性善，是就此道德心说吾人之性，那就是说，是以每人皆有的那能自发仁义之理的道德本心为吾人之本性，此本性亦可以说就是人所本有的'内在的道德性'"。牟宗三的这一解释思路，在其弟子傅伟勋、刘述先、李明辉处被继承下来。例如，黄俊杰在总结台湾学者李明辉以心善释性善的时候就说：

> 此说肯定人有一个超越自然本能的道德主体，及本心（或良知），而本心是道德（仁、义、礼、智）之根源与依据，故是纯善。……此说并不否认自然之性（小体）的存在，但同时肯定本心具有超脱于自然本能（耳目之官）之制约而自我实现的力量，这种力量是道德实践

之最后依据。……它将"道德之恶"的产生归诸本心因自我放失而为外物所牵引。但是"道德之恶"的存在并不足以否定本心之善,因为即使人陷溺于恶,其本心仍保有超脱此恶的力量。(黄俊杰,2001:217-218)

3. 向善说

这种观点认为,孟子性善论并不是说"人性本善",而是指人心具有向善发展的倾向性。从广义上说,向善说者有两种,一是指人心有向善的倾向,二是指人性有向善的倾向(张祥龙,2010:246-251;Eno,1990:118-120)。后一种我们放在"成长说"部分。本部分只讨论前者,故纳入心善说部分。

最早明确宣称孟子性善论可读为向善说者可能是陈大齐。陈大齐在1953年版的《孟子性善说与荀子性恶说之比较研究》中就曾指出:

> 在孟子看来,人性的本然只趋向于善,绝不趋向于恶。综上所述,孟子的学说实应正名为人性向善说,以见其真相,不应称为性善说,以启人误解。(陈大齐,1953:19)
>
> 孟子与告子的论辩,亦只证明了人性之可以为善与人性之向善不向恶。(页19)

向善说与善端说非常相近,尤其是善端说者认为善端具有方向性时(如陈大齐、杨泽波、张祥龙);但向善说与善端说又有区别,区别在于善端说者一般认为善端先天具有,而向善说者则不一定如此,它有时认为人心中并不事实上具有善,其向善纯出乎感应而生,是一种对外物的方向性反应。用傅佩荣(2016:37)的话说,当孟子说"理义之悦我心,犹刍豢之悦我口"(《告子上》)时,"人心只能爱慕理义而并未先天即拥有理义,正如人口只能喜欢刍豢而并未先天即拥有刍豢"。

按照这一说法,日本学者伊藤仁斋(1627—1705)早在17世纪即已有向善之说,而唐君毅所谓孟子"即心之生言性",亦是一种向善论。例如,

第四章 古今学者对性善论的解释：模式与判断

在1692年写成的《童子问》中，伊藤仁斋称，孟子所谓性、心皆是"生物"、非"死物"，性之善不离气质，不是未发前的寂静状态，而是于心之发动而言。因此性善就是指心善，心善就是指心之发动，四端是发动、是感应，不是虚理，此说殊类于唐君毅以心之向善感应释性善（参井上哲次郎，1901b：100，136-137，161-162）。其言曰：

> 孟子所谓性善者，本以恻隐羞恶辞让是非之心言之……皆就人心发动之上明之，非宋儒所谓本然之云。（井上哲次郎，1901b：34）

> 其所谓善者，就四端之心而言，非谓未发之时有斯理也。故曰："人性之善也，犹水之就下也。"夫水之就下，在流行之时而可见焉。则人性之善，亦就发动之时而言之可知矣。（页136）

以"水之就下"释性善为向善趋势，与后来傅佩荣举证方式类似，故得出"孟子以为人之气禀虽刚柔不同，然其趋于善则一也"（《语孟字义》卷上。井上哲次郎，1901b：33）。

朝鲜学者丁茶山提出另一例证，来说明向善是人性中更加根本的倾向，即以鹿之好山林、雉之恶驯养为例。他在《孟子要义》（1813）中说：

> 鹿之性好山林，雉之性恶驯养，虽不幸而堕于驯养，顾其心终以山林为好，一见山林，油然有感羡之心，此之谓性也。天于赋生之初予之以此性。（丁若镛，2010：455）

人性之好善去恶，是否也如鹿之好山林、雉之恶驯养一样呢？鹿之好山林、雉之恶驯养诚然代表其本性，但若仅举此例来证明人性趋善也一样符合其本性，仅靠这样的比喻显然不可行。

丁茶山还认为，孟子所谓"性"可解释为"嗜好"（又称其为"好恶"），孟子"心之所同然"即"心之所同嗜"。具体来说，不管一个人品质好不好，都会赞赏忠臣孝子，都会讨厌贪官污吏，这难道不说明人心中有共同的嗜好吗？

> 见忠臣孝子，则美之为善也，与国人同；见贪官污吏，则疾之为恶也，与国人同，此所谓性善也。因此性而感之，贪淫虐杀者有朝迁义之理，不善而能然乎？言性者必主嗜好而言，其义乃立。（丁若镛，2010：454）

丁茶山的嗜好说，用唐君毅（1968：20）的话说就是，此心之善"可由心之自好自悦其善以证之"。"嗜好"亦可理解为一种人心的方向，嗜好说似乎也可解释为一种向善说。

现代新儒家唐君毅认为，善端也许不是早已存在，而是产生于人心对外物的"直接感应"，此一感应过程被他称为"心之生"。唐在解释"性"时特别强调其方向义，称所谓"性"包涵生之"有所向"之义，"即其现在之存在，向于其继起之存在，而欲引生此继起之存在之一历程"（唐君毅，1968：17），并认为"先秦之所谓性，乃皆可称为一内在之存在者，而能为人之生、心之生之根据者"（页125）。他在解释孟子时说：

> 孟子之所谓心之由感而应之中，同时有一心之生。……然则此所谓心之生，则是此心之呈现中，同时有一"使其自己更相续呈现、相续现起生起，而自生其自己"之一"向性"上说。此生非自然生命之生长之生，而是心之自己生长之生。（唐君毅，1968：29）
>
> 孟子之言心，乃重此心之自生自长之义。所谓心能自生自长，即心能自向于其相续生、相续长，以自向于成一更充实更扩大之心。简言之，即心之自向于其扩充。由心之此"自向"，即见心之性。（页29）

孟子所谓性善，是指心在对外物的感应中朝着相续生长的方向不断自我扩展的过程。这一过程有自发性，自生自长，但这种自发性决不同于自然万物的自发生长。区别在哪里呢？他没有说。我想可以总结的一点是，万物的自发生长不伴随意识或意志，而心的自发生长伴随意识和意志，心之善则是心能自发地向善生长。据此，我们似可认为唐君毅在某种程度上把性善解释为人心向善。

第四章 古今学者对性善论的解释：模式与判断

为什么唐君毅要强调孟子的良心是有方向性的呢？孟子本人是如何说明这一点的？对此，唐没有展开。系统、明确地说明这个问题可能要到傅佩荣了。自20世纪80年代末以来，傅佩荣在一系列论著中阐述了其将孟子性善论解读为向善论或向善说，在台湾学界等引发激烈争论。①仔细研读，我认为傅佩荣的向善说主要有以下几个要点：

（1）人的本性在于自由。"人与动物、植物、乃至于万物的根本差别，在于人有自由选择的能力"，此能力与人分辨好坏、面对后果、承担责任的能力或要求相关联。这是从人的自由选择能力来说明人性，特别是人性区别于动物性。正因如此，"以'向'说性，才能够顾及人性之自由选择的可能性"，因为"'向'就代表人性的可能性，人性是一种趋向"（林安梧，1993：22）。可见，傅强调向善，是为了说明人有自由选择能力。这一点，傅并没有提供更多的文本证据。

（2）性本善说有问题。向善说是针对性本善说而提出的。傅佩荣（1988：24）多次强调，人性不是"某种具有固定不移的本质的东西"，后者"完全忽略了人的特性在于人有自由"。性本善正是把人性本质化、固定化，取消了人的自由。他指出：

> 历代对于《孟子》"性善"一词有很多注解，像宋明朱熹就说是"性本善"，但也有很多学者认为孟子没有谈"本善"，他谈的是人能够行善。但是光谈"能够"行善的话，就表示人可以做也可以不做，这样说就不够精确。（傅佩荣，2012：绪论）

---

① 傅佩荣发表的有关孟子性向善说较早的论著包括1988年发表的《从人性向善论重新诠释儒家之正当性》（《中国论坛》卷313，1988年10月10日，页24-26）；1991年发表的《存在与价值之关系问题》论文，原为"存在与价值研讨会"论文（台湾大学哲学系举办），后发表于《台湾大学哲学评论》第15期；1993年与林安梧在《鹅湖月刊》第218期上的对谈。2010年出版的《儒家哲学新论》（有中华书局版和台北联经版）对其观点有所论述。其对向善论最系统的论述见于氏著《人性向善：傅佩荣谈孟子》（有台湾远见天下出版社2007/2018年版和北京东方出版社2012/2018年版），《向善的孟子：傅佩荣〈孟子〉心得》（北京华文出版社2011年），等等。

由于他认为善就是"人与人之间适当关系的实现"（林安梧，1993：22），这样自然不可能因为人心中有善端而认为人性已善。善只能是一个目标，一个方向，需要永恒不断地追求，即所谓"止于至善"（《大学》）、"择善而固执之"（《中庸》）。

（3）人性中有一种内在的向善发展的动力，故曰向善。傅并不否认人性中有善端、有良知，而是以之作为证明人性向善的主要证据，认为"善之动力与评判标准是来自于内在良知的"（傅佩荣，1988：25）。一方面，他认为"良知不宜以善恶规定，因为良知只是人所特有的高级本能，无所谓善恶"（页25）。也即说，良知是盲目的、无意志的本能。另一方面，他又主张良知作为本能对人有推动作用，因为它"在一直发出'安不安'与'忍不忍'的要求"，"这种要求与善有关，是为'善端'"（页25）。"心的四端是向善的力量"（傅佩荣，2012：36），正是来自良知的"安不安""忍不忍"的本能要求，让人性有一种向善的内在动力。他说：

> 向善是说行善的力量由内而发，人如果不行善，就觉得没办法向这个力量交代。（傅佩荣，2012：绪论）
>
> 心就是"不断发出要求的动力状态"，也就是显示为人性向善的"向"字。（页346）

他并举例说明，《论语》中孔子"为政以德，居其所而众星拱之"（《为政》），舜治天下"恭己正南面而已"（《卫灵公》），"君子德风、小风德草"（《颜渊》）等看法正是其"隐然接受""人性向善"的信念的见证（傅佩荣，1988：25）。相比之下，孟子把孔子的潜在思想发挥出来，"为'人性向善'建立体系说明"（页25）。

（4）除了在《孟子》文本中找出的一些证据外，其最主要的证据之一是《告子上》（6A2）"人无有不善，水无有不下"一段。他认为，"无不下"的"下"是动词，表示方向；因此前面"无不善"的"善"也应当是动词，表示向善：

> 要整体看这几句话,将"下"与"善"放同一个位置,不要看到"人无有不善"为断章取义,说人是没有不善的。为什么我要加一个"向"字?因为"下"不是水的"性",是水的"向",水的"性"是 H_2O,二氢化氧。"下"是水的"向",那么"善"也是人的"向"。所以孟子的意思是,人性向善。(傅佩荣,2011:31)

此外,他还提出孟子论人与禽兽相去"几希",此几希庶民、君子或去或存,原因正在于"人性向善"。又,孟子一再阐述的"火之始然、泉之始达"(《公孙丑下》2A6)也体现了人性向善(傅佩荣,2011:26)。

傅佩荣人性向善说与前述丁茶山、唐君毅等人的向善说立论非常不同,但是细读可以发现,他们的实质是相通的,均认为人性中的善端或良知是一种引导人向善的内在动力。如果向善说如此表达,或许没有太大争议。但由于他强调向善说与性本善说相区分、相对立,就容易引起争议。因为这完全是一个善如何定义的问题,而且他这样根据己意定义善,并引入西方哲学甚至基督教中的自由概念,并未在《孟子》文本中提供证据。傅的观点引发许多争议也就可以理解(林安梧,1993;袁保新,1992:33-37;刘述先,1981;李明辉,1994:108-116;杨祖汉,1997:58-67;Shun,1997b:212)。

然而,人性向善说如果不强调与性本善的区别或对立,不能说全无道理,这是他至今仍有积极回响的原因之一吧。当代学者杨泽波、张祥龙、埃诺(Robert Eno)、罗哲海即对此思路有所发展,他们均讨论了人心天然具有的向善性。

杨泽波(2010:80)在论及恻隐之心、羞恶之心、辞让之是、是非之心时,称"这些端倪和才本身就有生长发展的潜质与倾向,这些潜质和倾向是人向善的原始动因","总之是一种能够向善发展的东西,顺着这个方面发展,人就可以达成善性也"(页81),他由此说明良心作为伦理心境建立的重要原因之一是"人性中的自然生长倾向"(页77-85)。

张祥龙(2010:270)则认为,我们"在不经意之间触发的状态,最能看出心的本态、原本倾向"，"要比情欲得到满足的那种感受状态""更加深浓"，"所以它能够在一定程度上辩护人的性善，好像人心最根本处，最不可控制处，有一种向善的驱动。我不敢说这个辩护是决定性的，但它毕竟深了一层，让性这个问题笼罩在更直接、更原发的情感气氛之中"。所以他得出结论说，"孟子讲性善，其实他不是讲人性就是善的了，人天生就是善的了，而只是说人有个天然倾向，你让他/她得到适当的发展就会成为善"（页247）。

德国学者罗哲海（Heiner Roetz, 1993: 201）似乎认为，孟子的性善是指人心中所具有的自发的倾向（spontaneous indication）。他从科尔伯格（Lawrence Kohlberg, 1927—1987）关于人的道德判断力从幼年时逐渐生长的阶段和特点的学说出发来理解孟子的观点，认为孟子关于人的道德心在某种时候会自然形成的论点是可以成立的。他还认为，孟子与道家均从"前反思的自发过程"（prereflected spontaneity）论性，但道家否认其中有道德因素，而孟子是试图从自然处推出道德来，他的立场是保护和发展人的自然禀赋和倾向（the natural disposition and propensities of man）（Roetz, 1993: 208）。

美国学者罗伯特·埃诺（Robert Eno）认为，常人使用的"性"是在描述意义上（descriptive notions），而孟子的"性"是规定意义上的（prescriptive term）。描述意义，指把性理解为事实上具有的属性；所谓规定意义上，指把性理解为人对善的渴求（aspire）[①]，这种方向性的渴求是自发形成的。他重点引用了《孟子》中的两段话来证明自己。一是《离娄下》（4B26）"天下之言性也，则故而已矣"章，他将大禹"行其所无事"解释为"遵循水的自发过程"（followed their spontaneous courses）。"水之故"就是水的自发过程，人之故也是人的自发过程，因此修身也是一个自然的过程（natural self-cultivation），即按其自发的倾向而行。另一句是《尽心上》（7A21）"仁义礼智根于心"一句，他认为不当解读为"我认识仁义礼智根于我心"，

[①] 原文是 "*hsing* points toward a particular type of being to which man can aspire"（Eno, 1990: 119）。

而当解读为"我以仁义礼智根于我心"（Eno，1990：120）。即君子并不是消极被动地接受了某种生来不得不然的属性，而是积极地追求一种合性的生活，将它作为生命赋予他的机会把握住，原因在于人有一种自发的向善渴求。

二、可善说

从董仲舒以来，学者们常批评孟子只证明了人性可以为善，没有证明人性即是善。现代学者陈大齐（1953：19-21；1970）更是持此说最力者之一。此外，信广来、庄锦章分析认为孟子未能区分"能"（*neng*, ability）与"可（以）"（*k'o/k'o i*, capacity）（Shun，1997a；Chong，2003），提示孟子在论述性善时，似乎混淆了可能与事实。用陈大齐（1953：19）的话说，"孟子所证明的只是善的可能性，不是善的现实性"，或曰"孟子所证明的只是人性之可以为善，不是人性之固善"（页20）。

然而，如果我们换个角度，这些批评也可变成对性善论的辩护：性善论本来就是在讲人性可以为善，性善说即是性可善说。今人张奇伟即力主此说，称"孟子的'性善'之说不是'性是善的'，而是'性是可以善的'。'性善论'严格说起来应是'性可善论'"（张奇伟，1993：75）。张奇伟此说的根据之一，是《孟子·告子上》（6A6）明确声称：

> 乃若其情，则可以为善矣，乃所谓善也。

若单凭这一句，似可得出，孟子正是从"可善说"这一角度来论证性善。对于这一观点，有人可能反驳说，在《告子上》（6A6）中，孟子曾明确反对公都子"性可以为善、可以为不善"之说。不过辩者可能认为，孟子所反对的是告子之类持"人性无善无不善"观点的人（见于《告子上》6A1、6A2），这类人认识不到人性中有善端或人有良知良能。当孟子说"乃若其情可以为善"时，他正是指人性中因为有善端或人有良知良能，所以可为善。事实上，董仲舒在批评孟子时也同意"性有善端""善质"，故"善出性中"；从其"今万民之性，有其质而未能觉，譬如瞑者待觉，教之然后善。当其未觉，可谓有善质"（《春秋繁露·深察名号》）可以发现，董仲舒赞同孟子所谓人性有善端、善质，并认为正是这一点保证了人可以为善。所以，后来康有为（1987：7，31）就提出，孟子"以人性之质点可为善，则可谓性为善"，"其情可为善，乃所谓善，此孟子性善说所由来也，即董子以为善质者也"。

从这个角度看，可善说与善端说十分接近。但值得注意的是，可善说者并不都是从善端出发的。也有许多人认为，孟子主张性可善并不是因为人有善之质、善之情，故本章不将可善说纳入心善说。

下面我们先来看古人从善之质、善之情等而来的看法。例如，日本学者伊藤仁斋（1627—1705）认为：孟子性善即孔子"性相近习相远"之义；孔子"性近习远"之旨是，人可变而动物不可变，人性之善在于人可移、可变：

> 又曰："乃若其情，则可以为善矣，乃所谓善也。"其意以为，鸡犬之无知，固不可告知以善。若人之情，虽若盗贼之至不仁，然誉之则悦，毁之则怒，知善善而恶恶，则足与为善。是乃吾所谓善者也，非谓天下之性尽一而无恶也。以此观之，则孟子所谓性善者，即与夫子"性相近"之旨无异，益彰彰矣。（《语孟字义》卷上。井上哲次郎，1901b：33-34）

鸡犬不可告以善，而人可告以善，故人可变善而动物不可，故曰人性善。伊藤从人有道德认知能力出发论性善，似乎将"情"理解为"实情"。

清儒焦循（1763—1820）也从孔子"性相近习相远"论证性善：

> 人之性可引而之善，亦可引而恶；惟其可引，故性善也。牛之性可以敌虎，而不可使咥人，所知所能，不可移也。惟人能移，则可以为善矣。是故惟习相远，乃知其性相近；若禽兽，则习不能相远也。（《性善解》。焦循，1985：127）

从这段话可以看出，焦氏并不反对人性"可引而之恶"。既然如此，凭什么据此赞同人性善呢？他的理由是人可教、可引、可改：

> 人之性可因教而明，人之情可因教而通。（焦循，1987：756）
> 性之善，全在情可以为善。（页756）

"情可以为善"，似乎亦将情理解为实情。焦氏批评荀子性恶之说，谓人性之善由于伪，殊不知人可伪，而兽不可伪，正说明了人性善。"荀子能令鸟让食乎？能令兽代劳乎？"（焦循，1987：318）"禽兽既不能自知，人又不能使之知，虽为之亦不能善。然人之性，为之即善，非由性善而何？"（页317-318）

有意思的是，许多西方学者，包括李耶理（Lee H. Yearley）、艾文贺（Philip J. Ivanhoe, 2002:37-58）、于连（Francois Jullier，又译朱利安）、罗哲海、安乐哲（Roger T. Ames）、江文思（James Behuniak Jr.）对孟子性善论的解释似乎均可纳入可善说范畴。

法国学者于连比较孟子与卢梭、康德、叔本华等人，分析人性善恶问题，认为孟子性善说是讲一种道德潜能。他说，在孟子这儿，"道德只是作为一种预先的可能性而被视为天生的，人性'本'善——但'善'只是潜能而已"（于连，2002：54）。

德国学者罗哲海（Roetz, 1993：208-209, 213）也同样把性善理解为对道德潜能的揭示。通过他对可欲/所欲的分别，我们或可认为他也把性善论理解为可善论。他指出，孟子说过"可欲之谓善"，没有说过"所欲之谓善"。如果说孟子以所欲（the willed or the desired），而不是"可欲"（the desirable）为善，可以说是犯了自然主义谬误。人们批评孟子性善论，可能（有意或无意地）认为孟子犯了从休谟特别是摩尔（G. E. Moore, 1873—1958）以来的"自然主义谬误"，即从事实推出价值来，其实不然。事实上在现代伦理学争论中，孟子更接近于直觉主义而不是自然主义。他同时指出，孟子的伦理学只是强调人们可放弃私利，从良心出发选择善而已。或者说，孟子只是揭示出人自然具有的道德行为潜能，这种潜能先于一切教育和传统而存在，他认为这才是孟子真正要阐明的。

美国学者李耶理（Lee H. Yearley，1990）提出另外一种独特的对性善论的辩护。他非常有意思地提出了讨论人性时的两种模式：发展模式和发现模式。所谓发展模式（developmental model），是指认为德性是一个人在营养充足且不受伤害的情况下自然可能发展出德性的能力（capacities）。所谓发现模式（discovery model），是对人的存在的"存在现实"（ontological reality）的发现。

他说，在发现模式中，人性是指一组通常情况下被遮蔽、有待触及或发现的恒常特征（a permanent set of dispositions）。人性并不是培养出来的，而是某种隐蔽的"存在现实"，常常被错误的情绪和感觉所遮蔽，寻找它就是指"获得一种让人触及——通常以即刻的方式——某种控制人们行为的根本的本质（the fundamental nature）"（Yearley，1990：60）。然而，他认为孟子所讲的人性不是基于发现模式，而是基于发展模式。他说这是因为孟子认为人有某种能力，即只要培养得当且不受伤害，即可建立恰当的性格（p.60）。他宣称：

> 孟子采用发展模式意味着，他所谓的人性善，并非指一种隐蔽的"存在现实"，而是指人所具有的能力。于是，"善"就等于四端的呈现，后者能发展为人之为人的基本德性。正如他所说："乃若其情，则可以为善矣。乃所谓善也。若夫为不善，非才之罪也。"……对我们来说最重要的，是孟子对于如何从人的基本能力发展出德性的理解，即，人们如何趋向或培养恰当的性格。（Yearley，1990：60）

除了用孟子"乃若其情"（《告子上》6A6）一章证明其观点外，还引用了孟子所举拔苗助长的故事来证明孟子采用了发展模式（Yearley，1990：61）。他认为孟子在培养德性方面提出了三个重要概念（pp.60-61）：一是推或达（extend），二是恕（attention），三是智（the understanding of resemblance）。

安乐哲（Ames，1991）以更加彻底、极端的方式将性善论发展为可善论。他主要从中西方人性概念的差异出发,认为古汉语中的"性"不能简单地被翻译为西方语言中的 human nature,后者常常指某种先天地、一次性被给定的普遍本质;相反,汉语的"性"具有在历史—文化环境中不断变化和创造着的含义,是一种历史地、文化地、关系地呈现出来的人的概念。他说:

> 本章的基本立场是,在古典儒家中,一个人的人性(one's humanity)绝非是前文化的(precultural),而显而易见地是一种文化创造。换言之,"性"绝不仅仅是一个起指示作用的标签,而需要从文化学的角度出发,把它作为在共同体中塑造或形成的东西来解释。(Ames,1991:143)

他的理由之一是,中国的宇宙观缺乏希腊哲学中那种通过外在的造物者赋予绝对本质的特征(包括希腊哲学中的 arche,eidos,principle;还有犹太—基督教中的 deity),所以,它的秩序不是由外部力量赋予的,而是由事物/现象本身在相互依赖及自我管理中实现的。这就是儒家特别强调修身的主要原因(Ames,1991:148-149)。他由此得出,孟子即心言性以及四体不言而喻的说法,皆是人所实现的身心和谐,因而是在具体情境下实现的发展和成就。可见孟子预设了性是可以无止境地变化的(pp.152-153)。所以,孟子的"性",正如葛瑞汉所言,不是自身善(good in itself),而是在人与家庭、共同体的互动中呈现自身、呈现善(pp.156-157)。孟子之所以反对告子生之谓性,正因为告子否定了"性"代表的规范性力量。作为规范性力量的"性",是积极地整合人己关系、人与环境关系的动力。

总而言之,安乐哲认为,在孟子那儿,性代表一种动态、开放的创造过程(creative act,dynamic process),它是人通过规划(project)的方式来实现某种理想(ideal),获得一种修养成就(as a cultivated product)(Ames,1991:158)。他说:

> 性的可能性不在于性本身,而在于一种创造性行为。成为人并不

能使人成圣，成圣却使人充分地成为人。（Ames，1991：145）

> 作为一种规范性力量，最好的"性"把可能性最大化，以保持自身的完整性，同时实现最充分的整合。"善"不是某种既有潜能的实现，而是某特定事物的决定因素在历史中实现结果的最优化。（p.157）

安乐哲这样解释的"性"，在含义上更接近于性格（character）、个性（personality）、涵养（constitution），而不是"既定的"本质（a 'given' nature）（Ames，1991：150，154）。

安乐哲的弟子江文思（Behuniak Jr.，2005）进一步阐述了上述观点。他认为孟子及其同时代中国人的人性论（以《郭店简》为例）都是"过程取向的"（process-oriented），主要是指在特定的环境条件下与各种外在因素的相互作用，他称其为开放的动态过程（left open by virtue of the dynamics of self-expression, changes in conditions, and creative advance. Behuniak Jr., 2005: 21）。他与安乐哲同样，指出孟子的人性指向人在与历史、文化、社会因素的互动中成长、变化的过程。尽管人与人之间有许多共性，但是每一个人都是独特的，不一样的，其最终的样式也是完全开放的，不可能人为设计或规定；人性的这一成长过程不仅是在与环境的交互作用中完成的，而且是一个自发的过程，人为的目标或主观的设想无法强加于它。所以他把孟子的人性概念翻译为 disposition 而不是 human nature。他认为正因如此，孟子特别强调后天培养的作用。后天培养的过程即养性，也就是孟子所谓"成为人"（becoming human）的过程。因此，孟子的基本议题应是指现有环境中"如何成为人"（becoming human）。他引用孟子"乃若其情，则可以为善矣，乃所谓善也"（《告子上》6A6）一句，强调孟子所谓的"性善"并不是抽象地讲，而是有条件地讲，即在"情"（包括喜怒哀乐等情感）形成的情况下，并且是在命、性、势、情四者交互作用中变成善的（p.83）。情是中性的，无所谓褒贬。这样一来，他似乎把性善解读成了"性能善"。他甚至把"人性善"译成"人性是有作为的（productive）" (p.80)。① 在解释孟子"不虑而知、不学而能"这话时，他认为这是指在家庭、亲情的培养过程中，人性自然会变成"不虑而知、不学而能"（p.74 以下）。

安乐哲、江文思的解释，把汉语中的性与西方历史上的人性（human nature）完全对立起来，甚至完全否定古汉语"性"概念中的先天含义，把"养性"变成一个彻底开放、充满无限可能的过程，这与孟子的本意应当是违背的。正因如此，他的观点也遭到了一些西方学者如华霭云（Bloom, 1997; 2002）的批评。

三、有善说

在性善论史上，有一种独特的观点认为，孟子所谓性善，本意即是指人性中有善，而不是指人性尽善。汉人赵岐注《孟子》，即多次以"有善"释性善：

《告子上》"性犹湍水"章（6A2）注曰：

> 人性生而有善，犹水欲下也。（焦循，1987：736）

《告子上》"公都子曰"章（6A6）注曰：

> 故曰："人皆有是善者也。"《章指》言："天之生人，皆有善性。引而趋之，善恶异衢。"（焦循，1987：758-759）

《告子上》"牛山之木"章（6A8）注曰：

> 人见恶人禽兽之行，以为未尝有善才性，此非人之情也。（焦循，1987：776-777）②

《告子上》"公都子问"章（6A15）注曰：

> "先立乎其大者"，谓生而有善性也。小者，情欲也。（焦循，

---

① 关于性善的专门讨论见 James Behuniak Jr., 2005: 80-86。
② 此句中间一句阮刻本《孟子注疏》作"以为未尝存善木性"，此依《四部丛刊》本。

1987：792）

综而言之，赵氏似以为孟子性善之义是指人性有善，而非人性是善。清人陆世仪（1611—1672）《思辨录辑要·人道类》载：

> 吴江戴芸野读予《性善图说》，问：先生以气质论性善，则性中之恶，何以处之？予曰：孟子原止说性中有善，不曾说无恶。盖缘当时之人，皆以仁、义、礼、智为圣人缘饰出来，强以教人，非本来之物，如"杞柳""桮棬"等议论。故孟子特特指点，以为"四端"原人性中本有，非谓性中止有善而无恶也。若止有善而无恶，则人人皆圣人矣。故程子曰"恶亦不可不谓之性"。（陆世仪，2016：338）

陆氏说得更清楚，孟子"原止说性中有善，不曾说无恶"，"非谓性中止有善而无恶也"。然陆氏之说，并非强调人性中善恶相当，而是要强调人性中善是主、恶是客。故我将其纳入本章总体说中。

真正明确地将性善解释为"有善说"的人，可能是陈澧（字兰甫，1810—1882）。他明确地认为孟子本意就是主张人性有善，不排除也有恶。陈澧（2012：32-39）《东塾读书记》卷三《孟子》极论性善即"性有善端"之义，并历数荀子、扬雄、韩愈、董仲舒、王充、皇甫湜、杜牧、司马光、王安石、苏辙、程子、黄震、胡安国、杨东明、朱子等人观点，特别是批驳其中多人误解孟子。陈澧云：

> 孟子所谓性善者，谓人人之性皆有善也，非谓人人之性，皆纯乎善也。（陈澧，2012：32）

> 盖圣人之性，纯乎善；常人之性，皆有善；恶人之性，仍有善而不纯乎恶。（页33）

陈氏并认为赵岐、董仲舒所言，正合孟子本意。他说，赵氏注称"人生皆有善性"（陈澧，2012：33），"董子言性有善端，性有善质，正合孟子之旨"（页34）。他还说，孟子"乃若其情，则可以为善矣，乃所谓善也"

一句当读为：

> 彼性虽不善而仍有善，何以见之？以其情可以为善，可知其性仍有善，是乃我所谓性善也。（陈澧，2012：32）

陈澧的观点，钱穆先生给予极高赞赏：

> 陈氏之说，甚为明晰。孟子之意，仅主人间之善皆由人性来，非谓人之天性一切尽是善。（钱穆，2011：231）

他由此强调，孟子性善之旨，在于"启迪吾人向上之自信，与鞭策吾人向上之努力"，"否则自暴自弃……而人类乌有向上之望哉？"（钱穆，2011：231）

陈澧观点影响颇大。唐文治（2008：1526）、冯友兰（1961：154-155）在论孟子性善文中，均引用过此说。

四、人禽说

在性善论史上，一种十分流行的观点是认为性善基于人禽之别，即孟子之所以坚持人性善，是因为人性高于动物性。其中最重要的原因是人有道德而动物没有，而有无道德不仅决定了人与动物的区别，更是显示人之所以为人的高贵与尊严。这一观点在《孟子》中似可找到多处证据。例如，在《离娄下》有这样一段极其有名的话：

> 孟子曰："人之所以异于禽兽者几希，庶民去之，君子存之。舜明于庶物，察于人伦；由仁义行，非行仁义也。"（4B19）

人与禽兽之别虽"几希"，存之还是去之决定了一个人成为君子还是小人，而舜作为圣人与常人之别亦由此看出。此外《尽心上》亦谓舜"所以异于深山之野人者几希"（7A16），《告子上》由牛山之木论人心人性，谓"其日夜之所息，平旦之气，其好恶与人相近也者几希，则其旦昼之所为，有梏亡之矣。梏之反复，则其夜气不足以存。夜气不足以存，则其违禽兽不远矣。人见其禽兽也，而以为未尝有才焉者，是岂人之情也哉？"（6A8），显然都是从人与禽兽的"几希之别"论性善。联系《公孙丑上》"无恻隐之心非人也，无羞恶之心非人也，无辞让之心非人也，无是非之心非人也"（2A6）之言，以及《告子上》论"凡同类者，举相似也……圣人与我同类者"（6A7），"体有贵贱，有小大。无以小害大，无以贱害贵。养其小者为小人。养其大者为大人"（6A14），似乎可以得出，孟子认为人性与兽性的区别甚微，此甚微之别即在于人有仁义之心而禽兽没有，而此甚微之别恰恰是孟子论证人性善的主要理由。据此，孟子并非不知道人也有动物性，但显然这不是他证明人性善的理由，性善论建立在人禽之别上。

以人禽说论性来源甚久。《孝经》曰："天地之性，人为贵。"赵岐注《孟子》，其中《告子上》6A3《章指》即称："物虽有性，性各殊异。惟人之性，与善俱生。"（《孟子注疏·告子章句上》）唐李翱（1993：11）《复性书下》曰："人之于万物，一物也，其所以异于禽兽虫鱼者，岂非道德之性乎哉？"此数说均以人之性与物之性相比，而谓人之性独善。此后学者朱熹、王夫之、陆世仪以及日本古学派学者如伊藤仁斋、伊藤东涯等也有此思想，但特别明确地从人禽之别论性善的可能是清儒戴震、焦循、程瑶田等人。而至当代，包含徐复观、张岱年、牟宗三、唐君毅、冯友兰、黄彰健皆主性善论基础之一是人禽之别，而欧美学者如葛瑞汉、刘殿爵、孟旦、安乐哲、信广来、余纪元等人亦认人禽之别为性善论基础之一。至于当代中国，则更是有一大批学者主张持此论，包括郭齐勇、袁保新、梁涛等莫不皆然。这一方面持论者极多，我们选择从如下几方面概括：

（1）早期学者在辩解性善时虽不以人禽之别为主，但已时有借用。例如朱熹在《孟子集注》中就曾说：

> 以气言之，则知觉、运动，人与物若不异也；以理言之，则仁、义、礼、智、之禀，岂物之所得而全哉？此人之性所以无不善而为万物之灵也。（《告子上》注。1987：467）

第四章 古今学者对性善论的解释：模式与判断

王夫之在《读四书大全说》中也说：

> 人有其气，斯有其性；犬牛既有其气，亦有其性。人之凝气也善，故其成性也善；犬牛之凝气也不善，故其成性也不善。气充满于天地之间，即仁义充满于天地之间；充满待用，而为变为合，因于造物之无心，故犬牛之性不善，无伤于天道之诚。（2011a: 1056）

王夫之认为人、犬牛凝气有善不善之别，故造成人之"成性也善"，"犬牛之成性也不善"。

日本学者伊藤仁斋《童子问》（1692）在为性善论辩护时，也借用人性与鸡犬等性之别：

> 使人之性顽然无智如鸡犬然，则虽有百圣贤，不能使其教而之善。惟其善，故其晓道受教，不啻若地道之敏树，故性亦不可不贵。（井上哲次郎，1901b: 82）

> 使人之性不善，若犬马之与我不同类，则与道扞格不相入，惟其善，故见善则悦，见不善则嫉，见君子则贵之，见小人则贱之。（页84）

仁斋之子伊藤东涯则论述得更加明确，他引《尚书》《孝经》中人最灵、人为贵为由指出：

> 性者，人之性质禀受之名，万物无不各有其性，而唯人为灵。故《易》曰："乾道变化，各正性命。"又《书》曰："惟人万物之灵。"性善之可见者以此。（《孟子集注大全标释》。关仪一郎，1927: 422）

> 有识之物无不甘食好色，人与物之所同也。物则甘之好之，而无条理。人则甘之好之而有条理。"天地之性，人为贵"，以是耳。（《辩疑录》。伊藤东涯，1934: 355）

（2）清代学者的人禽之别并不限于道德层面，而是把人禽之别上升到人禽之间在情、气、心、知等各主要方面之别，特别是在知觉方面发达程度之不同，并把人禽之别扩展到人与万物之别。戴震是这方面的典型例子。

一方面，戴震（1982：182）指出，"盖孟子道性善，非言性于同也；人之性相近，胥善也"，性善不当是针对人与万物共同处而言，而是针对人与万物之别、而人与人相近之处言，因为"人物之生，类至殊也；类也者，性之大别也"（页182）。这就把性善论立论的基础之一落实在人、物的差别上。

另一方面，戴震（1982：27-29）重点分析了人与禽兽之别，认为人性之善是由于人的血气心知高于动物，更加发达，"凡血气之属皆有精爽，而人之精爽可进于神明"（页30）。戴震事实上把人禽在道德上的区别归根于知觉发达程度不同，称人与动物"不独气类各殊，而知觉亦殊"（页35）；"孟子言'人无有不善'，以人之心知异于禽兽，能不惑于所行之为善"（页29）。为什么人能"不惑于所行之善"呢？是因为不能像人那样"扩充其知至于神明"（页28）。他说：

> 仁义礼智非他，心之明之所止也，知之极其量也。知觉运动者，人物之生；知觉运动之所以异者，人物之殊其性。（戴震，1982：28）

所以禽兽虽然也有一定程度上的君臣礼仪和仁爱其亲，但由于知觉不够发达，其"心知之发乎自然"（戴震，1982：27），用今人语就是指停留在本能的反应上。

但戴氏并不限于人禽之别。基于其从血气心知论性的立场，他又进一步区分人、禽兽、百物之性。他认为三者皆由气类而殊，人与禽兽皆有血气。形不动者为卉木，形动、有血气、有知觉者又分禽兽鱼虫与人，三者之中人最贵。由"气运"而有卉木，为"形不动者"；有"形能动"、"有知觉"者，属"有血气者"；有人，有知觉，且"能扩充其知至于神明，仁义礼智无不全"（戴震，1982：28）。他总结造成人、动物及植物之性不齐的原因在于"天地之气化"，"阴阳五行之运而不已"，"由其分而有之不齐，是以成性各殊"（页28）。正是在人、动物、万物三者的等级差异中，人之知觉独高，故曰性善。因此，孟子道性善是"因性有等差而断其善"（页41）。

（3）人禽说分两派。一派主张，孟子承认自然属性（如食色之类）为性，王夫之、陆世仪、伊藤仁斋、伊藤东涯、戴震、程瑶田、颜元、阮元、梁启超等人皆主天命、气质二性之分不成立，故认为自然属性是孟子性概念内容。① 近代以来学者如唐文治②、牟宗三③、唐君毅④、葛瑞汉⑤、孟旦（Donald J. Munro）、黄彰健、刘殿爵（Lau, 1970）、罗哲海⑥、李景林（2009：208）、张奇伟（1993）等人亦主此说。

然而，另一派主张孟子不以自然属性为性，只以人区别于禽兽之性为性，如康有为、张岱年、徐复观、陈大齐（1953）、郭齐勇、蒙培元、傅佩荣、梁涛以及西方学者韦利（Arthur Waley, 1956：155-156）、安乐哲、信广来、埃诺（Eno, 1990：118-120）、余纪元（Yu Jiyuan, 2005）等人皆主后者。陈大齐（1953：17）以批评的立场，称孟子将人的感官属性如"耳目口腹之欲""一律摈诸性外"。不过这些人之中，并不是所有人均是为性善论辩护的，像陈大齐就不是。

人禽说涉及孟子是否使用了不同于同时代人的人性概念，不少学者（包括韦利、张岱年、徐复观、梁涛等）均认为孟子是改变了通用的性概念，只将人性中的道德成分视为性。而梁涛（2009）甚至得出，孟子"以善为

---

① 从朱子《孟子集注》"君子不谓性"注一段可知，朱子亦不认为感官生理属性非孟子人性内容。程朱理学论性又论气，固不以气质非性。

② 唐文治（2016: 259-260）《孟子大义·滕文公上》（3A1）注引陆世仪言甚多，皆欲证孟子所说性，是就气质而言，反对理学家过去成见。

③ 牟宗三（1985: 6-7）的观点有模糊之处。以《圆善论》而言，牟一方面声称《尽心下》7B24"君子不谓性"一段中，"孟子反对'生之谓性'并不一定反对食色等是性，因为他明说'耳之于声也等等性也，有命焉，君子不谓性也'。虽'有命焉，君子不谓性'，却亦并不否认其是性"（1985: 6）；但是，另一方面他又说："孟子理解人之性，其着眼点必是由人之所以异于犬牛的价值上的差别来理解之"（页10），"孟子所说的'性'是人之所以异于禽兽之价值意义上的性，不是'生之谓性'下划类的性——类概念，知识概念的实然的自然之质"（页12）。总体上看，我认为，牟认为孟子道性善时是人禽之别意义上的性为基础，他知道孟子并不否定食色之性为性，只是强调此流俗之性有局限。

④ 唐君毅（1968: 21）称仁义礼智之生可统摄情欲自然之性。

⑤ 葛瑞汉（Graham, 1986）谓人性中大小体并存，大体为道德属性，小体为感官属性。

⑥ 不过罗哲海（Heiner Roetz, 1993: 199）称，在孟子看来，食色之性不配（does not deserve）性之名，仁义之性才配，他认为这两种性可分别称为"准生物属性"和"规范属性"。

性", 性善是同义反复。这一观点争议颇大, 其中涉及对《尽心下》(7B24) 一章的解读问题。下面我们略述相关观点。张岱年在《中国哲学大纲》中就明确提出: "性中不过有仁义礼智之端而已, 性有善端, 岂得即谓性善? 而且性有善端, 未必无恶端。今不否证性有恶端, 仅言性有善端, 何故竟断为性善?"(宇同, 1958: 221)他认为, 秘密在于:

> 孟子所谓性者, 实有其特殊意谓。孟子所谓性者, 正指人之所以异于禽兽之特殊性征。人之所同于禽兽者, 不可谓为人之性; 所谓人之性, 乃专指人之所以为人者, 实即是人之"特性"。而任何一物之性, 亦即该物所以为该物者。(宇同, 1958: 222)

他引用的证据包括孟子回答告子时"牛之性犹人之性与?"(《告子上》6A3),"故凡同类者举相似也"(《告子上》6A7); 以及"无某某之心者, 非人也"(《公孙丑上》2A6), 大体与小体之说(《告子上》6A15。大体是人之所以为人者, 小体即与禽兽相同者)。他说:

> 至于口好味, 耳好声, 目好色, 虽是人生来的本能, 但非人之所以为人者, 故不得谓为人之性。(宇同, 1958: 223)

下面我们看看徐复观的观点。首先, 他认为:

> 孟子不是从人身的一切本能而言性善, 而只是从异于禽兽的几希处言性善。几希是生而即有的, 所以可称之为性; 几希即是仁义之端, 本来是善的, 所以可称之为性善。因此, 孟子所说的性善之性的范围, 比一般所说的性的范围要小。(徐复观, 1978: 165)

徐氏认为, 孟子缩小了人性这一概念的范围, 只将区别于人与禽兽之间的"几希""称之为性"。他由此得出结论说:

> 古来对孟子性善说的辩难, 多由不明孟子对性之内容赋予了一种新的限定, 与一般人之所谓性, 有所不同而来; 所以这类的辩难, 对

孟子的原意而言，多是无意义的辩论。（徐复观，1978：168。着重点为引者所加）

目前持类似观点的人甚多。不仅中国学者如此，许多西方汉学家也认为孟子是站在人禽之别的立场上使用人性这一概念，因为所使用的人性概念与同时人有别，故而得出性善。美国汉学家韦利（Waley，1956：155-156）称孟子坚持的人性概念与同时代人的含义不同，把人天生就有的是非之心当作人性。当代美国哲学家安乐哲则说，"荀子不理解孟子的性是人特有的"（Ames，1991：161），"对孟子来说，性指那些把人与动物区别开来的特有特征。换言之，人与动物共有的特征不能称为'性'"（p.162）。信广来持类似立场，他通过文本考证指出，在《孟子》中，"人被用来指与其他动物相区别的物种"（Shun，1997a：12），"在《孟子》中，'人'被看成取得文化成就的能力——比如分辨人伦关系并遵守相应规范——而与低级动物相区别的物种"（p.12）。

那么，孟子究竟是不是真的像徐复观、张岱年所说的那样，缩小了人性概念的范围，只以人与禽兽几希之别为性？如果那样的话，他与同时代人的争论岂不是前提不同吗？同时代人又如何理解他？再者，如果孟子只以人高于禽兽的道德属性为性，这些属性本来就是善的，那么所谓性善岂不是同义反复、循环论证了吗？又，《尽心下》（7B24）"君子不谓性"究竟是不是指孟子认为不以"口之于味、耳之于声、目之于色以及四肢之于安佚"为性呢？事实上，正如我们在赵岐、朱熹、王夫之等人大量的注解中所看到的那样，历史上最重要的孟子学者在注解此章时均不曾把"君子不谓性"解释为"君子不以此为性"（参本书《跋》）。更重要的是，在《孟子》中我们可以找到多处孟子明确将人的感官属性视为性的证据（参见《公孙丑上》2A2，《告子上》6A1-4、6A7-8，《告子下》6B15，《尽心上》7A21、7A38，《尽心下》7B24等多处）。下面我们就以黄彰健的论证为例来说明一下。

黄彰健（1955）曾以大量材料证明，《孟子》一书的"性"概念兼含二义：特殊义与世俗义。特殊义，指人性区别于动物的属性，以仁义礼智为主；世俗义，指人与动物共有的属性，以食色安佚为主。其区别如表 4-2 所示。

表 4-2 黄彰健"性"之二义

特殊义	世俗义
君子所性	性也，君子不谓性也
指仁义礼智	指口之于味也，目之于色也……
根于心	根于耳目口鼻四肢
心系大体	（耳目口鼻四肢系小体）
贵（毋以贱妨贵）	贱
养其大体为大人	养其小体为小人
孟子道性善	
养心莫善于寡欲	食色性也（杞柳说、湍水说……）（又动心忍性之性指食色）
非天之降才尔殊也	尧舜性之也，汤武反之也（性指资质之有差，有性善有性不善，此性也指资质）
存心养性事天	形色天性也
知性则知天	
诚者天之道	
（性即天生之所以然者谓之性）	生之谓性

这两种含义对应于前述张岱年、徐复观所说的人性的两种含义，特殊义即葛瑞汉所谓的"道德属性"（moral inclinations），世俗义即葛瑞汉所谓的"自然属性"（natural inclinations）（Graham, 1986: 26-42）。笔者以为，上表右侧"所以动心忍性"（《尽心下》）一段，"动心忍性"之"性"表明孟子以自然属性为性，甚有力。孟旦亦曾举此例（Münro, 1969: 72）。黄氏对《孟子》中性指生理属性（即他所谓"食色安佚"）论证已经很充分，还可以补上《尽心上》"君子所性……其生色也，睟然见于面、盎于背、施于四体，四体不言而喻"（7A21）一章，此章实以"四体不言而喻"释性，而以生理属性与仁义之性合一为旨。

此外，黄俊杰（2001: 213-223）在《评李明辉著〈孟子重探〉》一文提出从身心互动角度讨论孟子的心性概念，颇有启发性。作者提出"即身心互动以言心"的进路，以"重探孟子心性之学"（页219），因为"孟子的'知言养气'说与'践形'理论，都预设一个身心互动的基础"（页219）。他指出，王阳明早就探讨过"身心如何用得功夫"，安乐哲亦指出"中国古典哲学中呈现一种'身心一如'的特质，并非源于创世神话的西方'二元论'所能概括"，中国哲学中的"人"指的是"一个身心互渗的过程"（a psychosomatic process）。黄俊杰（页220）还指出，清儒李绂"尝有心知其非而不敢断者，气不足以配义也。亦有心断其是非而身不敢行者，气不足以配道也"，此说即已预设"'心'与'身'会相互影响"；他又在梁启超、马一浮等人相关解释的基础上得出，"孟子学中属于'心'的'志'，与属于'身'的'气'，在人性论上及修养工夫论都合而为一而不断为两橛"（页221）。他并称：

> 从身心互渗这个角度来看，孟子养气之学中的重要概念如"心"、"气"、"言"等，都可以获得崭新的诠释。（黄俊杰，2001：221）①

身心合一确实是儒家修身传统、包括孟子存养思想的重要内容。从这一角度看，也容易得出，孟子所谓人性，不可能将与身有关的成分——所谓感官属性或生理属性——剥离出去。事实上，正如戴震以来许多学者认识到的，人禽说成立的前提并不是将感官生理属性从人性概念中剔除。

（4）人禽说一个重要理由是认为从人高于动物的本质属性确立人性善，因为这些本质属性体现了人的高贵与尊严。例如，徐复观（1978：165-

---

① 作者又引近年来中国思想史研究中"身体哲学"日益受重视，中外皆有论著出版，如吴光明、杨儒宾等。作者所列文献如下：Roger T. Ames, "The Meaning of Body in Classical Chinese Philosophy," in Thomas P. Kasulis with Roger T. Ames and Wimal Dissanayake eds., *Self as Body in Asian Theory and Practice*, Albany, N. Y.: State University of New York Press, 1993; Kuang-ming Wu (吴光明), *On Chinese Body Thinking: A Cultural Hermeneutics*, Leiden: E. J. Brill, 1997. Angela Zito and Tani E. Barlow, *Body, Subject and Power in China*, Chicago: University of Chicago Press, 1994；杨儒宾，《儒家身体观》，台北："中央研究院"中国文哲研究所，1996；黄俊杰，《中国思想史中的"身体政治学"：特质与涵义》，收入任继愈主编，《国际汉学》第四辑，郑州：大象出版社，1999，页200-220。

166）认为，孟子只以人异于禽兽之处为性，是因为只有此性才能体现人"自身作主"的特点，"异于禽兽之几希，既可以表示人之所以为人之特性，其实现又可以由人自身作主，所以孟子只以此为性。但生而即有的耳目之欲，当其实现时，须有待于外，并不能自己作主，于是他改称之为命，而不称之为性"。徐复观所强调人性中人能自己作主的一面，似可从《尽心下》（7B24）关于命、性区别的分析得到证明。徐复观进一步指出，孟子这样做是从人之所以为人的本质特性，而不是从人之为人的现象特征出发来使用人性概念：

> 为了将人之所以为人的本质表示清楚，便不应从与犬牛相同的地方来表示，而只应从不同的地方来表示。所以他只认为生而即有中的"几希"（四端）是性。（徐复观，1978：189）

当代学者梁涛进一步指出：

> 在现实生活中，谁都不愿被骂为畜牲，不愿意与禽兽为伍。这最清楚不过地说明，人还有不同于、高于禽兽的特性，这些特性才能真正显示出人之不同于禽兽之所在，显现出人之为人的价值与尊严。所以，如果不是把"性"看作是对生命活动、生理现象的客观描述，而是看作一个凸显人的主体性、能动性，确立人的价值与尊严的概念，那么，当然就应该以人之不同于禽兽的特性，也就是仁义礼智为性，而不应以人与禽兽都具有的自然本能、生理欲望为性。（梁涛，2009：33）

梁涛的观点可看作对徐复观观点的进一步说明。不过我认为，孟子不以感官自然属性为性，据前所述是值商榷的。相比之下，郭齐勇的说法似更客观：

> 孟子在中国哲学史上第一次明确揭示了关于人性的新的观念：人具有不同于动物或他物的特殊性，这就是道德性。孟子不否认人有自

然欲望之性，但他的意思是，如将自然欲望作为人之本性，则无法讲清人与动物或他物的区别，只有道德本性才是人最根本、最重要的特性，是人之所以为人的标尺。（郭齐勇，2009：197）

有趣的是，在西方历史上，从人禽之别论人性的学说并非没有。比如希腊哲学家柏拉图、亚里士多德皆倾向于从理性这一角度看人禽之别。而基督教的灵魂、肉体二分说，认为人的灵魂来自圣灵，而肉体是人与动物共享的，因此人的高贵之处在于他的灵魂。近代哲学家康德在《单纯理性限度内的宗教》中认为人的动物性虽不是恶的，但不能证明人性的尊严与价值。人性的尊严与价值来自人有自由意志而动物没有，而自由意志才是道德的真正基础。重视理性、自由意志而不是仁爱之心，可以说体现了西方人禽之别与中国的最大不同。在当代西方学界，学者们也时常在讨论人性时涉及人禽之别，认为人性这一概念有广义与狭义之别，狭义的人性是指人的自然属性（由 human nature 中 nature 含义决定），广义的人性还包括人的本质属性，称为 essence of the human being 或 the essential properties of human beings。有的学者主张从人性（human nature）与人的本质（human essence）来区别人性与动物性。所谓人性（human nature）已经意味着人的动物性；而只有人的本质（human essence 或 the essence of a human being）才体现人高于动物的地方。[①] 不过，西方承认人禽之别的人，多半并未明确主张人性善（包括亚里士多德、康德等人在内），而西方倾向于人性善的思想家多半从人禽无别，即自然状态说出发来立论（如洛克、卢梭、孟德斯鸠等），这体现了中西方人性学说的一大区别。

五、本原说

本章所谓本原说，大体可分为两类：一是从性情关系立论，性、情分别对应阳/阴、未发/已发、体/用及善/恶；二是从本然之性与气质之性

---

① 有关西方人性概念及其中的人禽之别，参见本书第五章。

关系立论，以本然之性/气质之性对应于未发/已发、理/欲及善/恶。这两种学说均试图为人性中的恶找到解释，因而在一定程度上吸纳了荀子的性恶论；但另一方面又赋予善之性以本原的地位，或者说更高的、根本的地位。这样一来，虽然他们都承认人性中有恶，却得出恶的一面不代表人性的本原或本然。本然/本原之性的崇高地位主要由"天"来确保，故而非常神圣，从而也就构成了对孟子性善论的一种辩护——因为孟子道性善，虽表面上偏颇，但抓住了人性中根本的一面。

下面我们来分别介绍这两种不同的本原说，我分别称为性本说与理本说。

1.性本说

大抵来说，汉代人性论的特点有二：一是吸收并发展了孟子的性善论思想，从"五常"来理解性之本原，认为人人天生有五常之性；二是吸收了荀子性恶论思想，不再简单地将人性归结为善或恶，而多取善恶并存之说，同时从性情关系上为人性的善恶重新确立位置。这一特点一直延续到北宋时期。

性情二分说可追溯到先秦。《中庸》有"天命谓之性"及"喜怒哀乐"未发已发之分；《郭店简·性自命出》"性自命出……道始于情，情生于性"；《荀子·正名》称"生之所以然者谓之性；性之和所生，精合感应，不事而自然谓之性。性之好、恶、喜、怒、哀、乐谓之情"，均包含对性情的区分。至《易·乾·象》"乾道变化，各正性命"，《易·咸·象》"观其所感，而天地万物之情可见矣"，与《乐记》"人生而静，天之性也；感于物而动，性之欲也"，以及哀、乐、喜、怒、敬、爱之心"六者，非性也"之说相应，皆以情为感于物而生，而性为未感时所有。王充《论衡·本性篇》所记据称孔子再传弟子世硕谓"性各有阴阳"（或作"性情各有阴阳"），而孔子弟子宓子贱、漆雕开、公孙尼子之徒"亦论情性，与世子相出入，皆言性有善有恶"，若此条文献真实，则孔子弟子已经以阴阳、善恶论性情，与汉人观点相近而为其源头。故至汉初，性未发、情已发（性静情动）之说已经形成。而董仲舒、刘向、《白虎通》、许慎、荀悦等皆以阴阳、善恶论性情。这类观点至韩愈、李翱而达到顶峰（参见宇同，1958：214-225；姜国柱：275-371；李存山，2008：168-172；李沈阳：34-194）。然以阴阳论性情并不等于支持性善论，下面我们主要介绍若干为孟子辩护或同情性善论的人，即本章所谓性本说者。

陆贾也许是汉代最早的性本说者。王充《论衡·本性篇》引陆贾之语未见论述性情，而今本陆贾《新语·道基》有"不违天时，不夺物性，不蔽其情"，圣人"统物通变，治情性，显仁义也"，《慎微》有"情得以利，而性得以治"，若今本可靠，说明陆贾确有性情二分思想。

赵岐也是性本说者。《孟子·告子上》6A6 赵氏注曰："性与情，相为表里，性善胜情，情则从之。《孝经》曰：'此哀戚之情。'情从性也。能顺此情，使之善者，真所谓善也。"（焦循，1987：752）以情论性，主"性情相为表里"，即性情一体但情从于性。

《白虎通·情性》说：

> 性情者，何谓也？性者阳之施，情者阴之化也。人禀阴阳气而生，故内怀五性六情。情者，静也。性者，生也。此人所禀六气以生者也。故《钩命决》曰："情生于阴，欲以时念也。性生于阳，以就理也。阳气者仁，阴气者贪，故情有利欲，性有仁也。"
>
> 五性者何？仁义礼智信也。

《白虎通》以仁义礼智信五者为五性，比孟子更进了一步，孟子所谓人之善性只有四项（仁义礼智），而《白虎通》扩充到五项，后来郑玄、韩愈皆承此说。所谓"阳气者仁，阴气者贪，故情有利欲，性有仁也"，以善属于性，贪、欲属于情。许慎则说得更明确：

> 性，人之阳气。性，善者也。（《说文解字·性》）
> 情，人之阴气，有欲者。（《说文解字·情》）

若从上两段看，许慎似乎不以情为性，但下面这段话表明他事实上认为情、性合为一体，构成人性之善恶：

> 酒，就也，所以就人性之善恶。(《说文解字·酒》)

《白虎通》《说文解字》以人性兼含善恶，可以说是对性善论的一种纠正。但另一方面，他们又都在狭义上使用性概念，以善属于性、恶属于情，或称"性有仁"，或称"性，善者也"，等于是对善恶在人性中的位置、等级作了不同的处理。他们的看法等于是认为，人性本身是善的，只有在发为情的时候才有恶，所以把性善高放在了本原的位置。从这个角度看，也可以说是对孟子性善论作了一种巧妙辩护，汉人郑玄亦然。

经学大师郑玄也持性本论。其《毛诗·大雅·烝民》笺曰：

> 天之生众民，其性有物象，谓五行仁义礼智信也。其情有所法，谓喜怒哀乐好恶也。

这一性本论当承《白虎通》而来，也是后来韩愈《原性》中性情二分之源。① 郑玄复于《礼记·中庸》注称：

> 天命，谓天所命生人者也，是谓性命。木神则仁，金神则义，火神则礼，水神则信，土神则知。《孝经说》曰："性者，生之质命，人所禀受度也。"

此说以五行对应五常，意在说明人性含五常何以来自"天命"，等于为五常为性说提供了更高的基础，后来宋明理学家所谓"本然之性"亦承此而来。

《白虎通》、许慎、郑玄从性情关系上的性本说出发，他们对孟子性善论的辩护如果说有些勉强，至少不够明确，唐人李翱则非常直接地从同一逻辑为性善论作了明确辩护。李氏一方面主张性善情恶，认为圣人桀纣常人之性无别，所别在于情欲；另一方面又以此为由称颂孟子，从而与韩愈批评孟子性善论有所不同。其《复性书中》这样论述善恶与人性：

---

① 韩愈（2010：47）称"其所以为性者五"，即仁义礼智信；"其所以为情者七"，指"喜怒哀惧爱恶欲"，其七情以《礼运》之说为本。

第四章　古今学者对性善论的解释：模式与判断

> 桀纣之性，犹尧舜之性也。其所以不睹其性者，嗜欲好恶之所昏也，非性之罪也。
>
> 曰："为不善者非性耶？"
>
> 曰："非也，乃情所为也。情有善有不善，而性无不善焉。孟子曰：'人无有不善，水无有不下。夫水，搏而跃之，可使过颡，激而行之，可使在山。是岂水之性哉？'其所以导引之者然也。人之性皆善，其不善亦犹是也。"
>
> （李翱，1993：10）

李翱强调性无罪、性无不善，而情为不善；"情者，性之邪也"（李翱，1993：8），"情既昏，性斯匿矣，非性之过也"（页6）。那么情是否也是性的一部分呢？在《复性上》一开头，李翱就交代了其与韩愈几乎一样的性情界定，称"喜怒哀惧爱恶欲七者，皆情之所为也"（页6），同时又主"情由性而生"，"情者，性之动也"，并得出"性与情不相无"，"情不自情，因性而情；性不自性，由情以明"（页6）。凡此可见，李翱并非以情外于性，就其强调性静情动、情为性之动而言，与董仲舒、韩愈以及前述多位汉代性本说者并无区别。

2. 理本说

北宋以来，人性论的一个重要发展是气质之性的提出。由张载提出，程颐、朱熹发展的气质之性、本然之性（又称天地之性、义理之性）二分，在中国历史上流行近千年。可以说，本然/气质二分之说，是汉代以来性情二分说的发展，其二分的特点亦颇相似。以气质之性解释人性中恶的来源，而同时以本然之性解释人性中善的来源，并赋予本然之性或义理之性以本原的地位，从而给予了性善论以极高的地位。所以，这一新的分类方式，可以理解为对孟子性善论的修正或完善。

程颐说，孟子性善之"性"讨论的是"极本穷源之性"，他并强调告子所讲的是受生之后的"性"；换言之，孟子所讲的是"受生之前"的"性"，所以纯善（程颢，2004：63）。张载（1978：23）也说："形而后有气质之性，善反之则天地之性存焉。""形而后有"，是说天地之性是在万物成形之前即已命定；"善反之"，应指返回到本原处、回到赋形以前。朱子认为，孟子性善之性，是性之"大本处"，是"本源之性""至善之源"（朱熹，1994：1386，1290，1388；参牟宗三，2003b：471-476）。朱子所谓"大本处"，即"形而上"的"性之本体"，是指天地生物之前即已赋予人的性命之理。朱子说：

> 性是太极浑然之体，本不可以名字言。但其中含具万理，而纲理之大者有四，故命之曰仁、义、礼、智。孔门未尝备言，至孟子而始备言之者。（朱熹，2010：2778）

因此孟子性善之性，即所谓"太极浑然不动之体"；"当初天地间元有这个浑然道理，人生禀得便是性"（朱熹，1994：2816）。朱子一方面强调性即理，另一方面强调此理（天理）源于天命。天命性以理，故保证性之为善，故从源头处保证了性善（陈来，2010：226-230）。朱子的观点显然是对伊川的进一步发挥。① 黄震（2013：23）对上述说法作了最有代表性的概括，他说，"所谓天地之性，是推天命流行之初而言也，推性之所从来也"，"孟子盖独推其所本然者以晓人也"。

对朱子上述思想阐释甚力者，可能是陈淳。陈淳（1159—1233）《北溪字义》"性"条云：

> 性与命本非二物，在天谓之命，在人谓之性。故程子曰："天所付为命，人所受为性。"（陈淳，1983：6）

> 天所命于人以是理，本只善而无恶。故人所受以为性，亦本善而无恶。孟子道性善，是专就大本上说来，说得极亲切，只是不曾发出气禀一段，所以启后世纷纷之论，盖人之所以有万殊不齐，只缘气禀

---

① 但与程颢观点未必一致，后面我们看到，程颢坚持认为孟子是从"继之者善"的角度出发，因而主张"恶亦不可不谓之性"。参《河南程氏遗书卷第一·二先生语一》，见程颢，2004：10-11。

第四章　古今学者对性善论的解释：模式与判断

不同。（页7）

这里提出孟子性善"专就大本上说来"，即指孟子从"天所命于人以是理，本只善而无恶"而言，下面更称"夫子所谓善，是就人物未生之前，造化原头处说"（页9）。

本原说多以《系辞》"继善成性"及"太极两仪"说为证，即天以阴阳之道运，赋予善性于其初，然后有万物之生。然此说无法从《孟子》中找到任何证据，而《系辞》之说亦有不同解释之可能。比如陈淳即从《系辞》"继善成性"上论证己说，并称程颢将性之"善"理解为"继之者善"不妥（"非《易》之本旨"），认为应该理解为"继之"之前，即一阳将动、万物待生之际。陈氏云：

> 孟子道性善，从何而来？夫子系《易》曰："一阴一阳之谓道，继之者善也，成之者性也。"所以一阴一阳之理者为道，此是统说个太极之本体。继之者为善，乃是就其间说；造化流行，生育赋予，更无别物，只是个善而已。此是太极之动而阳时。所谓善者，以实理言，即道之方行者也。道到成此者为性，是说人物受得此善底道理去，各成个性耳，是太极之静而阴时。此性字与善字相对，是即所谓善而理之已定者也。"继""成"字与"阴""阳"字相应，是指气而言；"善""性"字与"道"字相应，是指理而言。此夫子所谓善，是就人物未生之前，造化原头处说，善乃重字，为实物。若孟子所谓性善，则是就"成之者性"处说，是人生以后事，善乃轻字，言此性之纯粹至善耳。其实由造化原头处有是"继之者善"，然后"成之者性"时方能如是之善。则孟子之所谓善，实渊源于夫子所谓善者而来，而非有二本也。《易》三言，周子《通书》及程子说已明备矣。至明道又谓孟子所谓性善者，只是说继之者善也。此又是借《易》语移就人分上说，是指四端之发见处言之，而非《易》之本旨也。（陈淳，1983：8-9）

陈淳认为，"继之者善"是指造化源头处善，此夫子之意；"成之者性"

则是赋形以后或人生以后事,孟子所谓性善。因此有两个"善",一个是造化源头处之善(《易》"继之者善"),一个是人生以后之善(孟子之性善)。陈淳认为,孟子之性善,虽是从人生以后说,但其立意应当是从夫子系《易》的造化源头处来。易言之,孟子之性善应当借助《系辞》"继善成性"、从造化源头处理解。而不能像程颢那样,撇开《系辞》,完全从《孟子》"四端"出发、局限于人生以后来理解。他并以周濂溪《太极图说》讲,以"动而生阳"对应"继之者善",以"静而生阴"对应"成之者性"。所谓"'继''成'字与'阴''阳'字相应,是指气而言;'善''性'字与'道'字相应,是指理而言"(陈淳,1983:8-9),指性在形成之时,其五常之理已先行赋予,故性之善当就先天之理而言,而非就后天之性质而言。因此,陈氏分出先天之善与后天之善。先天之善,即性之理,是绝对的;后天之善,含有气质,其善是相对的。陈氏认为后天之善非性善本旨。他批评程颢从"继之者善"说孟子性善,"是指四端之发见处言之",说明在程颢看来孟子"道性善",并非从造化源头处立意,并非针对"就人物未生之前"。唐文治(2008:1619-1620)亦指出,陈淳对于孟子性善的解释,以区分"先天之善"与"后天之善"为前提。

本原说至少在两方面与人禽说有别:一是解释了人禽之别的根源,此即天命;二是此性并不是形而下的,而是形而上的。张岱年在《中国哲学大纲》《中国伦理思想研究》等书中将程朱理学所讲的"天命之性"称为"人生之究竟根据"。

然而本原说在提出之初即在理学家中遭遇异议。前已提及程颢不主张从"造化源头处",而从"后天成之者"说性善。程颢论性如下:

> "生之谓性",性即气,气即性,生之谓也。人生气禀,理有善恶,然不是性中元有此两物相对而生也。有自幼而善,有自幼而恶,是气禀有然也。善固性也,然恶亦不可不谓之性也。盖"生之谓性"、"人生而静"以上不容说,才说性时,便已不是性也。凡人说性,只是说"继之者善"也,孟子言人性善是也。夫所谓"继之者善"也者,犹水流

第四章　古今学者对性善论的解释：模式与判断

而就下也。皆水也，有流而至海，终无所污，此何烦人力之为也？有流而未远，固已渐浊；有出而甚远，方有所浊。有浊之多者，有浊之少者。清浊虽不同，然不可以浊者不为水也。如此，则人不可以不加澄治之功。故用力敏勇则疾清，用力缓怠则迟清，及其清也，则却只是元初水也。亦不是将清来换却浊，亦不是取出浊来置在一隅也。水之清，则性善之谓也。故不是善与恶在性中为两物相对，各自出来。（《河南程氏遗书卷第一》。程颢，2004：10-11）

据此，程颢（2004：10）认为，"性即气，气即性"，"人生气禀，理有善恶，然不是性中元有此两物相对而生也"，因此不能将天地之性与气质之性分开。"'人生而静'以上不容说"（页10），所以说到性，必定已是"人生而静"以下之事，即"继之者善"之事。"凡人说性，只是说'继之者善'也，孟子言人性善是也"（页10），孟子说性也只是说继之者之事，即性在物生以后，而非物生之前。但是，若"性"只是"继之者"，何以谓善呢？他的观点类似于孔子"性相近、习相远"；以流水为喻，谓水本清，因流而浊；人本善，因习而恶。如此说性善，似更近孟子从四端说性善，然却无法证明性为善，因为诚如王安石、司马光、苏辙所言，人有善端，亦有恶端。

清儒陆世仪亦反对陈淳上述说法，认为孟子所谓"性善"是指后天所成之性，因而性善是相对的，不是绝对的。他在《性善图说》中提出，《系辞》"继善成性"中的"善"，不同于孟子"性善"中的"善"。这是两个不同阶段的"善"的问题。前者尚属从形上到形下过渡时期，故无不善，因为"天与人物将接未接之顷，但可以善名而不可以性名者也"（陆世仪，1997：227）；而后者则为成性之后，此时之性严格说来即为气质之体，本当有善有不善，而孟子称性善，是指"人之气质得于天者较物独为纯粹"，"万有不齐之中，惟人也得其秀而最灵"（页288）。因此，所谓性善就只能理解为人与万物相比较而言意义上的善，即只能从比较判断来说性善。陆的说法与陈淳不一致，实际上否认了从造化源头处说性善。

本原说最大的问题，是无法从《孟子》原文中找到任何证据。因为此说主要的依据是《系辞传》，而非《孟子》。正如上述程颢、陆世仪所坚持的那样，《孟子》原文所支持的不可能是"从造化源头"说性善，孟子所说的"四端"当然明显地从"所成之性"的"后天之善"，而不是"先天之善"。若按程颢的说法，"人生而静以上不容说"，则从造化源头说性善超出了人的能力范围之外。

王夫之、陈确、颜元、戴震、程瑶田、焦循、阮元、康有为等皆批评程朱理学家天命与气质二分说违背了孟子本义。戴震指出，宋儒以"气质之性"与"天命之性"分释"性"，并不符合孟子人性概念。"形色，天性也。惟圣人然后可以践形"（《尽心下》7A38），"乃若其情，则可以为善矣，乃所谓善也。若夫为不善，非才之罪也"（《告子上》6A6），因此"舍才质安睹所谓性哉"，所谓气质与天命之别本不存在（戴震，1982：39）。清儒多反对气质、天命二分，康有为（1987）亦然。日本古学派学者山鹿素行、伊藤仁斋、伊藤东涯、荻生徂徕、太宰春台等坚决反对天命与气质二分说（参本书第五章）。

此外，即使撇开与孟子本意相悖这一点不谈，本原说也存在巨大的自身理论困境，这一困境被朝鲜历史上两场的争论即"四端七情之争"及"湖洛之争"所揭示。其中"四端七情之争"虽围绕着是否赞同"四端理之发，七情气之发"这一焦点展开，其背后的一个问题意识就是：本原说把性之善归结到先天的造化本源（未发），把性之恶归结为后天的形质已具（已发），则必须解释清楚，如何能以后天已发的四端之善来证明先天未发的人性之善？因为孟子正是以四端证性善。如若彻底贯彻本原说，将性善的根基定在造化之源头处，就必须说明四端之善是如何产生的（是否理之发），从而说明是否可以四端证性善。这里面存在着朱子与孟子对性善的不同理解。而朝鲜的"湖洛之争"更能反映本原说在理论上的致命问题：既然性之善只是造化源头处的理之善，则万物之性莫不善，孟子如何能从人禽之别出发来论证性善呢？这个问题在"湖洛之争"中主要表现为人性、物性的异同问题，以及未发之前的"心体"是不是纯善。因为严格按照本原说，未发之前的心体当与造化源头一致,自应纯善,而四端之善当源于此。①

六、本体说

在对性善的理解上,有一种观点认为,性善并不是指人性在实然层面上就已经是善的,而是指人性有一种潜能,即通过自我修炼可以实现这样的升华,能超越一切烦恼和痛苦,无惧任何灾难和不幸,当然也超越了死生,达到了不朽。这是生命的崇高而极致状态,是生命自身价值得到最大限度的实现所达到的纯粹至善,代表永恒不朽和终极归宿。这种状态代表生命的本质或本体。②然而这一潜能却是人人具备的,任何人只要为善去恶,达到无一毫人欲之私,即能回此本体。因为:(1)唯有此状态才代表生命的本质或本体;(2)人们只有为善去恶,不曾有一毫人欲之私,达到纯乎天理,才能回到此本体;并且(3)人人有此潜能,所以说(4)人性本质上是善的。或者说,生命的本体(也可以说是人性的最高层次)是善的。这就是这里要说的本体说。要注意,尽管朱熹等也使用"本体"一词,但并非我这里所说的"本体说"意义上的"本体"。在本章本体说意义上,"本体"的呈现就是生命本质的展现,也就是人性实质的呈露。本体说在历史上发源于孟子,但光大于阳明及其后学,成熟于当代学者牟宗三。

本体说强调的是生命的真实本体,需要我们通过修行来发现;一旦我们发现了它,立即会体悟到生命与宇宙合一、超越生死界限、无惧千难万险的境界。这时的体验,无疑代表生命的最高境界,也是生命的终极价值。同时,这时我们感受到生命最真实的存在,认识到这才是生命的最高理想状态,也是生命的真正本质。人生到了这一步,自然已经超凡入圣、彻底

---

① 关于"四端七情之争",参李明辉:《四端与七情:关于道德情感的比较哲学探讨》,上海:华东师范大学出版社,2008年(书末附"退溪、高峰'四端七情'论辩资料选注")。关于"湖洛之争",参杨祖汉:《从儒学观点看韩国儒学的重要论争》,上海:华东师范大学出版社,2008年,页280-328;邢丽菊:《韩国儒学思想史》,北京:人民出版社,2015年,页234-260。
② 凡本节或本书谈本体说时所用"本质"一词,皆是借用俗语,非本书开头(导言)所言西方哲学中严格意义上的"本质"(essence)之义。

自化、根本解脱、真正自由了。

如果说本原说是从"造化源头"说性体、性善，本体说则是从"直觉体悟"上说性体、性善。因而，本原说建立在一套宇宙发生学基础上，以《系辞传》中"继善成性"为典型证据，并使得周敦颐的《太极图说》成为其论证性善的最重要文献之一（朱子在《近思录·道体》开篇即引用之）。然而，本体说则不太注重宇宙发生学的证据，毋宁说它直接把心性体悟过程中的最高状态称为心体或性体；该心体或性体是通过修炼建立起来的，它的价值或重要性是由其自身的特征来决定的，而不需要一套宇宙发生学证据。如果本原说是基于事实判断，则本体说是基于价值判断。前者依据经验的事实，后者依据天才的体验。

一方面，本体说认为这种本体并不是按我们后天的意愿人为创造的产物，而是上天赋予的，是人人固有的，只不过通常对普通人表现为潜在的可能而已；另一方面，正因如此，本体说倾向于认为，这种生命本体不是普通日常经验所能证实的，因非常人可随便达到。它只是主张，从理论上讲，本体作为状态是人人都可以达到的；且作为生命的真正本质，反映了我们人性的真正面目。因为本体代表生命的真正本质，或者说代表生命的最高理想状态，所以说人性从本质上是善的。牟宗三之所以非常强调本体的超越性，正是基于这一点。而他的学生傅伟勋强调人在生死交关之际呈现出来的良知证明了这一点，也是基于类似的理由。

本体说建立在对生命最高价值的理解上，不管这一价值是否能实现。从这个角度看，本体说可理解为一种潜能说。虽然它是从本原说分化出来的，但与本原说又有重要差别。由于天命概念的模糊性，本体说也可以说成是一种本原说，因为本体说也主张本体源于天命；由于本体概念的模糊性，本原说也可以说是一种本体说，因为天命之性即天地之性或义理之性也被说成是本体。但是在这里，我们对本原说和本体说是在严格区分的意义上使用的，请读者不要混淆。"本体说"与"本原说"有一个重要的相似处，都认为人生修行的主要任务是回归"本原"，恢复人性固有的本来面目，不受外在环境污染，尤其体现为不受外界诱惑，不受人欲干扰。不过要注

第四章 古今学者对性善论的解释：模式与判断

意，二者所使用的"本原"概念含义有别：一是基于事实判断，指造化之理；一是基于价值判断，指价值本体。

从历史的角度看，本原说主要由程朱理学所代表，本体说主要由王阳明心学所代表。本体说的源头当然是孟子；而在王阳明之后，由王畿等人发展；到当代主要由牟宗三及其弟子群体所发挥。下面我们分别介绍孟子、王阳明、牟宗三三个人的本体说，并勉强将它们分别命名为浩气说、灵昭说和超越说（此命名很难说准确，乃不得已而为之）。

1. 浩气说

我用浩气说来概括孟子的本体说。孟子关于生命境界的描述，是后世本体说的先驱。孟子描述的四种境界，对我们理解本体说大有帮助：

（1）普通人受到羞辱时也可能有宁死不屈的精神。"生，亦我所欲也，义，亦我所欲也。二者不可得兼，舍生而取义也。""一箪食，一豆羹，得之则生，弗得则死。呼尔而与之，行道之人弗受"（《告子上》6A10）。为什么哪怕一个最普通的人（包括乞丐），都可能为捍卫自己的人格尊严而不惜一死呢？这里面存在着对于生命真实价值的基本理解，它高于一切其他价值。

> 孟子曰："鱼，我所欲也；熊掌，亦我所欲也。二者不可得兼，舍鱼而取熊掌者也。生，亦我所欲也；义，亦我所欲也。二者不可得兼，舍生而取义者也。生亦我所欲，所欲有甚于生者，故不为苟得也。死亦我所恶，所恶有甚于死者，故患有所不辟也。如使人之所欲莫甚于生，则凡可以得生者，何不用也？使人之所恶莫甚于死者，则凡可以辟患者，何不为也？由是则生而有不用也，由是则可以辟患而有不为也。是故所欲有甚于生者，所恶有甚于死者，非独贤者有是心也，人皆有之，贤者能勿丧耳。一箪食，一豆羹，得之则生，弗得则死。呼尔而与之，行道之人弗受；蹴尔而与之，乞人不屑也。万钟则不辨礼义而受之。万钟于我何加焉？为宫室之美、妻妾之奉、所识穷乏者得我与？乡为身死而不受，今为宫室之美为之；乡为身死而不受，今为

妻妾之奉为之；乡为身死而不受，今为所识穷乏者得我而为之——是亦不可以已乎？此之谓失其本心。"（《告子上》6A10）

这里孟子认为，人的"本心"可以帮助我们认识并坚守生命的尊严，这是每个正常人活在世上最基本的价值支撑。这个"本心"当然与孟子所说的"良知""良能"同义。到了王阳明被提升到"本体"（心体或性体）。在孟子看来，人的生命尊严，作为人的一种基本价值，其源头是本心或良心，并无其他更高或更深的来源。并不是任何人、在任何情况下都能适时认识到自己生命的尊严，尤其是迫于利益需要、安全威胁时，或者是胆小懦弱、缺乏勇气时，人们可能会迁就现实压力而放弃尊严。然而每一次对尊严的放弃，都是对其生命价值的贬损，也可以说是对其人格的侮辱，不管当事人是否认识到。

（2）修炼到极致时超越利害、无惧生死、超越生死的境界。这当然也是找到了生命的终极价值的象征。在现实生活中，各种不确定性时时威胁着我们的安全，让我们感到生命的脆弱和渺小，所以我们整日担惊受怕，提心吊胆。孟子告诉我们，其实我们是可以有一种活法，让我们彻底摆脱生命的脆弱和无奈，从而做到无所畏惧，彻底放松和坦然地面对一切挫折、痛苦和不幸。孟子提出的具体做法，就是通过"以直养而无害""行无不慊于心""自反而缩"（《公孙丑上》2A2），形成"浩然之气"，它"塞于天地之间""至大至刚"（《公孙丑上》2A2）；遇善则"若决江河，沛然莫之能御"（《尽心上》7A16），遇恶则"虽千万人吾往矣"（《公孙丑上》2A2）……这是修炼逐渐建立起来的生命极致状态。在孟子这里，这种状态是人为建立起来的，孟子并没有说它是人人固有的，更没有直接说它就是良知，就是回到心体（但是间接地有此义）。而王阳明则认为这种状态就是回到良知本体的效验，是心之本体的效应。

（3）修炼到极致时心体舒泰、彻底放松、幸福无限的极乐境界。孟子还认为，通过尊德乐义，反身而诚，可以创造一种巨大的幸福体验，让人"可以嚣嚣"（《尽心上》7A9）、"乐莫大矣"（《尽心上》7A4）；表现在容貌上，则"睟然见于面、盎于背，施于四体，四体不言而喻"（《尽心上》7A21）；表现上在动作上，则"不知足之蹈之，手之舞之"（《离娄上》4A27）；表现在心理上，则"自得之，则居之安"（《离娄下》4B14）……这些在阳明及其后学那里，都被理解为达到本体的体验或效验。在日常生活中，我们都追求幸福、快乐，但是未必体验到过那种极致的快乐境界。极致的快乐境界当然是指消除了一切恐惧害怕、没有任何不安全感的人生体验，它通过"与天地合其德，与鬼神合其吉凶"（《系辞上》）建立起来。作为一种快乐状态，孟子显然是作了详细的描绘。

（4）生命的极致状态与天地、与万物、与人事无不融洽无间：一方面是其人格光芒四射，化及四方；另一方面是做事自由往来，左右逢源。即所谓"上下与天地同流"（《尽心上》7A13），"所过者化，所存者神"（《尽心上》7A13），"充实而有光辉之谓大，大而化之之谓圣，圣而不可知之之谓神"（《尽心下》7B25），"取之左右逢其原"（《离娄下》4B14）……这些在孟子处当然也是修炼到极致的理想状态。到了王阳明，这些都被理解为完全彻底地回归心体/性体的效应。

孟子虽未使用本体概念，没有把上述生命的极致状态称为"生命本体"或生命的本质，或达到生命本体时的效应，但有力地揭示了生命价值的最高理想状态。这是后世王阳明心体、性体概念的理论源头。从这里我们也可看出，本体说对人性的理解并非没有基础。本体说认为这种生命的最高理想状态（即彻底回到性体的状态），是生命存在的唯一最高理想，是生命最真实、最理想的状态。既然人人都有实现它的潜能，修炼的主要任务即在于回归它。

2. 灵昭说

我们知道，王阳明的本体概念，虽表面上与朱子有继承性，而实质含义有重大变化。王阳明与朱熹最大的区别在于，王强调本体可以通过"上根之人"直接悟入，而不需要像《太极图说》中那样通过动静先后的生物顺序来建立（王阳明，2014：72-73，133-134，1442-1443）；"天命之性，粹然至善，其灵昭不昧者，此其至善之发见，是乃明德之本体，而即所谓良知也"(《大学问》。页1067)。也就是说,"本体"之发现,主要是良知的事,而不需要所谓"造化源头"上的证据。

(1)王阳明认为,对于人性,"有自本体上说者,有自发用上说者,有自源头上说者,有自流弊处说者"(《传习录下》。王阳明,2014:130);从发用、从源头、从流弊上说,性自然会有善也有恶;但若从本体上说,则"原是无善无恶的"。他所谓"无善无恶",根据邹东廓、刘宗周、黄宗羲的解释,是指"至善无恶"(黄宗羲,2008:339,332-333)。极力坚持"四句教"为"四无说"的王畿(1970:90)本人,也在《天泉证道纪》中用"粹然至善"描述"天命之性"(即心体)。① 从发用、来源或流弊处说性,就是从日常生活经验出发说性,不仅自然看出人性之恶,而且永远达不到性之本体;因而从本体上说性,就是指超越于日常经验来说性,就是指性之本体是形而上的,不能用日常经验来验证。那么,这个本体要如何来验证其存在呢?显然只能靠直觉、靠体悟。所以,这个本体与朱子所说的性/心之本体已经不一样(后者是从源头上说的),它可以说是一种价值预设,也可以说是随时可以呈现的潜在生命可能性。

(2)正因为王阳明的心之本体或性体,主要是通过修炼建立起来的,所以用《系辞》中"继善成性",或用周敦颐《太极图说》的宇宙发生学来解释它,反成了多余。这就能解释王阳明为什么批评《太极图说》中"太极动而生阳、静而生阴"之说,因为他认为"太极之生生,即阴阳之生生。就其生生之中,指其妙用无息者而谓之动;谓之阳之生,非谓动而后生阳也。就其生生之中,指其常体不易者而谓之静;谓之阴之生,非谓静而从生阴也"(《传习录中·答陆原静书》。王阳明,2014:72-73)。若按周子之说,"静而后生阴,动而后生阳,则是阴阳动静截然各自为一物矣"(页73)。按照王阳明,太极的动静、阴阳,本来就是本体自身的一体两面,反映的

---

① 关于王阳明"四句教"中第一句"无善无恶"的理解,参陈立胜:《"四句教"的三次辩难及其诠释学义蕴》,载《第七次"东亚近世儒学中的经典诠释传统"研讨会论文集》,广州:中山大学,2001年6月23-24日,页1-16;陈来:《有无之境:王阳明哲学的精神》,北京:北京大学出版社,2013年第2版,页179-202,等。

第四章　古今学者对性善论的解释：模式与判断

是本体"即存有即活动"（借牟宗三语）的特征。这一本体并不需要借助时间先后顺序而客观形成，而主要指示一种存在状态、一种宇宙生命的理想极致状态。王阳明认为，在本体状态，不仅阴阳、动静之别不存在（《传习录上·侃问》。页36，119），体用之别、本体工夫之别也不存在（《传习录下·钱德洪录》。页133）。

（3）正因本体说注重的不是在日常经验中普通人可见的生命理想，而是通过修炼达到的境界或效验，所以王阳明对达到本体的境界多有描述：

——灵昭不昧，与物同体。（王阳明，2014：122，140-141，1066）

——发而中节，无施不可。（页24，25）

——随感随应，无所不照。（页13-14，69，215）

——人己内外，无不逢原。（页133-134，1442-1443）

——不著一物，自由自在。（页79，121，1442；陈来，2013：190-197）

从上面的概括看，可以发现王阳明所追求的本体作为境界，代表超越人我界限、超越生死畏惧、没有人间烦恼、不怕世俗困难的生命终极价值。由此我们更理解，本体说对人性的理解建立在价值预设上。

从王学的特点来，这代表的是生命的最高境界，其与后面讲的成长说差别在于：后者以个体生命自身健全成长为主要关怀，而本体说未必关心长寿之类，也未必能不以牺牲生命其他方面为代价。就好比"临时一死报君王"是境界，但未必是生命成长的最佳方向。合乎道义或极高明，但和生命健全成长的方向是两码事。

3. 超越说

本体说成熟于当代学者牟宗三。牟宗三在《圆善论》中提出言性的两个层次，一是自然意义上言性，即告子"生之谓性"之说；二是义理意义上之性，此乃所谓"超越之性""义理之性"：

"性"就是本有之性能，但性善之性却不是"生之谓性"之性，故其为本有或固有亦不是以"生而有"来规定，乃是就人之为人之实而纯义理地或超越地来规定。性善之性既如此，故落实了就是仁义礼智之心，这是超越的，普遍的道德意义之心，以此意义之心说性，故性是纯义理之性，决不是"生之谓性"之自然之质之实然层上的性，故此性之善是定然的善，决不是实然层上的自然之质之有诸般颜色也。（牟宗三，1985：23）

超越的、普遍的义理之性，是"无条件的定然的善"，而非自然之质、实然之性。牟宗三在论胡五峰时说，

孟子由"本心即性"所说的人之"内在道德性"之性体自己亦是绝对的至善，无条件的定然的善，是"体"善，并非"事"善，因而亦不是价值判断上的指谓谓词。它是价值判断底标准，而不接受判断。如此，亦可以说是超善恶相的绝对体之至善。（牟宗三，2003b：480）

前面讲本体说基于价值判断，借用牟氏之言，"它是价值判断的标准，而不接受判断"，它依据于天才的体验。此即王阳明"无善无恶心之体"，以牟看来，此绝对体是生化之机，虚灵不昧，万物之源，亦宇宙本体也。此体需要自我用心体验而知，不可客观认知、逻辑推理而知也。

此本体，据傅伟勋（1989：254）解释，则为"超越的真实"（transcendent authenticity），亦类似于大乘佛教的"真如相"（梁启超，1983）。傅伟勋以"道德的直觉"来阐明之，认为它包含着"终极的哲学道理"：

你问一个人为何要有道德到牺牲自我生命的程度。终极的哲学道理是，因为人性本有善种，此乃所以异于禽兽者几希之处。这一点人的自我了解可以当做道德的直觉，也可以当做实在的道德心性醒悟。人性既然本善，人自然能够推广他自己的本心到他人同样的本心。……这不是逻辑推理或纯粹知性的问题；这是人本身是否醒觉于人性高层次的仁心善性的问题。（傅伟勋，1989：256）

傅的说法因解释牟宗三之说而发，以性善为一种潜能。不过当潜能转化为现实时，是呈现，而不再是假设，故牟批评冯友兰以良知为预设。此

种高层次的人性状态，实被牟解读为性体，亦即心体。傅氏进一步以"生死交关之际本心的终极觉醒"和"良知的真实呈现"来说明：

> 孟子性善论的深层结构……只能肯定生死交关之际本心的终极觉醒或良知的真实呈现，然后才能据此标榜人性本善。换言之，孟子心性论的证立关键，是在人心自醒之为道心本心（用）上面，而不在只具先天超越性意义的本性（本）上面。因此，我上面所提到的"心性醒悟"，严格地说，应该改为"人心即道心"的自我觉醒。这就充分说明了为什么孟子的真正继承者是主张"心即理"的陆王而不是倡导"性即理"的程朱。（傅伟勋，1989：261）

这里，傅显然是认为，心体或性体作为最高本体，往往只能在关键时刻才呈现，而不是在任何时候都可以呈现，因而它的验证也只能诉诸非理性的直觉或高度个人化的体悟，而不能靠日常经验来证实。

刘述先（1995）继承了牟宗三的基本立场，认为孟子性善论的理论基础在于超越的、形上的"天"（尽心知性知天），这个"超验的存在"在康德处是预设，在心性儒学中是呈现，表现为良知的呈现。性善在人生命中的直接基础是本心或良心。这个本心或良心不是经验的认识心或良心，而是超验的（transcendental）存在。它需要人亲身来体证，而不能用经验材料和归纳法来证明。他反复强调，这样来理解就摆脱了从经验出发发现人性中有善也有恶的批评（如世子硕、扬雄、王安石、司马光等人）。他承认，从经验来归纳，确实可以发现人性中有善也有恶，甚至无善无恶说也有道理。但孟子的人性论不是站在与这些说法同样的层面上来立论的。此说其实与孟子本义有别，但他认为这种创造性阐释方可更好地达到孟子的"微意"。

刘述先这一说法与朱子天命／气质二分之说还有不同（王阳明一系可能更接近他的意思），因为程朱理学家所讲的天命之性是经验出发得出的，不能说他们诉诸良心本心的"呈现"来证明天命之性，这绝不是事实。

李明辉与刘述先相似，多从康德出发说明孟子人性的先验的、超越意义。①

七、才情说

　　本章所谓的才情说，我指从情、才、气（含气质）等角度为性善论辩护的学说。孟子在论证性善时，曾使用过"情""才"等概念，并称"乃若其情则可以为善矣，乃所谓善也"，"若夫为不善，非才之罪也"以及"或相倍蓰而无算者，不能尽其才者也"（《告子上》6A6）等。这些为后世从情、才或气的角度为性善论辩护提供了空间。所谓情，多指喜、怒、哀、惧、爱、恶、欲等，也可指孟子所谓"四端"等道德情感；所谓才，大抵指才质，类似今日血肉之躯之义；所谓气，后世亦常称气质，可指构成情、才的基本元素。②按照一种观点，情、才皆由于气化而成，气比情、才更加根本。但是根据戴震，才是包含血气、心知的，才代表了知、情、欲的一体。因此才比情、气涵盖更全面。才情说据此分为三种相互关联甚至内容相重的观点：情善说、气善说、才善说。其中所谓才善说，我指合情、气、知等而言性善。才情说与心善说构成相反的两极：心善说更重视心灵，才情说更重视躯体；一重内在，一重外在。

　　大抵来说，中国历史上的人性论，在先秦时期可以说性情并重，甚至以情为本。自20世纪90年代郭店楚墓竹简出土以来，这一点尤其引人注目，甚至有人称其为情本论（庞朴，1998；郭齐勇，1999；李景林，2011；李泽厚，2011；赵法生，2019；冯达文，2001）。③但自汉代以来一直到明中叶的相当长时间内，学界占主导地位的看法或可称为性本论。所谓性本论（前面第五节称"性本说"），是指主张性为本，情、气等为用；甚至以阳阴、体

---

① 参李明辉《康德伦理学与孟子道德思考之重建》（1994），及李明辉《孟子重探》，可重点参阅其文：①《焦循对孟子心性论的诠释及其方法论问题》（李明辉，2001：69-109）；②《再论牟宗三先生对孟子心性论的诠释》（页 111-131）。
② 关于中国古代情、才、气、气质等词的含义及历史演变，参张岱年，1996b：654-656（论情），656-657（论才），482-491（论气），639-646（论气质）。
③ 蒙培元（2002）《情感与理性》全面论述了情感在哲学特别是中国哲学中的地位。

用、善恶分别对应于性、情或性、气；在善恶问题上，学者多主性善，而情、才、气可为恶，至多可善可恶。汉代一种典型的观点是性善情恶，主之者包括董仲舒、《白虎通》、许慎、郑玄等。至唐代，李翱持此观点尤切。此外，在性情关系上，包括陆贾、赵岐、韩愈、焦竑、凌廷堪、孙星衍、康有为等人在内的一大批学者亦是性本论者。虽然如刘向、王充、荀悦及王安石等人均对上述性本论有所批评，但是并不能改变主流看法。此外，值得重视的是，宋代理学发明的义理之性/气质之性二分（义理之性又称天地之性、本然之性等），前面第五节称为"理本说"，实际上也可算典型的性本论，不过不是从性情关系立论，而是从性气关系立论。朱熹作为典型的性本论者，其说以性气关系为主。日本学者佐藤一斋（1772—1859）也是性本论者，而从性气立论。① 性本论严格说来包含对性善论的批评，至少是一种校正。虽然李翱及理学家均对孟子性善论高度肯定，但是他们将恶归之于人性的其他成分，如情、气（气质）等，也就是说他们承认人性中有恶，因而与孟子本人思路有区别。同样的情况也存在于王夫之、孙星衍、康有为等人那里。

　　大约从明代开始，学者们开始对性本论发起挑战。先是陈白沙、王阳明皆对情有所肯定，接着刘宗周、黄宗羲对情的重要性进一步提升。直至后来，由阳明后学催生出所谓"情欲觉醒"，甚至"情欲解放"潮流，似乎由性本论回到了情本论（冯达文，2001；林月惠，2004；李明辉，2008：126-158；齐婉先，2014）。而在同时，朝鲜学者则通过对四端七情关系、人性物性关系的讨论，对朱子的性本论有了批判的反思，尽管并未以对之发起挑战的方式进行（崔英辰，2008：186-197，234-332；李明辉，2008：159-279；杨祖汉，2008；李甦平，2009：254-371。原始材料参李甦平，2009：598-716；李明辉，2008：280-367）。另一方面，明代以来，从罗钦顺（1465—1547）、湛若水（1466—1560）、王廷相（1474—1544）、吴廷

---

① 佐藤《言志录》（1813年以下）称："性同而质异。质异，教之所由设也。性同，教之所由立也"（井上哲次郎，1901a：21），"形质相似者，气性亦相类。人与物皆然"（页35）。

翰（1491—1559）、王夫之直到清初陈确、颜元、李塨、戴震等人，均对宋儒义理/气质之分展开了激烈批判，出现了气本论（参宇同，1958：64-86，95-105；姜国柱，1997：535-591；李存山，2008：182-186；马渊昌也，2008；刘又铭，2008）。气本论在日本和朝鲜也有重大发展。在朝鲜，形成了与"主理派"相对立的"主气派"（崔英辰，2008：102-118）。日本古学派学者山鹿素行、伊藤仁斋、伊藤东涯、荻生徂徕、太宰春台等均反对天命与气质二分说，而倡气本论。

以中国而论，发展到清代，特别是到了陈确、戴震、程瑶田、焦循乃至凌廷堪、宋翔凤、阮元等人那里，传统的性本论已全面瓦解，情本论、气本论汇合一处，形成了清代独有的才情说，即从情、才、气角度论性善的思路。下面重点分析。大抵来说，陈确、颜元、戴震以来的才情说，我认为在为性善论辩护方面提出了如下几种有代表性的观点：

首先，性与情、才、气乃是一体两面，不可分割。因此，性之善恶与情、才、气之善恶不可分。不可以孤立地说性为善，而情、才、气为恶。因为性是通过情、才、气来表现自身的。这一观点最早或可追溯到刘向的"性情相应"说①、荀悦的"情本乎性"说②以及王安石（2017：1219）的"性情相须"说，其核心在于认为性、情一体，性之善恶体现于情之善恶。③陈确（1979：451-452）在《气情才辨》中说：

> 一性也，推本言之曰天命，推广言之曰气、情、才，岂有二哉！由性之流露而言谓之情，由性之运用而言谓之才，由性之充周而言谓之气，一而已矣。

---

① 荀悦《申鉴·杂言下》："刘向曰：'性情相应，性不独善，情不独恶。'"此说反对性主善、情主恶，而主张性、情皆有善恶，荀悦称之，然并非为性善辩护。
② 《申鉴·杂言下》："好恶者，性之取舍也。实见于外，故谓之情尔，必本乎性矣。"
③ 宋翔凤（2005：2009）《论语说义（九）》称："情性一理，情自性出。观其既发，则性已有恶；发皆中节，则能性其情"，"察动静阴阳情性之际而善恶之理明矣"；"《易》之乾元即谓性善，坤元即谓性恶"；"言性善者，推本之论也"，"言性恶者，后起之议也。"据此宋翔凤虽亦以未发、已发区分性情，但既谓情本于性、情性一理，则必不能否定性有恶，故曰"观其既发，则性已有恶"，尽管他强调言性善为推本之论，这与陈确、颜元等为性善辩护不同，而与汉人相近。

第四章 古今学者对性善论的解释：模式与判断

颜元（1987: 27）亦指出：

> 非情、才无以见性，非气质无所为情、才，即无所为性。是情非他，即性之见也；才非他，即性之能也；气质非他，即性、情、才之气质也；一理而异其名也。

其次，性善借情、才、气（质）之善而明，不是性为善，情/才/气为恶。我们知道，无论是刘向、荀悦，还是王安石，其性情一体说均非为性善论辩护，毋宁说他们对性善论是持批评态度的，而刘、荀是主张性、情皆有善有恶。清儒则不然，陈确、颜元、戴震等人皆赞同孟子，欲为性善论辩护。他们反对的对象是程朱理学家本然之性为善、气质之性有恶的观点。陈确说：

> 《中庸》以喜怒哀乐明性之中和，孟子以恻隐、羞恶、辞让、是非明性之善，皆就气、情、才言之。气、情、才皆善，而性之无不善，乃可知也。孟子曰"形色天性也"，而况才、情、气质乎！气、情、才而云非性，则所谓性，竟是何物？（陈确，1979: 453-454）
>
> 情、才、气有不善，则性之有不善，不待言矣。是阴为邪说者立帜也，而可乎？（页 452）
>
> 舍情、才之善，又何以明性之善耶？（页 453）

王夫之、颜元皆以气善说性善。王夫之（2011a: 963）《读四书大全说》称，"孟子即于形而下处见形而上之理，则形色皆灵，全乎天道之诚，而不善者在形色之外"；"孟子说性，是天性。程子说性，是己性，故气禀亦得谓之性"，并谓孟子将人之生理、生气、生形、生色"一切都归之于天"，故曰"形色天性"。正因为人的一切生自天，故无不善。"只是天生人，便唤作人，便唤作人之性"（页961）；"人之性只是理之善，是以气之善；天之道惟其气之善，是以理之善"（页1054）。王夫之又批评程子将气与性割裂为二，"程子以形而下之器为载道之具，若杯之盛水……盖使气禀若杯，性若水，则判然两物而不相知"（页963）。颜元则称：

> 性善而气质有恶，譬则树矣，是谓内之神理属柳而外之枝干乃为槐也。（颜元，1987：27）
>
> 将天地予人至尊至贵至有用之气质，反似为性之累者然。不知若无气质，理将安附？且去此气质，则性反为两间无作用之虚理矣。（页3）
>
> 若谓气恶，则理亦恶，若谓理善，则气亦善。盖气即理之气，理即气之理，乌得谓理纯一善而气质偏有恶哉！（页1）

程瑶田、唐文治则以情善说性善，而程氏亦以情属之气质。按照程瑶田的一种说法，孟子所谓性善，是由情善验性善：

> 性善不可验，以情验之，人人皆有可自验者也。（程瑶田，2008：41）
>
> 性善，情无不善也。情之有不善者，不诚意之过也。……情者，感物以写其性者也，无为而无不为，自然而出，发若机括，有善而已矣。（页47）
>
> 仁义礼智之性，其端见于恻隐、羞恶、辞让、是非之情者，虽下愚之人，未尝不皆有也。由是言之，孟子"性善"之说，以情验性之指，正孔子"性相近"之义疏矣。（页36）

程瑶田（2008：49）以喜、怒、哀、乐、好、恶六者为情之用，以恻隐、羞恶、辞让、是非四端为情之体。他认为，情之发而不中节而有恶，"意主张之"，即诚意不够，"岂情之有不善哉！"（页50）"'若夫为不善'，乃其后之变态，非其情动之初、本然之才便如此也。"（页34）"情则沛然流于所性，亦有善而无恶。"（页50）

唐文治亦持类似说法，他批评许慎性善情恶说：

> 孟子释性善，不过曰："乃若其情，则可以为善矣。"可见性必发于情，而后为至善。人自喜怒哀乐发皆中节，推而至于位天地、育万物，情而已矣。文王之发政施仁，孔子之老安少怀，情而已矣。无情岂可以为人？性是虚，情是实，性之发即为情，故吾人既尊言性，又当言

情。"(《孟子大义》。唐文治，2016：726-727）

其三，与上述分别以气、情等分言性善不同，清儒亦将气、情、知、心合而言性善，于是性善即此情、气、知、心等所构成的"血气心知之性"作为一体之善，本章称之为才善说。此一观点戴震阐之尤明。戴震论性，借《乐记》"血气心知"述其内容：

> 性者，分于阴阳五行以为血气、心知、品物，区以别焉，举凡既生以后所有之事，所具之能，所全之德，咸以是为其本，故《易》曰："成之者性也。"（戴震，1982：25）
> 孟子矢口言之，无非血气心知之性。（页30）

"血气心知之性"的成分，据戴震自己的说法包括情、欲、知这三者：

> 人生而后有欲有情有知，三者血气心知之自然也。（页40）

由此可见，戴震所谓血气心知之性，亦可谓才质（又作"材质"）之性。不过这是从广义上而言的才质。狭义的才质指躯体，广义的才质则包含血气、心知，即同时包含知、情、欲。性与才（质）关系在戴震处十分紧密：

> 才质者，性之所呈也。舍才质安睹所谓性哉？（戴震，1982：39）
> 言才则性见，言性则才见，才于性无所增损故也。（页41）

正因如此，孟子所谓性善，当指才质之善：

> "孟子道性善"，成是性斯为是才，性善则才亦美。（戴震，1982：42）
> 孟子所谓性，所谓才，皆言乎气禀而已矣。（页39）
> 惟不离材质以为言，始确然可以断人之性善。（页182）

具体来说，他认为"人之材质得于天，若是其全也"（戴震，1982：182），"人之材质良，其本然之德违焉而后不善"（页183）。

此外，陈确（1979：442）以气、情、才合而证性善，谓"孟子明言气情才皆善，以证性无不善"；程瑶田（2008：38，39）从质、形、气合而论性善，称"人之所以异于物者，异于其质、形、气而已矣"，"后世惑于释氏之说，遂欲超乎质、形、气以言性，而不知惟质、形、气之成于人者，始无不善之性也"。陈确、程瑶田与戴震思路可以说非常相近。

最后，才情说另一特点，是将性善解释为人禽之别，即人之性高于动物、高于万物。这是因为它视人性为一情、才、气、心的统一体，是"血气心知"之体。既然如此，人性中种种恶的存在如何解释而不违反性善之旨呢？只有从人与禽兽、万物的比较出发才比较好解释。所以，同样秉持才情说的李景林与清儒不同，更重视性本善思路，认为孟子"围绕'才'这一概念来说明仁义礼智诸道德规定先天内在于人的情感实存，揭示出善在人性中的先天内容与存在的根据"（李景林，2021：15）。

八、总体说

当代学者何怀宏（2017：108）认为，性善论、性恶论、性善恶混论以及性三品说均了解人性并非白板，"它们的不同仅在于是从什么角度看，是强调哪种可能性大"。人性可能既有善端、又有恶端，但我们不能"仅描述事实"，而是要问"究竟是人的善端超过恶端，还是恶端超过善端呢？"（页109）他认为这才是决定是否要坚持人性善的主要原因。总之，人性论并不是仅仅告诉我们人性中善和恶的存在，而是要"提出一种对人性的基本因素或主要倾向的解释"（页109），"争论性善性恶实际上也就是争论人们与生俱来时是带有更大的向善的可能性还是向恶的可能性"（页107）。那么如何来证明善的可能性大呢？他认为，孟子所举的孺子入井例子中，"这一当时的不忍与事后的不安足可以证明人的善念超过恶念，善端超过恶端"（页106）。他举的另一个例子是假设一个人同时得到两宗财产，一宗途径正当，另一宗不正当，"他对两宗财产的心理态度还是会不一样"，其中包括使用两宗财产时内心的自在、安宁程度会有不同（页106）。他由此得出结论说：

第四章 古今学者对性善论的解释：模式与判断

> 在整个人类那里，我们更可以看到，善意与恶意并不是相互平衡的，人的向善的可能性超过向恶的可能性。人的善念超过恶念，而这一超过哪怕只是轻微的一点，也就像天平一端的砝码超过另一端的砝码一样，使人类的生活和世界的历史决定性地摆向一边。如果说这就表明了人性善的话，我们就在这一点上言性善，它丝毫不高远，也不玄妙，但同样鼓舞我们对人类道德的自信心——一种恰如其分的自信心。（何怀宏，2017：106）

何怀宏的观点大家未必都接受，但我认为可以说明本章所谓的总体说，即从人性总体面貌来为性善论辩护。何的上述观点无疑是总体说中最容易理解的一例。

今天大多数人都会认为，人性中有善也有恶，事实上古人通常也是这么认为的。那么，既然如此，如果有人仍然持人性善，可能是因为在他看来，相对于人性中恶的成分而言，善的成分为主。不过什么叫"为主"？各家说法不同，我们可能猜想如下几种可能：一种可能是，善的成分占主导地位；另一种可能是，善的成分最终获胜；再一种可能是，善的成分才反映人的根本需要；还有一种可能，善的成分才代表人性的总体需要；还有没有其他的可能？当然更重要的是，这些说法是否真的成立？人们不能不加以检讨。我在这里只是辨析总体说，作为对孟子性善论的一种辩护，其逻辑基础究竟是什么。总体说与人禽说一样重视孟子的大小体之说，但人禽说是从人性与动物性之别立论，而总体说是从人性内部各成分的关系立论。

总体说承认人性中有恶，但认为善恶在人性中所处位置、层次、作用不同，并认为将人性作一总体来看，会发现善的成分、位置、层次、作用更大或更有优势。从这个角度看，本原说、本体说甚至向善说严格说来都是一种总体说，不过我在这里是从与此三说区别的意义上讨论总体说的。总体说的最大特点是强调从总体特点而不是局部特性看人性。比如从局部看，人性中有种种感官欲望；但按照总体说，我们要看在人性的所有成分中,感官欲望占什么比重,人性的总体欲望是什么。

下面我们看到,历史上类似地从总体说为性善论辩护的人并不少。我们重点列举陆世仪、伊藤仁斋、伊藤东涯、刘殿爵、葛瑞汉等几个例子来说明,可以发现,他们虽都从总体说为性善辩护,但立论逻辑却不尽相同。

首先,清儒陆世仪(1611—1672)在《思辨录辑要·人道类》载其对人性善恶的主张,与"有性善有性不善及善恶混"之说的差别在于"立意主客不同耳",孔子本意"善是个主,恶是个客"(陆世仪,2016:339)。陆氏之意以为,人性虽然有善有恶,但善恶一主一客,相去甚远,不可同等位置视之。此当为总体说。那么究竟主、客是什么意思呢?作者似乎未交代清楚,我们来看其他学者的说法。

日本古学派学者伊藤仁斋(1627—1705)的观点似乎也类于陆世仪,认为性善不是不承认人性中有恶,而是指出人性中虽有恶,但善才是其究极。其《语孟字义》卷之上"性"条如是说:

> 有善有恶者其常,而推至于其极焉,则必归于善而止。何也?人之性有刚柔善恶之不同,夫人能识之,不待贤者而后知焉。若杨之善恶混,韩之有三品之说,是也。然非究而论之者。虽盗贼之至不善,然乍见孺子之将入于井,必有怵惕恻隐之心。人有嗜欲,可以受呼尔之食,可以搂东家之处子,然必有羞恶之心,为之阻隔,不敢纵其贪心,非性之善,岂能然乎?是孟子论性善之本原也。(井上哲次郎,1901b:35)

人性中有善有恶固其常,性善论者并非不知此,就此而言扬雄之说有其合理性。但为何仍主性善呢?他说这是性善说触及的才是性之"本原"、是究极之论。所谓"本原"、究极之论是什么意思,他举的例子是,见孺子入井,虽盗贼也有恻隐之心,与上述何怀宏所举例子一样。但孺子入井之例只是一例,最多只能证明人有善端,何以证明善才是人性的本原或究极呢?仁斋显然对此语焉不详,我们来看他的儿子伊藤东涯是如何阐述其父立场的。下面是东涯在《经史八论》中"古今言性异同"条所载:

第四章 古今学者对性善论的解释：模式与判断

或曰：世之所谓性也，昏明善恶，固其所有，孟子何以偏决之于善邪？

曰：夫物必比而观之，以知其异；合而见之，以知其同；极其所至，以观其定，然后物无遁情矣。何也？……分而观之，则亿兆之众，生禀之差，昏明刚柔，智愚贤不肖之不同，似乎不可概而谓之善。通而验之，则天下之好恶一也，万世之是非亦一也。非性之一于善，亦岂能然乎？平居无事，操舍存亡，可以为善，可以为不善，易于流恶，而难于进善，亦疑于可以为善。及其生死决乎前，利害迫于后，而不肯受嗟来之食，甘尔汝之言，非善之根于性，亦岂能然乎？于是乎，孟子之言信矣。

（关仪一郎，1931：3-4）

伊藤东涯用"合而见之""通而验之"以及"极其所至，观其所定"等说明人性中虽有恶，但终究是善的。他所举的例子与仁藤有别，以人在生死关头的抉择，特别是嗟来之食面前的态度来说明，善是人性中更加根本的力量，"非善之根于性，亦岂能然乎？"然而，这一说法仍有疑问。生死关头并不是人人都选择善，嗟来之食亦非人人都拒绝。当然，我们可以说，人人都景仰舍生取义，人人都厌恶嗟来之食。但这些最多可以证明人性有善，而未必证明人性是善。仁斋、东涯将人性中善恶成分合而观之，以证明善为根本，在逻辑上似难成立。但由于他们所举的例子均来自《孟子》，不排除他们发现了孟子当初相信人性善的部分原因。

相比之下，刘殿爵和葛瑞汉似乎提出了更有力地证明人性中善的成分为主的论证。刘殿爵（Lau，1970：16）指出，中国人没有西方人把人性两分为灵魂、肉体之说，而是把人性当作一有机总体，在其中有心与身（感官）之间的关系。在孟子看来，人是一个完整有机的总体（an organic whole）；在这一总体中，各部分之间构成某种复杂的结构；其中有的部分高级，有的部分低级。那些只关心口腹之需的人，就是搞错了高低级之间的关系。但是那些对各部分关系处理得当的人，则会让各部分都得到完满的发展，所以才会"睟面盎背、施于四体"(《尽心上》7A21),"惟圣人为能践形"(《尽心上》7A38)。刘强调,在中国人看来,心与感官(身)之间要相互协调、彼此和谐、各得其宜。只有存心、养心,处理好心与身的关系,才能从总体上适合于人的健康成长。总之,处理得当的人,也会同时兼顾到那些低级的部分,让人作为这个有机的总体各部分得以和谐、全面发展。这是一种总体观。当然,刘并没有说孟子主性善,是因为人性总体上遵循此成长法则(只有为善才能让各部分和谐、完满发展的法则)。相反,他说孟子的性善论的立论依据是人有高于禽兽的仁义礼智之心。所以刘氏也把性善论建立于心善说和人禽说之上。

葛瑞汉(Graham, 1986: 40, etc.)则借助于孟子的大体、小体之说提出另一种总体说,认为人性既有感性的本能倾向,也有道德的倾向。人的道德倾向与感性欲望有时未必冲突,但有时会相互冲突。当发现冲突时该怎么办呢?孟子不可能不知道人性的内在复杂性和矛盾性,他认为人需要把这些不同的倾向放在一起,作为一个整体来面对,作出正确的取舍,才是合乎人性的。他认为孟子关于大体小体及相关的说法,就是旨在说明有时不得不进行取舍,而进行取舍的标准就在于怎样才能更好地实现生命应有的潜能,唯此才能真正合乎人性。

葛瑞汉在解释孟子人性论时,强调人的各种自然倾向(natural inclinations)可能相互冲突,特别是生理欲望与道德愿望(都是自然倾向)可能冲突,所以孟子主张舍小体、从大体,正是把人的各种自然倾向作为一个整体来权衡的结果,因此顺人之性(to follow one's nature)并不一定意味着服从生理欲望(Graham, 1986: 40-41)。[①]打个比方,食色等感性欲

[①] 他说,"Our natural inclinations, moral and physical, belong to one whole, within which we prefer the major to the minor as we judge between the members of the body... When we reject the minor for the major desire we accord with our nature as a whole." (Graham, 1986: 40) "Mencius holds that we can develop the full potentialities of the human constitution only if the mind is continually active, judging the relative importance of our various appetites and moral impulses. To follow one's nature is not (as it must be as Hsün-tzǔ used the term *hsing*) a matter of surrendering to natural inclination, even to the most disinterested impulse." (p.41)

望本来是人的自然属性，可看作出于人性；但过度沉溺其中则无益于人体健康，让人短命。因此，感性欲望与长寿欲望相冲突。当两者相冲突时，需要为后者而牺牲前者，才能从总体上真正合乎人性。同样的道理，人的感性欲望与道德倾向（moral inclinations, incipient moral impulses）之间有时也相互冲突，这时同样需要为后者牺牲前者，才真正从总体上合乎人性（pp.39-40）。他说：

> 为了顺性而活（live according to our nature），有必要对各种相互对立的欲望加以权衡，并根据它们是有利还是有害于实现我们自然具有的寿命潜能来评判它们。（Graham，1986：40）

> 我们的自然倾向（natural inclinations），包括道德的和感性的，属于同一个整体，我们在对身体所有这些特性进行评判后选择大的、放弃小的。（p.40）

葛瑞汉的问题我在前面第二章已详述，这里不再具论。

九、成长说①

如果按照通行的理解，把人性理解为人与生俱来的属性，那么我们对于它的内涵既可以从静态来观察，也可以从动态来观察。所谓从静态观察，不是指人在静止不动的时候有何特性（人总是在动的），而是指人作为生命体在正常的、即使不生长的情况下也会体现出来的特性；所谓从动态观察，是指人在成长历程方面的特性。比如食色安佚一类感官属性以及恻隐之心这类道德属性，均是在正常情况下都有的，它们可能是人成长的基础或前提，但不反映人类生命成长的特征。我们是不是可以从生命成长的特征来看人性呢？所谓成长说，我指有一批学者在解释孟子性善论时，提出孟子等人的性概念不是指某种先天地固定的本质，而是指后天发展出来的

---

① 本节所论，本书第一章第六节"生长特性"及第二章，尤其是第三章均有相关论述，内容与前三章有重复处，而重在将此说细分为六方面展开。

生命成长的方式或特性，孟子正是基于这种性概念而倡性善。

从广义上讲，人的所有特性均是在成长过程中体现出来的，正如戴震所说：

> 如桃杏之性，全于核中之白，形色臭味，无一弗具，而无可见，及萌芽甲拆，根干枝叶，桃与杏各殊；由是为华为实，形色臭味无不区以别者，虽性则然，皆据才见之耳。成是性，斯为是才。别而言之，曰命，曰性，曰才，合而言之，是谓天性。故孟子曰："形色，天性也，惟圣人然而可以践形。"（戴震，1982：39-40）

一方面，人物"形色各殊"，是由于"成性不同"（戴震，1982：40）；但另一方面，性亦不是独立于才、脱离于成长过程的孤立存在。性正是通过才的成长过程而呈现其存在的。如何通过成长过程认识其性呢？不难发现，并不是所有的植物都得到了恰当的成长，受制于阳光雨露、营养环境，还受制于人为砍伐。同样一棵树苗，有的长成参天大树，有的长成矮弱小枝，甚至中途夭折。我们说，一棵树苗没长成参天大树，甚至中途夭折，是没有"尽其性"（《中庸》），用孟子的话就是没有"践形"（《尽心下》7A38）、"不能尽其才"（《告子上》6A6）。这就是说，树的成长有它的规律、法则，一旦违背，就会导致枯萎、病弱甚至死亡。这些能反映树健康成长的法则，我们称之为成长法则或成长特性。

不仅植物有成长法则，一切生命都有成长法则和成长特性。人当然也不例外，人类生命健全成长的法则当然也是人性的一部分，体现了人的成长特性。人与动植物最大的不同，是其成长过程是由主观意志即古人所谓心来主导的，因此人的成长特性与动植物有很大不同。比如人如果欲望太强，可能损害健康；如果太自私，可能扭曲人格。在这种情况下，我们可以借用《孟子》《中庸》的话说未能"践形""尽性"。显然，从不同角度，人性的内容是完全不同的。比如我们说追求食、色体现了人性的基本属性，但从成长特性看，食、色之欲未必合适，至少必须加以节制才符合人的成长特性。从这个角度我们可以说，孟子所倡导的"存心""尽心""养

第四章 古今学者对性善论的解释：模式与判断

心""寡欲""养性"等说法，均体现了他对人类生命成长特性的认识，这跟孟子提出性善论有没有关系呢？是否可以说，孟子主张性善，至少部分地与他认为人的生命成长特性体现了善有关呢？历史上从成长特性看性善的观点，本章称为成长说。

下面我们想从这样几个方面来总结一下成长说。（1）对性概念的重新认识，主要是唐君毅和葛瑞汉所做的工作；（2）功夫说：认为性善要通过修养功夫才能被认识，以陈确为代表；（3）潜能说：主张性善是指人有为善的潜能，而不是由于四端本身；（4）成性说：主张性善通过人性知、情、意总体呈现，主要是李景林所持；（5）法则说：主张性善指为善可使生命辉煌灿烂，是我所提。

1. 对性概念的重新认识

成长说的共同特点是反对把性善解释为性本善，认为人的良心本心或四端之心并不足以证明性善，性善一定需要通过生命成长过程来展现。

在1968年版的《中国哲学原论·原性篇》中，唐君毅（1968：10）对中国古代的性概念提出自己的独特理解。首先，他认为："中国古代之言性乃就一具体之存在之有生，而言其有性"；"因中国之语言中，吾人可说一物有生即有性。……是即见中国之所谓性字，乃直就一具体之存在之有生，而言其有性。"（页10）此种说法，是为了引出下面作者所强调的对于"性"之义的基本理解，而与很多人不同之处，即性乃生命成长之特征义。

其次，正由于"性"由"生"来，他强调中国古代人所理解的"性"就是针对生命生长过程之特征，特别是其方向而言，而不把"性"理解为性质、性相——如圆物有圆性、方物有方性之类——后者乃是后起之义。唐君毅云：

> 一具体之生命在生长变化发展中，而其生长变化发展，必有所向。此所向之所在，即其生命之性之所在。此盖中国古代之生字所以能涵具性之义，而进一步更有单独之性之原始。（唐君毅，1968：9）
>
> 性之谓性之涵义中，同时包涵生之为一有所向之一历程之义。此

有所向之一历程，即其现在之存在，向于其继起之存在，而欲引生此继起之存在之一历程。（页17）

　　克就人或事物之本质，而观其有一趋向于表现之几，或观一潜隐之本质之原有一化为现实、或现实化之理，乃以"现在之人或事物之由其体性、与现在之如此然"，而正趋向于一将如彼"然"之"几"或"理"，而谓之性。此可称为一始终内外之交之中性，贯乎人或事物之已生者与未生者之当前的"生生之性"。（页511）

　　他举例说，草木生长的特性之一就是能开花结果，但我们不可能从草木初生时直接发现此特性，而可能说开花、结果是其生长发展的可能性。纵使我们事先不知道有此可能性，也不能说其没有此性。"一物生，则生自有所向，即有性。然吾人却尽可不知其向者为何。"（唐君毅，1968：10）

　　与唐先生同年，英国著名汉学家葛瑞汉根据对《左传》《庄子》《淮南子》等的研读，得出先秦时期诸子所使用的"性"字的一个重要含义，是它代表恰当的生命过程或生活方式。下面是他论文中用来描述先秦性概念含义的一些句子：

　　　　生命之恰当的成长过程。（Graham，1986：10）
　　　　生命保持健康活力的过程。（p.12）
　　　　恰当的特别是有益于健康和长寿的生命历程。（p.10）
　　　　生命在不受伤害和营养充足条件下的成长方式。（p.15）
　　　　性是人民合适的生活过程，或者用现代话说，有水准的生活。（p.11）
　　　　生物之"性"通常被理解为它在不受伤害和营养充足的条件下生老病死的方式。（p.28）
　　　　性与生的区别仅在于，某一特定事物之性就是它的生命按照合适的方式发展；或者说，区别在于过程本身。（p.26）
　　　　事物在不受伤害且营养充足的情况下自发的、充分实现潜能的成长。（p.8）

走向成熟的成长过程。（p.8，针对孟子）

注重上述表述中"恰当的"（proper）一词最为重要，代表一种适合于它的生活方式，即对生命的生长、发育、繁荣有益。比如杨朱学派及道家（如庄子）把健康、快乐和长寿当作"合乎性"的生活，在杨朱、道家等学派看来，"性"就是在不受伤害、营养充足的条件下所过的合适的生活，包括身体健康、官能齐全、终老天年等（Graham，1986：10）。

尽管无论是唐君毅还是葛瑞汉，在论证孟子性善论时，都没有严格应用他们在这里所坚持的作为成长特性的性概念之义，我们还是认为，他们对先秦性概念含义的揭示极端重要，对于我们下面所讲的成长说具有奠基意义。

2. 功夫说

最早明确提出这一思路的可能是陈确（字乾初，1604—1677）。他认为，孟子所谓性善，是指人人皆可以通过修炼（包括《中庸》戒慎恐惧之功）成全自己，好比谷子非要经过风霜和季节才能成长，谷子长成，就是"成其性""尽其性"。"尽其性"是指让其充分、全面、尽情地长成自己应有的样子，即"各正性命"（类似于葛瑞汉把性解读为事物在营养充足、不受伤害的情况下所获得的充分生长，引申义为：人性之善在于其道德潜能也需要充足展示才能成其性）（陈确，1979：447-451）。因此，他坚决反对把"性善"解释为至生物之初的所谓本体、本原中来寻找。《性解》曰：

涵养熟而后君子之性全。（陈确，1979：448）

物成然后性正，人成然后性全。（页449）

"尽其心者知其性也"之一言，是孟子道性善本旨。盖人性无不善，于扩充尽才后见之也。如五谷之性，不艺植，不耘籽，何以知其种之美耶？故尝谆谆教人存心，求放心，充无欲害人之心，无穿窬之心，有所不忍，达之于其所忍，有所不为，达之于其所为，老老幼幼，以及人之老幼，诵尧之言，行尧之行，忧之如何，如舜而已之类，不一言而足。学者果若此其尽心，则性善复何疑哉！（页447）

陈认为，性之善必须借后天成之的过程来呈现，"盖人性无不善，于扩充尽才后见之也"。他由此激烈批评宋儒从"人生而静"以上的性之本体来讨论性善，实为佛老之说：

> 荀、杨语性，已是下愚不移。宋儒又强分个天地之性、气质之性，谓气情才皆非本性，皆有不善，另有性善之本体，在"人生而静"以上，奚啻西来幻指！（陈确，1979：451）

因此按照陈确的观点，性善的原因不在于某种天生的本原、本体，而在于后天的成长过程。

3. 潜能说

葛瑞汉曾经进一步把"性"理解为生命成长的趋势、方向或潜能，他说：

> 我们可以根据自己的意愿把"性"理解为趋势、方向、途径、规范或潜能（tendency, direction, path, norm, potentiality）。（Graham，1986：15）
> 认识人性就是充分地认识人的构成中的全部潜能，无论是寿命方面的还是道德方面的。（p.42）

葛瑞汉的这一观点，得到万百安（Bryan W. Van Norden，2007：225）的进一步发展。他的大意是，孟子通过思想实验（孺子入井、乞人拒食等例）来说明，每个人都有与生俱来的道德萌芽（sprouts），也即道德倾向，强调这说明人有实现道德的潜力，所以人能够、也应当充分实现这一潜力。他认为四端之"端"当指萌芽，而不是"绪"（tip or endpoint，末梢或末端）。他把"才"翻译成 potential，意在强调人有实现道德的"潜能"。由此他特别重视《孟子·告子上》6A6，并将"乃若其情，则可以为善矣，乃所谓善也。若人为不善，非才之罪也"翻译如下：

> Mengzi said, "As for what they genuinely are (*qing*), they can become good. This is what I mean by calling it good. As for their becoming not

good, this is not the fault of their potential." (Van Nordem, 2007: 225)①

他把"情"理解为实情(what they genuinely are),认为这章证明孟子所言性善是指人有为善的潜能(potential)。他这样总结自己的观点说:

> 综而言之,(至少有些)事物有代表其实际情况或其"真实存在"(what they "genuinely are")——而不是其表面现象——的特征。对于生命来说,这包括事物在良好环境中发展自身的潜力(potential,才)。通过实现这一潜力(即性,或某类事物的 nature)而展现的生命过程和特征,提供了何为"善"的标准,或评价一类事物的"规范"。因此,当孟子说"仁者,人也"时,他提示,作为人之为人的一部分内容,人具有实现完满德性的潜力,他能够且应当实现这一德性。(Van Nordem, 2007: 225)

据此,性善就是指人有实现完满德性的潜力,这就是人之"情"("乃若其情")。善的标准不在于最初的道德萌芽(四端),而在于这一萌芽所代表的道德潜力,拥有这一潜力就是人之实情,人能够且应当实现它。"孟子主张……每个人(除了牛山之外)都有变得有德性的积极潜力,不管是幽厉这样的暴君在位还是尧舜这样的圣王在位,都是如此。"(Van Nordem, 2007: 225-226)但是,要注意,"当孟子谈到人有为善或'若其情'的潜力时,他指的是[道德]萌芽,它们是走向德性的内在而积极的倾向(innate and active tendencies)"(p.226)。据此可知,作者主要是从人有道德潜力的角度理解性善论。从作者在"潜力"后面以括弧注曰:"性,或某类事物的'本质'(nature)"(p.225),可知作者把性解读为为善的潜力。由于作者讲善端,关注的是最终成就德性的潜力,故与善端说有别。

4. 成性说②

当代学者李景林对孟子性善论的理解与陈确之说极为相似,他与特别

---

① 英文可中译如下:"孟子说,'如果他们能真正地如其所是,他们就会变善。这就是我所谓善。至于变得不善,这并非由于他们缺少[变善的]潜能。'"
② 本节可与本书第三章第一节论李景林的部分参照阅读。

重视《系辞》"继善成性"说的意义。他批评今人受西方哲学影响，对人性客观地加以分析，分出其社会、生物、心理、宗教等方面的特征，"这种共时性静态的考察方式，由于缺乏具有历时性或历史性的意味而丧失了心灵的诗意和个体生活的丰富性"（李景林，2009：6）。相比于西方，

> 儒学理解人或人性的方式与此大为不同。从内容上讲，它不把人看作一个静态的、客观的、现成设定的分析对象；从表述形式上讲，它亦不取抽象定义的方式来表达人性的内涵。（李景林，2009：7）

李景林认为儒家对性的理解有三句概括性的话：一是"乾道变化，各正性命"（《易·乾·彖》），二是"性相近也，习相远也"《论语·阳货》，三是"成之者性"《易·系辞上》。第一句是落实于个体生命，第二是讲"类"的共性，也非静态的说法。

他认为"孔孟理解人、理解人性的方式""着眼于过程性、活动性"，"在动态的、历时性的展开、生成中显现其整体性内涵"（李景林，2009：7），所以他特别重视《易·系辞上》"一阴一阳之谓道，继之善也，成之者性也"及"成性存在，道义之门"来论孔孟之性概念：

> 存存，就是生生不已的存在之展开。"成性"，也就是在生生不已的存在之展开过程中实现及其完成的过程性在其中。（李景林，2009：8）

按照这一思路，他把《中庸》中"自诚明谓之性"解释为活得真实才符合其性（诚者，实也）。诚之就是成性的过程，也是显现那个"性之德"的过程（李景林，2009：9）。

他还认为"四端之情"代表人的自然生物属性，从其与道德伦理规定的联系出发，强调孟子思想中形色之性与道德之性二者是不分的，或者说道德属性是由形色之性内在地具有的，唯此才能理解仁义内在（此说可联系戴震、颜元等人反对理气二分，理乃气之理）。而且，性并不是一个既成的事实，而是通过生物本性体现其道德属性这一总体过程，唯此方能让性实现或呈现自身。从"形色天性"到"践形"，并不仅仅是生物属性的

展示，同时也是道德属性的实现，是道德价值在生理过程中的展现，故有"仁义礼智根于心，其生色，睟然现于面，盎于背，施于四体"（《尽心上》7A21）之说，性正是在这一动态过程中完整地实现其自身、显现其自身的。所以他特别强调感官生物属性与道德属性的不可分，提示人们认识到了孟子对于二者在动态的一体关系中共同构成了人成为人的过程。他认为，认识到仁义礼智内在于人性还不够，还应该认识到"仁义、善之道德伦理成就，乃性之显现或完成"（李景林，2009：209）。

5. 法则说

我在本书中提出另一种成长说来解释孟子性善论（参本书第三章），认为孟子性善论的重要含义之一在于说明为善能让人性变得辉煌灿烂，即孟子发现为善符合生命健全成长的法则。性善论的立论基础在于：只有向善的方向成长，生命才能健全成长；人当然可以不向善的方向发展，但代价是导致人性的扭曲。这一生命成长的法则不是后天人为造就出来的，而是先天地形成的。我认为，孟子已经有意无意地从恰当的生存方式或成长法则角度来使用"性"字，孟子的"性"概念包含先天地决定的生存方式或成长法则这一重要含义，而性善论的主要依据之一是指孟子发现了生命健全成长的一条法则——为善能使生命辉煌灿烂。是否承认成长法则是先天的，似乎成为我与安乐哲、江文思等人思想区别的要点，而在这方面我的观点似与葛瑞汉更接近。

在上面总共九种观点中，我们容易发现三个重要特点：一是心善说、人禽说者主张者最多。二是往往同一个人同时主张上述几种，本体说者基本上都是心善说者，而心善说者同时主张人禽说者甚多。三是有些解释模式彼此能找到重叠之处，比如善端说、向善说、可善说甚至成长说三者共同之处是反对人性本善，认为孟子的本意不是性本善。善端说者往往同时主张可善说，不过本章在概括时尽量予以分开（既已纳入善端说，则不再纳入可善说）。另外，本原说、本体说严格说来均是总体说，为了区别，本章凡纳入此二说者，则不再纳入总体说。此外，本原说、本体说当然也都是建立在人禽之辨上，因而亦可广义地纳入人禽说。不过为了避免重复，本章在人禽说部分不讲此二说。向善说与成长说容易混淆，我在概括向善说时主要限于"心向善"说者，①而成长说注重生命整体成长。本体说和成长说非常不同，但都可以看成一种潜能说，即从人性的潜能出发来理解性之善。另外，成长说包含着对良心说、本原说、本体说的批判，总体说与人禽说判断形成鲜明对照，才情说是基于对本原说、本体说的反叛。

十、性善还是性之善？

"孟子道性善"（《滕文公上》），"人性之善也，犹水之就下也。人无有不善，水无有不下"（《告子上》），这些是孟子对"性善"的基本说法。然而从上面的总结可见，究竟什么是"性善"，古今以来人们提出了很多不同甚至对立的解释。

为了更好地理解上述各种对于孟子性善论的不同解释，我想引入"判断类型"这个概念。我们发现，在上述历代各家对孟子性善论的辩护意见中，都自觉或不自觉地预设了某种类型的判断方式。因此，揭示各家孟子解释中预设的判断方式，对于我们准确理解孟子的性善论或有帮助。比如前面所讲的九种解释，绝大多数情况下都是把"性善"作为一个事实判断，但是"本体说"则似乎把"性善"理解成了价值判断。因为本体说强调人性善并不是基于日常生活经验中的事实状态，而是预设了一种人性状态（理想极致状态）为人性之本质。人禽说也有价值判断特点，这是因为它预设人性之合乎道德的状态为"真正的人性"。又如，多数批评性善论者都把"性善"理解为基于全称判断，但陈澧却认为性善基于特称判断，陈澧并据此对前人对孟子性善论的批判进行了全面反驳。再如，绝大多数解释都把"性善"理解为先天判断，因为人们多认为"性"就是指人的先天属性。但成长说有时强调人性是人的后天特征，性善就是指人可以后天发展出善来；因此成长说可能把"性善"理解为后天判断。不过，按照我的理解，孟子

---

① 张祥龙、陈大齐均主"性向善"，不讲心向善，严格说来应纳入成长说，但考虑第三章已专门讨论张说，故本章未再讨论。张说参张祥龙，2017: 237-238。

的性善论也是指人"先天地"具有的成长法则，所以我的成长说还是出于先天判断。再如，如果人禽说把"性善"建立在比较判断基础上（人性善是基于人与外部事物禽兽的比较），则总体说把"性善"建立在总体判断基础上（人性善是基于人性内部不同成分之间的关系）。

为了厘清问题，我们总结列出如下几组判断：

一是先天判断与后天判断：人性善是指先天已善，还是后天方善；

二是本质判断与属性判断（非本质判断）：人性善是指人性本质上是善的，还是属性上是善的；

三是全称判断与特称判断：人性善是指人的所有属性皆善，还是部分属性为善；

四是比较判断与总体判断：人性善是从人与人之外的动物比较而言，还是从人性内部各部分总体关系而言；

五是价值判断与事实判断：人性善的逻辑基础是事实判断，还是价值判断。

现将上述几类判断的关系罗列如表4-3所示。

表4-3 性善论的两组10种判断

判断 A	判断 B
先天判断：人的先天属性为善	后天判断：人的后天属性为善
本质判断：人的本质属性为善	特征判断：人的现象特征为善
全称判断：人性中所有成分皆善	特称判断：人性中部分为善，不排除有恶
总体判断：从内部总体关系看	比较判断：从外部比较关系看
价值判断：按价值标准看人性善恶	事实判断：按实际状况看人性善恶

下面我们具体分析这些判断类型：[①]

（1）先天判断。首先应当承认，孟子人性善之说，绝大多数学者都认为是一种先天判断，即指人性先天地就是善的。这是由"性"这个词在古

---

① 由于事实判断涵盖上表中价值判断之外的其他所有判断，特征判断涵盖上表中本质判断之外的其他所有判断，因此这两种判断我们不再具体分析。

汉语中的本义决定的,"性"本来就是人先天具有的属性。孟子曾引告子"生之谓性"(《告子上》6A3)一句,其他各家也多有类似说法,如"生之所以然者谓之性"(《荀子·正名》),"性,生而然者也"(《论衡·本性篇》引刘向语),"不事而自然谓之性"(《荀子·正名》),"天命之谓性"(《中庸》)。一般学者都认为孟子"我固有之"(6A6)、"心之所同然"(6A7)、"根于心"(7A21)等一系列说法,说明孟子认为人性先天地存在善的成分。因此,后世各家在解释性善论时,基本上都预设了孟子的"人性善"是一种先天判断。然而,前面我们看到,如今也有不少学者不承认这一点(安乐哲、江文思、杨泽波)。

（2）本质判断。这是后世学者解释孟子性善论时常有的一种看法,即认为人性善是指"人性本质上是善的"。我曾在本书导论及第一章第一节中指出,这一看法完全违背了孟子的本意。一方面,《孟子》中未使用过"性本善"之说,只出现过了三次"性善"(《滕文公上》1次,《告子上》2次)。另一方面,后人(从秦汉时起)虽有"本性"之说,但是古汉语中的"本"不是指"本质",而是指原初或根本。古汉语中无"本质"(essence)一词。从这个角度讲,葛瑞汉、安乐哲、江文思等人批判用西方本质主义思维来理解中国古代人性论是有道理的。

现代汉语中的"本质"一词来源于西方哲学,据我考证有如下数义:a. 是个体所以为个体之要素,即 to be what it is(亚里士多德);b. 是一切属性之根源(本体与属性相对);c. 永恒不变,与变化不定相对(本质与表象相对);d. 独一无二,与多样相对(一与多相对)(Aristotle,1941:786-787;亚里士多德,1959:129-130;方朝晖,2022:61-62)。从这个角度看,孟子人性善应当不是本质判断。安乐哲、江文思等人强调,把性善论解释为"人性本质上是善的",乃是西方本质主义的产物,与中国古代思想无关,也是对孟子的无知。

但是,宋明以来,人们从《周易·系辞上》"一阴一阳谓之道,继之善也,成之者性也"出发解孟子,似乎涉及了本质判断。例如,王夫之据《易·系辞上》"一阴一阳、继善成性"之说,称"性之本体"即是阴阳之道,性与天之元、亨、利、贞同体，而含五常。其本体超越善恶，发用则有善恶。此说将一切其他属性归之于本体，似近本质判断。王夫之区分本体与发用、本体与定体，近乎把性善解释为一种本质判断。此外，本原说中至少部分地或不严格意义上涉及了本质判断。

（3）全称判断。有人认为孟子人性善是指"人性中的所有成分都是善的"。例如，王安石（2017：1234）批评性善论说，"孟子以恻隐之心人皆有之，因以谓人之性无不仁。就所谓性者如其说，必也怨毒忿戾之心人皆无之，然后可以言人之性无不善，而人果皆无之乎？"，即以孟子之说为全称判断。司马光之意类似。苏辙（1990：954）也曰："有恻隐之心而已乎，盖亦有忍人之心矣。有羞恶之心而已乎，盖亦有无耻之心矣。有辞让之心而已乎，盖亦有争夺之心矣。有是非之心而已乎，盖亦有蔽惑之心矣。"此类说法立场颇近于扬雄"人性善恶混"之说，亦以孟子人性善为全称判断。那么孟子性善论究竟是否建立在全称判断基础上呢？我觉得蛮可疑。因为"性"在先秦指人生来具有的一系列属性，包括感官属性、道德属性等，孟子不可能认为人性中的一切成分皆是善的。

（4）特称判断。有人认为孟子人性善只是指人性中的一部分是善的，而不是指人性中的所有部分皆善。人性有善，不等于人性皆善，因此孟子人性善是特称判断而非全称判断。此说主要由清代学者陈澧等人所提，即所谓有善说。那么，孟子人性善究竟是不是特称判断呢？如前所述，如果是的话，则与扬雄"人性善恶混"之说无别。另外，孟子批评"性无善无不善也""性可以为善，可以为不善""有性善，有性不善"（《告子上》6A6）这三种观点，似乎也间接包含了对"人性只是部分地善"或性善基于特称判断这一观点的否定。

（5）比较判断。有人认为孟子人性善之说，建立于人与禽兽或万物的比较之上。易言之，孟子只是在相对的意义上讲人性善，后人不要把它理解为绝对意义上的善，更莫要说孟子否认人性中有恶。清儒陆世仪、戴震、李光地、颜元、焦循、程瑶田、阮元及日本学者伊藤仁斋、伊藤东涯等人皆从比较判断的角度解释孟子性善论，其主要依据之一是所谓"天地之性人为贵"(《孝经》)、"人者，五行之秀气也"(《礼运》)等古人说法。当代学者亦有不少支持此说者（如张岱年、徐复观、梁涛等）。比较判断不限于人禽比较，包括万物在内，并从总体上强调人性高于动物性或物性。比较判断不全是道德判断，清儒认为人的知觉意识比动物发达，也是性善的理由之一。所以比较判断有时把"善"不理解为与"恶"相对，而是理解为"好""优秀"的意思，与"不好"相对。清儒从比较判断角度解性善，可引孟子"人禽之别"为证，是否孟子本意值得进一步讨论。然而如果从人与动植物相比，古人（如俞樾，2010：799）亦指出过，人之为善固高于动物，然为恶亦甚于动物，岂可遽谓人性善哉？

（6）价值判断。认为孟子性善论乃是从一种预设的价值立场出发，只承认人性中善的部分为"性"或"真性"，不承认人性中非道德的成分（如感官自然属性）为"性"或"真性"。所谓"人性善"作为一个判断已相当于同义反复或循环论证，所以把孟子"人性善"作为价值判断来对待。前述从人禽说、本体说论性善即有此特点。梁启超、徐复观、牟宗三、张岱年、刘殿爵、安乐哲、袁保新、余纪元等人皆认为孟子在人高于禽兽的道德意义上重新定义或理解"性"，梁涛（2007；2009）更是称孟子"以善为性"。牟宗三在《圆善论》中认为，孟子并不是从实然状态说性（即人性善不是事实判断），而是在"超越的义理之性"意义上说性（即是价值判断），此说得到傅伟勋、刘述先、李明辉等人支持。梁启超（1983）亦曾谓孟子以"真如相"释人性。这些都将性善论解释为价值判断。在现实生活中，从价值判断使用人性概念的例子并不少见，比如骂某事"泯灭人性"，或骂某人"没有人性"。

（7）总体判断。比较判断是就人与人之外的动物、万物的比较着眼，总体判断则是就人性内部各部分的总体关系着眼。总体判断的思路是，人性作为一个有机总体，其中有善也有恶，但"善的成分为主"，或"善的趋势占主导"，或"为善合乎人性总体需要"，故人性从总体上是善的。心善说，特别是其中的向善说较倾向于此种总体判断，即认为心善或向善代表性之总体趋势，但此说法是否成立还是一个问题（在理论上很难论证）。

一种非常有利于性善论的观点是：感官欲望只代表人性的局部需要或一时需要，但不代表人性的长远需要或根本需要，也不一定符合人性总体健全成长的需要，此说即葛瑞汉所持（Graham，1986）。前述总体说是典型的从总体判断出发解释性善论，此外成长说亦有总体判断特征。

（8）后天判断。李耶理、安乐哲、信广来、艾文贺、江文思等人倾向于认为，孟子所谓"性善"不是先天判断，主张孟子持一种开放、发展的人性观。杨泽波伦理心境说实际上也以后天判断解性善。按照他们的观点，孟子人性善可以说成是"后天判断"，即人性之善是后天造就的，孟子并未预设人性先天就是善的。他们（如安乐哲、信广来）还认为，孟子所谓"人"可能有特指，指有一定文化教养或成就的人。

将性善论解释为基于后天判断应该是错误的。只要我们全面考察先秦时期对于人性这一概念的通行普遍的定义，此说即不攻自破。此外，孟子在《滕文公上》《告子上》《尽心上》中的多处表述，如"不学而知""不虑而能""我固有之""非由外铄""天爵人爵""求在我者""分定故也"等（参 2A6，6A4，6A6，6A8，7A1，7A4，7A15，7A21 等）皆可引用来证明孟子人性善是先天判断，而非后天判断（Bloom，1994）。

下面以表列方式来说明前面九说与后面的十判断之间的关系（见表 4-4）。

表 4-4　性善论：解释模式与判断类型之关系

1	心善说	事实判断、先天判断、总体判断、特征判断、特称判断
2	可善说	事实判断、**后天判断**、总体判断、特征判断、特称判断
3	有善说	事实判断、先天判断、总体判断、特征判断、特称判断
4	人禽说	事实判断、先天判断、**比较判断**、特征判断、特称判断
5	本原说	事实判断、先天判断、总体判断、**本质判断**、特称判断
6	本体说	**价值判断**、先天判断、总体判断、特征判断、特称判断
7	才情说	事实判断、先天判断、总体判断、特征判断、**全称判断**
8	总体说	事实判断、先天判断、总体判断、特征判断、特称判断
9	成长说	事实判断、先天判断、总体判断、特征判断、特称判断

从上表可以看出，上述九说每一说所建立于其上的判断可能有好几个。而事实判断、先天判断、特征判断在上表出现最多，但总有例外。在学者当中，同时持心善说、人禽说、事实判断、先天判断者最多。宋明以来理学家则分为本原说与本体说，其实本原说为事实判断，本体说为价值判断（就其不认为性之本体可能经验事实证实而言）。本体说、成长说抑或可说成潜能说，指人需要修炼、做功夫方可体证，是生命成长的潜在可能或最高境界。成长说主要是20世纪来的新说法，葛瑞汉居功至伟。

在上述判断类型归类中，我们还发现，九种解释模式中，每一种解释都可能有一种判断类型比较特别（表中加粗者）。比如只有可善说有后天判断，只有人禽说有比较判断，只有本原说有本质判断，只有本体说有价值判断，只有才情说有全称判断。

在上述几种判断中，有两个重要方面值得注意：

（1）有几种判断应该明显不成立，即不合孟子本义，它们是本质判断、全称判断和后天判断。

（2）鉴于特称判断、本质判断、总体判断、比较判断、价值判断皆不排除人性中可能有恶，但仍可得出人性善的结论。因此，按照这几种判断，就不能以人性中有恶来批评孟子性善论。

有了上面的基础，我们再来看如何理解孟子的性善论。如果我们排除从本质判断、全称判断、后天判断这三种判断出发来理解的话，可以发现，前面九种不同对于性善论的解释各有其道理。也可以说，孟子的思想是一团混沌，可能同时潜在地包含着上述几种思想的萌芽或内涵。现在，我们要问的是，果真如此的话，哪种解释最能证明性善论呢？

首先，可以说，心善说（包括善端说、本心说、向善说）虽皆有一些理据，如果理解为对性善含义的挖掘是有道理的；但如果用来从整体上归纳、总结性善论，问题就比较大。比如，从孟子关于恻隐之心、仁义内在、仁义礼智根于心、尽心知性、求得舍失等的一系列讨论，确实可以发现心善是《孟子》人性论的一个重心；但正如下面谈到的，孟子除了讲心善外，还从其他不同角度（如人禽之别、成长特征等角度）阐明性善。如把性善论归结为心善说，就显得片面。再者，前面也谈到，心善说既然不能否定人心中也有恶，在逻辑上也存在无法证明人性善的理论问题，比如孟子曾以"水之就下"（《告子上》6A2）、"牛山之木"（《告子上》6A8）来比喻人性有趋善之势，但这类文字绝不构成《孟子》论证性善的主要成分。善端说、良心说、心体说、向善说也是如此。因此，不能将把性善论从总体上解释成良心说、向善说、善端说或可善说，而只能说性善论包含这些方面的内容，而且要注意这四种说法暴露了性善论在论证逻辑上的漏洞。

其次，有善说、人禽说、本原说、本体说、总体说、成长说在逻辑上较能自圆其说，但未必完全符合孟子本义，更多地体现了后人的发挥。具体剖析如下：

（1）有善说。按照陈澧的说法，孟子性善只是指"人性有善"，而不是指"人性全善"。然而，如前所述，此说与扬雄"人性善恶混"之说有何区别？再说，孟子本人说过"人无有不善"，未闻说过"人性有善（也有恶）"。有善说在文本当中的依据并不充分，陈澧举出的例证也很有限。不过，由于比较判断、总体判断、价值判断均是在承认人性中有恶的前提下得出人性善的结论，可以说人禽说、总体说、本原说、本体说也包含特称判断。这样一来，以特称判断为基础的"有善说"并不一定导致扬雄的"善恶混"或者韩愈的"性三品"。但是问题在于，正如下面讲到的，总体说、本原说、本体说更多地体现了后人对性善论的引申发挥，而非孟子本意；人禽说即便符合孟子很大部分思想，也存在理论困境。如果把性善论解释成"有善说+人禽说"，有很大的合理性；但这似乎也只能说揭示了孟子性善的含义之一，而不能说证明了人性善。

（2）人禽说。基于比较判断的人禽说历史主张者极多，也较言之成理。但是孟子是否把性善论主要立基于人禽说，或者说人与禽兽的比较判断之上呢？在《孟子》文本中，确实有不少这方面的文字。但是在证明性善的最直接的重要文字中，所使用的论据却多不是基于人禽之别。比如《公孙丑上》（2A6）讲"四端"，并不涉及人禽之别（孟子没说禽兽于同类无四端）；

《告子上》论证性善最集中，但杞柳、湍水之喻均不涉及人禽之别；"人性之善也，犹水之就下也。人无有不善，水无有不下"（《告子上》6A2），这里的着眼点并不在于人禽之别。另一方面，孟子虽重人禽之别，但其落脚的重心却似乎在于四端及仁义内在。换言之，单纯仁义内在这一事实本身已构成人性善的依据，不一定非要以禽兽无此心为前提。如果限于人禽之别为性善立论，那么人性之善就变成一个纯粹相对意义上的判断，孟子是否完全是此意不得而知。从孟子对于"圣人践形"（《尽心上》7A38）、"睟面盎背"（《尽心上》7A21）、"浩然之气"（《公孙丑上》2A2）、"动心忍性"（《告子下》6B15）的赞美看，孟子并不是真的反对形色之性（感官属性），而是认为形色之性——这是人与禽兽共有之性——可通过"为善"得到升华，这何尝不是性善的一个理由。事实上，后人把性善论解释成人禽说，在一定程度上受到了《孝经》"天地之性人为贵"等说法的影响。从上面我们对于成长说的分析也可得出，人禽说虽然在一定程度上说明性善论的内涵，但显然不足以穷尽孟子性善论的要旨。从现代眼光看，所谓"虎狼有父子、蜂蚁有君臣"恐怕未必像朱熹所理解的那样，只是"一隙之光"（朱熹，1994：58），野兽对于同类的恻隐之心未必少于人。清儒俞樾（2010：799）认为，禽兽不如人聪明，"故不能为善，亦不能为大恶"；而人则不然，才高于禽兽，故为恶亦远甚于禽兽。因此，如果孟子的性善论果真是一种人禽说，似乎从今天看就存在理论问题。

（3）本原说。严格说来孟子并没有从《系辞上》"继善成性"的宇宙发生学立场来论证性善。本原说最大的问题，是无法从《孟子》原文中找到任何证据。因为此说主要的依据是《系辞传》，而非《孟子》。正如程颢、陆世仪、戴震等人所发现的，《孟子》原文所支持的并不是"从造化源头"说性善，"四端"当然明显地是"继成之善"，而不是"先天之善"。若按程颢（2004：10）的说法，"人生而静以上不容说"，则从造化源头说性善超出了人的能力范围之外。明末以来，学者多反对天命、气质二分，而孟子本人确亦未区分此二性。程颢、王夫之、陈确、陆世仪、戴震、程瑶田、焦循、阮元等人均指出孟子性善是从后天所成、形质已具的角度说。日本古学派学者山鹿素行、伊藤仁斋、伊藤东涯、荻生徂徕、太宰春台等亦反对天命与气质二分说。本原说应该不是孟子本旨。另一方面，撇开是否合乎孟子本义不谈，本原说在理论上存在的困境，已为朝鲜历史上两场重要的性理学论争所揭示，即"四端七情论争"和"湖洛之争"。

（4）本体说。严格说来这是到了王阳明才发展出来的一种解释方式，它代表儒学心性之学发展到宋明时期所取得的伟大突破，但不能说是对孟子本人思想的客观总结。牟宗三在《圆善论》等处极力强调孟子所述之"性"是形而上的、超越的本体，然而孟子讲述性善的理由如四端之情以及良心、本心之类，恐非如牟宗三所言是什么超越的、形上的本体。孟子有关圣人践形（《尽心上》7A38）、晬面盎背（《尽心上》7A21）、浩然之气（《公孙丑上》2A2）的言论表明，他并不是完全要回到超越的、形上的本体，而是追求包括感官欲求在内的全面发展。孟子本人可能模糊地认识到"性之本体粹然至善"的问题，但未必明确地以本体说来为性善立论。本原说、本体说均是对人性之善的伟大赞美，但并不能完全代表孟子本人的思想。

（5）总体说。总体说在《孟子》文本中严格说来并不存在。前述陆世仪"主善客恶说"、伊藤仁斋"究极说"、伊藤东涯"合观说"，严格说来主要是他们的理解发挥，在文本中并无证据。葛瑞汉大小体说、刘殿爵有机总体文章在理解孟子的人性概念时无疑是有益的，但不能说明孟子性善论的立论基础。比如孟子确实视人性为一有机总体，也认为人性有大体（道德倾向）和小体（生理欲望），但是孟子似乎并未曾说明大体代表人性的总体趋势或主导方向。按照清儒俞樾（2010：797-799）的说法，人性为恶的趋势更强。如果基于事实判断，说人性中善的成分或趋势为主，显然难以成立，而孟子也没有这样论证过。

（6）成长说。前面已说过，成长说有两种，一是基于后天判断，一是基于先天判断。基于后天判断的成长说，前面已说过，应该不成立。我新提出的基于先天判断的成长说，或可代表对孟子性善思想的一个挖掘。但显然也不能说，性善论的立论的全部基础就在于此。我虽然认为成长说揭示了孟子性善论的含义之一，但不认为成长说证明了人性是善的。

综而言之，我认为如果我们换个角度看问题，可以发现孟子的成就并不在于证明了"人性善"，而在于揭示了"人性之善"。请注意"性善"与"性之善"是两个问题。如果我们硬要纠缠孟子是不是真的证明了"人性是善的"，那么答案也可能是否定的。如果我们想想，孟子从哪些角度证明了"人性之善"，则立即发现一个异常丰富的世界。那就是，孟子真正伟大的地方即在于对于"人性之善"，而不是对"人性善"的发现。从"性之善"而不是"性是善"的角度看，也立即发现前述心善说、可善说、有善说、人禽说、本体说、成长说都对于理解孟子性善论思想有一定帮助，也对于我们理解人性之善极有帮助。但如果硬为孟子性善论辩护，把性善论解释成前面九种意见的某种，就立即会遇到前面提到的种种理论问题。随着我们对人性之善的认识加深，我们对于人性的理解也在加深。相反，如果我们为了维护自己所接受的或基于宋明理学，或基于其他学说的性善说，硬要发明一套理论来为孟子辩护，即证明人性是善的，也可能终究难以自圆其说。史华兹、艾文贺等人认为，用性善还是性恶来概括孟子的人性论太简单化了。[1]但如果因此而忽视孟子对人性之善的深刻认识，也是对孟子思想一个核心内容的忽视。

---

[1] 史华兹的基本观点是认为不能简单地用"人性是善的"一句话来概括孟子的人性思想（Schwartz, 1985: 292；史华兹，2004: 302）。艾文贺强调，孟子的观点常常被口号式地简化为"人性是善的"，而其真正内涵很少被人们严肃地关注到（Ivanhoe, 2002: 37）。

第五章　古今学者对性善论的批评：回顾与总结

【提要】 现代学者受元明以来理学思潮影响，多以为性善论代表儒家人性论的主流。衡诸历史，此说未必成立。本章总结历史上批评性善论的各种观点，发现历史上批评性善论的观点对人性善恶大体有如下七种看法，即性无善恶说、性超善恶说、善恶并存说、善恶不齐说、性恶说、善恶不可知说、善恶后天决定说。此外，人们还对孟子论证性善的方法进行了批评，大体上涉及片面取证、循环论证、混淆可能与事实、混淆理想与现实、门户之见、不合圣人真意等六方面。由此可见，历史上对性善论的批评观点或学说非常丰富，甚至远超我们的想象。这也说明，性善论在历史上的影响，或者不如我们想象的大。今天，任何试图为性善论辩护或倡导性善论的行为，恐怕都不能忽视这些学说。本章的目的不在于为其中任何一种观点辩护，但试图说明性善论及中国古代人性理论所涉及问题的复杂性。

自从韩愈特别是宋代程朱理学兴起以来，孟子性善论就成为广大学人共同推崇的主流看法。清代学者对程朱理学有激烈批评，拒绝接受后者有关义理/气质二重人性的划分，但这不等于清代学者拒绝接受性善论。事实上，大多数清代学者（包括戴震、阮元等人在内）虽然在人性概念上实现了对先秦的回归，但是在人性善恶问题上并未明确否定孟子，甚至仍然坚持性善论。一直到当代，仍然有许多学者为性善论辩护，这一点我们从康有为、钱穆、牟宗三、徐复观、刘述先，以及黄彰健、郭齐勇、杨泽波、梁涛等许多当代学人那里可以清楚看出。不过另一方面,如果我们去问问在社会现实中那些不以儒学为业的普通人,可能会得出完全相反的结论。即在今天的现实生活中,可能绝大多数普通人都不接受性善论。相反,他们要么倾向于认为人性善恶并存,要么认为人性无所谓善恶,人性善恶是后天造就的。至少在我看来,这两种观点在现实生活中的影响远大于性善论。事实上,如果我们研究历史,可以发现这两种相反的观点也早就有人提出(甚至早于孟子就提出来了)。本章试图展示究竟历史上有多少种反对性善论的观点,它们的逻辑是什么。我们的目的既不在于捍卫性善论,也不在于推翻性善论。我只是认为,对历史上批评性善论观点的梳理,有助于我们深化对孟子人性论的认识,也有助于加深我们对人性的认识。

葛瑞汉(A. C. Graham,1986)特别强调时代思潮对于理解孟子性善论的重要作用。他分析了如下几个方面的思想资源对孟子的影响:一是杨朱学派,二是道家学者,三是儒家学者(如世子硕),四是稷下学派(告子、《管子》),五是墨家。我们参照《郭店楚墓竹简》,可知孟子同时代儒家学者论人性已很丰富。根据葛氏的分析,孟子的人性概念应当是继承了杨朱、道家而来,即主张人性是指一种恰当的生活方式。这是杨朱、道家对孟子的贡献。葛氏认为杨朱对孟子的一大挑战是,他发现了一种合乎天道的生活方式,而其中不包括儒家价值。也就是说,儒家要存在,必须回应恪守道德就是符合天道的生活方式,即道德内在于天性之中。对孟子的思想影响较大的另一派应当是儒家先贤。《论衡·本性篇》介绍的世子硕(又称世硕)、宓子贱、漆雕开、公孙尼子之徒,皆主张人性有善有恶。孟子应当同意他们"人性有善"之说,而不同意他们人性有恶之说,这才是他的主要批评对象。孟子的另一个论辩对象应当是告子等代表的观点,此派与后来荀子的人性论颇为接近,即主张"生之谓性"(《孟子·告子上》6A3)。葛瑞汉认为告子的观点与《管子》所代表的稷下学派观点一致。此

第五章 古今学者对性善论的批评：回顾与总结

外，墨家的观点是比较功利的。《墨子》论"性"仅三见①，其含义没有争议。墨家人性之见甚简单，不足以构成讨论焦点，故孟子未重点反驳。性恶说在孟子之时未见，不过孟子对于可能出于世子硕的"人性有恶"的反驳，本身也即包含了对后来性恶论的反驳。

然而，孟子对同时代学者的批评或反驳，并未平息后人对他的批评或反驳。恰恰相反，孟子之后，不仅荀子对孟子的性善论进行了批评，汉代以来，董仲舒即明确批评孟子性善论，扬雄、王充、荀悦亦批评或未接受性善论。汉代学者除韩婴②、陆贾③之外，几乎都对性善论持批评或保留态度。唐代学者韩愈虽盛赞孟子继承了道统，但亦批评其性善论。宋代批评性善论的人更是比比皆是，李觏、王安石、司马光、欧阳修、苏轼、苏辙、叶适……无不批评性善论。我想性善论在宋代为多数学者所反对。即使大力推崇孟子的宋明理学，对性善论也没有全盘接受。比如张载、程颐、朱熹等人事实上用气质之性说回答了人性恶的来源，他们的人性论毋宁是善恶二元论（宇同，1958：226），只不过赋予了善性更本源、更崇高的地位。至于心学代表王阳明及其弟子钱德洪、王畿等人，事实上也没有完全接受性善之说，故王阳明对告子虽不满意，亦有认可之处。

另外，在中国历史上，持接近告子式的性无善恶或性超善恶之说（或

---

① 性字次数据《四部丛刊》本。今本《墨子》多错讹，有学者指出其中有些地方当作"性"而写作他字，亦有他字学者以为当作"性"。《墨子·所染》"行理性于染当"之"性"，毕沅、孙诒让皆读作"生"，他本亦有作"生"；《大取》两"性"字，孙诒让读为"惟"，吴毓江纠之，以为原文当作"性为暴人""而性犹在"；《经说下》"牛狂与马惟异"之"狂"，孙诒让以为当作"性"；《经说上》"霍为姓故也"之"姓"，张煊以为当作"性"（吴毓江引）；《旗帜》"牲格内广二十五步"之"牲"他本或写作"性"；《号令》"必以善言告民"之"善言"他本或作"性善"。墨家论性，主要见于《大取》《所染》两篇（另见于《吕氏春秋·当染篇》等书），大体以为人之善恶好坏皆由习染，非天性然也。据吴毓江（2006：621-622）总结，"言暴人之所以为暴人，由于后天习染，非天性然也"，"墨子盖主人性无善无恶，非善非恶，如纯白素丝，染于苍则苍，染于黄则黄。……人性虽已陷溺，尚可由本身之顿悟、师友之启迪、机缘之暗示、环境之刺激而复还其初，所谓'而性犹在'……"。
② 《韩诗外传》第6卷第16章称："天之所生，皆有仁义礼智顺善之心。"李沈阳（2010：45）认为"首先继承孟子的性善说，提出'人性善'观念的是西汉初年的韩婴"。
③ 《论衡·本性篇》引陆贾曰"天地生人也，以礼义之性"，并称"陆贾知人礼义为性，人亦能察己所以受命。"此说认为人天生有礼义之性，而未论述性情关系。此说不见于今本《新语》。

近其说）者，一直不乏其人，从宋代的王安石、苏轼、苏辙，明代的王阳明、王夫之到清末的龚自珍、梁启超、王国维均是代表。从某种意义上说，道家学派的人性论也可以说更接近于告子，至少就其从天生自然属性说性超善恶而言是如此。可以发现，中国历史上持类似或接近告子人性说的人非常多，堪称一条主线。

此外，虽然明确站在性恶论立场批评孟子的人，在荀子之后只有俞樾等极少数人，但是可以说后世持人性善恶并存的人一直大有人在，几乎是另一条主线。从孟子前辈的世子硕、宓子贱、漆雕开、公子尼子之徒，到扬雄，再到宋人如王安石、司马光，清儒康有为等，莫不如此。现当代学者中持此论者亦多。

下面我用表5-1概述历史上反对性善论的各种意见（不全针对孟子而发）。①

表5-1　古今批评性善论观点汇总

类	主要观点	代表人物
1	人性无善恶	告子、王安石、苏轼、王令、苏辙、程颢、龚自珍、梁启超、章太炎
2	人性超善恶	庄子、胡宏、王阳明、钱德洪、王畿、王夫之
3	人性善恶并存	世子硕、扬雄、郑玄、徐干、傅玄、丰嶋丰洲、康有为、韦政通、孟旦、池田大作
4	人性善恶不齐（多品）	公都子、董仲舒、王充、王符、荀悦、韩愈、李觏、司马光、荻生徂徕、太宰春台

---

① 章太炎（2008：579-580）将儒家人性论归为五类，即无善无不善（告子）、性善（孟子）、性恶（荀子）、善恶混（扬雄）、性三品（漆雕开、世子硕、公孙尼子、王充）。笔者认为最为精当。梁启超（1983：81）的归类与章太炎基本一样。张岱年（宇同，1958：193-245）析为性善、性恶、性无善恶、性超善恶、性有善恶与性三品、性两元论与性一元论，其中性超善恶说针对道家（为本章所取），而从宋明理学析出性二元论。姜国柱、朱葵菊（1997：前言）称"就人性善恶而言，中国哲学家有以下诸论：性超善恶论、性善论、性恶论、性有善恶论、性无善恶论、性善恶混论、性三品论、性善情恶论、人性二元论、善恶俱进论等等"。其中性有善恶论与性善恶混论可合并为一，性善情恶论、性二元论与性善恶混论均属人性善恶并存说者。姜国柱、朱葵菊之说似嫌繁而不要。

续表

类	主要观点		代表人物
5	人性恶		荀子、俞樾
6	人性善恶不可知		程颢、王国维
7	人性善恶后天决定		告子、欧阳修、叶适、山鹿素行、荻生徂徕、冢田大峰、章太炎、殷海光、韦政通
8	论证方法问题	片面	苏辙、王安石、司马光
		循环论证	陈大齐、韦利
		混淆可能与事实	董仲舒、陈大齐
		混淆理想与现实	孟旦、韦政通、殷海光
		门户之争	荻生徂徕
		不合圣人真意	王安石、欧阳修、叶适、山鹿素行、荻生徂徕、冢田大峰、章太炎

一、人性无善无恶①

在对性善论的各种批评中，一开始就与孟子直接交锋的人是告子，其观点是性无善无不善，并从"生之谓性"立论（本章简称为"生性说"）。虽然从《孟子·告子上》等处的记载看，告子在与孟子的辩论中处于下风，但告子之后发展其说者从未中断。

1. 生性说

告子没有留下传至今日的著作，我们只能看到他的对手孟子记下了他的基本观点：

> 告子曰："性，无善无不善也。"（《孟子·告子上》6A6）
>
> 告子曰："性，犹杞柳也；义，犹桮棬也。以人性为仁义，犹以杞柳为桮棬。"（《孟子·告子上》6A1）

---

① 张岱年认为道家虽与告子同主"性非善非恶"，"但其思想又与告子大异，而可以称为性超善恶论"（宇同，1958：209）。本章将二者皆纳入"性无善无恶说"。

告子曰:"性,犹湍水也,决诸东方则东流,决诸西方则西流。人性之无分于善不善也,犹水之无分于东西也。"(《告子上》6A2)

告子曰:"食、色,性也。仁,内也,非外也;义,外也,非内也。"(《告子上》6A4)

告子曰:"生之谓性。"(《告子上》6A3)

告子曰:"不得于言,勿求于心;不得于心,勿求于气。"(《公孙丑上》2A2)

可惜告子留下的材料太少,在这六段话里,我们没有看到告子为人性的善恶提供更多的理由。为何"生之谓性""食色性也"能证明人性无善无恶?后来的荀子不正是从这样的人性概念出发证明人性恶的吗?告子的论述嫌过简略。

告子所谓生有之性无善无不善,后世学者同情其说或立场与之接近者有王安石、王令、苏轼、苏辙、王阳明、朱舜水、龚自珍、梁启超、章太炎等(见后)[①]。其中龚自珍、章太炎、梁启超属明确为告子辩护者。王阳明(2014:122)曾称告子"性无善无不善,虽如此说,亦无大差"。清儒龚自珍(1935:3)自谓其"言性""宗无善无不善而已矣",因为"善恶皆后起者"。为尧为桀,皆非其性;治恶治善,皆非治性。除了龚自珍、梁启超外,还有多人认为告子所谓无善无不善是针对普通人(即中人)而言的。[②]本节后面讲到的源流说以及下节中的体用说、佛法说,均可纳入告子"无善无不善说"阵营,只是后者阐发的角度、立论的根据有所深化和发展而已,故别出为论。

2. 源流说

除了上述从自然状态说批评性善外,后世儒家学者也发展出一种不同

[①] 姜国柱、朱葵菊(1997:85-124)论历史上性无善恶论甚详,认为罗隐(833—910)、严复(1854—1921)均属无善无恶论者。

[②] 王充曾说中人则是"不善不恶"或"无分于善恶"(《论衡·本性》)。司马光《疑孟》说"性之无分于善不善,谓中人也"(余允文,1985:6);明末学者朱舜水(1600—1682。1981:379)在《答古市务本问》中即称"性非善亦非恶,如此者,中人也"。

的为人性无善恶辩护的观点,即从时间上的因果关系(先后决定关系)来论性,以性为源头决定者、善恶为后起次生者,故性不可以善恶来衡量(后起不能决定先在),我把这种批评意见称为"源流说",此说与前面告子的"生性说"相近,区别在于源流说强调性决定了善恶,而生性说则只强调了性在善恶之先。严格说来,可将源流说作为生性说的一种。源流说有四种:一曰禾米说,二曰性情说,三曰性才说,四曰性习说。

最早从源流角度批评性善论的可能是董仲舒(前179—前104)。《春秋繁露·实性》认为性与善的关系就像禾与米:禾产出米,但毕竟不是米;性产生善,但毕竟不是善。就像不能以米定义禾,也不能善定义性:

> 善如米,性如禾。禾虽出米,而禾未可谓米也;性虽出善,而性未可谓善也。……性有善质,而未能为善也。岂敢美辞,其实然也。(《实性》)

董仲舒思想的核心是,"米与善,人之继天而成于外也,非在天所为之内也"(《实性》),而性则是指"天质之朴";只有继成的东西才能称善,先天的实性不能称为"善":

> 善,教训之所然也,非质朴之所能至也,故不谓性。性者宜知名矣,无所待而起生,生而所自有也。善所自有,则教训已非性也。是以米出于粟,而粟不可谓米;玉出于璞,而璞不可谓玉;善出于性,而性不可谓善。(《实性》)

然而,董仲舒"善当与教,不当与性"(《春秋繁露·深察名号》)的思想是否可称为人性无善恶说或有疑义。这是因为董氏承认"性有善端、心有善质"(《深察名号》)。如果认为善端也是善的一种,则董氏也认可了性善论。但另一方面,董仲舒与孟子的区别之一在于对"善"的定义不同,即在他看来善端不算善。他认为,孟子仅以"性有善端"为由是不对的。论性只当从万民(而不当从圣人或斗筲之人)出发,然而万民之性所以不能称善,是因为善端与善尚有巨大距离。"善过性,圣人过善"(《深察名号》),因此按照董仲舒本人的定义,董仲舒可称为性无善恶说者。但若按今人善恶定义,则未必可以这样说。

我认为董仲舒的意义之一在于开创了从源流角度论性无善恶之先河。真正将此说发展壮大的儒家学者,要到北宋才出现。

王安石(1021—1086)的《原性》一文从传统的性情论出发批评孟子性善论:

> 孟子言人之性善,荀子言人之性恶。夫太极生五行,然后利害生焉,而太极不可以利害言也。性生乎情,有情然后善恶形焉,而性不可以善恶言也。此吾所以异于二子。(王安石,2017:1234)
>
> 有情然后善恶形焉,然则善恶者,情之成名而已矣。(页1235)

王安石认为,善恶是情的产物,而情来源于性。正如太极生五行,五行有利害,而太极无利害;性生出情,情有善恶,而性无善恶,故"性不可以善恶言"。王安石太极生五行为喻,以为性、情之间是先后决定关系,本章称先后决定关系即时间上的因果关系批评性善为源流说。

以性情说善恶、以为情有善恶而性无善恶,在历史上有一定代表性。王安石的同时代人王令(字逢原,1032—1059)就同样从性情之别得出,"性无善恶也。有善有恶者,皆情耳"(王令,2011:224)。苏轼在批评韩愈时,也指出其以情为性,故有善恶之说:

> 彼以为性者,果泊然而无为耶,则不当有善恶之说。苟性而有善恶也,则夫所谓情者,乃吾所谓性也。……圣人以其喜怒哀惧爱恶欲七者御之,而之乎善;小人以是七者御之,而之乎恶。由此观之,则夫善恶者,性之所能之,而非性之所能有也。(苏轼,1986:111)

苏轼除了重视性/情之别,更重视性/才别,以证性无善恶。他在《扬雄论》中认为,孟子、荀子、扬雄、韩愈论性,触及的皆是才,而不是性:

> 昔之为性论者多矣,而不能定于一。始孟子以为善,而荀子以为恶,

扬子以为善恶混。而韩愈者又取夫三子之说，而折之以孔子之论，离性以为三品。……嗟夫，是未知乎所谓性者，而以夫才者言之。夫性与才相近而不同，其别有霄若白黑之异也。（苏轼，1986：110）

他以树木为例，得土而生，雨露滋养，枝繁叶茂，"是木之所同也，性也"；而或坚或柔，或大或小，则是木之才，非木之性（苏轼，1986：110）。同样的道理，人有善、有恶，皆是其才，而非其性。故曰：

天下之言性者，皆杂乎才而言之，是以纷纷而不能一也。（苏轼，1986：110）

从源流说论性无善恶还有一个角度，即性／习之别。王安石除了讲性／情之别，还讲性／习之别。他说：

诸子之所言，皆吾所谓情也、习也，非性也。（王安石，2017：1234）

所谓习，如果联系孔子"习相远"（《论语·阳货》）之说，涉及环境影响等后天因素。相比之下，王安石的同时代人苏辙更加明确地从性、习之别批评性善论。他认为，善恶是孔子所谓"习相远"的结果，而性本身无所谓善恶：

习者，性迷所有事也。自是而后相远，则善恶果非性也。（王安石，2017：954）

"性"与"性之所有事"有别，性无善恶，善恶是性之所有事。为什么善恶无关乎性呢？因为性本"无物"，善恶乃是"遇物而后形"，故"夫性之于人也，可得而知之，不可得而言也"（王安石，2017：954）。

3. 继成说

在儒学史上，还有不少人以《易·系辞上》"一阴一阳谓之道，继之者善也，成之者性也"之语为据论证性无善恶。因语出圣人，在古人看来极具权威性。程颢、苏轼、王夫之均认为,《周易》"继善成性"之语证明"善"是继起、非本原;而本原之性当无善恶或超善恶。本章称此为"继成说",亦可视作源流说的另一种形式。

程颢从《易传》"继善成性"角度批评了孟子的性善论,认为性善说与其他各种人性论(比如性恶或善恶混之类)一样,皆是从既生之后(即"继之者")出发,并未回到人性的本原:

> 凡人说性,只是说"继之者善"也,孟子言人性善是也。(程颢,2004:10)

为什么程颢会有这种思想呢?他指出,人性就是人所受于天的"气禀"(今人或称为性格禀赋)。既然如此,人性外在地表现为纯善、纯恶、善恶兼有、善多恶少或善少恶多,都是完全可能的,因为每个人的"气禀"各有不同。至少从理论上,这几种可能性同样存在,都说得通,"善固性也,然恶亦不可不谓之性也"(程颢,2004:10)。但是这样一来,人性自身究竟是善是恶,岂不是无法有统一的答案了吗?或者说,不得不同时容纳这几种不同的,甚至相互对立的说法吗?

> "生之谓性",性即气,气即性,生之谓也。人生气禀,理有善恶,然不是性中元有此两物相对而生也。(程颢,2004:10)

程颢暗示,人性善恶的各种对立看法可能来源于这样一个事实:人们总是根据出生以后所呈现的特征来总结其特征。然而,只要我们这样做,就永远无法从各种对立的人性观中摆脱出来,因为这决定了性恶论与性善论同样有道理,如此下去他们的冲突永远无法解决。造成问题的根源在于未回到人性的本原。他以水为喻,人性善恶好比水之清浊,以水清比性善,水浊比性恶。在他看来,水清水浊为后发可见,取决于环境,而水之性超越清浊;性善性恶为继起可见,取决于人为,而人之性超越善恶。"水之清,则性善之谓也。故不是善与恶在性中为两物相对,各自出来。"(程颢,2004:11)

第五章 古今学者对性善论的批评：回顾与总结

苏轼也借用《易传》"继善成性"之语批评孟子道性善：

> 昔者孟子以善为性，以为至矣。读《易》而后知其非也。孟子之于性，盖见其继者而已。夫善，性之效也。孟子不及见性，而见夫性之效，因以所见者为性。（苏轼，1985：160）

苏轼（1986：111）将《易传》"继之者善，成之者性"中的"性"读作主语，故认为善在性后，善是性之"效"，而非善本身，故称"善恶者，性之所能之，而非性之所能有也"。①

与苏轼不同，王夫之（2011a：961）将"成之者性"的"性"读作宾语，故认为"善在性先"，但性之义却在善先。读法不同，对性之义却得出了与苏轼相近的结论。一方面，王夫之认为"继善成性"指"惟其继之者善，于是人成之而为性"（页961），但另一方面，"成之者性"的主语是"天"，指"天所成之人而为性者"（页962），因此性之义当从"天"解，不当从后起之善解：

> 善且是继之者。若论性，只唤做性便足也。性里面自有仁、义、礼、智、信之五常，与天之元、亨、利、贞同体，不与恶作对。故说善，且不如说诚。（王夫之，2011a：1053）

天以阴阳之道成性，故赋性以阴阳之理，此理"不与恶对"。故与其称性为善，不如称性为诚。所以在王夫之这里，与在苏轼处一样，性之义不能从"继之者"来理解，而要从"继之前"来理解：

> 孟子却于性言善，而即以善为性，则未免以继之者为性矣。（王夫之，2011a：961）

王夫之之说，建立在性之本体与定体区别的基础上：

> 孟子言善，且以可见者言之。可见者，可以尽性之定体，而未能

---

① 苏轼论性参姜国柱，1997：97-103。

即以显性之本体。(王夫之,2011a: 1053)

所谓定体,犹言有确定属性(如形状、大小)之形体,是继起。其所谓本体,则言无声无臭的形上存在,属先在。定体是"可见者",而本体则是未见者;可见者可以言善恶,不可见者不可言善恶。据此王夫之本体/定体之分,似与体用说相通。但王夫之所谓"性之体",与下面讨论的王阳明所谓性之本体,有根本区别。区别在于王阳明之本体并不是从发生学说的,或者不能限于发生学来理解。而王夫之则主要从发生学立论,与张载、程朱的思路更接近,王夫之亦主张"盖以性知天者,性即理也,天一理也"(王夫之,2011a: 967)。

需要指出的是,王夫之虽然批评孟子性善说有失圣人真旨,但未必可以说他主张人性无善恶,毋宁说他是主张人性至善。因为他明明说性与天同德,故有仁、义、礼、智、信五常;同时他又主张"天唯其大,是以一阴一阳皆道,而无不善"(2011a: 961),"以其天者著之,则无不善"(页963)。据此,如果我们说他主张性超善恶,乃是与王阳明类似,实指性至善。按照本章的界定,王夫之或可称为性超善恶说者。但只因他同样从《易传》"继善成性"出发立论,故且放于此处。

二、人性超越善恶

性无善恶说与性超善恶说的区别在于,无善无恶可指人性如白板、无善恶内容,而超善恶则非谓人性为白板,可以指人性为超越善恶的"至善"。当然两者的区别也不是绝对的,有时表面上主无善恶,实指性超善恶。胡宏、王阳明、王夫之、梁启超等人即然,其所谓性无善恶实以"至善"释性,故本章称为性超善恶说。单从古人表述方式看,性无善恶说与性超善恶说实难区分,或可统称为性超善恶说,但本章以人性为白板、还是人性为至善区别二者。

性超善恶说当然亦是对性善论的批评,无论是庄子、宋儒还是清儒,均往往针对孟子或儒家而发。当然与道家的性超善恶说相比，儒家的性超善恶说往往对性善论的同情远大于批评，王阳明、王夫之即其例。①

1. 自然说

按照张岱年（宇同，1958：208-214）等人看法，与告子同时代的道家创立了人性超越善恶说，这种性论有时也被称为人性至善论。道家的这种人性观在《庄子》中得到了最集中的体现。虽然先秦道家并未提及孟子，但可以说相当明确地批评了孟子所代表的性善论；《庄子》这样做是每每以孔子为靶，从其内容看实指向孟子。接下来我们会看到，《庄子》的人性善恶论建立在自身独特的人性概念上，与告子的人性概念可谓有天壤之别。今本《庄子》大体上从如下几个方面批评了以善恶衡量人性。

（1）从史前的自然状态出发

《庄子·马蹄》描述了一个与卢梭等人所描绘的"自然状态"（state of nature）非常相近的史前社会。或可说，庄子有一套自然状态说，本章简称为自然说。庄子认为，这种史前的自然状态是人们应当追求的理想，或理想社会的样本。这个理想状态包括：没有蹊隧、舟梁等文明造作，万物、禽兽与人和谐共存，无君子小人之分，无仁义道德说教，无礼智技艺追求，"民居不知所为，行不知所之，含哺而熙，鼓腹而游"（《马蹄》）。这种社会面貌，在《胠箧》被描写为"民结绳而用之，甘其食，美其服，乐其俗，安其居，邻国相望，鸡狗之音相闻，民至老死，而不相往来"；在《缮性》中则被描述为"古之人，在混芒之中，与一世而得澹漠焉。当是时也，阴阳和静，鬼神不扰，四时得节，万物不伤，群生不夭，人虽有知，无所用之，此之谓至一。当是时也，莫之为而常自然"。在这种自然状态展现的是真正的人性。

根据《庄子·骈拇》等的说法，这一时代当在"三代"以前。《缮性》描述了从燧人、伏羲、神农、黄帝、唐虞以来一次次"德又下衰"的过程，

---

① 王阳明、王畿等人有关观点上一章归入"本体说"，此处又作超善恶说，归入批评孟子性善论之列，乃因他们的观点同时有批评孟子性善论和重新解释它两个维度。当然总体上讲，王阳明、王畿等人是欣赏性善论的。

又将理想的自然状态提前到了三皇之前。《天地》则讨论了一个从无→一→德→命→形→性的发展过程，类似于天地生万物的过程，与《道德经》讨论万物源于无、一生万物的相关段落相近，提出"形体保神，各有仪则，谓之性。性修反德，德至同于初"的生存方式。可以说《天地》将自然合性的时代提到人类初生、一切文化未起的更早时期。似乎越是原始，越是自然，人性也越真实、越理想。这种反文明、反教化的历史观似乎包含了对人性善恶说的间接批判。

（2）尧舜以来的圣王们违反了人性

《庄子》认为，三代甚至三皇五帝以来道德备受称颂的圣王们，"离道以善"，"去性而从于心"（《缮性》），他们都违背了人性。

> 自三代以下者，天下莫不以物易其性矣！（《骈拇》)
>
> 三皇五帝之治天下，名曰治之，而乱莫甚焉。三皇之知，上悖日月之明，下睽山川之精，中堕四时之施。其知憯于蛎虿之尾、鲜规之兽，莫得安其性命之情者，而犹自以为圣人！不可耻乎，其无耻也？（《天运》）
>
> 尧不慈，舜不孝，禹偏枯，汤放其主，武王伐纣，文王拘羑里。此六子者，世之所高也。孰论之，皆以利惑其真而强反其情性，其行乃甚可羞也。（《盗跖》）
>
> 及唐虞始为天下，兴治化之流，浇淳散朴，离道以善，险德以行，然后去性而从于心。（《缮性》）

（3）孔子"乱人之性"

> 老聃曰："请问，仁义，人之性邪？"孔子曰："然。君子不仁则不成，不义则不生。仁义，真人之性也，又将奚为矣？"……老聃曰："……天地固有常矣，日月固有明矣，星辰固有列矣，禽兽固有群矣，树木固有立矣。夫子亦放德而行，循道而趋，已至矣。又何偈偈乎揭仁义，若击鼓而求亡子焉？意！夫子乱人之性也！"（《天道》）
>
> 仲尼方且饰羽而画，从事华辞，以支为旨，忍性以视民，而不知

不信，受乎心，宰乎神，夫何足以上民？（《列御寇》）

（4）仁、义、礼、知等道德规范违背人性

《庄子》多次声称仁、义、礼、智等道德规范与人性对立。《缮性》称：

> 彼正而蒙己德，德则不冒，冒则物必失其性也。

据王先谦（1987：135）注，所谓"冒"指"以己之德强人而冒覆之"。据此"礼乐遍行"势必强人接受，致其失性。此外，《徐无鬼》称"礼教之士""仁义之士"等六士"驰其形性，潜之万物，终身不反"，实在可悲；《天运》称"仁义，先王之蘧庐也，止可以一宿而不可久处"；正因为如此，"三皇之知""莫得安其性命之情"；《胠箧》说"天下每每大乱，罪在于好知"，因"惴耎之虫，肖翘之物，莫不失其性"。总之，礼义道德会导致人们"丧己于物，失性于俗者"（《缮性》），最高理想是"反其性情而复其初"（《缮性》）。所谓"初"，就是性情之原来面貌，它与所谓善恶或道德无关，因道德善恶乃是自然状态丧失以后才有的。

（5）真正合乎人性的生存方式超乎道德

"无为复朴，体性抱神，以游世俗之间者"（《天地》），清静无为才合乎人性。《缮性》认为理想的生活方式就是从世俗中回到原初的人性：

> 缮性于俗，学以求复其初；滑欲于俗，思以求致其明。古之治道者，以恬养知。生而无以知为也，谓之以知养恬。知与恬交相养，而和理出其性。

王先谦（1987：98）注称"和理出其性"指"知恬交养而道德自其性出"。可以说，所谓"俗"当包括世俗的道德说教，"复其初"就是从世俗的道德中脱离出来，回到本来的人性。可以说，在人性与道德的关系上，《庄子》主张道德非出于人性，反对人性受道德约束。

这种将人性与善恶相对立的思想，《淮南子》有所总结：

> 性失然后贵仁，道失然后贵义。（《缪称训》）

《庄子》从原初自然之性等角度反驳人性善恶说，在后世并不多见。在儒家学说史上，类似地以自然状态说性者尤其罕见。笔者在后世儒家中仅见苏轼有此说（见其《扬雄论》一文）。

2. 体用说

与道家从自然状态等角度论性不同，宋明儒则从体用关系角度论性超善恶（或性无善恶）。与前面的源流说相比，体用说并不把性预设为一先在的自然性存在，而视之为高悬于善恶之上的至善之体。此"体"——后来称为性之本体或性之体——与其说是客观存在，不如说是主观存在，因为它往往是修行中才可体悟到，也只针对特殊的修行实践才有意义。较早提出此说的人之一是胡安国、胡宏父子。

宋儒胡宏提出性是"天地之所以立""天地鬼神之奥"，故"善不足以言之"。《知言》载：

> 或问性，曰："性也者，天地之所以立也。"
>
> "然则孟轲氏、荀卿氏、扬雄氏之以善恶言性也，非欤？"
>
> 曰："性也者，天地鬼神之奥也，善不足以言之，况恶乎哉？"
>
> （朱熹，2010：3559①）

据朱子，胡宏此说是指"性无善无恶"（朱熹，2010：3559）。不过，其性概念却与告子迥然不同。因为告子之性只是"生之谓"，只是"食色"之类，而胡宏谓性为"天地之所以立""天地鬼神之奥"，此性绝非生理之属。在其他地方，胡宏亦称"大哉性乎！万理具焉"，"万物皆性所有也"，性者"天命之全体者也"（胡宏，1987：28）；或称"性，天下之大本也"（朱熹，2010：3555）。据此，与其说胡宏主性无善恶，不如说主性超善恶。胡宏之说承自其父胡安国，胡安国超越孟、荀、扬以善恶言性思路，主张"本然之善不与恶对；与恶为对者，又别有一善"（朱熹，1994：2587），即本

---

① 此条引自朱熹《胡子知言疑义》，今本《知言》无。《宋元学案·五峰学案》亦录此段及朱子评语。

原之善是至善。①

胡宏"本然"之善或"天命之全体",或可借王阳明之语称为"性之本体",故胡说性似近体用论。当然,明确从体用关系论性并发挥到极致的人,非王阳明莫属。要理解王阳明的性无善恶说,体用论是关键。我们知道,体用论是中国传统思想中一大范畴,学者们亦援用来批评性善论,前述王夫之本体/定体之说,实已涉及。王阳明的基本观点是:性之本体无善无恶,而性之发用有善有恶。他曾在多处明确提出人性无善无恶:

> 无善无恶是心之体,有善有恶是意之动,知善知恶的是良知,为善去恶是格物,只依我这话头随人指点,自没病痛。此原是彻上彻下功夫。(《传习录下》[钱德洪录]。王阳明,2014:133)

> 性之本体原是无善无恶的,发用上也原是可以为善,可以为不善的,其流弊也原是一定善一定恶的。(《传习录下》[钱德洪录]。页130-131)

> 良知本体原来无有,本体只是太虚。(《全集》卷35《年谱三》。页1442-1443)

由于王阳明(2014:33)又在多处提到"心之本体""性之本体""粹然至善",甚至明确称"无善无恶,是谓至善",故而"无善无恶"该如何理解也易引起争议。我想有一点可以肯定,王阳明所谓"至善"是超越善恶对立意义上的,这也与张岱年认为道家的"人性无善无恶论"是"性至善论"在道理上相近(宇同,1958:211)。正因为王阳明以"无善无恶"为"至善",所以他并没有批评孟子,他的说法是否可算对孟子性善论的批评或有争议。《传习录·启问道通书》载王阳明(2014:68)赞美"孟子

---

① 此据《朱子语类》卷101《程子门人·胡康侯》,另参四部丛刊本《龟山先生语录·后录下》及朱熹《文集》卷73《胡子知言疑义》。胡安国之说发于常摠,得自龟山(常摠亦作常揔)(朱熹,1994:2587)。严格说来胡宏之说并非为反驳孟子性善论,而是为了给性善论一种新的解释,他自称闻之先君子曰:"孟子所以独出诸儒之表者,以其知性也。……孟子道性善云者,叹美之词,不与恶对。"(朱熹《文集》卷73《胡子知言疑义》,此条今本《知言》无。朱熹,2010:3559)

性善，是从本原上说"，据此阳明似乎认为孟子的性善论与他的性无善恶论或性超善恶论一致。

需要注意的是，王阳明倡人性无善无恶还有一层用意，即针对修养功夫而言，意在"破执"。王阳明说：

> 圣人无善无恶，只是"无有作好"，"无有作恶"，不动于气。……虽是循天理，亦著不得一分意。（王阳明，2014：33-34）

> 无善无不善，性原是如此，悟得及时，只此一句便尽了，更无有内外之间。（页122）

> 然此中不可执着。若执四无之见，不通得众人之意，只好接上根人，中根以下人无从接授。（《天泉证道纪》。王畿，1970：91-93）①

据此，王阳明认为自己提出的"无善无恶"与告子"性无善无不善"不是一码事。一方面，王阳明同情告子"性无善无不善"之说；但是另一方面，告子并未修炼到无善无不善的境界，他心里仍然有善恶之分存在，即他所谓的"无善无不善"不是建立在修养境界之上，并无体悟到王阳明所说上根之人体悟到的"性之本体"；"告子见一个性在内，见一个物在外，便见他于性有未透彻处"（王阳明，2014：122）。可见王阳明所谓的性与告子所谓的性迥然不同。告子所谓的"性"据其言是指"食色"之类，"生之谓性"。而王阳明所谓"性"则指心之本体，是除掉了食色之欲或人心偏执后体悟到的存在，这绝非告子所能理解。

王阳明的"性无善无恶论"在其弟子王畿、钱德洪处均得到继承，而各人理解有异。钱德洪似乎认为，性无善无恶是指它能包容天下一切善恶。换言之，如果以善定义性，反而不能成其大：

> 虚灵之体，不可先有乎善，犹明之不可先有乎色，聪之不可先有

---

① 此处明确将"四句教"分为"四无说"与"四有说"，而以"四无说"为上。作为修行方法，则不能执着于四无，对中根以下人反以"四有说"为宜。四无说主顿悟，而四有说主渐修。四无说的实质，在我看来就是直达本体，豁然开朗，工夫与本体合一。

乎声也。目无一色，故能尽万物之色；耳无一声，故能尽万物之声；心无一善，故能尽天下万事之善。(《复杨斛山书》。钱德洪，2019：103)

相比之下，王畿则更多地从修持功夫角度来谈性无善恶，称"有善有恶则意动于物"，并强调所谓性无善恶即是"粹然至善"：

> 天命之性粹然至善，神感神应，其机自不容已，无善可名。恶固本无，善亦不可得而有也。是谓无善无恶。若有善有恶则意动于物，非自然之流行，著于有矣。自性流行者，动而无动，著于有者，动而动也。意是心之所发，若是有善有恶之意，则知与物一齐皆有，心亦不可谓之无矣。(《天泉证道纪》。王畿，1970：90)

严格说来，王学所谓性无善恶说建立在一个自身独特的"性本体"概念上，这个"性本体"非常人所见、所知，只有修炼到极深境界的人才能体悟，因而它与告子、荀子、孟子、庄子、董仲舒、王充、扬雄、韩愈等历史上大多数人所说的性概念皆有本质区别，因而其论证性无善恶的逻辑或根据也极为特别，与史上各家截然有别。然而，这种人性概念由于非常特别，并不为多数现代人性论者所坚持，王阳明性无善恶说的意义因此也因人而异。

3. 佛法说

在中国人性论史上，佛教虽有一套丰富的人性论，但一直遭儒家公开排斥。直到现代，才陆续有儒家学者公开使用佛教术语和理论来论证人性问题，章太炎、梁启超、熊十力皆其例，而章、梁皆由此得出支持告子性无善恶的结论来。本章以为其思想近乎体用论，当属性超善恶说。

章太炎根据佛经中的八识——眼识、耳识、鼻识、舌识、身识、意识、末那识、阿罗耶识——理论指出，末那所指为意根，"意根常执阿罗耶以为我"，有了我执，"我爱我慢由之起"，由我爱、我慢生出善恶，他称为"审善""审恶"，与外界人为努力形成的"伪善""伪恶"相区别。孟子性善、荀子性恶正是此我爱、我慢之心产物：

> 孟子以为能尽其才，斯之谓善。大共二家皆以意根为性。意根一实也，爱、慢悉备，然其用之异形，一以为善，一以为恶，皆跉也。悲孺子者阅人而皆是，能自胜者率土而不闻，则孟、孙不相过。孟子以不善非才之罪，孙卿以性无善距孟子，又以治恶比于烝矫杶厉，悉蔽于一隅矣。（章太炎，2008：583）

> 孟子不悟己之言性与告子之言性者异实，以盛气与之讼。告子亦无以自明，知其实，不能举其名，故辞为之诎矣！扬子以阿罗耶识受熏之种为性。……扬子不悟阿罗耶恒转，徒以此生有善恶混。所以混者何故，又不能自知也。漆雕诸家，亦以受熏之种为性。（页584-585）

孟子、荀子不出我执范围，故有我爱（故倡性善）、我慢（故倡性恶），是其意根作用的结果。至于扬雄的善恶混说，王充等人的性三品说，则比孟、荀又低一层，因此二说是在我爱、我慢的基础上进一步形成的。只有意根断了，才能根除我执，无善无恶，亦无死无生。意根断，则归阿罗耶。这正是告子所见。"夫意根断，则阿罗耶不自执以我，复如来藏之本，若是即不死不生"（章太炎，2008：582）。因为八识之中，阿罗耶藏万有，"藏万有者，谓之初种。六识之所归者，谓之受熏之种"（页581）。由此他自然得出：言性之各家，"悉蔽于一隅"，唯告子所言为阿罗耶识：

> 诸言性者，或以阿罗耶当之，或以受熏之种当之，或以意根当之。（章太炎，2008：581）

> 告子亦言生之谓性。夫生之所以然者谓之性，是意根也。即生以为性，是阿罗耶识也。阿罗耶者，未始执我，未始执生。不执我，则我爱、我慢无所起，故曰无善、无不善也。（页584）

故各家之中唯告子及于本体。江恒源（1926：233）称章太炎"纯取佛学的心理学来比论，在论性各派中，可说是独树一帜"。

第五章　古今学者对性善论的批评：回顾与总结

与章太炎重视《瑜珈师地论》，从八识关系论性无善恶不同，梁启超（1983：81）重视《大乘起信论》，从大乘心法出发论性无善恶。在《梁启超论孟子遗稿》中，他引《大乘起信论》"依一心法有二种门，一者心真如门，二者心生灭门"，又"谓众生心""摄一切世间出世间法"，"依于此心"而有"心真如相""心生灭因缘相"。

所谓一心法，指众生心所有之法，无对待，即无善恶或超善恶也。"告子所谓无善无不善者，盖指此众生心，即所谓一心法也。此一心法超绝对待，不能加以善不善之名"（梁启超，1983：81）。一心之法可以开二种门，即可以为善可以为不善之义，类似于告子之义，亦类似于孔子习相远之义。

所谓真如相，指圆满之相，即今人所谓最佳理想状态，也可谓完满实现。"孟子言性善者，指真如相，即一心法下所开之心真如门也。"（梁启超，1983：82）"盖孟子所谓性，指真如相。真如浑然，物我同体，仁之德具焉；真如有本觉，智之德具焉。此二者诚无始以来即固有之，谓为天下之所以与我者可也。"（页82）

所谓生灭门，盖指现象界各殊之途，近于现实百态；亦如盲人摸象，各得一偏也。"荀子所谓性恶者，指生灭因缘相，即一心法下所开之心生灭门也。……生灭门所显示之体相用，千状万态，故谓性有善有不善可也，谓有性善有性不善亦可也"（梁启超，1983：82）。生灭门有对待。

梁氏对告子评价甚高，与宋明儒大为不同：

> 告子所云无善无不善，以释心体，诚甚当矣。（梁启超，1983：82）
> 必欲品第优劣，则告子所说，与孔子合，义最园融。（页82）

但他也指出，告子所谓"生之谓性""食色性也"复落入生灭门，此告子矛盾处。这又与王阳明批评告子相似。

梁启超虽以大乘佛教为喻批评性善论，其说可纳入前述体用说范畴，而梁氏自己也确实多次以体用为喻：

> 无善不善指性之体；可以为善不善，指性之用。（梁启超，1983：82）

> 要之若言性之体，则无善无恶；略言性之相，则有善有恶；若为性之用，则可以为善可以为恶。此孔佛一致之说，孟荀则各明一义，不必相非也。（页83）

虽同为体用论，梁氏之说与前人相比，含义或有不同。梁氏以大乘佛教论性之本体，与王阳明、王夫之言"性之本体"之角度迥然不同。我们前面讲到了王夫之之本体与王阳明之本体之不同，但梁氏只以一心法喻性之体，未对性体之义进一步展开，其本体含义似与王阳明更接近，与王夫之有所不同。从梁启超批评告子论性落"生灭门"来看，梁氏所谓性无善恶实指"超绝善恶对待"，与告子性无善恶有别，故本章纳入性超善恶说。

三、人性善恶并存

除了性无善恶或性超善恶说之外，中国历史上批评性善论的另一大宗是善恶并存说；即主张人性中既有善也有恶，善恶并存。可以说在中外人性论史上影响甚大，今天也极易为大多数人所接受。

最早提出这一说法的人可能是东周时人世子硕，以及同时人宓（又作密）子贱、漆雕开、公孙尼子之徒。其说载于王充《论衡·本性篇》：

> 周人世硕，以为人性有善有恶。举人之善性，养而致之则善长；[恶]性，[恶]养而致之则恶长。如此，则[情]性各有阴阳，善恶在所养焉。故世子作《养[性]书》一篇，密子贱、漆雕开、公孙尼子之徒，亦论情性，与世子相出入，皆言性有善有恶。（黄晖，1990：132-133）

其中宓子贱、漆雕开通常认为是孔子弟子，世子硕、公孙尼子为孔子再传弟子，公孙尼子常认为是《乐记》的作者。这些人的年代与孔子相接，其说当代表孟子之前或同时代儒家的典型看法。世硕之言，梁启超、汪荣宝、陈钟凡、张岱年皆以为后来扬雄人性"善恶混"之说所本。章太炎、黄晖及今人丁四新等以为世硕之言本不指人性善恶并存，而指《孟子》中所谓"有性善、有性不善"，接近王充的性三品说。①

世硕之言当早于孟子，故并非为批性善论。然而，汉人扬雄人性善恶混说则是对孟子、荀子的综合，其中自然包含对性善论的批评。扬雄之说虽晚于世硕，影响却远大于前者。他的用意与世硕同在于"养"：

> 人之性也，善恶混。修其善则为善人，修其恶则为恶人。(《法言·修身》)

晋李轨注曰：

> 混，杂也。荀子以为人性恶，孟子以为人性善。而杨子以为人性杂。……杨子之言，备极两家，反复之喻，于是俱畅。(汪荣宝，1987：85)

李轨之言，盖以为扬子之言高于孟、荀两家，其言兼备。后世司马光盛赞扬雄此说，其理由亦是唯扬子之说兼备：

> 孟子以为人性善，其不善者，外物诱之也。荀子以为人性恶，其善者，圣人教之也。是皆得其一偏，而遗其大体也。……杨子以谓人之性善恶混。混者，善恶杂处于身中之谓也，顾人所择而修之何如耳。

---

① 黄晖（1990：133）以为，"近人陈钟凡《诸子通谊下·论性篇》以世硕之伦谓性善恶混，非也。扬雄主善恶混，世硕主有善有恶，两者自异。故仲任以世硕颇得其正，而扬雄未尽性之理。"仲任即王充。黄并认为《孟子·告子上》"或曰有性善有性不善""盖即谓此辈"。黄说甚有据，丁四新（2006）力申之，谓世硕持与王充相近的性三品说，理由之一亦是王充谓世硕之说"颇得其正"。然从所引之文看，"举人之善性"或"人之恶性""养而致之"，似谓同一人之性有善也有恶。如谓世硕主性三品，则当称"举善人之性""恶人之性"。故梁启超（1983：81）认为"汉扬雄性善恶混，即本世子说"，汪荣宝（1987：86）亦称"善恶混之说，实本世硕"。张岱年之说参《中国哲学大纲》(宇同，1958：215)，章太炎（2008：579以下）之说见《国故论衡·辨性上》。鉴于此段解释有分歧，故从字面义放此。

> 修其善则为善人，修其恶则为恶人。斯理也，岂不晓然明白矣哉！如孟子之言，所谓长善者也；如荀子之言，所谓去恶者也。杨子则兼之矣。（司马光，2010：1460-1461）

张岱年指出，后汉末以来，主性兼含善恶的人还包括郑玄、徐干、傅玄等人，其中傅玄之论最详（宇同，1958：218-220）。

按照司马光的说法，孟、荀皆"得其一偏"，唯扬子得其"大体"。为何兼备才是恰当的论性之道呢？关于此，古人有一种理论，即阴阳说。阴阳说也许是我们理解汉儒人性论走出"性一元论"（要么善、要么恶）的关键。① 唐君毅（1968：121）先生认为，汉人从阴阳两面及其相互转化来理解人性，由此导致汉儒与先秦学者不同，不再说人性要么善要么恶，而倾向于"以人性非必善，而兼含善恶之正反两方面"：

> 人之气既有阳有阴，人性必有仁，亦有贪戾，而人性亦即有善有恶。于其善者，汉人或谓之性，而于其恶者，汉人或谓之情。然董子则又谓"情亦性也"。要之，人之为人之本然，总有此阴阳、情性、与善恶之二方面。（唐君毅，1968：121）

我们知道，世子硕所谓性有善有恶之说，可能建立在经验的判断上，未必给出了更深的理由。而王充在引用时以阴阳为说，称世硕以"情性各有阴阳"。此种以阴阳说人性，亦见于董仲舒、许慎、刘向②、郑玄、

---

① 张岱年（宇同，1958：226）谓"性两元论""创始于张载，精炼于程颐，大成于朱熹"，而不将善恶混说称为二元论，与我的用法不同。姜国柱（1997：372以下）、朱葵菊的观点继承张岱年。

② 《论衡·本性篇》："刘子政曰：'性，生而然者也，在于身而不发。情，接于物而然者也，出形于外。形外则谓之阳，不发者则谓之阴。'……夫如子政之言，乃谓情为阳、性为阴也。不据本所生起，苟以形出与不发见定阴阳也。"据此，刘以性为阴、以情为阳，与董仲舒、许慎、《白虎通》有别。又据《申鉴·杂言下》，刘向主张"性情相应，性不独善，情不独恶"，反对将性、情与善、恶相对应，而主张性与情交互影响。如此则刘向虽以阴阳区分情性，但并不主张以其与善恶严格对应。此刘向另一特色。

王充①、班固、荀悦②，可见在汉代甚为流行，亦可见唐君毅之说甚确。

董仲舒可能是较早从阴阳观出发论述人性中善恶互见的人之一。他认为天道以阴阳化成万物，人性中必定也有阴有阳，相对应的就是有善有恶：

> 身之有性情也，若天之有阴阳也。言人之质而无其情，犹言天之阳而无其阴也。(《春秋繁露·深察名号》)

> 天两有阴阳之施，身亦两有贪仁之性。(《春秋繁露·深察名号》)

> 董仲舒览孙、孟之书，作情性之说曰："天之大经，一阴一阳；人之大经，一情一性。性生于阳，情生于阴。阴气鄙，阳气仁。曰性善者，是见其阳也；谓性恶者，是见其阴者也。"(《论衡·本性篇》)

据前引王充之说，董仲舒从阴阳说性，正是基于对孟子性善论的批评。这种从阴阳说善恶，比较常见的做法是将性、情相区分，以性属阳、为善，以情属阴、为恶，形成阴阳/性情/善恶的对应式。③ 如果我们按照古人常有的广义的人性概念，则与情相区分的性为狭义的性，情、性合在一起可作广义的性，此即董子"情亦性也"(《春秋繁露·深察名号》)。故先秦以来人们即常常使用"性情""情性"来表示人性，甚至有时以情指示性（如《孟子·告子上》"乃若其情"）。《白虎通·性情》说：

> 性情者，何谓也？性者，阳之施；情者，阴之化也。人禀阴阳气而生，故内怀五性六情。情者，静也；性者，生也，此人所禀六气以生者也。故《钩命决》曰："情生于阴，欲以时念也；性生于阳，以就

---

① 王充认为董仲舒将阴阳、情性乃至善恶严格相对应不妥，认为"夫人情性同生于阴阳"。正因如此，情、性皆不能纯善或纯恶。"玉生于石，有纯有驳；情性 [生] 于阴阳，安能纯善？"同时，他也认为刘向"不论性之善恶，徒议外内阴阳，理难以知。且从子政之言，以性为阴，情为阳，夫人禀情，竟有善恶不也？"(《论衡·本性》)
② 荀悦《申鉴·杂言下》一方面认为阴阳分别代表恶、善，"善，阳也；恶，阴也"；但另一方面反对性、情分别代表善恶，认为性、情只是性中的两方面、各有善恶。"昆虫草木皆有性焉，不尽善也；天地圣人，皆称情焉，不主恶也。"他并批评有人主张"能以仁义为节者，是性割其情也。性少情多，性不能割其情，则情独行，为恶矣"之说，认为善恶不是性情之争。
③ 张岱年谓性善情恶说起于董仲舒，至唐人李翱而完成，然其同时代人亦有严厉批评者，包括刘向、荀悦、王充等。(宇同，1958：222-225)

理也。阳气者仁，阴气者贪，故情有利欲，性有仁也。"

"阳气者仁，阴气者贪，故情有利欲，性有仁也"，如此一来人性中当同时有善恶两面。许慎则说得更明确：

> 性，人之阳气。性，善者也。(《说文解字·性》)
> 情，人之阴气，有欲者。(《说文解字·情》)

若从上两段看，许慎似乎不以情为性，但下面这段话表明他事实上认为情、性合为一体，构成人性之善恶：

> 湎，就也，所以就人性之善恶。(《说文解字·湎》)

《白虎通》及许慎的性善情恶说，我曾在第四章讨论"本原说"时列入，作为对性善论的一种解释，而这里又作为对性善论的一种批评，乃是因为此说确有这两方面含义。以阴阳说人性、称性有善恶两面的说法，不仅行于汉代，后世亦有。清人孙星衍（1996：13）、焦循（1987：755-756）、康有为均认同此说。康有为进一步将阴阳、性情、善恶与魂魄相连：

> 盖魂气之灵，则仁；体魄之气，则贪。魂魄即阴阳也。魂魄常相争，魂气清明则仁多，魄气强横则贪气多。使魂能制魄，则君子；使魄强挟魂，则小人。……但昔人不直指魂魄，或言阴阳，或言性情，或言精气，皆以名不同而生惑。若其直义，则一而已。（康有为，1987：37）

康有为（1987：37）认为魂魄即阴阳，由此决定了人性中善恶各自成分多少取决于魂魄相争的结果，也决定了现实中的"人性万端，人品万汇"。而孟子独标性善，他认为是"就善质而指之"（页37）：

> 孟子探原于天，尊其魂而贱其魄，以人性之灵明皆善，此出于天生，而非禀于父母者。厚待于人，舍其恶而称其善，以人性之质点可为善，则可谓为善。（康有为，1987：7）

第五章　古今学者对性善论的批评：回顾与总结

这一段是康有为全部看法之精练概括。他认为孟子道性善，是"尊其魂而贱其魄""舍其恶而称其善"。这当然包含对孟子委婉的批评。不过康有为总体上对孟子性善论持同情的态度，认为孟子"独标性善"，以凸显"人人皆可平等自立"（康有为，1987：7），"人人皆可为太平大同之道"（页8），这是其"善诱之苦心"（页49），考虑到孟子生于乱世，"亦未为过"（页39）。

人性善恶并存之说，从先秦提到、汉代发展之后，到宋代程朱学者提出天地之性（或义理之性）与气质之性二分，实际上继承了这种说法。原因很简单，需要给人性中恶的来源找到解释。当然与扬雄等人不同的是，程朱学者将善性即天地之性作为天之所命，作为宇宙本原，从更本质的角度尊视它。所以，人性善恶两者并不是简单的二元平行关系，所以程朱学者绝不会反对孟子，反而更尊视孟子的性善论，这也是后世学者较少明确反对性善论的原因之一吧。

在西方历史上，柏拉图、亚里士多德也区分灵魂中理性与非理性成分，而视前者为人性之本质。在基督教到康德的哲学中，对人性的理解有自然与自由二分思维，其中自然层面对应于荀子所言人的感官欲望等属性，而自由对应于人的本质。按照这种理解，程朱学者所说的善性或天地之性对应于西方学者所说的人的本质属性，是体现人之为人的独特的、区别于动物的层面。

在今人看来，人性中善恶并存听起来较合常识，所以依然流行。不过现代人持此论者，较少像古人那样以阴阳为据，而较多地采用前述的兼备说。比如英国历史学家汤因比就说：

> 人的本性，是不能从本质上截然分为善与恶的。人性能成为善的，也能成为恶的。在我们的经验范围内，随便找一个人，他的本性中都混杂着善与恶。当然，其所占比例是因人而异的。但通常人性中，在某种程度上，是善恶并存的。在现实中大概是没有绝对的善人，或绝对的恶人。（池田大作，1997：372）

汤因比的分析非常契合今天人的普遍想法。我在本书第六章中，详细总结了西方历史上的人性善恶学说，认为西方人性善恶说主要盛行于基督教和自然状态说（尤其是霍布斯、洛克、卢梭等人之说）中，而基督教的人性论是偏向善恶并存的。

四、人性善恶不齐

中国历史上的人性论发展到汉代，最大的特点是不再像孟荀那样持一种极端的唯善或唯恶立场。汉代人性论最大的特色，我认为是不再相信统一的人性，至少在善恶意义上如此。因此，一方面，从阴阳、性情出发讲人性，主善恶并存；另一方面，从上智、下愚出发讲人性，主人性不齐，或善恶多品，最典型的说法是所谓性三品（或称为"性多品说"。黄开国：79-83[①]；周桂钿：91-93）。诚如张岱年所说：

> 无论性善论，性恶论，性无善恶论，性超善恶论，性有善有恶论，皆认为人人之性同一无二，一切人之本性实皆齐等，并无两样的性；善人与恶人之不同，非在于性，乃缘于习。唯独有性善有性不善论，认为人与人之性并不一致，本相歧异，善人与恶人生来即不相同。战国时之有性善有性不善论，仅谓性有两等。至后汉乃有性三品论，认为人有上中下三种，性有善，恶，不善不恶三等。（宇同，1958：220）

荀子曰："尧舜之与桀跖，其性一也；君子之与小人，其性一也"（《性恶》）。性三品或人性不齐之说，正与此说相反，然亦可溯源到孔子：

> 子曰："唯上知与下愚不移。"（《论语·阳货》）
> 子曰："中人以上，可以语上也；中人以下，不可以语上也。"（《论语·雍也》）

[①] 黄开国（2006：79-83）论证董仲舒提出了性四品、五品乃至七品说，以董仲舒所谓五等或七种不同的人为据，理由似不足。

孔子曰："生而知之者，上也；学而知之者，次也；困而学之，又其次也。困而不学，民斯为下矣！"（《论语·季氏》）

孔子似分人性为上、中、下三等，但并未言其善恶。明确提出人性善恶不齐者最早见于《孟子·告子上》（6A6）：

或曰："有性善，有性不善。是故以尧为君而有象，以瞽瞍为父而有舜，以纣为兄之子且以为君，而有微子启、王子比干。"①

此说核心在于：人性善恶是先天地决定的，有的人生性恶，遇明君亦恶；有的人生性善，遇暴君亦善。故曰"人性不齐"，后发展成性三品说。三品说在汉、唐、宋代影响均较大，在汉代尤其大，董仲舒、刘向②、王充、王符、荀悦莫不主此说，一直到唐代的韩愈、北宋的李觏和司马光等仍持性三品说。但在程朱理学兴起后，性三品或多品之说趋于消失。不过，清末学者康有为虽未明言性三品，但对此说颇有同情之议。而近代日本学者荻生徂徕（1666—1728）、太宰春台（1680—1747）则明确坚持性三品。

从性兼善恶到性三品，似乎有一种内在的发展逻辑或必然性（黄开国，2006：78）。这是因为，如果认为人性为阴阳构成，则阴阳成分的多寡决定了人性善恶多少的不同。阳气多则性善，阴气多则性恶，阴阳相近则为中人。故唐君毅（1968：123）称"三品之说""似可由人性之为阴阳二气之组合，而所具之成分之不同，加以引绎而得"。黄开国（2006：78）认为，"董氏所讲的人人同一之性，是一种有内在差异的同一。当把这种同一中的内在差别外在化于不同的人性时，就必然导出以善恶区分人性等差的性品级说"。所谓"内在差异"，我认为可包括人性中存在的阴阳成分的不同。

最早较明确提出性三品说的是董仲舒（前179—前104）。《天人三策》明确提到人性不齐：

臣闻命者天之令也，性者生之质也，情者人之欲也。或夭或寿，

---

① 世硕之言本章第二节"人性善恶并存"中已述，是否可按黄晖方式理解尚有争议。
② 刘向之倾向于性三品材料不多，这里仅从荀悦《申鉴·杂言下》所引推出。

或仁或鄙。陶冶而成之，不能粹美，有治乱之所生，故不齐也。(《汉书·董仲舒传》)

天生之性"或仁或鄙"，故曰天之生人不齐。《春秋繁露》明确区分了圣人之性、中民之性和斗筲之性：

名性不以上，不以下，以其中名之。(《深察名号》)

圣人之性，不可以名性；斗筲之性，又不可以名性；名性者，中民之性。(《实性》)

董氏立三品之性，真正用意在于说明言性当以中民之性为准。正是从中民之性出发，董仲舒对孟子性善论提出了激烈批评。他的逻辑是：圣人、斗筲之性皆异常特殊，没有代表性；只有中民之性才代表大多数，而中民——又称为万民——之性不可称为善。董氏提出了四条理由来反驳孟子：

第一，从名号看，"民"之义从"瞑"，瞑就是未觉。既然是待觉者，怎可谓之善？"民之号，取之瞑也，使性而已善，则何故以瞑为号？"(《深察名号》)

第二，民有善质，但善质不等于善。就如禾出米，而不可谓米；性出善，而不可谓善；正因如此，民是待圣王之教而为善者：

今万民之性，有其质而未能觉，譬如瞑者待觉，教之然后善。当其未觉，可谓有善质，而未可谓善。(《深察名号》)

天生民，性有善质而未能善，于是为之立王以善之，此天意也。民受未能善之性于天，而退受成性之教于王。王承天意，以成民之性为任者也。今案其真质而谓民性已善者，是失天意而去王任也。万民之性苟已善，则王者受命尚何任也？(《深察名号》)

今谓性已善，不几于无教而如其自然，又不顺于为政之道矣。(《实性》)

第三，民性相对于禽兽为善，相对于圣人为不善。但取法当以圣人为准，

而不当以禽兽为准:

> 质于禽兽之性,则万民之性善矣;质于人道之善,则民性弗及也。万民之性善于禽兽者许之,圣人之所谓善者弗许。吾质之命性者异孟子:孟子下质于禽兽之所为,故曰性已善;吾上质于圣人之所为,故谓性未善。(《深察名号》)

第四,若谓万民之性已善,显然与现实不相符:

> 今按圣人言中,本无性善名,而有善人吾不得见之矣。使万民之性皆已能善,善人者何为不见也?观孔子言此之意,以为善甚难当。而孟子以为万民性皆能当之,过矣。(《实性》)

唐君毅(1968:123,125)认为,董氏不是真正的性三品说者,虽区分圣人、中民与斗筲之性,然"其言性以中民之性为准,故未明立三品之说",故"董子于人性无三品之分"(页125)。另一方面,唐君毅认为董氏与王充等三品论者所持的人性概念有别。前者认为人性内在地包含可相互转化的阴阳动力为其质,即董子所谓"生之质",而王充之性则纯从外在表现和外在价值标准来判断人品,故"王充之性,可谓决定不移者","无能生之实质义矣"(页125)。王充三品之说,启后世刘劭《人物志》之类以材性品评人物之潮流。总之,按照唐君毅,董仲舒重人性内在转化,不以品级固化人性,非真正的性三品论者。真正的性三品说当始于王充。

王充的基本观点非常明确,《论衡》之《率性篇》《本性篇》系统地阐述了他的人性善恶学说。他认为正如九州田土善恶不均、有上中下之差一样,人性及其善恶也不可能千篇一律、没有区分:

> 余固以孟轲言人性善者,中人以上者也;孙卿言人性恶者,中人以下者也;扬雄言人性善恶混者,中人也。若反经合道,则可以为教;尽性之理,则未也。(《本性篇》)

他提出了一个人性不齐的理论根据,即"夫物之不齐,物之情也"(《孟

子·滕文公上》)。这是孟子说过的话,而孟子自己却违背了。由此出发,他对孟子性善论提出了批评:

> 孟子作《性善》之篇,以为"人性皆善,及其不善,物乱之也"。谓人生于天地,皆禀善性,长大与物交接者,放纵悖乱,不善日以生矣。若孟子之言,人幼小之时,无有不善也。(《本性篇》)

王充认为孟子观点的最大漏洞,在于会得出"人幼小之时,无有不善"的结论。他试图从如下几方面揭示孟子性善说的问题:

第一,历史上商纣王、羊舌食我是人所共知的从小就有"不善之性"的人:

> 纣为孩子之时,微子睹其不善之性。性恶不出众庶,长大为乱不变,故云也。羊舌食我初生之时,叔姬视之,及堂,闻其啼声而还,曰:"其声,豺狼之声也,野心无亲,非是莫灭羊舌氏。"遂不肯见。及长,祁胜为乱,食我与焉。国人杀食我,羊舌氏由是灭矣。纣之恶,在孩子之时;食我之乱,见始生之声。孩子始生,未与物接,谁令悖者?(《本性篇》)

第二,有些人虽生于圣王身边,本性之恶却无法改变,丹朱、商均就是典型:

> 丹朱生于唐宫,商均生于虞室。唐、虞之时,可比屋而封,所与接者,必多善矣。二帝之旁,必多贤也。然而丹朱傲,商均虐,并失帝统,历世为戒。(《本性篇》)

第三,孟子自己善于从人的眸子看出一个人的善恶来,眸子体现的是所禀之气,因而反映的正是人的本性,也说明"性本自然、善恶有质":

> 且孟子相人以眸子焉,心清而眸子瞭,心浊而眸子眊。人生目辄眊瞭。眊瞭禀之于天,不同气也。非幼小之时瞭,长大与人接,乃更

眊也。性本自然，善恶有质。(《本性篇》)

第四，经验中大量事实证明，人初生时其性已定，或善或恶，并不一致：

> 人善因善，恶亦因恶。初禀天然之姿，受纯一之质，故生而兆见，善恶可察。(《本性篇》)

> 论人之性，定有善有恶。召公……生子，谓十五子。初生意于善，终以善。初生意于恶，终以恶。(《率性篇》)

总之，王充认为，人性可从善恶角度分为极善、极恶和中人三种，而中人则是"不善不恶"或"无分于善恶"，"夫中人之性，在所习焉。习善而为善，习恶而为恶也。至于极善极恶，非复在习"(《本性篇》)。按照这一思路，孟子忽略了人数最多的中人。故曰："孟子之言情性，未为实也"(《本性篇》)。

王充之后，持性三品之人仍有不少。刘向曾批评孟子说"性善则无四凶"(《申鉴·杂言下》)，《潜夫论·德化》称"上智与下愚之民少，而中庸之民多"，《述赦》论及"性恶之人"。他们的观点与性三品说有相契处。① 而较明确地论述了性三品的有荀悦、韩愈。其中荀悦（148—209）在《申鉴·杂言下》明确以"三品"概括"天命人事"，而论人事时则历举孟子、荀子、公孙子、扬雄、刘向之言而评之，并称：

> 性虽善，待教而成。性虽恶，待法而消。唯上智下愚不移，其次善恶交争。(《申鉴·杂言下》)

可能荀悦是最早使用"三品"一词论述人性的人，而韩愈（768—824）则是最明确地使用此词论述人性善恶的人。韩愈《原性》一文甚短，而论述精炼、观点简明。韩愈称：

---

① 刘向论性三品并无明确资料。据荀悦《申鉴·杂言下》所引，刘向对性善、性恶、性善恶混及性善情恶皆有批评，主张"性不独善、情不独恶"，并称"惟向言为然"。鉴于荀悦是性三品说者，似乎刘向也认同此说。黄开国（2006：111-115）谓王符亦主性三品说。

> 性之品有上中下三。上焉者，善焉而已矣。中焉者，可导而上下也；下焉者，恶焉而已矣。（韩愈，2010：47）

"与生俱"的性包括仁、义、礼、智、信五者，在三品中的比重各有不同，上品之性具有仁而行于其他四者；下品之性反于仁而违背其他四者，中品之性仁有不足，其他四者也杂而不纯。接于物而生的"情"，包括喜、怒、哀、惧、爱、恶、欲。性之上品"主于一而行于四"，中品"一也不少有焉则少反焉，其于四也混"，性之下品"反于一而悖于四"。所谓"一也不少有焉则少反焉其于四也混"，其中"一""四"分别是仁与义、礼、智、信。由此出发，他批评孟子性善论"得其一而失其二"：

> 孟子之言性曰：人之性善。荀子之言性曰：人之性恶。杨子之言性曰：人之性善恶混。夫始善而进恶，与始恶而进善，与始也混而今也善恶，皆举其中而遗其上下者也，得其一而失其二者也。……故曰：三子之言性也，举其中而遗其上下者也，得其一而失其二者也。（韩愈，2010：48）

韩愈之后，北宋学者李觏（1009—1059）和司马光（1019—1086）均持近乎性三品之说。李觏（2011：12）称"性之品有三：上智，不学而自能者也，圣人也。下愚，虽学而不能者也，具人之体而已矣"；在《礼论》七篇中，他认为，孟子、荀子、扬雄、韩愈四人之中，唯韩愈之辨为得，"孟子岂能专之"：

> 或问：《孟子》曰："恻隐之心，人皆有之；羞恶之心，人皆有之；辞让之心，人皆有之；是非之心，人皆有之。""恻隐之心，仁之端也；羞恶之心，义之端也；辞让之心，礼之端也；是非之心，智之端也。"孟子既言人皆有仁义之性，而吾子之论独谓圣人有之，何如？
> 曰：孟子以为人之性皆善，故有是言耳。古之言性有四：孟子谓之皆善，荀卿谓之皆恶，扬雄谓之善恶混，韩退之谓性之品三：上焉者善也，中焉者善恶混也，下焉者恶而已矣。今观退之之辨，诚为得也。

第五章 古今学者对性善论的批评：回顾与总结

孟子岂能专之？

（李觏，2011：18）

李觏认为，孟子以仁、义、智、信四者属诸人性，是完全错误的。因为这四者我们只能理解为圣人之性，而对于常人甚至贤人来说，都不能这样说：

或曰：仁义智信，疑若根诸性者也。……曰：圣人者，根诸性者也。贤人者，学礼而后能者也。（李觏，2011：11）

仁、义、智、信者，圣人之性也。（页 11）

贤人者，知乎仁、义、智、信之美而学礼以求之者也。（页 11）

然则贤人之性果无仁、义、智、信乎？曰：贤人之性，中也。扬雄所谓"善恶混"者也。安有仁、义、智、信哉？（页 11-12）

宋人司马光亦有类似说法，他在《疑孟》（司马光，2010：1486-1494[①]）、《善恶混辨》（页 1460-1461）中认为，有些人生来就极善或极恶，非环境所能变；而"性之无分于善不善，谓中人也"（页 1490）。因此司马光认为孟子道性善是没有看到有些人生来性恶，可谓"得其偏而遗其大体者也"：

孟子云："人无有不善。"此孟子之言失也。丹朱、商均自幼及长，所日见者尧、舜也。不能移其恶，岂人之性无不善乎？（司马光，2010：1490-1491）

北宋以后，明确主张性三品的人几乎没有。笔者在清末学者康有为的《孟子微》中发现了对性多品说的同情态度，尽管康氏对孟子性善论给予了高度的评价：

魂魄即阴阳也。魂魄常相争，魂气清明则仁多，魄气强横则贪气

---

① 《疑孟》之文，宋人余允文（1985）《尊孟辨》多引。

多。使魂能制魄，则君子；使魄强挟魂，则小人。……若其魂魄之清浊、明暗、强弱、偏全，互相冲突牵制，以为其发用于是，人性万端，人品万汇。尝为人性表考之，分为万度，错综参伍，曲折万变。（康有为，1987：37）

康有为从董仲舒阴阳二分说入手，认为人性上魂魄相互激荡、彼此错杂而成分多寡不断变化，导致人性千变万化、千差万别。康未明言人性三品或多品，然此处似乎包含了对性三品说的同情态度。

此外，近代日本学者荻生徂徕亦倾向于性三品说。《徂徕先生学则》记其主张"人殊其性，性殊其德，达财成器。不可得而一焉"（井上哲次郎，1903：125）。其《论语微》解孔子"上知与下愚不移"时，谓上知、下愚、中人之性生来不同，修习并非移其性：

盖"移"云者，非移性之谓矣。移亦性也，不移亦性也。故曰上知与下愚不移。言其性殊也。中人可上可下，亦言其性殊也。不知者则谓性可得而移焉。夫性岂可移乎？学以养之，养而后其材成。成则有殊于前，是谓之移，又谓之变。其材之成也，性之成也。故《书》曰："习与性成。"非性之移也。（关仪一郎，1926：316）

此后日本学者太宰春台明确主张性三品，他在《圣学问答》中赞扬韩愈三品说，并将人性分类善、恶、中庸三等：

人之性虽万人万样不同，究如上所说，大约为善、恶、中庸三类。此乃孔子之旨也，韩退之将人之性分三品之说，与此合。（井上哲次郎，1903：242）

他并声称"孔子之后，胜于孟子荀子，得圣旨，知性之说者，退之一人也"（井上哲次郎，1903：242）。

五、人性恶

人性学说的一个重要任务似乎是回答世间恶的来源。如果人性中没有恶,那么,世间的恶是从哪里来的?对此,性善论的回答似乎是一切恶来源于环境对人的引诱。既然如此,人禁不住环境的引诱,至少也是恶的来源之一,那么把人性说成完全是善的也就没有说服力。这可能是历史上性善论遭致批评的原因之一。然而,承认人性为世间恶的发生提供了根据,不等于说人性本身就是恶的,因为人禁不住诱惑可能只是体现了人性的弱点。从这个角度说,荀子的人性论与其说证明了人性是恶的,不如说证明了人性的弱点,这种弱点为人间的恶提供了来源。从荀子所使用的人性概念的含义及其对善恶的定义看,这一结论似乎更有道理。如此看来,他对孟子性善论的批评,也可能来自他对人性弱点的认识。近年来,不少学者为荀子的人性论作出同情的解读或辩护,他们往往提醒人们正视荀子人性概念的复杂性,以及其使用善恶一词时的特定语境(唐端正,1981;潘小慧,2012;冯耀明,2005;路德斌,2015;梁涛,2018)。下面我们一起来分析一下荀子的人性论,特别是他对孟子的批评。

荀子的性恶论建立在其人性概念之上,这一概念一方面与先秦时期流行的人性概念有共同的含义基础,另一方面荀子又提出了新的说法,即从其社会后果来观察、评价它。我认为荀子的人性概念有两个密切呼应的层次,其中第一层次指人与生俱来的基本特性,第二层次则是指人的这些特性在人类社会生活中自然而然地作出的、朝向善恶的反应。当荀子说人性恶时,他其实只就第二个层次展开,并未涉及第一层次。这就留下一个讨论的空间:在人们通常认定为人性之主要内容的第一层面上,荀子并没有判定人性善恶,那么荀子是不是真的主张了性恶(参路德斌,2015)?鉴于荀子确实在《性恶篇》多次使用"人之性恶"这一表达方式,我们似乎只能说在荀子那儿性恶说只是在特定意义上使用的。

首先,荀子对性的定义有:

> 生之所以然者谓之性；性之和所生，精合感应，不事而自然谓之性。(《正名》)
>
> 性者，本始材朴也。伪者，文理隆盛也。(《礼论》)
>
> 凡性者，天之就也，不可学，不可事。(《性恶》)
>
> 目好色，耳好声，口好味，心好利，骨体肤理好愉佚，是皆生于人之情性者也；感而自然，不待事而后生之者也。(《性恶》)

从这些对性的定义看，他的人性概念与同时代人的人性概念并无本质区别，是指人与生俱来的主要特性，此即徐复观、牟宗三、劳思光等人所谓"以生言性"的大传统（梁涛，2007）。对于这个"性"的内容，荀子有多种表述，参照梁涛（2015：72）的分类，我认为大体可分两个层次，其中第一层次有三方面：（1）感官性能，如"目可以见，耳可以听"(《性恶》)；（2）生理欲望，如"饥而欲饱，寒而欲暖，劳而欲休"(《性恶》)，"目好色，耳好声，口好味，心好利，骨体肤理好愉佚"(《性恶》)；（3）世俗欲望，如"心好利""生而有好利下焉""生而有疾恶焉""好利而欲得"等(《性恶》)，大体包括"好利""疾恶""欲得"等方面。其中"欲得"包括"夫薄愿厚，恶愿美，狭愿广，贫愿富，贱愿贵"(《性恶》)等。人性的内容由感官性能上升为种种欲望，我认为这构成荀子人性的第一层含义。第二层次含义则是指这些欲望的社会发展及其后果。我想今天我们任何人都会同意，人间之恶的来源在于欲望的膨胀或发展。荀子正是从这个角度论述人性之恶的：

> 今人之性，生而有好利焉。顺是，故争夺生而辞让亡焉；生而有疾恶焉。顺是，故残贼生而忠信亡焉。生而有耳目之欲，有好声色焉。顺是，故淫乱生而礼义文理亡焉。(《性恶》)

这里显然是论述人性按照其"喜好"任性发展会产生恶，但没有说这些欲望、这些"好"本身是不是恶的。由于荀子完全从社会后果来界定善恶，称"凡古今天下之所谓善者，正理平治也；所谓恶者，偏险悖乱也"(《性恶》），故其讨论人性善恶也完全是从人性的内容所产生的社会后果出发（冯耀明，2005：172）：

> 然则从人之性，顺人之情，必出于争夺，合于犯分乱理，而归于暴。……用此观之，然则人之性恶明矣。(《性恶》)
>
> 人生而有欲，欲而不得，则不能无求。求而无度量分界，则不能不争；争则乱，乱则穷。(《礼论》)

荀子正是从这样的人性概念出发来批评孟子的性善论。由于荀子批评时所引孟子的原话在今本《孟子》不可见，故有学者指出这种批评针对的对象是孟子后学所编的《孟子外书》，而非今本《孟子》中的性善论（梁涛，2013）。如果此说成立，则今本《荀子》所体现的对孟子性善论的批评意义有限。尽管如此，因为我们的关注点在于孟子，不妨从荀子的性恶论出发，看看其中可以找到哪些对孟子性善论构成反驳的成分。为此，我们先从《荀子·性恶》的原文出发。

首先，荀子认为，孟子错误地认为天生之"朴"、之"资"本身是善的，而事实恰好相反。荀子用"朴""资"形容人性原有的内容，认为好比聪不离耳、明不离目，但善跟此人性之朴、资的关系并不是如此。恰好相反，跟性之朴、资相连的是恶而不是善。

> 孟子曰："今人之性善，将皆失丧其性故也。"曰：若是则过矣。今人之性，生而离其朴，离其资，必失而丧之。用此观之，然则人之性恶明矣。所谓性善者，不离其朴而美之，不离其资而利之也。使夫资朴之于美，心意之于善，若夫可以见之明不离目，可以听之聪不离耳，故曰目明而耳聪也。今人之性，饥而欲饱，寒而欲暖，劳而欲休，此人之情性也。今人饥，见长而不敢先食者，将有所让也；劳而不敢求息者，将有所代也。夫子之让乎父，弟之让乎兄，子之代乎父，弟之代乎兄，此二行者，皆反于性而悖于情也。然而孝子之道，礼义之文理也。故顺情性则不辞让矣，辞让则悖于情性矣。用此观之，人之性

恶明矣，其善者伪也。(《性恶》)

"所谓性善者，不离其朴而美之，不离其资而利之也"，然而事实情况是，"顺情性则不辞让矣，辞让则悖于情性矣"。

有些学者据此认为，荀子是性朴论者，并不是性恶论；或者还有更折中的说法，称荀子并不认为人性的原有资质为恶，只是认为人性的后果有恶（参路德斌，2015；冯耀明，2005）。我认为这明显违背了荀子本人的说法，荀子明明强调，性之"朴""资"与恶不可分离，就像"聪不离耳、明不离目"一样，是因为它们与种种人世争夺等不可分离。

其次，荀子认为，孟子错误地认为善可以通过扩充性之朴、资来达到，没有认识到善的实现单纯靠性本身是不够的，必须借助于师法、礼义等外在手段，此即所谓孟子没有区分性与伪（Chong，2003）。

> 孟子曰："人之学者，其性善。"曰：是不然。是不及知人之性，而不察乎人人之性、伪之分者也。凡性者，天之就也，不可学，不可事。礼义者，圣人之所生也，人之所学而能，所事而成者也。不可学，不可事，而在人者，谓之性；可学而能，可事而成之在人者，谓之伪。是性伪之分也。今人之性，目可以见，耳可以听。夫可以见之明不离目，可以听之聪不离耳。目明而耳聪，不可学明矣。(《性恶》)

这里涉及的问题是，孟子的性善论是不是对人性的原始内容看得过于浪漫、理想。

其三，荀子认为孟子没有对人性的善恶作出正确界定。按照荀子的理解，人性的善恶不能只看其有无善端，而要看其是否达到了"正理平治"，即是否懂得礼义。在荀子看来，孟子没有认识到人性"不知礼义"，其所谓人性善难以理解：

> 孟子曰："人之性善。"曰：是不然。凡古今天下之所谓善者，正理平治也；所谓恶者，偏险悖乱也：是善恶之分也已。(《性恶》)
>
> 今人之性，固无礼义，故强学而求有之也。性不知礼义，故思虑

而求知之也。然则生而已，则人无礼义，不知礼义。(《性恶》)

其四，荀子认为孟子的性善论不符合古今圣王治理天下的实践经验。

> 古者圣王以人之性恶，以为偏险而不正，悖乱而不治，是以为之起礼义，制法度，以矫饰人之情性而正之，以扰化人之情性而导之也。始皆出于治，合于道者也。(《性恶》)

> 今诚以人之性固正理平治邪，则有恶用圣王，恶用礼义哉？虽有圣王礼义，将曷加于正理平治也哉？(《性恶》)

其五，荀子认为孟子的性善论会导致严重的社会后果，即"去圣王、息礼义"，让人们放任性情，势必导致天下大乱：

> 故性善则去圣王，息礼义矣。性恶则与圣王，贵礼义矣。故檃栝之生，为枸木也；绳墨之起，为不直也；立君上，明礼义，为性恶也。(《性恶》)

最后，总而言之，孟子的性善论不仅违背实践经验，更缺乏可行性，即所谓"无辨合符验、起而不可设、张而不可行"：

> 凡论者贵其有辨合，有符验。故坐而言之，起而可设，张而可施行。今孟子曰："人之性善。"无辨合符验，坐而言之，起而不可设，张而不可施行，岂不过甚矣哉！(《性恶》)

以上是我根据今本《荀子·性恶》梳理出来的荀子人性论中可能对孟子性善论构成批评的内容。从总体上看，它体现了荀子与孟子对人性及善恶的不同理解，以及重视社会后果的功利精神。特别是荀子从社会后果看人性善恶，确实与孟子从动机或主观状态本身看人性善恶是迥然不同的思路。

荀子之后，中国历史上明确提倡人性恶的人极少。不少人认为法家如商鞅、韩非子等是性恶论者。今本《商君书》《韩非子》等没有明确倡导性恶论,但从其讨论看,特别是对所谓"人之情""民之情"或人性的描述看,我认为确实可以推测其有人性恶的预设。比如《商君书·算地》称"民之性,饥而求食,劳而求佚,苦则索乐,辱则求荣,此百姓之情也",《错法》有"夫人情好爵禄而恶刑罚";《管子·形势解》有"民之情莫不欲生而恶死,莫不欲利而恶害",《禁藏》有"凡人之情,得所欲而乐,逢所恶而忧,此贵贱之所同有也","凡人之情,见利莫能勿就,见害莫能勿避";《国蓄》"民予则喜,夺则怒,民情皆然";《韩非子·外储说左上》"利之所在民归之,名之所彰士死之",《解老》谓人"以肠胃为根本,不食则不能活,是以不免于欲利之心";等等。凡此种种,皆虽未使用人性或性恶之称,但可以说接近于以人性为恶。不过,这些人并未见对孟子性善论的明确批评。

先秦以来,在中国历史上的人性善恶说者之中,清代学者俞樾是个例外。俞樾(1821—1907)大概是清代学者当中最明确地主张否定孟子性善论,并明确肯定荀子性恶论者,尽管他对孟子性善论并无多少研究,所留论孟子性善论之文,见于《宾萌集》之二"性说上""性说下"(俞樾,2010:797-799),据我统计只有1300多字。

俞氏在人性善恶上明确支持荀子、反对孟子,"吾之论性不从孟而从荀"(俞樾,2010:797)。今总结俞氏对孟子性善论的批评理由有如下几条(江恒源,1926:229-233):

第一,孟子"孩提之童无不知爱其亲也,及其长也无不知敬其长"(《尽心上》),条不成立。因为孩提之童之爱亲敬长皆由于"私其所昵"。这种"昵私"倾向在长大后可以演变成唯我独尊、罔顾他人,因而无善可说。

第二,孟子"人无有不善,水无有不下"(《告子上》)条不成立。以水为喻,可知水之在颡、过山皆极短,片刻之后即已再次趋下矣,这表明"其性不如是而强之如是,向未有能久者也"(俞樾,2010:797-798)。也就是水的向下趋势是非常强大、不可阻挡的。然而看看人,"人之为不善若终身焉"(页798);特别是圣贤一类善人少之又少,千百年才出一个。由此可见,人在现实生活中不善的趋势堪比水之下流趋势,若以水喻性,结论应当相反,

"孟子之说非也"（页798）。

第三，孟子称"尧舜与人同耳"（《离娄下》）过于理想化，"何其言之易也！"（俞樾，2010：798）如果说"人皆可以为尧舜"（《告子下》）固可，这正是荀子"涂之人可以为禹"（《性恶》）之义，不过荀子的逻辑根据是尧舜可学而至，而不是由于人性本善。因此"荀子取必于学者也，孟子取必于性者也"（页798）。取必于学可，取必于性则不可：

> 孟子之说将使天下恃性而废学，而释氏之教得行其间矣。《书》曰："节性，惟日其迈。"《记》曰："率性之为道。"孟子之说其率性者欤？荀子之说其节性者欤？夫有君师之责者，使人知率性，不如使人知节性也。故吾之论性不从孟而从荀。（俞樾，2010：798）

显然，这里强调了性善之说的危害之一在于教育。

第四，俞樾（2010：798）认为，"民之初生固若禽兽然"，这才是圣人作、教之父子尊卑长幼之原因。"民始皆芒然无所措手足，于是制之为礼""为刑"（页798）；"夫使人之性而固善也者，圣人何为屑屑焉若是？"（页798）

第五，一种辩护意见说，"若人性不善，则教无所施。今将执禽兽而使知有父子之亲、夫妇之别、尊卑上下长幼之分，得乎哉？"俞反驳说，人与禽兽之别不在于性[之善恶]，而在乎"才之异"。禽兽不如人聪明、能役万物，"故不能为善，亦不能为大恶"。而人则不然，其才高于禽兽，故为恶亦远甚于禽兽。然人之才"能为恶亦将为能善"，所以主张"屈性而申才"。（俞樾，2010：799）

荀子的性恶论，虽然汉代以来饱受批评，但今天看来，其意义或在于让我们正视人性的阴暗面。虽然性恶论显得极端，但其对人性之恶的认识也许是最深切的。当代学者张灏（2016：68）认为"人世的忧患也可种因于人内在的罪恶性。后者可加以防堵，但却无法永远根除"，故大力主张人性的"幽暗意识"。由此他认为基督教的幽暗意识比儒家的忧患意识更高。不妨借用他的话来总结性恶论可能具有的启发意义：

> 儒家相信人性的阴暗，透过个人的精神修养可以根除，而幽暗意识则认为人性中的阴暗面是无法根除、永远潜伏的。不记得谁曾经说过这样一句话："历史上人类的文明有进步，但人性却没有进步。"这个洞见就是幽暗意识的一个极好的注脚。（张灏，2016：67）
>
> 在理想的狂热中，在权力斗争中，人是多么诡谲多变，多么深险难测，人性是可以多么丑陋，多么扭曲，多么可怕！（页65）

按照性恶论，性善论最大的缺陷之一在于对人性的阴暗面正视不够。当代学者韦政通即主此说：

> 儒家在道德思想中所表现的，对现实人生的种种罪恶，始终未能一刀切入，有较深刻的剖析。根本的原因就是因儒家观察人生，自始所发现者在性善，而后就顺着性善说一条鞭地讲下来。（韦政通，1986：3）

六、人性善恶不可知

还有一种特别的人性善恶论，认为人性既是天之所命，则当脱离经验、溯至先天证其善恶。然而，现实生活中我们不可能离开经验来判断，所以人性是善是恶不可知，探究人性善恶是一个注定无解的问题。程颢可能是历史上第一个提出此说的人。

程颢认为，人们分析人性，都只能从现实表现出发，而性之本义当在现实表现之外，然而，人如何能超出现实表现之外来论性呢？所以从人性一词的含义出发，只能得出人性不可知：

> 盖"生之谓性"、"人生而静"以上不容说，才说性时，便已不是性也。（程颢，2004：10）

程颢的上述观点，连同他从源流说角度对性善论的批评，在宋明理学家包括程颐、朱熹等人那里均未获得认同,在其后相当长时间内少有儒者接受。不过我认为这一方面也因为他的论述不够充分。直到清末学者王国维(1877—1927)那里,才得到了积极回应。王国维(2009:4-17)早年作《论性》一文①,阐述其人性不可知之说。

首先,王国维认为,中国古代学者论性,始终无法走出性善论还是性恶论的循环怪圈。原因在于,他们无论是说善还是说恶,都是从后天出发的。从更大的范围看,中国历代性论之所以出现性二元论(即人性既有善也有恶)与性一元论(即人性要么善要么恶)之争,原因也在于此。他认为,这其实是一个一开始就注定了无果的争论,因而是没有意义的。

他逐一分析了孟子、荀子、董仲舒、扬雄、苏轼、王安石、周敦颐、张载、程颢、程颐、朱子等人,试图说明历史上的性一元论者皆不免矛盾。最后,他举印度之婆罗门教、波斯之火教、希腊之神话等为例说明,人类各大文化体系皆认识到人性中善恶两种势力之争斗,这是由于人们在经验中必然会有善恶二性相对并存,因此凡从经验出发主人性善或人性恶(性一元论),皆难免自相矛盾。除非超绝的性一元论(无善无恶论),干脆以性为人类经验之前之存在,方可避免自相矛盾。

> 善恶之相对立,吾人经验上之事实也。自生民以来至于今,世界之事变,孰非此善恶二性之争斗乎?……故世界之宗教,无不着二神教之色彩。(王国维,2009:15-16)

> 吾人之经验上善恶二性之相对立如此,故由经验以推论人性者,虽不知与性果有当与否,然尚不与经验相矛盾,故得而持其说也。超绝的一元论,亦务与经验上之事实相调和,故亦不见有显著之矛盾。至执性善性恶之一元论者,当其就性言性时,以性为吾人不可经验之一物故,故皆得而持其说。然欲以之说明经验,或应用于修身之事业,则矛盾即随之而起。吾故表而出之,使后之学者勿徒为此无益之议论

---

① 《论性》一文收入王国维光绪三十一年(1905年)自编的《静安文集》中。据静安自序,此文当作于1903—1905年(王国维,2009)。

也。（页17）

> 故古今言性之自相矛盾，必然之理也。（页6）

王国维借用康德先验、经验二分之说，认为人性的本义当属先验领域。既然是先验的，必定超出了吾人认识能力之外，据此人性善恶也是无法证明的。他又说：

> 若谓于后天中知之，则所知者又非性。何则？吾人经验上所知之性，其受遗传与外部之影响者不少，则其非性之本来面目，固已久矣。故断言之曰：性之为物，超乎吾人之知识外也。（王国维，2009：5）
>
> 人性之超乎吾人之知识外，既如斯矣，于是欲论人性者，非驰于空想之域，势不得不从经验上推论之。夫经验上之所谓性，固非性之本然。（页5）
>
> 夫立于经验之上以言性，虽所论者非真性。（页6）

王国维认为人性善恶无法证明的说法，与程颢"'人生而静'以上不容说"的说法在思维方法上相近。他们的共同之处是要说明，人性的本义应当超越日常经验，即既生之后来看。如果我们把他们所提示的性称为性之本原或本体的话，那就与前述王安石、苏轼、王夫之甚至王阳明的人性论相接。如此则王国维的观点或可纳入前面的"人性超越善恶"说之中，不过由于他强调性不可知，故我将之称为"善恶不可知说"。而性无善恶或性超善恶说者，并未称性不可知。

此外，日本学者山鹿素行（1622—1685）从性与习的关系出发，提出一种看似性不可知论的观点，称：

> 性以善恶不可言，孟轲所谓性善者，不得已而字之，以尧舜为的也。后世不知其实，切认性之本善立工夫，尤学者之惑也。（山鹿素行，1902：25）

他并认为历史上告子、荀子、扬雄甚至程朱，"皆不知性也"，因为"性不可涉多言"（山鹿素行，1902：26）。

性不可知论者揭示了人性概念所包含的内在矛盾或悖论。它提醒我们在讨论人性善恶时必须正视的核心问题之一，即人性概念的界定问题。事实上，正是概念界定问题，导致了后世大量的纷争。而孟子本人在倡性善时，对概念的使用和界定确有不清之处。

七、人性善恶后天决定

还有一种对性善论的批评认为，善恶是后天因素的产物。此说批评孟子过多地重视了先天因素，或者认为孟子的性善论容易忽视后天因素的作用。这种观点在历史上影响也很大。在中国历史上，从孔子"性近习远"（《论语·阳货》）之说，始开重习养性先河，历来世硕、荀子（论性伪之分）、王充、欧阳修、叶适、梁启超皆重习染作用。日本学者山鹿素行、荻生徂徕亦然。

综而言之，后天因素有两种：一是社会政治环境，一是个人努力。二者或可统称为"习"。然而要注意，注重习对性的影响，不等于认为性由环境造就，而只是说善恶由环境造就，非生来就有。强调个人修习或环境引导的重要性，有如下几种情况：

（1）人性如白板，无善无恶，因此善恶完全是后天决定的。明确强调环境对人性善恶的塑造或影响，或自告子始。告子曰："性，犹湍水也，决诸东方则东流，决诸西方则西流。人性之无分于善不善也，犹水之无分于东西也。"（《孟子·告子上》6A2）告子的思想是，人性本身无所谓善恶，它就像白板一样，是变成善还是变成恶，取决于人为努力。

（2）人性有善或恶的萌芽，但还不能称为善恶，关键在朝什么方向引导。有善端而不引导，会使善端消失。有恶端而不转化，会使恶端膨胀。细分共有三种说法：

观点1. 人性有善端或善质，但尚未成为善，若成为善取决于人为努力。"性有善端"（《春秋繁露·深察名号》）不等于性善，后天的作用在于对善端的引导。董仲舒认为性之善恶取决于政治环境和教化。从政治角度看，

"天下者无患,然后性可善。性可善,然后清廉之化流,清廉之化流,然后王道举礼乐兴"(《春秋繁露·盟会要》)。从教化角度看,"性待渐于教训,而后能为善;善,教训之所然也,非质朴之所能至也";"善者,王教之化也"(《春秋繁露·实性》)。善质、善端只是萌芽,可以向善、也可以向恶,修习的重要意义就在于将善质、善端发扬光大。清儒孙星衍(1996:18)对此说极为赞同,称"孟子以孩提之童,爱其亲,敬其长,是也。然童而爱其亲,非能爱亲。慈母乳之而爱移。敬其长,非能敬长,严师扑之而敬移。然则良知良能不足恃,必教学成而后真知爱亲敬长也"。日本学者冢田大峰亦称:

> 杞柳能为桮棬,而松柏不能为桮棬。人性能为仁义,而犬马不能为仁义。虽然,人岂性而能为仁义哉?必待讲学切磋,而后能为仁义也。杞柳岂性而能为桮棬哉?必待矫挠揉屈而后能为桮棬也。如切如磋者,道学也。如琢如磨者,自修也。故以人性为仁义,犹以杞柳为桮棬。此告子之说,实是也。倘如孟子之说,人皆性而为仁义,又何以切磋琢磨为也乎?(《孟子断》。关仪一郎:1928:66)

观点2. 人性中有恶端,但尚未成为恶,取决于人为转化。荀子虽是性恶论者,但由于从社会后果角度定义恶为"偏险悖乱"(《荀子·性恶》),故性虽有欲,但在没有引发社会后果的情况下还不能称为恶,只能称之为恶端。荀子说,"性者,本始材朴也;伪者,文理隆盛也"(《礼论》)。性/伪之分表明,在荀子看来,善恶主要取决于"伪",而不取决于"性",伪就是人为。"凡礼义者,是生于圣人之伪,非故生于人之性也。"(《性恶》)联系到有些学者所揭示的、荀子也认识到人性中有善质(梁涛,2015),则善恶应当按照他本人的逻辑被解读为伪的产物,而非性的产物。

观点3. 认为人性中有善也有恶的萌芽,后天努力往善的方向就会结出善果;反之亦反。周人世硕之言、扬雄之言都特别强调了"善恶在所养"(《论衡·本性篇》),即人们"修其善"还是"修其恶"(《法言·修身》)。

(3)人分上中下三等,"唯上知与下愚不移"(《论语·阳货》),但中民则依赖于环境引导,因此讲"习"主要是针对中人或中民(或万民)。这种观点从人的资质来看问题,认为中民以上和中民以下都不太会改变、不能寄望于修习,但他们毕竟是极少数;而中民代表的则是大多数,他们当然可以改变。王充在《论衡·本性篇》中就强调所谓人性善恶之变,主要是针对中人而言的,"夫中人之性,在所习焉",但"至于极善极恶,非复在习"。

由上可见,讲"习"重要,未必不主张人性有善恶。那么这种观点何以构成对孟子性善论的批评呢?我认为这是因为这种观点包含这样一种想法,认为讨论人性先天善恶不如讨论环境对善恶的影响有意义。其预设前提是:人性即使有善恶,也并不重要,后世的影响才是决定性的。事实上,主张性善的孟子同样十分重视"习",在他那儿主要是修身、养心,不过孟子所谓修养实际上是通过回归和扩充先天的善端来实现的,这与一般学者认为善恶主要归因于外在努力的观点迥然不同。正是从这一区别可以看出,重视"习"的作用为何可以构成对孟子性善论的批评。

一种观点主张,人性是可变的,人性善恶也可以塑造。孟子弟子公都子即提出此种看法:

> 或曰:"性可以为善,可以为不善,是故文武兴则民好善,幽厉兴则民好暴。"(《孟子·告子上》6A6)

比起"可以为善、可以为不善"之说,汉人王充的说法更加明了,他特别强调人性是可变的:

> 人之性,善可变为恶,恶可变为善,犹此类也。蓬生麻间,不扶自直;白纱入缁,不练自黑。彼蓬之性不直,纱之质不黑;麻扶缁染,使之直黑。夫人之性,犹蓬纱也,在所渐染而善恶变矣。(《论衡·率性篇》)

正因为人性"善可变为恶,恶可变为善",故"不患性恶,患其不服圣教","患不能化,不患人性之难率也","在化不在性也"(《率性篇》)。

王充的观点当然为一切注重修习或外在影响的观点提供了重要根据。例如日本学者荻生徂徕就说：

> 人之性万品，刚柔轻重，迟疾动静，不可得而变矣。然皆以善移为其性。习善则善，习恶则恶。故圣人率人之性以建教，俾学以习之。（《辨名》。井上哲次郎，1903：89）

清儒俞樾也与荻生徂徕一样，从学者学习方式角度着眼，提出"性不足恃"，主张"屈性而申才"：

> 故吾屈性而申才，使人知性之不足恃然，故不学者惧矣。使人知性不足恃而才足恃然，故学者劝矣。（俞樾，2010：799）

章太炎的看法最为彻底，他不仅认为"万物皆无自性"（2008：579），善恶亦"实无自性"（页589），并注曰：

> 自性者，不可变坏之谓。情界之物无不可坏，器界之物无不可变，此谓万物无自性也。（章太炎，2008：579）

万物皆无自性，人亦不能免。非但无固定不变人性，甚至无性可言。这一观点类似于萨特"存在先于本质"之说。

另一种观点认为，善恶是社会生活中形成、通过人为方式强加的。苏轼即曾提出"太古之初，本非有善恶之论"，而所谓善恶乃是后来社会发展过程中逐渐形成的，圣人将"天下之所同安者""指以为善"，将"一人之所独乐者""名以为恶"。总之，所谓善恶，不过人为的界定罢了：

> 夫言性者，安以其善恶为哉！……夫太古之初，本非有善恶之论，唯天下之所同安者，圣人指以为善；而一人之所独乐者，则名以为恶。天下之人，固将即其所乐而行之。孰知圣人唯其一人之独乐，不能胜天下之所同安，是以有善恶之辨。（苏轼，1986：111）

在《扬雄论》一文中，苏轼以一种类似于《庄子》的自然状态说为据，认为善恶是人为所加,非性之本然。

苏辙也认为善恶是人们根据自己的价值标准人为规定的。所谓善就是"行其所安而废其所不安",所谓恶就是"置其所可而从其所不可",这里"所安""所可"代表了人们自己的主观标准:

> 夫性之于人也,可得而知之,不可得而言也。遇物而后形,应物而后动。方其无物也,性也;及其有物,则物之报也。惟其与物相遇,而物不能夺,则行其所安,而废其所不安,则谓之善。与物相遇,而物夺之,则置其所可而从其所不可,则谓之恶。皆非性也,性之所有事也。(苏辙,1990:954)

近代学者殷海光、韦政通与古人的思想遥相呼应。韦政通(1987:39)认为,"人性乃文化的产物","人性既是文化产物,人性是可变的"。他大抵认为正确的人性观应该是开放的,赞赏萨特"他所创造的他自己是什么,他就是什么"(页38)这一名言,也欣赏孟德斯鸠"人性实是人类造成的自己的儿女"(页38)之言。韦氏认为人性是"一种'反应模式'"(页39),即人与环境互动的结果,故以人性为文化产物。殷海光则专门针对性善论指出,性善或性恶,都是"文化涵化的结果"(页557),"一个尚未进入文化的自然人或纯生物人,是根本说不上'性善'或'性恶'的"(页557)。

在西方历史上,自有马克思从社会关系讲人性、实用主义(如罗蒂)重文化对人性的塑造、达尔文主义者讲人性由自然选择、萨特讲自由选择决定人性,他们的观点比中国学者似乎更进一步,甚至有否定先天人性存在的趋势。

第三种观点强调个人修习无比重要,由此批评讨论性之善恶对于成就善恶并无意义。欧阳修《答李诩第二书》对这种观点作了最经典的论述。他认为,六经皆不言性善性恶,但戒人"慎所习与所感",故真正重要的是"修身治人","性之善恶不必究也":

《书》曰"习与性成",《语》曰"性相近,习相远"者,戒人慎所习而言也。《中庸》曰"天命之谓性,率性之谓道"者,明性无常,必有以率之也。《乐记》亦曰"感物而动,性之欲"者,明物之感人无不至也。然终不言性果善果恶,但戒人慎所习与所感,而勤其所以率之者尔。(欧阳修,2001:669)

为君子者,修身治人而已,性之善恶不必究也。使性果善邪,身不可以不修,人不可以不治;使性果恶邪,身不可以不修,人不可以不治。……故为君子者,以修身治人为急,而不穷性以为言。(页670)

日本学者山鹿素行(1622—1685)认为性善之说导致人们忘记后天的努力,不注重习和教,所以颇易误导学人,因此他在《圣教要录》中对孟子性善说提出了明确批评:

学者嗜性善,竟有心学理学之说。人人所赋之性,初相近,因气质之习相远。宋明之学者,陷异之失,唯在这里。(山鹿素行,1902:25)

修此道,以率天命之性,是圣人也,君子也。习己之气质,从情,乃小人也,夷狄也。性唯在习教。不因圣教,切觅本善之性,异端也。(页25)

山鹿之后,日本学者冢田大峰(1745—1832)作《孟子断》,其中认为之所以必须重习,是因为人性如水。水不可能自然而然地向上,人不可能自然而然地为善:

水之就下,其性自然而然矣。人之为善,岂其自然而然哉?性犹湍水,专在所学习而已。(关仪一郎,1928:66)

日本大儒荻生徂徕(1666—1728)作《辨道》之文,提出一个人只要志于道,性善性恶皆无所谓;所以对学者来说,真正重要的是"志于道",而不是论性之善恶:

苟有志于道乎,闻性善则益劝,闻性恶则力矫。苟无志于道乎,

闻性恶则弃不为，闻性善则恃不为。故孔子之贵习也。（井上哲次郎，1903：19）

八、论证方法问题

前面总结了历史上对孟子性善论的七种批评。这些批评都体现了人们对人性内容的不同于孟子的理解，但并没有涉及对孟子论证逻辑的批评。接下来我们总结一下古今学者对性善论的论证方法的批评。我将这些批评分为如下几方面：（1）片面；（2）循环论证；（3）混淆可能与事实；（4）混淆理想与现实；（5）门户之见；（6）不合圣人之意。

1. 片面

很多学者认为，孟子性善论最大的问题是片面，只认识到人性的一个方面，即所谓"得其偏而遗其大体"（司马光《善恶混辨》），或者说"得其一而失其二"（韩愈《原性》）。

王安石《原性》认为，人性中既有恻隐之心，也有怨毒忿戾之心：

> 孟子以恻隐之心人皆有之，因以谓人之性无不仁。就所谓性者如其说，必也怨毒忿戾之心人皆无之，然后可以言人之性无不善，而人果皆无之乎？孟子以恻隐之心为性者，以其在内也。夫恻隐之心与怨毒忿戾之心，其有感于外而后出乎中者有不同乎？（王安石，2017：1234）

司马光认为，孟子诚然正确地认识到仁、义、礼、智皆出乎性，但没有认识到暴慢贪惑之心亦出乎性：

> 孟子以为仁义礼智皆出乎性者也，是岂可谓之不然乎？然不知暴慢贪惑亦出乎性也。是知稻粱之生于田，而不知藜莠之亦生于田也。（司马光，2010：1460-1461）

> 孟子以为人性善，其不善者外物诱之也。荀子以为人性恶，其善

者圣人之教之也。是皆得其偏而遗其大体也。（页1460）

2. 循环论证

另一种批评意见认为，孟子的性善论通过人为地界定人性，在一种自我预设之中论证人性善，陷入了循环论证。

苏辙在《孟子解》中，一方面批评孟子论性时只看到了"恻隐之心""羞恶之心""辞让之心""是非之心"，而看不到人性中同时还有"忍人之心""无耻之心""争夺之心""蔽惑之心"；另一方面，更重要的是，他认为孟子对人性的界定是有问题的。孟子将由性所产生的后果，且只限于其中善的一面定义为性，显示他在自我界定的人性概念前提下证明人性善：

> 孟子道性善，曰："无恻隐之心，非人也；无羞恶之心，非人也；无辞让之心，非人也，无是非之心，非人也。""恻隐之心，仁之端也；羞恶之心，义之端也；辞让之心，礼之端也；是非之心，智之端也。"人信有是四端矣，然而有恻隐之心而已乎，盖亦有忍人之心矣。有羞恶之心而已乎，盖亦有无耻之心矣。有辞让之心而已乎，盖亦有争夺之心矣。有是非之心而已乎，盖亦有蔽惑之心矣。忍人之心，不仁之端也。无耻之心，不义之端也。争夺之心，不礼之端也。蔽惑之心，不智之端也。是八者未知其孰为主也，均出于性而已。非性也，性之所有事也。今孟子则别之曰：此四者，性也；彼四者，非性也。以告于人，而欲其信之，难矣。（苏辙，1990：954）

美国汉学家韦利（Arthur Waley [1889—1966]，1956：145）也指出，孟子与告子在辩论时所用的比喻多半不得要领，同样的逻辑也可用来反驳他自己的观点。另外，孟子从一种与同时代人有所不同的方式来使用人性概念，或者说把人们通常接受的人性概念的多重含义片面利用。孟子认为人性是人一开始就有的特性，他把这种特性解释为"天生的是非之心"，从而得出人性生来就有道德禀赋（pp.145，155-156）。

韦利把孟子的"恻隐之心"解读为"天生的是非之心"可能有误，但

第五章　古今学者对性善论的批评：回顾与总结

他的观点提示，孟子的性善论是不是一种循环论证。台湾学者陈大齐先生即有此意，他认为孟子的人性善论是建立在一种人对人性人为界定之上：

> 孟子预存人性是善的结论，乃把足以支持此结论的心、情归属于性，而把一切不足支持此结论的心、情，如耳目口腹之欲，一律摈诸性外。又回过头来，依据那些归属于性的心、情，以证明人性之善。在这一点上说他犯有循环论证的过失，确亦不无循环论证的嫌疑。（陈大齐，1953：17）

总之，由于孟子人为地"限定了人性的定义"，孟子的性善论是作者先入为主的价值立场决定的。

当代学者梁涛（2008：334）对孟子的性善论持同情的立场，认为孟子超越了同时代人"即生言性"的传统，"从道德生命的'生'而不仅仅是自然生命的'生'来理解人的'性'"，因而他的人性概念抓住"人之为人之所在，人与禽兽的真正区别"。由此他提出，孟子的性善论乃是"以善为性论"；因为他把善性定义为性，所以性善论的论证中包含着"同义反复"：

> 恻隐、羞恶、辞让、是非之心虽非人性之全部，但它们是人之异于禽兽者，是人之"真性"所在，人当以此为性，人之为人就在于充分扩充、实现此善性。所以孟子性善论实际是以善为性论，孟子性善论的核心并不在于性为什么是善的——因为"把善看做是性"与"性是善的"，二者是同义反复，实际是一致的。（梁涛，2008：343）

梁涛提出这一观点的一个重要证据是《孟子·尽心下》如下一段文字：

> 孟子曰："口之于味也，目之于色也，耳之于声也，鼻之于臭也，四肢之于安佚也；性也，有命焉，君子不谓性也。仁之于父子也，义之于君臣也，礼之于宾主也，知之于贤者也，圣人之于天道也；命也，有性焉，君子不谓命也。"

他认为，这段话中"不谓性"之言表明，孟子不把感官肢体属性视为性，因为"要受到外在条件的限制，故君子将其看做是'命'而不是'性'；而仁义礼智这些内在的德性，能否实现，完全取决于自己，故君子将其看做是'性'"（梁涛，2008：341）。梁涛将这段话解读为孟子对性的定义，与赵岐、朱熹、王夫之等人有所不同，笔者以为梁说可疑，将在《跋》中专门反驳。

3. 混淆可能与事实

还有一种重要观点认为，孟子提出人性善的一个重要前提是混淆了可能与现实。人有求善的可能，并不等于人在现实中真的能求善。如果人现实中并不能做到，我们能否称人性为善的？对此其实有两种说法，一种说法认为，人性可以为善，即是性善（如张奇伟）；而另一种观点则认为，可以为而不能为，不能因此称其为善。最早从这一角度批评孟子的当属董仲舒。

董仲舒在对孟子的批评中，并不否认"性有善质、心有善端"（《春秋繁露·深察名号》），但认为不能据此得出人性是善的。有善端与善毕竟是两码事。我想他的逻辑是，善端毕竟只是一种潜质，一种可能性，而可能性与现实性尚有巨大距离。而孟子仅因主观潜质来界定善，以为万民之性皆可称善，未免"过矣"：

> 使万民之性皆已能善，善人者何为不见也。观孔子言此之意，以为善甚难当；而孟子以为万民性皆能当之，过矣。（《春秋繁露·实性》）

近代学者胡适（1928：289-296）《中国哲学史大纲卷上》认为，孟子性善理论的要点是：（1）人同具官能，（2）人同具"善端"，（3）人同具良知良能，"孟子以为这三种都有善的可能性，所以说性是善的。"他似乎认为孟子把可能混同于事实。张岱年在《中国伦理思想研究》中亦称孟子以性可善证性善，"在逻辑上是不严密的"：

> 孟子关于性善的论证，只是证明性可以为善。……以"性可以为善"论证"性善"，在逻辑上是不严密的。（张岱年，1996a：567）

当代学者信广来（Kwong-loi Shun）从"能"（neng, ability）与"可（以）"（k'o/k'o i, capacity）的区别考察了孟子性善论的逻辑基础问题。其中"能"涉及人所具有的潜能，而"可（以）"指向实践中的现实。信广来认为《墨子》之《兼爱中》《兼爱下》《耕柱》讨论了兼爱究竟只是一种"可能"，还是在现实中"可行"的问题，其中涉及了"能"与"可"的区分。在《孟子·梁惠王上》（1A7）中同样讨论能与可的问题。齐宣王问"德何如则可以王"以及"可以保民"的问题，而孟子则在回答时转移到了"能"。在"挟太山以超北海，语人曰我不能，是诚不能也；为长者折枝，语人曰我不能，是不为也，非不能也"这一论述中，孟子认为"能"与"为"一致，而"为"即是"可"的问题。在《告子下》（6B2）孟子讨论"人皆可以为尧舜"时，再次将"能"与"为"相关联。因此，他说：

> 在道德背景中，孟子似乎没有区分"能"与"可以"，因为他认为"能"取决于人所拥有的恰当情感禀赋（the appropriate emotional dispositions），而"可以"与此类似。（Shun, 1997a: 13-14）
>
> 在反思文化教养在塑造人方面的实际能力（capability）时，孟子可能没有把"可以"与"能"区别开来，而是认为这种能力取决于人具有的恰当情感禀赋。（p.14）

他认为，正是在这个意义上，荀子对孟子发起了挑战。在《荣辱篇》中，荀子提出了人人"可以为尧禹，可以为桀跖"；在《性恶篇》中，他分析为何人人可以为禹，并对"可以"与"能"加以区别，认为"能不能"与"可不可"是两码事。荀子《性恶》原文如下：

> 涂之人可以为禹，则然；涂之人能为禹，未必然也。虽不能为禹，无害可以为禹。足可以遍行天下，然而未尝有遍行天下者也。夫工匠农贾，未尝不可以相为事也，然而未尝能相为事也。用此观之，然则可以为，未必能也；虽不能，无害可以为。然则能不能之与可不可，其不同远矣，其不可以相为明矣。

"能不能与可不可，其不同远矣","可以为，未必能也；虽不能，无害可以为"。信广来认为荀子所使用的"可以"是指实际能力（capacity），而"能"可能与孟子的"能"含义相近，指道德情感方面的禀赋。我想他所谓"可以"指实际可能（现实可行），他所谓"能"指潜在可能（尚未实现）。荀子的话显然是批评孟子没有区分"能"与"可以"（Shun，1997a：14）。荀子并不认为人人都有道德情感方面的禀赋，但无害人人可以为善，因为"可不可"不取决于道德禀赋，而取决于获取道德素养的实际能力（即荀子所谓"可以能"）。因此，在荀子看来，一个人没有道德禀赋，无害其可以成为一个人，因为他拥有获得道德素养的实际能力（p.15）。

在孟子看来，人既然都有先天道德禀赋，都可以为善（《告子上》6A6），"能"即等于"可以"。而在荀子看来，在道德禀赋与为善之间，即在"能"与"可以"之间有巨大鸿沟。由此似可解释为什么荀子强调性、伪之分，强调圣人"圣人积思虑，习伪故，以生礼义而起法度"（《荀子·性恶》），为人间善的来源。庄锦章（Chong，2003：215）进一步发展了这一思想，声称虽然信广来等人提出了"能""可"之分，但"无人充分地认识到，它在荀子对孟子之系统、实际的批评中的作用超过了人们通常的了解"。

信广来的研究给我们打开了一个新视野，他与庄锦章让我们对古今人们批评性善论的思想有了更深的理解。其思想的实质或可用陈大齐的话来这样概括：

> 孟子所证明的只是善的可能性，不是善的现实性。（陈大齐，1953：19）

> 孟子所说的性善，只是人性可以为善的意思，非谓人性在事实上已经是善的。（页19）

> 孟子所证明的只是人性之可以为善，不是人性之固善。（页20）

在这一判断基础上，陈大齐（1970：4）认为，"性善说与人性可善说两相比较，前者成立较难，后者的成立较易"。总之，孟子性善论在逻辑上"所须先认清的、是现实与可能的分别"（页3）。可能性指尚未成为现实；认为性善说必须着眼于人性的现实，必须证明人性"已经是善的了，已经固着于善，不会改颜易色"，这不如"人性可善说"，"为犹预性的论断，谓人性只是趋向于善，尚未到达于善，更未固着于善，且不能保证其中途之必不转向以趋于恶"（页4）。

从可能与事实之别来批评性善论是否成立呢？我想孟子并不是不知道，有道德潜能不等于道德实现。这正是他一再强调存养、扩充的主要原因所在。孟子当然清楚地认识到，人间遍地是恶。但是孟子与荀子最大的差别在于，他认为除恶的根本之途在回归本心，然后推而广之。而荀子认为除恶的根本之途不是教化礼义等外在措施。因此，孟子似乎并非不知道从"能"不会自动地走向"可"，关键是如何来实现。

4. 混淆理想与现实

还有一种对孟子性善论的批评意见认为，孟子所犯的最大错误是把理想与现实混淆了。这种意见可能是认为，人性的现实与人性的理想是我们理解人性的两个维度。从理想维度讲，人性固然有向往善的倾向；但从现实角度看，人性确实充满了恶的因素。殷海光大抵认为，儒家所谓人性善，并不是基于事实说话，而是基于理想说话。即儒家先认为人性"应该是善的"，然后再去论证人性"事实是善的"。"因为他们惟恐人性不善，所以说人性是善的。因为他们认为必须人性是善的道德才在人性上有根源，所以说性善。这完全是从需要出发而作的一种一厢情愿的说法。如果这种说法能够成立，那末性恶说完完全全同样能够成立"（殷海光，1988：556）。所以他的结论是，"儒家所谓'性善'之说，根本是戴起有色眼镜来看'人性'所得到的说法"（页556）。不过，这里他并没有举出任何例子来证明自己的观点。

殷海光（1988：557）说，从逻辑上讲，要证明人性有善根，与证明人性有恶根，同样可以找到有力的证据，因此"这两个论证的论证力完全相等"。他得出：

> 无论主张性善说的人士怎样蹩蹩扭扭说了多少话以求有利于性善

说,我们找不到特别有利于性善说的证据。我们充其量只能说"我们希望人性是善的"。主张性善说者也许说,这句话所代表的就是证据。非也!希望不是证据。因为,希望可能成为事实,也可能不成为事实。我们所要的是:拿事实来!(殷海光,1988:557)

殷海光还认为,儒家在论证方面不在乎事实,所以失败,"自来儒家对于事实层界没有兴趣。他们没有将认知这个经验世界当作用力的重点"(殷海光,1998:557)。不过,他们把人间看得太简单。他们试图包治百病的药方之所以失败,原因"就是他们把道德建立于空中楼阁式的性善观上面"(页558),在变动复杂的现代社会里,"迟钝而空悬的儒学性善观很难和他们交切。儒教和现代人更陌生了!"(页558)

美国学者孟旦(Donald J. Münro, 1969: 71-73)也认为孟子混淆了理想与现实,不过他的说法更温和些。他认为,孟子把人性的理想状态,即仁,与人性的现实状态相混。可见孟子说人性善时忽视了人性的复杂性。

另一种站在相近立场的观点认为,性善论提出的根源在于,对人性过于乐观,对人性深处的丑陋缺乏深刻认识。例如,韦政通(1986:44)一方面认为"先秦儒家最重要的贡献在人性论,人性论中最根本的一点见解在性善说",另一方面他宣称儒家思想对人性的罪恶认识不足,"儒家和其他宗教比较起来,对生命的体会毋宁说是肤浅的"(页3)。儒家的道德思想"对生活比较安适,痛苦较少的人来说,比较适合而有效;对生活变动幅度大,且有深刻痛苦经验的人,就显得无力"(页3)。因此,韦认为,在过去静态的农业社会和理想单纯的士大夫来说,这种人性观或许可行,但对于生活变动幅度大、心灵破碎的现代人来说,这种人性观就显得苍白无力了(页3)。他又比较基督教,认为后者对人性之恶认识较深。如果说儒家从人性中看到的是仁义智信,基督教从人性中看到的则是"邪恶、贪婪、狠毒、凶杀、奸淫、偷窃、诡诈、仇恨、谗谤、怨尤、侮慢、狂傲、背约、妄证、说谎",这证明"儒家对生命大海探测的肤浅",因为"基督教是一刀砍入人类罪恶的渊源,使我们可以认识人类罪恶的真相"(页4)。

与韦政通过于简单化的批评不同，张灏对儒家性善论的批评相对客观，或者说更重学理分析。张灏将对人性之恶的意识称为"幽暗意识"。他指出，一方面孟子也有一种"幽暗意识"，即"对人性是有警觉、有戒惧的"，但是另一方面，孟子强调人有"天性的'善端'"，主张"人皆可以为尧舜"，这里面包含着一种"乐观的人性论"（张灏，2016：15）。从总体上看，他一方面认为儒家虽然绝不是"对人性一味地乐观"，另一方面又强调，与基督教相比，儒家"表现幽暗意识的方式和蕴含的强弱很有不同"：

> 基督教是正面的透视与直接的彰显，而儒家的主流，除晚明一段时期外，大致而言是间接的映衬和侧面的影射。（张灏，2016：21）
>
> 基督教，因为相信人之罪恶性是根深柢固的，因此不认为人有体现至善之可能；而儒家的幽暗意识，在这一点上始终没有淹没它的乐观精神。不论成德的过程是多么的艰难，人仍有体现至善，变成完人之可能。（页21）

孟子乃至儒家对人性是不是过于乐观了？与基督教人性观区别的根源是乐观程度之别还是理解方式之别？笔者倾向于认为是理解方式之别，未必是乐观程度之别。事实上张灏分析西方人性论，主要集中于基督教，而未注重为现代西方自由民主制度奠定理论基础的洛克、孟德斯鸠、卢梭乃至康德的人性论，后者的人性观都是倾向于性善论的。难道他们也是对人性过于乐观了吗？为什么基于这种人性观却提出了自由民主制度呢？现代西方的自由民主制度真的是建立在幽暗意识基础上吗？至少从洛克、孟德斯鸠、卢梭、康德等人，对这三个问题难以有肯定的回答。

5. 门户之见

还有一种意见认为，孟子之所以提出性善论是由于好辩，旨在通过辩论确立门户。这方面的批评在中国历史上并不多，日本学者荻生徂徕提出这一看法。在《辨道》（1717年）中，他认为，孟子的性善论是对道家人性论的回应（这与葛瑞汉一致），因为儒家本来不讨论性的，"言性自老庄始"（这一说法从新出土《郭店简》看并非事实）；正因为如此，"子思孟子盖亦有屈于老庄之言，故言性善以抗之尔"，而后来"荀子则虑夫性善之说必至废礼乐，故言性恶以反之尔"（井上哲次郎，1903：19）。

在《辨名》中，他又认为孟子出于与告子论辩的需要而提出性善论，然而告子一般不被认为代表道家（井上哲次郎，1903：90）。在《答屈景山书》中，荻生徂徕又说孟子论辩是为了"辟杨墨"。看来老庄、告子、杨墨均是孟子"不得已"而好辩的原因（页130）。

荻生徂徕认为，孟子虽是"不得已"而好辩，但他的问题在于，为了达到驳倒对手的目的，不顾逻辑、没有理性，达到了"口不择言"的地步：

> 观其与告子争之，议论泉涌，口不择言，务服人而后已。其心亦安知后世有宋儒之灾哉？（井上哲次郎，1903：92）

> 其病皆在欲以言语喻不信我之人，使其信我焉。不唯不能使其信我，乃启千古纷纷之论，言语之弊，岂不大乎？（页91）

孟子"口不择言"的后果之一在"启千古纷纷语言之弊"，尤其是"宋儒之灾"，其深层目的在于"争门户、立内外"：

> 其与荀子性恶，皆立门户之说。（井上哲次郎，1903：90）

> 孟子固以仁义礼智根于心为性，非以仁义礼智为性。然其说本出于争内外、立门户焉。（页92）

> 祗如告子杞柳之喻，其说甚美。湍水之喻，亦言人之性善移。孟子乃极言折之，以立内外之说，是其好辩之甚。（页90）

因此，孟子之辩"是其偏心之所使，乃有不能辞其责者矣"（井上哲次郎，1903：92）。

最后，荻生徂徕认为，孟子这种好辩风格并不合乎圣人之道，不是至理，称"虽其时之不得已乎，亦非古之道也"（井上哲次郎，1903：130）；为了反驳而反驳，"皆救时之论也，岂至理哉？"（页19）。

关于孟子好辩，在《孟子》里似乎也可以找到证据。《滕文公下》（3B9）就记载了孟子弟子公都子说："外人皆称夫子好辩，敢问何也？"尽管孟子对此有辩解，但公都子之言至少说明孟子在当时确实以"好辩"闻名，从孟子"予岂好辩哉？予不得已也"之言可知，他间接承认了自己"好辩"，只是"不得已"罢了。

那么孟子好辩、特别是论证性善时，是不是不讲逻辑、"口不择言"呢？

今从《孟子》文本来看，孟子讨论的对象包括列国国君（如梁惠王、齐宣王、滕文公），其他学派学者（如告子），自己的弟子及时人（如公都子、公孙丑、万章、咸丘蒙、曹交、白圭、淳于髡、屋庐子、储子、宋牼、慎子、陈子等）。在这些对话中，孟子与弟子、时人的对话多半是师长教导性质，缺乏辩论特点；与齐宣王、滕文公的对话带有引导性质，亦不以辩论为主要特点。只有与告子等人的争论有典型论辩性质，而主要体现在《告子上》中。从其内容看，倒是多数情况下表现出孟子的逻辑性。但由于《告子上》内容是孟子或其弟子所记，其立场或倾向于孟子一方，所以我们看到孟子逻辑性欠缺的地方，其中最典型者是《告子上》第3章（6A3）：

> 告子曰："生之谓性。"
> 孟子曰："生之谓性也，犹白之谓白与？"
> 曰："然。"
> "白羽之白也，犹白雪之白，白雪之白，犹白玉之白欤？"
> 曰："然。"
> "然则犬之性犹牛之性，牛之性犹人之性欤？"

此章告子谓"生之谓性"，而孟子由此推出"犹白之谓白与"，有偷换概念之嫌；由白羽、白雪、白玉之白相同，推出犬、牛、人之性相同，逻辑不通。从"生之谓性"不能得出犬、牛、人或万物之性相同，只能得出万物之性皆出乎生。万物之生原理不同，故万物之性亦不同。故司马光读此章曰：

> 孟子云："白羽之白，犹白雪之白，白雪之白，犹白玉之白。"告子当应之云："色则同矣，性则殊矣。羽性轻，雪性弱，玉性坚。"而

告子亦皆然之，此所以来犬牛人之难也。孟子亦可谓以辩胜人矣。（司马光，2010：1491）

牟宗三（1985：8-9）在《圆善论》"《告子篇》上疏解"中亦认为，孟子在与告子论辩时"有两步跳跃或滑转""之非是"或错误。单从本章看，孟子似有强词夺理之嫌。

第二个问题是，孟子之辩是不是为了"争门户"呢？这一点从本章来看是有争议的。要看门户是什么。从孟子自己的眼光看，他是为了"距杨墨、放淫辞"，立圣人之道。如果仅仅是为了"距杨墨"，固然有立门户之嫌；但如果是为了立圣人之道，或不能简单称为立门户，孟子也未必会接受，他说"能言距杨墨者，圣人之徒也"（《滕文公下》3B9）。如果孟子是"偏心之所使"，可称为"立门户"；如果出于天下之公，就不能说为了立门户。

最后一个问题是，孟子之辩是否有违圣人之道？从主观动机看显然难这样说，因为值此"邪说诬民、充塞仁义"之际，"我亦欲正人心、息邪说、距诐行、放淫辞，以承三圣者"（《滕文公下》3B9），当然不能说此心有违圣道。但是若从实际效果看则不一定。实际效果体现在两方面：一是孟子好辩对后世的影响。用荻生的话讲，就是"启千古纷纷语言之弊"，包括导致荀子也走向极端、另立门户，更重要的是，他认为导致了后世"宋儒之灾"（井上哲次郎，1903：92）。因为荻生不接受宋明理学，故认为标榜孟子的宋学为"灾"，未免为过也。另据王充《论衡·本性篇》，早在孟子之前，已有世子硕、公孙尼子、漆雕开之徒论人性善恶，孟子论性善只是承此而来，后世性善性恶之说亦然，似不可全归之孟子。

另一方面，荻生徂徕也暗示，好辩并不符合圣人修养。《论语·八佾》载孔子曰"君子无所争"、《卫灵公》载孔子曰"君子矜而不争"，均表明孔子对于"争"的态度。好辩当然也是一种"争"。荻生正是引孔子之言讽刺孟子好辩（井上哲次郎，1903：19）。早在荻生之前，宋儒程颐已有类似的意思。

《二程遗书卷第十八 伊川先生语四·刘元承手编》载程颐与弟子问答，

论及孟子言辞充满英气、时露圭角。他认为孟子的性格不似颜子"浑厚"、不如孔子"湿润含蓄",并称"英气甚害事":

> 问:"横渠之书,有迫切处否?"
> 曰:"子厚谨严,才谨严,便有迫切气象,无宽舒之气。孟子却宽舒,只是中间有些英气,才有英气,便有圭角。英气甚害事。如颜子便浑厚不同。颜子去圣人,只毫发之间。孟子大贤,亚圣之次也。"
> 或问:"英气于甚处见?"
> 曰:"但以孔子之言比之,便见。如冰与水精非不光,比之玉,自是有温润含蓄气象,无许多光耀也。"
> (程颢,2004:196-197)

小程子从横渠气象中有"迫切处"说起,认为孟子人格气象虽"宽舒",却不如颜子、孔子,后者不似孟子那样有"英气"和"圭角"。主要正是从孟子的言辞看出来的。孟子的言辞并不都是论辩,但其言辞风格似乎能反映孟子好辩的性格原因。程颐所谓"英气""圭角",我认为指孟子的性格较有锋芒、急欲自呈,这在一定程度体现在其"好辩"之上。至少从程子对圣人涵养的理解看,或可认为孟子之"好辩"与圣人之道尚有差距。当然有人可能会说不能以宋儒的见解来衡量孟子,但从程子所举《孟子》与《论语》中言语风格来看,说孟子锋芒较露、不如孔子"温润含蓄",未必不对。

6. 不合圣人真意

另一种对性善论论证方式的批评是,孟子之前,不仅六经不见性善之说,孔子也未见性善之言。甚至可以说,无论是五经还是孔子,均甚至极少言性。今本《论语》中"性"字仅两见。据《阳货》"夫子之言性与天道,不可得而闻也"之言,可知孔子平生不好言性。另据五经和《论语·公冶长》,圣人在人性问题上真正重视的是"习"而不是天生善恶。这些,都引起后世不断地有人质疑孟子性善论是否合乎圣人之意。

例如,董仲舒认为,论性当以圣人为天下正,而圣人并无性善之言:

> 正朝夕者视北辰，正嫌疑者视圣人。圣人之所名，天下以为正。今按圣人言中，本无性善名。(《春秋繁露·实性》)

欧阳修指出，无论六经还是孔子均罕论性，《答李诩第二书》称：

> 六经之所载，皆人事之切于世者，是以言之甚详。至于性也，百不一二言之。……孔子之告其弟子者，凡数千言，其及于性者，一言而已。(欧阳修，2001：669)

> 夫七十二子之不问，六经之不主言，或虽言而不究，岂略之哉，盖有意也。(页670)

故曰：

> 夫性，非学者之所急，而圣人之所罕言也。(欧阳修，2001：669)

宋儒叶适进一步指出，性善论并非圣人之道：

> 古人固不以善恶论性也，而所以至于圣人者，则必有道矣。(叶适，1977：653)

日本学者太宰春台《圣学答问》卷之上（1852年）说：

> 今遍寻六经之中，不曾见性善二字，凡古之圣王之道，不言人之性。孔子所言"性相近也，习相远也"，仅此而已，不说性善性恶。孔子平日亦不多谈性。门下弟子鲜有问之者，故子贡云："夫子之言性与天道，不可得而闻也"。(井上哲次郎，1903：239)

> 说六经之道，以孔子之言定其是非也。不论何事，皆以孔子之说为规矩准绳，定是非邪正者，后之学者之大法也。(页240)

荻生徂徕也说，

> 荀孟皆无用之辩也，故圣人所不言也。(《辨名》。井上哲次郎，1903：91)

第五章　古今学者对性善论的批评：回顾与总结

言性自老庄始，圣人之道所无也。(《辨道》。页 19)

此外，欧阳修、叶适等许多主张善恶后来形成的学者认为，五经和孔子言性之道皆重习、而非善恶：

余尝疑汤"若有恒性"，伊尹"习与性成"，孔子"性近习远"，乃言性之正，非止善字所能弘通。(叶适，1977：206)

"性""非止善字所能弘通"，叶适此说针对孟子，亦与历史上主张性无善恶或善恶后天养成的观点相一致。

九、小结：从陈大齐的意见看

本章对历史上、主要中国历史上各种批评性善论的观点进行了梳理，力图展示这些批评的逻辑或根据。借此，我们不难发现，历史上对性善论的批评观点或学说其实非常丰富，甚至远超我们的想象。也说明，性善论在历史上的影响，或者不如我们想象的大。今天，任何试图为性善论辩护或倡导性善论的行为，恐怕都不能忽视这些学说。

本章并不是为了摧毁或维护性善论或历史上的任何一种人性学说，但是在行文结束之际，我想提出这样的问题：我们当如何理解性善论在历史上引发的各种争论（尽管本章涉及的个别观点并非针对孟子而发）？关于这一点，我觉得陈大齐（字百年，1886—1983）先生数十年前发表的《研讨人性善恶问题的几个先决条件》（1970 年）一文或有助于我们解开谜团。陈文从四个方面提出了讨论人性善恶需要明确的若个条件，作为对孟子性善论的反思，我认为或有助于我们理解围绕性善论的种种争论。下面我就以作者所讲的四个方面中的前三个为基础，另外增加一个方面（"人性的类型"），总结一下孟子性善论在历史上引发无数争论的若干原因：

（1）人性的概念问题。陈大齐认为，孟子、告子、荀子三人的人性概念含义范围皆不同。告子以生之谓性，孟子则以人之所异于禽兽者为人性。

孟子认为智力（是非之心）为性之内容，荀子也承认智力是生来具有，但《荀子·正名篇》中明确区分性与知二者。孟子以恻隐之心、辞让之心、是非之心等为性之内容，而在荀子看来这些不能算性之内容，而为后天形成，这也是告子的观点。"三家人性善恶见解之所以不同、其主要关键、在于所用性字取义的不同。"（陈大齐，1970：2）除了陈大齐，徐复观、张岱年、梁涛（2007）等许多学者也提到孟子与其他学者的人性概念差异导致了对人性善恶的不同看法。不过，我认为，孟子并没有像韦利所理解的那样，随心所欲地改变性概念的基本含义，然后在近乎同义反复的意义上得出自己的结论。事实上，孟子是接受了同时代人对人性的基本认识，即以生而具有的特性为人性。但问题在于，孟子对于人的"生有属性"的解释不同，或者有了新的发现，从而导致了后来的歧异。

（2）人性的内容问题。如何论证人性的内容，是引起巨大分歧的另一根源。陈大齐（1970：2）认为，论证人性善恶时，"所举的人性项目必须确切证明其为生来所固有，未尝受有社会影响的感染"。他认为孟子、荀子等人的人性概念有一共同含义，即指"生来固具"的特征，因此"不妨把人性形容为未受人为影响的自然状态"（页2）。但是问题在于，告子、荀子均已指出，孟子可能"误认人为的为自然的"。"故欲拥护孟子的性善说，必须证明仁义确为'非由外铄我也'"（页2）。但是问题在于，孟子唯一举出的例子即孺子入井之例，其实是很难证明人性中有恻隐之心的，因为无法判断有此心之人是否受到了社会影响。最好的证明恻隐之心为人性内容的办法就是把若干幼童置于深山中养大，不受社会任何影响，然后观其是否有恻隐之心。然而这是不可能办到的。还有就是观察动物，然动物毕竟与人不同（页3）。陈大齐的疑问触及讨论人性内容时的一个根本悖论，人性既指人先天具有的特性，但人却不得不总是在后天中证明人性内容。这正是宋儒程颢（2004：10）"才说性时便已不是性"所揭示的问题，而历史上的性无善恶说、善恶不可知说等即由此而来。若严格用陈大齐的逻辑来说，人性的哪个项目内容不是后天社会中出现的，包括食、色之类？

除性无善恶说、性不可知说之外，性善说、性恶说、善恶混说、性三品说均体现了对人性内容的不同理解。这些不同的理解,一方面反映了人性概念的含义不清,另一方面反映了人性内容的难以确定。

(3) 人性的类型问题。孟子在回答公都子"有性善,有性不善"(《告子上》6A6) 等问题时,明确声称"恻隐之心,人皆有之;羞恶之心,人皆有之;恭敬之心,人皆有之;是非之心,人皆有之"。据此,似乎孟子认为在善恶问题上,人性并无不同。然而,基于孔子"上知与下愚不移"(《论语·阳货》) 的启发,汉、唐、宋以来认为人性善恶不齐的人甚多。那么,是不是孟子忽视了人性善恶的差异呢?

关于这个问题,信广来提醒我们,当孟子说人性善时,他所说的"人"是不是有特指?信广来通过考察墨子、荀子和孟子文本,认为先秦学者所说的人包括分辨人伦关系 (social distinctions)、遵守道德规范之类的含义。比如《论语》中的管仲"人也",《左传》中的"成人",都是指有一定成就的人;又如,墨子强调人不同于动物,并且人若不受分工和规范管束,就会堕为动物;荀子也以分和辨为衡量是不是人的标准。正因为他们以人为有一定文化成就的人,所以一个人要真正成为人,就必须具备取得文化成就的能力。他总结道:

> 正像在其他早期文本中一样,在《孟子》中,"人"被看成由于具有取得文化成就的能力——比如分辨人伦关系、遵守相应规范——而与低等动物相区别的物种。(Shun, 1997a: 12)

如果信广来的看法正确,孟子道性善是针对特定意义上的"人"而言的,由此得出性善也就比较自然了。也正因如此,我们也能理解,为什么董仲舒反复强调言性必须回归万民,即所谓"圣人之性,不可以名性;斗筲之性,又不可以名性;名性者,中民之性"(《春秋繁露·实性》)。董仲舒是不是认识到,孟子言性时并没有以万民,而是实际上以一定教养的群体如贵族为对象?所以王充明确指出,"余固以孟轲言人性善者,中人以上者也"(《论衡·本性篇》)。

信广来的观点提醒我们,讨论孟子性善论及先秦人性论时,要注意先秦学者所使用的"人"这个概念的复杂性。从先秦至秦汉,社会制度的变迁,特别是贵族封建制被平民郡县制取代,原来的"国人"(多半为贵族或贵族后裔)下降为平民,"人"这一概念的指称对象也有了变化,由此导致对人性善恶的看法也有不同(崔大华,1980),这个问题我在《跋》中再说明。

(4)善恶的标准问题。陈大齐(1970)认为孟子没有为"善"提出一个首尾一致的标准,其自相矛盾处似乎在于,一方面主张"寡欲"(《尽心下》7B35),另一方面又以"可欲之谓善"(《尽心下》7B25)。既然欲须"寡",何以为善的标准?

事实上,孟子、荀子乃至董仲舒的最大分歧恰在于对善的界定不同。荀子以天下治乱分别善恶("正理平治",《性恶篇》),孟子以良知良能界定善恶。一重外在,一重内在;一重客观,一重主观。董仲舒也是偏重从效果界定善恶,他之所以不同意性善论,正因不同意将善端等同于善。

还有不少学者认为主张善恶当以圣人或六经为标准。以圣人特别是孔子为标准,导致很多不同的人性观。一是认为圣人之性为善,所以不能谓万民或中人之性皆已善,故有性三品或人性不齐之说;二是认为圣人或六经讲性习、不讲性善,干脆得出性善非论性之道。

然而老庄又提供了一条全新的界定善恶的方法,即认为真正的善必定是超越善恶的。这一思路的灵感在于对一切世俗道德的批判意识,认为世俗的善恶规范代表了人类进入文明时代以来的堕落,从某种意义上说是反人性的说教。

沿着孟子自己所倡导的主观路线走到极致,也会得出与孟子不一样的人性善恶观。即从主观境界上界定善恶,有王阳明、王夫之、梁启超等人认为最高境界是超越善恶的"至善"。这提示:孟、荀、扬等人均在与恶相对的意义上理解善,而真正的善则超越善恶相对,这当然也包含对孟子的超越。我猜这一理解或与受佛教的启发有关。

上述后两种对善恶的不同理解,导致了中国历史上丰富发达的性超善恶说。

第六章　西方人性概念及学说：问题与意义

【提要】 英文"人性"（human nature）一词是从拉丁文或古法语中演变过来的，最初来源则是希腊文 phusis（φύσις），体现的是事物成长的全过程及其特征。Phusis 词义与古希腊早期宇宙论及其转变关系密切。17 世纪以来，human nature 一词在西方获得了如下含义：（1）所有人共有的重要特征；（2）人被动地拥有，而非人为造就；（3）不可以人为改变。这与古汉语中人性含义相近。但是，康德界定人性时以自然/自由、经验/先验、现象/本质为基础，对后世影响巨大。在他的影响下，黑格尔、马克思也常从人的本质这一意义来理解或使用人性一词。

综观两千多年的西方人性论史，有如下几个值得关注的领域：一是古典形而上学理论，二是自然状态说，三是基督教人性论，四是近现代哲学中的人性论，五是现代社会科学及自然科学中的人性论（涉及社会学、心理学、行为科学、语言学、生物学等学科），等等。围绕着这些学说，形成了如下一系列人性争论：先验与经验之争、人性有无之争、人性可变之争、人性善恶之争、人性内容之争。严格说来，除了基督教和自然状态说之外，善恶问题并不是西方人性论流派争论的主要焦点。

人性问题不仅是过去几千年来中国思想史的重要范畴，也是西方两千多年思想史的重要内容之一。今天，中国人对传统的人性论完全接受的比较少，而西方近代以来的生命观（人性观）中的不少内容已普遍为中国人所接受，所以今天总结西方人性论对我们尤有现实意义。下面我们从如下几个方面来概括西方人性理论：一是人性概念，二是人性理论，三是案例讨论，四是中西差异。这几个部分中，以西方人性概念和人性理论为主。在介绍西方人性理论时，我们将讨论西方人性理论的主要流派、几大争论焦点，并以康德、大卫·海德（David Heyd）、罗杰·斯库顿（Roger Scruton）三个人的人性理论来深化我们对西方人性论的理解。

一、西方人性概念

1. 词源

据《牛津英语词典》，英文 human nature 是从拉丁文或古法语中演变过来的（Oxford，2020）。其对应的拉丁语是 *hūmāna nātūra*，对应的古法语是 nature humaine。其中，nature 一词来源于法语 nature，后者来源于拉丁文 *natura* 及 *natus*，本义"出生"；该词最初则源于希腊文 *phusis*（φύσις），原义指动植物的内在特征或生长过程。正因如此，史华兹（Schwartz，1985：175-179）认为古汉语中的"性"在希腊文、拉丁文中有对应物，即 *phuo*（希）和 *nasco*（拉），指生而具有的倾向、方向或成长潜能。

杰勒德·拉达夫（Gerard Naddaf）在前人基础上深入地研究了古希腊语中 *phusis* 一词的本义及来源。根据他对《荷马》、阿拉克西曼德、赫拉克利特的重点研究，以及整个前苏格拉底哲学家用语的研究，*phusis* 的含义可从两方面来看：首先，作为一个带 -sis 词尾的行为名词，此词表示一个客观行为过程的完成或实现；其次，其动词形式 *phuō-phuomai* 来源于词根 **bhū-*，后者在远古的最初含义是"成长、产生或发展"，在同属印欧语系的其他语言如亚美尼亚语、阿尔巴尼亚语、斯拉夫语中，至今依然存在同一词根或类似词根，含义为"发育""生长""种植"等（Naddaf，2005：12）。他说，

> 如果考虑 *phusis* 一词及其对应的动词 *phuō-phuomai* 在整个古代时

期都保留着"生长""成长"(growth, growing)这一原始含义(特别是在植物语境中),那么就很清楚,*phusis* 一词的基础的和原初的含义是生长,尽管此词的含义有演变。因此,从语言学分析可以得出,作为一个以 -*sis* 结尾的行为名词,*phusis* 指示一事物从出生到成熟的整个成长过程。(Naddaf,2005:12)

这是针对个别事物而言,但此词也可用于整体宇宙,"指示宇宙(the universe)从诞生至结束的生长过程"(Naddaf,2005:3)。所以综合起来看,我想 *phusis* 体现的是一事物在成长全过程中、在一系列属性中所呈现出来的根本特性:

> *Phusis* 必须被动态地理解为一个拥有各种属性(properties)的事物从初生到结束这一现实过程中所具有的"实际禀赋"(real constitution)。在前苏格拉底论著中,*phusis* 每次使用时几乎都是这个含义,而从来没有针对静态事物而言,尽管侧重点可能有所不同,或指起源、或指过程、或指结果。(Naddaf,2005:3)

拉达夫进一步认为,*phusis* 一词的兴起不是没有原因的,其中最重要的原因就是希腊人对宇宙秩序的理解经历了神灵主宰到自然自身决定的重要过程。他指出,伯罗奔尼撒战争以后,许多人不再相信神在保护他们,甚至不信神存在。智者派认为法律和秩序并不是由神保证的,而是来源于习俗,他们在当时的作品中找到了切实有效的支持。阿拉克萨哥拉、德谟克利特则否定天体的神性。第二代智者甚至欣赏一切传统宗教神所蔑视的东西。"剩下来的就是,*phusis* 被剥除了神性特征,被改造得与智者派的信仰一致"(Naddaf,2005:165)。然而到了柏拉图则改变了这一方向,他批判无神论是一种毒害人们的疾病,希望教育人们,主要是那些心智高的人们相信"自然提供了神性理智和见识"(p.165)。

总的来说,*phusis* 一词与古希腊早期宇宙论的关系密切。希腊神话中就有宇宙论思想,而阿拉克古曼德、赫拉克利特则转而从道德角度描述主宰宇宙的秩序，从而把宇宙的秩序从神话拉回到自然（phusis）。人们逐渐认为，"使我们的世界成为一个有秩序的宇宙（cosmos）[的原因]是自然的，即是说，[秩序]内在于自然（phusis）。由此可以解释，为何前苏格拉底学人通常认为宇宙（universe）、人类的（甚至社会的）命运只能是由phusis决定的；phusis被理解为盲目的必然性（anankē），而不是有意的原因。"（Naddaf，2005：163）

2. 定义

从希腊文phusis经过拉丁文、古法语到英语nature，有一个漫长的过程。但是毫无疑问，今天英语中的nature一词依然保留了它的希腊源头phusis的部分重要含义。休谟（Hume，2007：305）曾在考察nature的词义时认为，nature之词义至少可从它的三个"对立面"得到说明：一是"奇迹"（miracles），二是"异常"（unusual），三是"人工"（artificial）。这间接表明，他认为人性应当是那些自然形成的、绝大多数常见的、非人为造成的特性。根据《牛津英语词典》（Oxford，2020），1400年以来，特别是1660年以来，nature一词在英语中获得了自然界的含义。由于nature有"自然"的含义，所以human nature一词就有自然形成的意思，接近于汉语中"天生的""与生俱来的""固有的"等含义（英文中表达为inborn，innate或inherent）。凡是自然形成的东西，都与人工相反，故许多学者用"given"（被赋予）来形容它（Berry：95-121；Heyd，2003：151-152），这一含义在汉语中通常表达为"禀赋""天赋"。根据《牛津英语词典》，1874年以来，nature与nurture（养）明确区分开来；这类似于古汉语中的性/养之别，意味着人性不是人工或人为造成的属性。

哈伦·特普（Harun Tepe）归纳出"人性"一词在日常使用中的几种含义：

（1）人独有的特征和能力。"人所独有的特征（characteristics）和能力（capabilities），它们凸显出人是一种独特的生物，包括其所形成的理性能力、语言能力、刻意行为能力等。正是这些能力作为一个总体，界定了人作为一种独特的生物"（Tepe，2014：66）。

（2）所有人共有的普遍特性。作者又称其为人类的某些共同属性（some

common attributes），这些属性"是普遍的，无论何时、无论何地，只要遇到人，它们就能被发现"（Tepe，2014：66）。从这个角度说，这些属性对于人来说不是可有可无的（optional extras）。

（3）人类的生物学或心理学禀赋，或者指人的理想存在的不变核心（Tepe，2014：66）。

（4）人的各种需要，包括生理的、物质的、自由、平等、社会认同等（Tepe，2014：66）。

这表明人性（human nature）一词在西方语境中含义多种、不能统一的特点，特普认为这是因为"人性的问题可能指人的存在的不同方面，因而需要不同的回答"（Tepe，2014：66）。

相比之下，各大词典类工具书则力图对"人性"（human nature）一词给出既统一又简明的定义，按照这些定义，"人性"一词的词义统一性大于多样性。例如，《维基百科》英文版综合多家词典，给 human nature 一词下了这样的定义：

> 人性是人所具有的突出特征，包括思维、感受和行为的方式；它们是人自然地具有的。（Wikipedia，2020）

与这里所用"人的突出特征"这一表述略异，《韦氏英语词典》及《大英百科词典》皆以更加简明的方式称人性为"人所具有的基本禀赋或特质（the fundamental dispositions and traits of humans）"（Merriam-Webster，2020；Britannica，2020），《剑桥英语词典》则将它定义为"绝大多数人共有的自然的行为方式"（Cambridge，2020）。当然也有的词典将它定义为"人所典型具有的心理的和社会特性，与其他生命形成对比"（Dictionary，2020），这一定义强调了人性是指人不同于其他生物（包括动物）这一含义，应该说与多数工具书上的定义有别。可见即使是词典类工具书，对人性的定义也有重要分歧。

如果我们不考虑这些分歧，专注于这些定义之间的共同之处，也许可以这样来概括 human nature 一词的含义：

（1）它是指人共同具有的重要特征。正如克里斯托弗·贝里（Christopher J. Berry, 1986: 58）所说，"相信人性，就是相信人具有某些共同的属性……无论何时何地，只要遇到人，这些普遍属性就会被发现"。兰迪·拉森、戴维·巴斯（2011: 10）称人性是"作为同一个种类的所有人或几乎所有人共同拥有的特征或机制"。

（2）它是指人所被动地拥有，而非人为造就的属性。诚如海德（Heyd, 2003: 152）所说，人性的含义之一是"指一个被赋予而非人为设计的领域"。贝里（Berry, 1986: 58）称"这些属性被理解为不是人可以选择的额外之物，而是人之为人的属性"。

（3）它是人不可以随意改变的。贝里（Berry, 1986: 95）认为，人性既然被定义为普遍的、被赋予的，也就自然地被理解为是不变的。"赋予人性以普遍性的结果之一，就是承认人性有不变性。缺乏可变性意味着人性是一个固定的东西，或说是'被赋予的'（given）。"

后面我们会看到，马克思、萨特以至达尔文主义者等均否认有不变的人性。不过这些我认为主要是对人性内容的理解，与人性的词义是两个不同的问题。

3. 争论

然而上述对人性词义的概括回避了一个重要的、古往今来曾引起无数争论的问题。即在确定人性的词义时，究竟是强调人所独有的、区别于其他生物（特别是动物）的特性，还是强调人与生俱来的普遍属性？我们知道，human nature 也常常读作 the nature of human being, 或者 human being... by nature。因此，human nature 的词义是由 nature 决定的。海德指出，"'nature'一词在有效地为其现代使用者的目的服务时，结合了两种含义或两个维度：一方面，它指被赋予的（given）、而不是人工设计出来的；另一方面，它指人的本质（essential）属性或方面"（Heyd, 2003: 151-152）。"人性被设想为从父母到孩子背后隐藏着的固定不变的本质"（p.166）。因此，"人性要么是指人种所具有的生物学（和心理学）意义上的属性（properties），要么是指不变的人的理想存在的核心"（p.167）。所谓"不变的人的理想存在核心",就是指人之为人的本质属性（essential properties），或者说人的本质。但这个本质或核心，是规范意义上的，不是纯自然意义上的。在海德看来，人性的这两重含义之间是有张力的。

我们知道，从词义上说，nature 并不仅仅指"自然"，本来就有"本质"之义。特普提出，nature 应当是指一物之形式（form。柏拉图之理念，实即本质），同时也是限定或标志此物的因素。海德举例说，当我们说桌子的 nature 时，实际上指的是"桌子的形式、本质，或它的限定或标志因素"（Heyd，2003：63）。也即是说，是指那些标志桌子之为桌子的特殊因素，或使桌子区别于其他事物的因素。

> X 的 nature 就是使之是 x 而不是 y 的东西；与此同时，正是 nature 阻止了它成为 y。这与定义有关，下定义就是确定一事物之范围或边界。所以下定义就是辨识 [某物]。（Tepe，2014：63）

毫无疑问，nature 作为本质的用法至今盛行于西方语言中。由于"本质"（essence）一词在西方历史上自从亚里士多德以来常指隐藏在一事物背后、决定一物之为一物的东西，且与西方古典哲学中的本质主义（essentialism）传统有关，因此，有学者认为西方语言中的 human nature 与古汉语中的"性"不是同一个概念，因为汉语的"性"概念并没有西方古典哲学中的本质主义预设（Ames，1991）。然而，今天许多西方学者仍时常把 human nature 理解为"人的本质"，但并未预设古典形而上学的本质主义，他们所强调的不过是人区别于动物或者说高于动物的本质属性。所以 human nature 一词也时常指人所独有的、区别于其他生物特别是动物的独特属性；在这个意义上，人性就是指人的本质，或者说"人的本质属性（essential properties）"。这个意义上的人性也是不可人为改变的（Heyd，2003：152；Bayertz，2003：137-139）。

与此相关的一个问题是：人性究竟是经验的存在还是先验的存在？今日西方学者定义人性的内容即人的典型特征或属性时，常用诸如 characteristics（特征），attributes（属性），dispositions（禀赋），constitution

（成分），traits（特质），properties（性质），qualities（特性）等词汇。从这些词汇可以看出，他们心目中的人性是一个经验的概念，所指示的属性是人们在经验中观察总结出来、存在于经验之中，因而不属于康德所说的"先验"（a priori）领域，更不是什么超验的存在（transcendence）。这一点尤其可从休谟的《人性论》一书看出。休谟是第一个对古典形而上学发起了毁灭性打击的人，其《人性论》一书虽未对"人性"（human nature）一词下明确定义，但该书以人性为主题，且大量使用"human nature"一词，休谟断言："人性由两个主要部分构成，作为其一切行为的前提，即情感和理智（affections and understanding）"（Hume，2007：317）。若从全书来看，可以发现休谟所讨论的人性内容包括人的知性、情感、意志等方面的一系列特征。因而在休谟心目中，人性就是人在日常生活经验中所表现出来的一系列典型特征。事实上，这一理解方式今天普遍盛行于西方，导致人性成为心理学、社会学、政治学甚至生物学等学科的研究对象，而绝不是哲学或形而上学的专有领域（Adler，2013；Wilson，2004）。这一含义与古汉语中的"性"字之义非常接近。

然而，休谟所代表的对人性概念的这一理解显然与西方哲学史上早期的人性概念有别。柏拉图哲学中的灵魂、基督教的灵魂（soul，spirit）以及笛卡尔、洛克、贝克莱哲学中的精神实体（spiritual substance），严格说来都是超验的存在，却是历史上人们心目中人性的本质或核心。从这个角度看，人性一词的词义也有历史演变过程。至少可以说，人性在西方历史上并没有限定为经验范围内可用感官感知的那些特征。在近代哲学中，康德明确强调了人性作为人的本质的先验特征，一直到今天仍被许多人所广泛接受（Bayertz，2003；Scruton，2017）。

下面我们不妨以《单纯理性限度内的宗教》一书为例，考察一下康德（Immanuel kant，1724—1804）对人性含义的理解。可以发现，康德同时在双重意义——经验和先验——的意义上理解"人性"一词。一方面，康德称人性为"disposition by nature as an innate characteristic"（Kant，1998：50），这句话可译成"[人]本质上固有的禀性"。但康德特别强调，这种禀性"不是在时间中获得的","因为我们不能从意念的任何一个最初的时间性行为中,引申出这种禀性或其最高基础"(p. 50)。为什么人"本质上固有的禀性"不是在时间中获得的呢?这是因为它来自先验、先天,他把人性理解为人区别于动物的本质属性,后者是通过意念自由(the free power of choice)得以体现的。这就是有名的自然 vs. 自由区分:自然遵从因果律,而自由不遵从因果律,遵从先天法则。康德认为,一个人运用自由时遵从先验的道德法则,所以才不像任性或嗜好那样受制于因果律(Adams, 1998: ix-x)。

人为什么能不受任性或嗜好左右、自觉地遵守道德律?这个问题经验无法回答,只能诉诸先验基础,这个先验基础即康德所谓的人性(human nature)。中国人可能会说,这是由老天决定的(《中庸》"天命之谓性")。用康德的话说,人遵从先验的道德法则(或道德律)从而运用自由的主观基础,就是人性。这种意义上的人性是本体领域而不是现象领域的,是自由意志领域而不是感官或嗜好领域的,是超验的(transcendent)而不是经验的(Adams, 1998: ix-x)。康德说:

> 所谓人的本性(nature),我们在此所理解到的是人——遵从客观的道德律——运用自由的主观基础,它——不管在哪里——通常先于一切感觉范围内的行迹而存在。(Kant, 1998: 46)

因此,人性作为人运用自由的主观基础(或基础)——也可以说是人心确立做人准则的基础——是人生而固有的(innate),或说是超越时间而先天存在的。

然而,这只是康德所论述的人性含义的一个方面。在《单纯理性限度内的宗教》第一节讨论"论人性中向善的原初禀赋"时(Kant, 1998: 50-52),康德又分别从三个方面讨论了人性的内容:一是人的动物性(animality),指人与动物共享的本能和冲动;二是人类性(humanity),我认为指人在社会生活中以自爱为原则的理性特征;三是人格性(personality),康德认为它是我们内在具有的道德禀赋。康德认为,这三种原初禀赋（感性、理性和道德性）皆属于人性的可能性（p.52）。因此，康德的人性概念是一个既包括经验属性又包括先验属性，既指向现象又指向本质（本体）的包容性概念。

康德界定人性时以自然/自由、经验/先验、现象/本质为基础，对后世影响巨大。在他的影响下，黑格尔、马克思也常从人的本质这一意义来理解或使用人性一词。后面我们将看到，斯蒂芬森（Leslie Stevenson）、巴耶尔茨（Kurt Bayertz）、斯库顿（Roger Scruton）等许多学者正是在康德区分的基础上，对社会生物学或进化心理学中的人性论加以批判，对现代科技进步是否改变人性问题加以探讨。事实上，正如人所共知的，从人高于动物的角度来理解人性，也是孟子性善论的重要内容之一。孟子所谓人禽之别、以人与禽兽的"几希"之别来理解人性，并在此意义上讨论性善论，与康德以来的西方人性论传统确有相似之处，但若理解为从康德式先验本质或先验道德律论性则有疑问（孟子没有康德等西方意义上的本质概念）（徐复观，1978：165-168，189；宇同：200-203，262-263）。

二、西方人性思想

1. 界定

下面我们试图以《维基百科》（英文版）以及斯蒂芬森（Leslie Stevenson）的两部英文人性论专著即《世界十大人性理论》（Steveson,1998）[①]、《人性研究读本》（Steveson,2000）等所提供的宏观线索为基本框架，从若干方面来描述一下西方人性论的历史及主要思想。在这几份材料中，作者在介绍前人人性论思想时，均非基于前人使用"人性"（human nature）这个词所明确讨论的人性理论，而是在讲此人关于人的学说。鉴于人性这个词今天在西方确实是指人的典型特征，所以这样来研究西方人性论似乎无可非议，这也是我在下面描述西方人性论史时的做法。即在我

[①] 该书的内容后来一直不断地有所修改，目前已有2018年的第7版。我在写作时主要依据的还是1998年的第3版，少量参照了2004年第4版的中译本。

们讲某人的人性学说时，并不是说此人在明确地使用"人性"这个词时所建立的相关学说，而是他所提出的关于人的学说。事实上，西方历史上（以哲学史上为主）以人性为核心关键词，明确地主张或建立一种人性学说的人极少。在现代，往往是社会科学、自然科学领域，不少人喜欢使用"人性"一词来建立一种学说（比如后面将要讲到的 E. O. 威尔逊）。

按照上述较广义的人性概念，我们可以说，两千多年的西方哲学史在一定程度上也是一部人性论史。柏拉图以来的哲学家们，很少没有关于人性的一整套学说的。另一方面，由于人性的含义超出了哲学范围，历史上的人性论学说也不限于哲学。首先是各大宗教几乎都有一套人性论，其次是现代人文社会学科也往往喜欢谈论人性问题。这样一来，把人性论史理解为哲学史内在的一部分，显然是错误的。且不说世界性宗教人性论往往丰富发达，现代心理学、生物学等学科对人性论的贡献也早已远远超出了哲学家的想象。因此，要完整地概括西方人性论并不是一件容易的事。

2. 流派

全面叙述西方两千年的人性论史，超出了本章计划。不过，这并不妨碍我们概括一下从古希腊到今天为止，西方人性论学说中的一些重要内容，至少在我看来有代表性的内容。大体来说，我认为西方人性理论有如下几个值得关注的领域：一是古典形而上学理论，二是自然状态说，三是基督教人性论，四是近现代哲学中的人性论，五是现代社会科学及自然科学（涉及社会学、心理学、行为科学、语言学、生物学等学科）。

首先，古典形而上学人性论。我们知道，从柏拉图、亚里士多德一直到休谟以前的西方哲学家，大多数都接受一种关于人的本质的形而上学学说，也可以说是一种典型的本质主义。西方古典本质主义人性论的重要特点，是建立在对感官经验不信任的预设之上。它认为人的感官所感知到的一系列属性，其背后应该有一个共同不变的"实体"（*ousia*, substance）或"本质"（*to ti ên enai* [Aristotle], essence）来支撑或决定。这个实体或本质，可以称作灵魂或精神实体的东西，它可以脱离感官存在或者至少是一种与肉体明确区分的东西。柏拉图、亚里士多德都明确地认可灵魂存在，到了笛卡尔则发展成为心物二元论，认为人的感觉、意识和肉体背后各有一种实体或本质在支撑或决定着它。笛卡尔的二元论可以说是古典形而上学人性论最经典的表达。笛卡尔说，"我发觉在'我思想，所以我存在'这个命题里……我非常清楚地见到：必须存在，才能思想"；因此，作为思想的主体，"我是一个实体，这个实体的全部本质或本性只是思想"（1958a：114）。"怀疑、理解、[理会]、肯定、否定、愿意、不愿意、想象和感觉"等一切思想过程，之所以"属于我的本性"，是因为它们必须依赖于一个独立的、作为实体的"我"（1958b：129）。洛克对这个问题的论述更清楚，虽然他认为物质实体和心灵实体都只是作为假定提出来的。洛克说：

> 我们既断定思维、推理、恐惧等活动不能独立存在，也看不出它们如何能够属于物体或者为物体产生，于是就倾向于认为它们是某种别的实体的作用，这种实体我们称为精神。……假定一个为思维、认识、怀疑、运动能力等等所寄托的实体，那我们就是对精神实体有一个清楚的概念，和我们对于物体的概念同样清楚；前者被认为是（并不知道它究竟是什么）我们从外界获得的简单观念的基质；后者被认为是（同样不知道它是什么）我们在自己的心里经验到的那些活动的基质。所以，很显然，物质实体（corporeal substance）或物质（matter）这个观念和精神实体（spiritual substance）或精神（spirit）这个观念一样，都是远非我们所能了解和认识的。因此，我们不能因为我们对于精神实体毫无所知，就断定它不存在，就像我们不能因为我们对于物质实体毫无所知，就否定物件的存在一样。（洛克，1958：258-259）①

洛克强调，物质实体、精神实体均是一系列感官属性背后独立存在、且支撑或决定它们的实体，而它们自身则非我们所能感知到。也正因此，这些实体"远非我们所能了解和认识"。对它们的认识，完全是基于推断

---

① 括号内英文为引者据英文版补。

和假定。正因为它们的存在是基于推断，等后人发现笛卡尔、洛克的推断逻辑不成立后，自然就可以怀疑或否定这两种实体的存在。这正是休谟的贡献，也是康德哲学的起点。休谟发现，古典形而上学所谓的"实体"，其实是人的观念。而把它上升为实体，则是借助于因果必然联系的观念。然而，在他发现经验世界里的因果必然联系基于"习惯的联想"，而并无绝对可靠的基础之后，传统意义上的实体也就失去了存在的基础。需要指出的是，由于中国思想传统中没有西方哲学中的本质主义，中国人倾向于"眼见为实"，也就很难理解为什么洛克说物质实体和精神实体非我们所能了解和认识，为什么我们确认它们的存在不是靠感觉，而要靠推理和假定。

其次，希腊晚期以来的自然状态（the state of nature）说，是西方人性论的又一重要方面。[①] 我们知道，自然状态说在西方思想史影响巨大，一直到洛克、卢梭、孟德斯鸠甚至苏格兰启蒙学者等仍相信不仅存在一种前社会、前文明的人类原始状态，这种原始状态展现了人性最自然的面貌，同时也是一切后来人类社会制度或组织方式的基础，这一理解也非常契合人性（human nature）一词中的"自然"（nature）之义。历史上许多学者曾花许多笔墨来探讨自然状态的人是什么样的。例如孟德斯鸠（Montesquieu, 1689—1755）总结出自然状态下的人性有卑弱和平、寻找食物、彼此爱慕、期望社会生活等特点（孟德斯鸠，1961：4-5）。从自然状态说出发，发展出对人性善恶的不同观点。相比之下，霍布斯（Thomas Hobbes, 1588—1679）对自然状态下的人或人性持相当悲观、负面的看法，而洛克（John

---

① 李猛（2015：90）考察了赫西俄德、柏拉图、卢克莱修以来西方自然状态说的源头，认为马基雅维利、博丹、蒙田、利普修斯到格老修斯"仍在使用传统的人性概念作为政治和道德思想的基础"，就将"自然状态""这一概念作为政治社会的人性基础或出发点，霍布斯可以说是现代自然状态学说第一个严格的阐述者"（页106）。在霍布斯那里，"自然状态指的是在没有人为建立的共同权力——因此排除与'政治体'有关的人为秩序与生活方式——的条件下自然人性的基本状况，霍布斯试图使用这一概念来把握人为权力的条件下人性的自然面目"（页113-114）。他的自然状态说"只能将其看作是统摄霍布斯对人性的实质理解的总体性概念。自然状态学说就是现代政治哲学的人性论"（页114）。

Lock，1632—1704）、卢梭（Jean-Jacques Rousseau，1712—1778）等人相对持乐观、正面的看法，他们对霍布斯悲观的人性论有所批评。尤其是卢梭，将自然状态的人性视为完美，其言曰：

> 人类所有的进步，不断地使人类和它的原始状态背道而驰。……实际上是有一些人完善化了或者变坏了，他们并获得了一些不属于原来天性的，好的或坏的性质，而另一些人则比较长期的停留在他们的原始状态。这就是人与人之间不平等的起源。（卢梭，1962：63）

据此看来，人类的一切文明进步都是退步，因为人的天性只有在自然状态才是完整的、未被伤害的。此外，洛克（1964：5）虽然不像卢梭那样浪漫，但也认为自然状态"是一种完备无缺的自由状态，他们在自然法的范围内，按照他们认为合适的办法，决定他们的行为和处理财产和人身，而毋需得到任何人的许可或听命于任何人的意志"。孟德斯鸠（1961：4）则指出，"霍布斯认为，人类最初的愿望是互相征服，这是不合理的"，因为依靠权力来统治别人"不会是人类最初的思想"；"霍布斯没有感觉到，他是把只有在社会建立以后才能发生的事情加在社会建立以前的人类的身上。自从建立了社会，人类才有互相攻打和自卫的理由。"

自然状态说的提倡者往往从自然状态中找到政治制度的人性论基础。比如霍布斯、洛克、卢梭、孟德斯鸠等人都是从自然状态说出发来论证人人生而平等或其他政治主张。今天，人们很难相信人类想象中的蛮荒时代能为后世的政治和制度提供人性论基础。可能也正因如此，18世纪以后自然状态说在西方哲学史、政治学说史上逐渐消失，事实上卢梭的同时代人休谟（David Hume，1711—1776）即已对自然状态说提出了严重质疑，视之为"虚构"或"虚幻不实"（Hume，2007：312-313，316-317，etc.）。

其三，基督教的人性论。[①] 总的来说，我认为基督教中人的本性有两种相反的形象：一是善的方面，就上帝按照自身的形象造人，并委托人来

[①] 维基百科（英文版）及斯蒂芬森（Leslie Stevenson）均对基督教人性论进行了精辟概括，下面我主要基于这两种资料来总结。

管理生物界而言，它赋予了人高于动物的一系列可称为善的特征（《创世纪》1：26-27；《约翰福音》3：5-7）。这一思想对后世基督教思想家的人性观影响至深。例如，加尔文（John Calvin，1509—1564）在评价《罗马书》2：14时说，"毫无疑问，他们都有某种正义和正直的思想……这些从本质上植根于人心"（Calvin，2020）。国际神学委员会（International Theological Commission，1983）发布的《人的尊严和权利（1983）》文件第2.2.1节从基督教正统立场出发，主张人不能简单地理解为"物质进化的结果，而是神圣行为的特有产物"，因此"人不仅是肉体，他被赋予了智能，他追求真理，他拥有良心和责任感，在自由中追求善。正是通过这些属性，人的尊严找到了基础，这向来是所有人的最高奖品"。

二是恶的方面。基督教对人性之恶的来源也有清晰认识。最明显的莫过于人有原罪一说。《罗马书》5：19宣称"因一人的悖逆，众人成为罪人"，亚当一个人使所有人都有了罪。因此《诗篇》51：5说："我是在罪孽里生的。在我母亲怀胎的时候就有了罪。"奥古斯丁（Augustine of Hippo）据此发明了"原罪"说来说明人性之恶的根源。根据《牛津词典》（*Oxford Lexico*，2020），"原罪"就是"所谓人固有的作恶倾向，从亚当的堕落继承过来"。原罪说在天主教和新教里得到了普遍接受。原罪扩展到人的所有方面，从理性、意志到嗜欲和冲动，被称为人性的"彻底堕落"（total depravity），尽管这不是否定人性中有善的成分（Wikipedia，2020）。

然而有的人不相信亚当一个人可为所有人定罪，倾向于认为基督教对人性之恶的解释来自其灵魂、肉体二分说。我们知道，《旧约》中没有古希腊那样的灵魂概念，《新约》对《旧约》灵魂观念进行了改造，将灵性（spiritual nature）与人性（human nature）明确区分开来（斯蒂芬森，2007：62）。《约翰福音》断言：

> 从肉身生的，就是肉身；从灵生的，就是灵。（3：6）
> 人若不是从水和圣灵生的，就不能进神的国。（3：5）
> 叫人活着的乃是灵，肉体是无益的。我对你们所说的话就是灵，

就是生命。(6: 63)

此外,《加拉太书》5: 16-25 告诫人们"当顺着圣灵而行,就不放纵肉体的情欲",这些"情欲"包括"奸淫、污秽、邪荡、拜偶像、邪术、仇恨、争竞、忌恨、恼怒、结党、纷争、异端、嫉妒、醉酒、荒宴等",并称"凡属基督耶稣的人,是已经把肉体连同肉体的邪情私欲同钉在十字架上了"。这里明显把肉体与精神对立起来,肉体需要导致恶,精神追求导向善。

然而,认为基督教将人性之恶完全归咎于肉体或感官需要,这一观点也遭到了质疑。例如,斯蒂芬森(2007: 63)就说,如果"把善与恶之间的区分等同于我们的思维本性与物理本性(physical nature)的区分,这就误解了基督教关于人性的概念"。这是因为,人的很多欲望,包括对于财富、名誉或权力的欲望也是心智的:

> 罪恶从根本上说不是由于人的本性好色;性欲在婚姻中占有正当的地位。罪恶的真正本质是心智的,或精神上的;它就在于骄傲,在于我们偏好我们自己的自私的意志而违背上帝的意志,以及随后我们与上帝的疏远。(页 66)

这表明对基督教人性之恶来源还有另一种解释,即认为人性之恶的根源在于人有自由意志。因为上帝既赋予了人抉择和统治的能力,也就使得人能自己选择罪和恶(sin and depravity)。毕竟,人与上帝不完全一样。因此人性作恶是因为人有自由意志,但又不能像上帝那样来运用它(Wikipedia, 2020)。

基督教灵肉二分说可以上溯到柏拉图,它对西方人性论传统影响深远,我认为它的最特别之处在于对人性(human nature)与灵性(spiritual nature)的区分。人性是基于肉体的,而灵性(精神性)则基于圣灵。这一区分是康德后来区分自然(nature)与自由(freedom)的滥觞。按照这一区分,狭义的人性仅限于感官属性,因为它把灵性从人性中排除了。结果，在西方至今还有人认为人性只与自然相关，即属于大自然或生物/物理世界，涉及人的自然属性（natural properties），包括感官嗜好（natural inclinations）或感性冲动（sensuous impulses）；而灵性因来自圣灵而属于另一个世界，因为它体现了上帝的模样，所以高于一切人的自然属性（Heyd，2003）。本章还是采取一般的看法，将基督教所谓的灵性与人性当作从属于一个广义的人性概念（Bayertz，2003：137-139）。有趣的是，人性与灵性的区分在中国文化中极难理解。中国人会说，"四端"之心当然也来自自然（天），故具有崇高道德价值的义理之性也称为天命之性（在宋明理学中），所谓属灵世界与自然世界的区分根本不存在。

其四，近现代哲学中的人性论。近现代哲学中的人性论有多种，从早期唯理论、经验论围绕心灵认识事物之前是不是一块白板的争论，到19世纪以来的生命哲学（柏格森）、唯意志主义（叔本华、尼采）、存在主义哲学乃至美国实用主义哲学中，都有丰富的人性论思想。其中最值得关注的也许是存在主义哲学。从克尔恺郭尔、尼采、雅斯贝尔斯、海德格尔到萨特，存在主义哲学在人性论上可以说是独树一帜，与西方几千年来的人性论哲学传统迥然不同。其最大的特色也许是彻底告别本质主义，关注人的精神、心理、情感，关注个别独特的感受和状态，否定一切客观化、普遍化的原理或价值。萨特提出"存在先于本质"，强调个人的选择决定个人的一切，让人为自己的一切包括选择、性格、情感等都负起责任（Stevenson & Haberman，1998：169-186；批评意见参 Berry：122-126）。萨特的哲学实际上是西方自由主义在现代的一种独特的发展形式，它将自由推向极致，实际上也使人陷入彻底的孤独。

其五，社会科学中的人性论。在社会科学领域，也许影响最大的包括马克思和弗洛伊德的人性论。我们都知道马克思（2012：135）关于人性最有名的一句话是："人的本质不是单个人的抽象物，在其现实性上，它是一切社会关系的总和。"斯蒂芬森认为，马克思最突出的人性观是从社会本质（social nature）的角度来看人性，"马克思相信，没有固定不变的个人人性这个东西，在一个社会或一个时期真实的东西在另一个时间地点可能并不真实。'所有的历史都不过是人性不断转化的过程'"（Steveson，1998：140）。因此马克思最突出的贡献，也最普遍地被认可的地方就是，他发现，不是人的所有方面都能从个人出发来解释，而是有时必须从社会的角度来理解，所以他成为社会学的奠基人之一（p.140）。需要补充说明的是，马克思的人性论在内容上远远超出于这里所讲的范围，还包括他在《1844年经济学—哲学手稿》中关于人的异化的论述，他关于人与动物的本质区别的思想，以及他关于人的本质的许多其他论述。

弗洛伊德的人性论则与马克思、萨特的人性论迥然不同，应该也是现代西方人性论中最有特色的一种，是心理学在人性论领域作出的一大贡献。与萨特、马克思反对有先于经验的人性或人的本质的观点相反，弗洛伊德认为人的本质是无意识中实际存在的，他所谓无意识—前意识—意识三重意识的划分，后来本我—自我—超我的自我三重结构说，以及后来所谓生本能、死本能学说等，都让人们重新认识自己的无知，认识人性的复杂奥妙，特别是认识两千多年来西方理性主义思潮的局限（Stevenson，1998：149-168；高觉敷，1984）。

此外，我认为皮亚杰的发生认识论，乔姆斯基的语言学，斯金纳的行为主义，以及与实用主义有关的社群主义，都对人性问题有特别的观察和启发（Stevenson，1998：189-224；斯蒂芬森，2007：219-264；Berry，1986：126-131）。

其六，现代自然科学中的人性理论。现代自然科学对人性的解释影响最大的一部分来自达尔文以来的进化论思潮。斯蒂芬森（2007：219-264）讨论了达尔文、涂尔干、劳伦斯、斯金纳、道金斯、威尔逊，以及乔姆斯基、丁贝根对斯金纳的批评，围绕威尔逊社会生物学人性论的一系列争论以及他自己对威尔逊的批评。我认为社会生物学或称进化心理学的人性论学说有四个特征：一是唯物论，一切归之于基因；二是进化论，认为人性是自然选择和进化的结果；三是唯科学主义，自然科学取代人文和社会科学，进行真正的科学研究；四是相信一切皆有原因，从而取消了人的自由。威尔逊宣称，"生物学是解开人性之谜的一个关键"（Wilson，1984：13），

第六章 西方人性概念及学说：问题与意义

因为人性的一切特点，包括其在成长、攻击、防卫以及更进一步在性、语言、道德、信仰、社会等一切方面的特征，均可从基因结构来说明：

> 人类的社会行为立于遗传的基础上，更准确一点说：人类行为乃是由某些基因所组织而成的，这些基因包括人类所特有的，以及人类和几个邻近的物种所共有的。（Wilso，1984：30）

在《论人性》一书2004年新版"序言"中，威尔逊说，人性问题之所以重要，是因为它有助于我们理解，或者说准确界定人类作为一种物种的特征，从而让我们在实践中更明智。他说在他20世纪70年代写这本书时，流行着两种相反的人性观：一种是神学观点，认为人是拥有动物肉身、等待着救赎和永恒的黑暗天使；另一种是绝大多数知识分子的观点，"它根本就怀疑有人性存在，认为人脑是一块白板，一架由一些基本情绪驱动的引擎，但又是一台万能的计算机——它通过个人经验和学习创造了人的心灵"（Wilson，2004：preface）。但是他并不认同上述两种观点，认为人脑和心灵完全是生物进化和自然选择的结果，是旧石器时代以来经过数百万年的过程形成的，所以至今仍保留着人种的生物学遗传印记，因此人性可以通过科学得到彻底的理解。而文化，在威尔逊看来，则是人类在适应环境中进化的结果，但是它的发展过程深受人性的天生癖好（the inborn biases of human nature）的引导。因此，威尔逊强调人类文化的发展并不完全是人类自由选择的结果，受生物因素影响较大。这种观点就是社会生物学提出来的，后来也被称为进化心理学。尽管他相信基因—文化共进化（gene-culture evolution），即两种形式的进化相互影响，但他真正强调的是不能太相信文化的作用。

> 不管我们的语言和文化多么辉煌，不管我们的心灵多么丰富细腻，我们的思维方式（mental process）是大脑在自然砧板上借由自然选择的铁锤锻造的产物。人类大脑的力量和特性（idiosyncrasies）带有其起源的印记。（Wilson，2004：preface）

"人类的本能究竟是什么？它们是如何组合在一起构成了人性？"为了回答这类问题，威尔逊认为两门学科最为重要：一是神经科学，一是研究脑行为的进化生物学。既然人性是数百万年生物进化和自然选择的结果，所以不能理解为上帝创造的结果，也不能理解为一块白板。既然只有生物学等自然科学学科才能解开人性之谜，那么人性的问题也没必要听任哲学家和人文学者空谈了。威尔逊的观点虽然影响很大，但遭遇了很多批评，我们下面将谈到。

3. 争论

综观两千多年西方人性论史，可以发现，西方人性学说不仅内容丰富多样，而且形成了长期争论不休的焦点问题。据我观察，西方人性论中争论最多的问题至少有如下几个：

第一个焦点或许可称为先验与经验之争。这一争论也可理解为本质与现象之争，或曰自然与自由之争。这一争论的核心在于：人性究竟是指一组在经验中可观察的特性或特征，还是指人类生命先验地具有的某种本质？这一争论的范围远远超出了近代唯理论与经验论之争，它发源于苏格拉底有名的"回忆说"，在康德有关人性的先验内涵的论证中发展到顶峰，一直到今天仍然有着广泛而深刻的影响。康德哲学的意义在于：虽然古典形而上学关于人的本质作为先验实体的说法被休谟摧毁了，但是人具有某种不可归约为经验世界的因果必然性的本质，仍然是不可否认的。我们在下一部分进一步讨论这一问题。

第二个焦点就是有无之争，也可称为性/养（nature vs. nurture）之争，或普遍性与特殊性之争。在西方哲学史上，提出了类似或接近于这一观点的学者包括洛克、萨特、罗蒂等，尽管三人的立足点完全不同。洛克主要从认识论角度认为人的心灵是一块"白板"，并无先验的内容。斯蒂芬森指出，严格按照萨特哲学的理路来看，并不存在"人性"这种东西，因为一切人性都是后天的、由人自己选择的结果（Steveson，1998：174）。包括实用主义哲学家罗蒂在内的不少学者均强调文化的作用，反对抽象的人性概念（Berry：126-131；Sahlins，2006）。现代女权主义者也提出类似的看法，即性别在决定人性方面的作用，可能大于我们从抽象角度看到的普遍人性（Stevenson，2018：287-301）。在中国思想史上，早在孟子时代就有人提出"有性善，有性不善，是故以尧为君而有象，以瞽瞍为父而有舜，以纣为兄之子且以为君，而有微子启、王子比干"（《孟子·告子上》6A6），后世亦有董仲舒、王充、韩愈等人性三品说，皆主张人性不尽同。性多品说在否定有普遍的人性存在这一点上，与西方上述人性论观点相呼应。

第三个争论焦点则是人性是否可变之争，与上述有无之争也有关。按照基督教的观点，人性是可以而且需要改造和更新的。亚当的堕落意味着人性的败坏，长此以往人类将没有得救的希望。因此，希望在于让人性重新回归基督的模样（Wikipedia，2020）。马克思强调人性（人的本质）是一切社会关系的总和，由此可以得出没有超阶级的人性；但这并不意味着马克思否定有人性这种东西，只不过强调人性是环境塑造的结果。达尔文主义者认为人性是进化的结果，是在自然选择过程中长期不断调适过程中逐步形成的。按照这种观点，人性的内容并不是永远不变的。按照同样的逻辑，现代基因技术当然也可以通过改变人的基因而改变甚至设计人性，其可能性以及必要性今天已经引起了广泛而激烈的争论（Heyd，2003；Bayertz，2003；斯蒂芬森，2007：219-264）。在中国历史上，告子曾提出："性，犹湍水也，决诸东方则东流，决诸西方则西流"（《孟子·告子上》6A1）。孟子同时代人亦有提出："性可以为善，可以为不善，是故文武兴则民好善，幽厉兴则民好暴"（《孟子·告子上》6A6）。这些均认为人性并无固定的内容，人性的内容完全取决于环境。

第四个争论焦点是人性善恶之争。严格说来，除了基督教和自然状态说之外，善恶问题并不是西方人性论流派争论的主要焦点。基督教和自然状态说中涉及人性善恶问题，前已论述。马歇尔·萨林斯（Marshall Sahlins，2006）提出古希腊以来，到中世纪、文艺复兴再到美国建国时期的一大批主张或关注人性之恶的人物名单，其中包括赫西俄德、修昔底德、阿拉克西曼德、柏拉图、奥古斯丁、阿奎那、马基雅维利、特里西（Bernardino Telesio，1509—1588）、霍布斯以及美国开国元勋们（《联邦党人文集》的作者等①)。严格说来，西方学者中除了自然状态说者之外，明确持人性善或人性恶立场的人并不算多，萨林斯所提到的这些人也并不都明确主张人性恶（human nature is bad）。比如柏拉图、亚里士多德均强调了灵魂中理性与非理性（与欲望有关）的对立，因而他们可能更倾向于人性善恶并存，然而善恶问题其实并非其焦点。由于基督教的强大影响，我想多数人可能在人性善恶问题上持接近于善恶并存的立场。这接近于世子硕、扬雄等人，但又有本质不同，差别在于中西方对善恶的来源及分量理解有别。在基督教传统中，善是来自上帝的，这倒与宋明理学认为善来自天命或天道有点接近。宋明理学认为恶与气质之性有关，则与基督教认为恶与感官欲望有关相近，也与柏拉图、亚里士多德认为欲望与恶有关相近。在西方哲学家当中，严格说来，也许只有康德对人性善恶问题给予了最深刻的关注。我们在下一部分专门分析康德的"根本恶"及相关的人性善恶学说，并发现康德同时关注了人性中的善和恶，但根本上更倾向于人性善。

第五个争论焦点也许是内容之争。所谓内容之争，我认为有两方面：一指人性的实际成分，二指人性的主要特点。前者试图对人性作宏观、全面的概括，后者主要关心人独有的，尤其是区别于动物的特征。

在西方人性论史上，关于人性的成分，我认为一直有三分说与二分说之别，不过三分说与二分说之间并不是对立的、不相容的关系。所谓三分说，是指柏拉图首先提出来的人的灵魂包括理性、激情（或称精神）、欲望三分说，此说法在基督教出现后被发展为理性、情感和意志三分说，也就是今天我们熟悉的知、情、意三分说（斯蒂芬森：83）。我们在休谟的

---

① 包括如约翰·亚当斯（John Adams）、杰斐逊（Thomas Jefferson）、麦迪逊（James Madison）、汉密尔顿（Alexander Hamilton）、勒诺（William Lenoir）等人。萨林斯（Mashall Sahlins, 2006）对他们以及历史上的人性恶预设加以批评。他大体上认为人性从根本上是由文化环境决定的，并不是如这些人物所说的有先天的善恶，他多次援引人类学材料来证明自己的观点，对马克思的人性观也较认同，并认为西方人千百年来夸大了自然与文化或社会的对立，也夸大了人性之恶。他举例指出，历史上许多主张君主制或寡头政制的人，与主张民主和分权制衡的美国开国元勋们，他们的政治制度理念完全相反，而他们的人性恶预设居然一致。这似乎说明以人性善恶为基础来倡导某种政治制度是"危险的"。

《人性论》、康德的三大批判中可以鲜明地看出这种三分法的巨大影响。一直到今天为止，可以说这三分法已被我们广泛接受，比如我们通常说的真、善、美，以及人类文化领域中的科学、宗教、艺术之分，均与此三分法对应。这些也说明了柏拉图三分法的合理性。不过，严格说来，柏拉图是人性二分说者，因为在他那儿三分只是针对灵魂内部而言，现实的生命则是由灵魂和躯体两个部分构成。所谓二分法，我指在基督教以及从笛卡尔至贝克莱的近代哲学家那儿发扬光大的灵魂（精神）/肉体二分说。今天中国人喜欢说的物质/精神二分法，应当也来源于此。

关于人性内容的另一个争论是各家对人性主要特点的理解。所谓主要特征，往往是指人区别于动物的典型特征，这样做并不追求对人性的成分作全面归纳。在西方历史上，形成了人是理性的动物（亚里士多德）、政治的动物（亚里士多德）、社会的动物（马克思、涂尔干等）、自由的存在（康德、萨特）、符号的动物（卡西尔）、无意识的动物（弗洛伊德）、语言的动物（乔姆斯基）、创造和使用工具的动物（马克思、恩格斯）、商品交换的动物（亚当·斯密）、自然选择的动物（达尔文）、基因的动物（道金斯、威尔逊）等许多不同的观点。

三、介绍三个案例

数千年来西方学者对人性的探讨，为我们留下了许多问题。今天看来，我认为至少有如下几个问题值得进一步深思：一是恶在人性中的来源究竟是什么？二是人性是否可作为一个价值标准，应用于对政治、教育、基因技术等的评价？三是如何看待现代生物学和自然科学中的人性论思潮？下面我们计划分别以康德、海德、斯库顿等几个人物为案例，来说明西方人性论留下来的一些至今值得深思的问题。

1. 康德论"根本恶"

关于第一个问题，我认为康德对人性善恶问题的论述依然有启发意义。前面我们讨论过康德的人性概念，这里要指出：康德虽然提出了有名的"根本恶"（radical evil）学说，但严格说来这只是康德对恶的来源的解释，并不意味着康德持性恶论立场，甚至可以说，康德的人性论是明显偏向性善论的。

康德人性论十分有意思的一个地方，在于他认为衡量一个人是不是恶人（或坏人），不是看他做了什么坏事，而是看他的动机——更具体地说，看他的动机里有没有"恶的准则"；"判断一个当事人是恶人，不能以经验为可靠基础"，"必须能从其一系列恶行，或者甚至从其一个恶行先天地推出一个其背后的恶的准则"（Kant，1998：46）。他宣称：

> 每当我们说"人的本性是善的（the human being is by nature good）"，或者"他的本性是恶的（he is by nature evil）"，这只是指他自身采纳善或恶的（即不合法的）准则的第一基础（此基础对我们来说神秘难解），并以此为基础做人（以普遍的方式）。正因如此，他也在同时借此准则表现了他的族类的特性。（Kant，1998：47）

所谓"采纳善恶准则的第一基础"，正是康德所谓的"人性"。康德这里的观点体现了他将动机论贯彻到底的做法，他之所以这样认为，是与他的人性概念有关：他认为人性区分于自然性或动物性的根本点在于，人是有自由意志和理性的存在。如果人的行为完全听命于自然的本能，即他所谓冲动和嗜好，此时人的自由意志和理性不起作用，反而不能证明他是恶的。这是因为，人的自然属性，即感官冲动（sense impulses）以及从中生发出来的自然嗜好（natural inclinations）是盲目的冲动，受制于因果律，不受自由法则支配（Kant，1998：57-58）。因为它们属于自由之外，人在这个领域不能体现自身的自由意志，所以上升不到道德律高度。

康德的支配性思想是，人的感性冲动或自然倾向，属于自然领域；而自由意志或道德善恶，则属于自由领域。属于自然领域的受制于因果律，属于自由领域的受制于道德律。当人受制于因果律时，他是不自由的；既然他不自由的，当然也无所谓道德（Adams，1998：ix-x）。

康德进一步认为，人的自然属性及相关属性，主要包括以自爱为特点

第六章　西方人性概念及学说：问题与意义

的动物性（animality）、人类性（humanity）等，体现为人的感性冲动或自然嗜好，属于人的向善的原初禀赋，甚至被康德称为是善的（Kant, 1998: 50-52）。① 它们需要控制，但不需要消除（p.78）。康德说：

> 自然的嗜好（natural inclinations）就其自身来看是善的，也就是说，是无可指摘的；而想根除它们，不仅是徒劳的，而且也是有害的和应予谴责的；毋宁说，我们只需要抵制它们。（Kant, 1998: 78。中译据李秋零，2003: 21）

> 他是生而为善的，他的原初禀赋是善的；[然而现实的]人还并不就是善的。（p. 65）

康德在论述人性中的恶时用的是"人性趋恶的倾向"（propensity to evil）而不是"趋恶的禀赋"；但在论述人性中的善时，用的是"人性向善的禀赋"（predisposition to good）而不是"人性向善的倾向"。禀赋与倾向之别在于，禀赋是先天就有的，是先验的、超越于时间的存在，是意念按照道德律行事的主观基础。而倾向不是先天就有的，虽然同样是主观基础，但是它是人受感性冲动、在意念（Willkür）中采纳了与道德律相反的行事准则。恶的来源在康德看来是人类自爱原则在社会现实中发展的结果（Steveson, 1998: 124）。从这一角度看，恶是后天的，不是先天就有的；由于人类行恶时必须运用其选择自由，所以人类对恶负有责任；但也正因人有自由，所以恶不是完全不能克服的。

关于人性善恶，还有一点需要指出的是，康德的人性概念与我们通常接受的有很大区别。这也是他的人性善恶观倾向于人性善的另一重要原因。康德的人性概念虽然既包括先验维度也包含经验内容，但在他看来，真正的人性是指人生而固有的、采纳善恶准则的主观基础（Kant, 1998: 46）。

---

① 方按：这严格说来也是有矛盾的，因为这些感性冲动与道德律无关，严格说来构不成促进道德律准则的动因（incentive）。不仅如此，康德也在后面论述恶的来源时，多次谈到人在感性冲动或个人嗜好的诱导下，建立违反道德律的准则；正因为这一倾向根深蒂固、无法消除，破坏了一切准则的基础，所以人性中有了"根本恶"（radical evil。"恶"德文 Böse）。

同时，人性是人摆脱了自然因果、运用自由时的主观基础。康德又将人性称为 disposition by nature as an innate characteristic，即作为本质上是先天固有特征的禀性（Kant，1998：50），这种禀性不是在时间中获得的，但是要在意念自由（the free power of choice）中体现。这里的 nature，接近于西方哲学史上作为 essence（本质）意义上的人性概念，因为它是超越时间的、先验的存在（a prior）。至于通常视为人性恶的依据的感性冲动或欲望之类，有时被康德排斥到人性之外，不被视为真正的人性。康德谈人性时，主要是从自由而不是从自然讲的，他以人性为人心中确立做人道德的主观基础。如果问人心为确立合乎或违反道德律的准则提供的最高基础究竟是什么？这个基础就是人性。正如斯蒂芬森指出的那样，康德与卢梭使用人的本性这个词的含义正好相反，"这两个哲学家在相反的意义上使用术语'by nature'。卢梭用它指'先于社会状态'（prior to social conditions），他认为社会发展败坏了原初的人性（original human nature）。相反，康德认为我们的本性（our nature）只在社会上得到恰当发展，但他并不相信人存在一种前社会的状态"（Stevenson & Haberman：124-125）。

诚如有的学者指出的，"康德从道德自律出发，强调人应该仿效的理念就存在于人性中，甚至认为每一个人都应该并且能够符合这一理念，暗含着人人都应该并且能够成为基础、人的得救也就是自救的结论"（李秋零，2003：31）。这一看法可由康德的原话得到佐证：

> 从实践的观点来看，该理念在自身中有着完整的实在性。因为它存在于我们的道德立法理性中。我们应当与它一致，也必须能做到这一点……因此，为了使一个上帝喜悦的人的理念（idea）成为我们的原型（prototype），并不需要经验的样板（example）；那理念作为一个原型，已经蕴涵在我们的理性中了……每一个人都应当将自己修饰成该理念的一个样板；[我们]获到的原型只存在理性中，因为外在经验无法提供适合它的样板。外部经验不能揭示内在的禀性（the inwardness of disposition），而是只能推论出它，而这种推论并没有严

格的确定性。(Kant，1998: 81-82)

康德的这一观点，与孟子"人皆可以为尧舜"神似，而且也似乎接近于人性本善。

还有一点可以证明康德的性善倾向，即康德否认基督教的原罪说。他认为，恶的行为不能理解为先前状态的结果，尤其不能理解为遗传自始祖(inheritance from our first parents)，即不能在时间中来究因，这就否定了基督教中有名的原罪说。他认为需要从"恶的内在可能性"(the evil's inner possibility)来究因(Kant,1998: 62)。康德说："根据《圣经》，恶不是起始于一种根本的趋恶倾向……而是起始于罪(sin)……然而，人在一切趋恶倾向之前的状态是无辜的"(p. 63)。由于特定的时代氛围，康德对《圣经》原罪说的批评非常温和、委婉。但正如罗伯特·亚当斯(Adams,1998: xii)指出的，"除了我们自身的自由意志之外，没有什么东西可被指责为我们罪恶[的根源]。由此出发，《圣经》亚当与夏娃的故事，不能解释我们的败坏；它的价值在康德看来仅仅是象征性的。"《世界十大人性理论》一书作者斯蒂芬森这样总结康德的人性善恶学说：

> 康德认为我们的动物本性(animal nature)是无罪的(innocent)，它包含在我们作为有限存在物的需要中。他也不认为把恶的禀赋(a predisposition to evil)归之于我们的理性本性(our rational nature)、是后者使我们成了邪恶的存在说得通。他认为根本恶(radical evil)跟人类的禀赋(理性的自爱)有关联，但根本恶并不是这一禀赋的必然结果，而是后者在社会条件下发展的产物。(Steveson，1998: 124)

综上所述，我认为康德的根本恶学说，实际上更倾向于人性善而不是人性恶。

那么，康德为什么又特别关注人性中的根本恶(radical evil)呢？这归因于他对恶的来源的理解。康德认为，人建立起违背道德律的准则，源于人心中一种自然的倾向(natural propensity to evil)，这一倾向包含三个层次，即懦弱、动机不纯、采纳恶则，这种倾向也可称为趋恶的主观基础。他说：

> 我们可以称这一主观基础为一种自然的趋恶倾向（a natural propensity to evil）。并且，由于它产生于我们自身的缺点，我们甚至可以进一步称其为人心中根本的（radical）、生而固有的（innate）恶（它完全是我们自己炮制出来的）。（Kant,1998：56）

之所以称为"根本恶"，只因为这种自然的倾向出于我们自身。根本恶若读为"根本上是恶的"，容易引起误会，康德只是强调它是人自身造就的；它植根于人的意念，人作为自由行为者对它负有责任。由于人容易受嗜好的影响，在他的意念中建立起违背道德律的行为准则，所以有一种根本的恶。因此，所谓"根本恶"，绝不能从表面上理解为荀子意义上的生而具有的欲望之类。它只是指人因嗜好而自身建立起违背道德律的准则。但康德说这种反道德律的准则只是偶尔起作用，取决于人的意念（Willkür，英译 the power of choice），不具有必然性，所以并不是普遍的恶。

康德指出："恶的基础不能像人们通常的做法那样，归诸人的感性（the sensuous nature）及由此产生的本能嗜好（natural inclinations），因为它们与恶不直接相关（它们只是为道德禀赋证明其力量和德性提供场合）"（Kant，1998：57-58）。它们与恶不直接关联，因为这些嗜好来自自然，不是来自人。"感性并不为人提供道德上恶的基础，它把人造就成纯粹动物性的存在"（p.58）。"其次，恶的基础也不能归诸从事道德立法的理性的败坏，仿佛理性可以在自身之内消灭律法的尊严似的，那是绝对不可能的"（p.58）。恶的基础在于：由于感性及相应的个人嗜好的影响，人们容易建立起违反道德律的行为准则。这一过程从根本上取决于意念的自由（a free power of choice）：

> 在人那里存在一种天然的趋恶倾向……这种恶之所以是根本的，是因为它败坏了一切准则的基础；作为一种自然的倾向，它也不可能

由人力来根除——这需要通过善的准则来做到，然而在一切准则的最高主观基础均已败坏的设想中，这是不可能的。然而，这种恶同样必定可能被克服，因为它被发现于自由行动的人身上。（Kant，1998：59）

之所以认为人性中趋恶的倾向是一种"根本恶"，还因为人无力彻底根除来自感性冲动的诱惑，同时也因为这种倾向"败坏了一切准则的基础"。但正因为人性有向善的原初禀赋，所以人性即使败坏了，也永远有恢复善的力量（Kant，1998：64以下）。

康德从人性的角度对恶的来源的分析，我认为是深刻有力的。人性的实际成分，无论是其感官需要还是人类的自爱原则，严格来说不能简单地说是恶的，但它们又确实与恶有关。从根本上讲，恶的来源是人的心智，即人的自由选择意志，而恶的根除也应当从心智即人的自由意志出发。这不也是儒家修身思想的入手处吗？

2. 大卫·海德论基因技术的挑战

现代基因技术可以人为设计的方式来改变一个动物的肤色、身高、体重等许多属性，人们由此设想基因技术是否可用来改变人性？或者换个角度，我们是否可从人性出发，对基因技术如何应用于人进行评价？这已成为一个十分重要的话题。下面我们介绍海德站在西方传统人性论的立场对这一问题的思考和回应。

海德认为，自从亚里士多德以来，西方人一直有两重人性概念：一是把人性理解为人的自然属性（natural properties），这是就人所被赋予的自然的特性而言，人自己无所选择；二是把人性理解为人区别于一切其他事物、体现了人的尊严的方面，是一个规范意义上的人性概念，体现了人的理性选择和自由意志等方面，呈现为人有自我选择、自我完善、自我超越（self-transcendence）能力。第二层面的人性概念，严格说来不是体现了人的自然方面（natural aspects），而是体现了非自然的方面，却被认为是真正的人性，是人的本质属性。第二层面的人性概念与基督教、卢梭、康德等人均有深刻关联。这两重人性之间无疑存在着张力：一个不可选择，另一个可选择；一个是事实层面，另一个是规范层面。他正是借助于这双重人性概念来试图分析基因技术的应用所导致的伦理道德困境。

（1）自然与本质

海德首先考察了亚里士多德、卢梭、康德以及基督教学说中的相关人性观，指出从亚里士多德开始，人性概念中呈现"是"与"应该"的张力。亚氏认为人"具有独一无二的自然属性，从而把人与其他动物区别开来，这些属性是永恒不变的"（Heyd, 2003: 152）。因而，人与其他动物的区别不同于其他动物之间的区别，人有着独特的自我完善力量，其自我发展空间不受限定。由此形成了人性概念的目的论色彩（这一目的论色彩在后来西方思想中发扬光大），即人的本质属性（the essential nature）是向某个人类的目标前进。亚氏人性思想中由此形成了"是"（被赋予的）与"应该"（朝某个目标前进）的张力，问题就在于亚氏将这二者均放在了自然领域（the realm of the natural），即人"应该"做什么建立于人的自然属性的基础上。这里面包括自然主义的谬误。亚里士多德认为：

> 人的理性官能（the faculty of reason），无论是理论的还是实践的，与人的自然官能，包括其生物官能和心理官能，并无区别。人存在的目标（the telos）并不是克服其自然存在，而是趋近于她的本质属性（what she essentially is in her nature）。自我超越并不是指克服一个人的本性（nature），而只是指一个现有的未完成状态。道德进步由自然倾向的完善，而不是由理性或意志对它们的征服所构成。（Heyd, 2003: 152）

然而亚里士多德将理性视为人的自然属性的一部分，从而否定理性与自然的张力的观点，自卢梭以来就遭遇了彻底否定（Heyd, 2003: 152 以下）。海德对于卢梭、康德、米兰多拉（Pico della Mirandola, 1463—1494）、《圣经·创世纪》中有关人性的理论进行了精彩分析，认为它们均展现了人性并非一成不变、具有按理性或自由意志而无限发展的可能性。康德将理性与自然（nature）对立，强调理性对自然的主宰。基督教认为，上帝造人与造万物的方式不同，万物皆按其nature（自然）生活，而人不是。人是被按照上帝自身的形像造的（《创世纪》1：26-28），人的最终使命是管理大地山河及万物。人与自然生物（natural creatures）的不同在于：后者按照上帝制定的法则生活，而人则被赋予了自由意志，人按自身的意志来塑造自己。这与卢梭、康德一样，赋予人的自我塑造作用以无限的空间，而这种塑造最终是要摆脱自然，这种思想是目的论的。

因此海德提出这样的问题：人性是不是真的存在？人性是不是一个自相矛盾的概念（oxymoron），甚至是多余的东西？

（2）基因技术问题

千百年来人们相信人性（human nature）是不变的，是与生俱来的，与人为塑造、设计出来的东西迥然不同。然而，基因技术的发明提出了这样的问题：人性是不是可以设计或人为塑造出来？这不正是从基督教、米兰多拉、卢梭、康德以来的思想家所关注的问题吗？基督教认为人性是上帝的设计或制造，虽然这意味着对于人来说人性是被赋予的，但同时，它强调了人不同于动物的地方在于人有自由意志，人有无限自我选择、自我塑造的可能。基因技术的诞生也证明了这一点。人性可以根据人的意志自由来设计、塑造。

海德还指出，其实人对自然的干预早就存在，一切药物都可以说是对自然过程的干预。而且基因技术对于自然过程的干预也是以自然过程为基础，而不是整个地消灭自然属性。"人工因素"作为自然的反面，还要看"人工"到什么程度，比如基因技术根据人的主观需要定制玫瑰的颜色、大小，与人工折纸制造出玫瑰，同样有人工因素，但程度是完全不同的。

人们或许可以从神学（上帝创造自然，不应破坏它）、生态学（人是自然的一部分而不是它的统治者）、美学（自然的才是最美的）等角度来反对基因技术对自然的破坏。但是也有一种观点认为，人的高贵之处恰恰在于人高于自然、而决不仅仅是自然的一部分，而正是这些地方值得保护，不应受基因技术破坏（Heyd，2003：161）。

从康德的观点看，人的尊严或高贵之处应当受到保护，而基因技术毕竟只应用于自然属性层面，即生物学和心理学层次。例如有人认为"真正的人性"（essential human nature，也称为 essential properties of human beings）在于人有自由选择能力，有灵魂，有语言，有沉思能力，这些都是"非自然的"（non-natural）。那么，基因技术只要不破坏这个领域，就可免于从人性立场来批评它（Heyd，2003：161-162）。这种观点认为人性高于万物之本性，因为基因工程改变得了万物之性，却改变不了人的真正本性。但是据此说来，人们就不能以"违反人性"（human nature）为由反对基因技术改变人的身高，甚至不能反对它用于改变人的心理特征和思维能力禀赋，因为这些都不是"真正的人性"，不代表人的尊严与高贵之处（p.162）。

（3）自我与人性

我们还可以从人的自我认同角度，来看限制基因技术的必要。因为人的尊严（包括理性、自由和自主）还不代表人的自我认同的全部内容，无论是在个人层面还是在人种层面。人的自由选择是根据其自我认同来作出的，一切变化都是为了保持或实现其自我认同。"因此，自我认同概念是对基因工程合理性的一个限制"（Heyd，2003：162）。所谓"自我认同"（identity），是指一个人自认自己是什么样的人或想要成为什么样的人（who we are or want to be），比如艺术家、父母、宗教信徒等，这些均不是"人性"（human nature），但却是一个人自认为自己的本质属性（essential properties）。这是在个人层次上的认同。在群体层次上，自我认同包括认为自己属于某种人、某个部族或民族。自我认同的关键在于对未来的投射，即期望自己未来或自己的后代成为什么样的人。

如果说自我认同（包括个人和群体层次）思想是对基因工程的一种限制，那么它与人性究竟是什么关系？海德说：

> 根据从米兰多拉、卢梭、康德到马克思、达尔文、尼采以来的现代观点，可这样回答这些问题，即从哲学和道德意义上说，人性（human nature）乃是人——无论在个人层面还是集体层面上——所具有的确定其自我认同、决定其是什么和想是什么的力量。（Heyd，2003：163）

换言之，人的自我认同的力量来源于"人性"。但是要注意，海德所说的"人性"不是指人的自然属性，而是从规范意义上说的，指人的自由选择和理性能力（rationality）。前面说了，人性的独特之处在于人能设计或决定"他们本质上是什么"（what they 'essentially' are）。由此可见，海德虽然认为自我认同超出了人的尊严的范围，它仍然体现了真正的人性或者说人的"本质属性"，即人的理性、自由和自主性。由此可见，真正的人性，无论是就其体现了人的尊严而言，还是就其呈现了人的自我认同追求而言，均构成了对于基因工程的限制。也就是说，它应当是基因工程所不能破坏的。

海德还考察了从人性角度来讨论基因技术应用是否合乎道德的四个相关问题，即筛选 vs. 施工（engineering）、治疗 vs. 提升、活体细胞 vs. 种系干预、克隆问题。其中都涉及在基因技术应用中，对自然过程的干预深度有多大、是否合适、是否可以从人性立场来支持或反对的问题（Heyd，2003：164-167）。

（4）小结

综上所述，海德认为人性有两个相互矛盾的方面，一个是被赋予的自然属性（natural properties），另一个是脱离自然的（de-naturalized）、体现了人的尊严的独特属性，即规范意义上的人性概念，或称为人的本质属性（essential human nature or the essential properties of human nature）。前者是既定的、被给予的基础，后者是未定的、在追求的理想存在，与人的自由、理性有关，呈现为人的自我选择、自我塑造、自我超越能力。人性的这两个层面各有存在的意义和价值，一个是我们活动的基础，另一个是我们努力的方向。基因技术使得在 given nature 与 free choice 之间、"我们是什么"与"我们改造自身的新方法"之间重新划清界限。如果基因技术所改变的可能是第一层面的人性，而不是第二层面的人性，也就不存在道德疑问。换言之，正是第二层面的人性，是现代基因技术所永远改变不了或不能改变的，也构成了我们限制基因技术的人性论基础（Heyd，2003：167-168）。

在我看来，海德所讲的从米兰多拉、卢梭、康德以来站在自由意志立场对于自然与自由（nature vs. freedom）、自然倾向与理性生活（natural inclinations vs. rational life）的区别，在中国人看来是接受不了的。中国人会认为，海德所说的人的自由意志、理性选择能力和自主精神等，不也是自然赋予的吗？凭什么他们却将之放在人性（human nature）之外呢？这是因为中国人并无基督教一神论创世思想，中国人的自然是涵盖一切的。而在一神教思想传统下，自然的与非自然是两个世界。前者是世俗的，后者是神圣的。希腊人因为没有受到过基督教洗礼，所以亚里士多德认为一切均属于自然，人的理性和自由选择能力也是自然的禀赋。中国没有基督教上帝按自身形象造人的传统，中国人会认为人的一切属性，包括体现人的尊严的道德属性，同样是自然的、被赋予的。

当然，孟子以来认为人的道德属性（仁义礼智之性）体现了人的尊严，与这里所说的第二层面的人性概念有相近之处。日常生活中我们也在使用孟子所谓的"人禽之辨"，骂某些人"没有人性"。这时的人性概念就有相当强烈的规范含义。但是同样是规范层面上的人性概念，中国人绝不会强调它与理性、自由之间的关联。这体现了中西文化的重要差别，即中国人从道德理解人的尊严，西方人从自由理性理解人的尊严。区别还在于，当孟子声称人有道德本性时，他是竭力说明这种本性来自天赋，没有西方那样的目的论色彩，也不会被从自然中剥离开，数千年来皆如此。因为中国文化没有创世思想，没有高于天地（自然整体）的上帝概念，所以自然就是最大的。从自然中剥离，就是违反天道。

3. 罗杰·斯库顿对进化心理学的批评

前面我们介绍了威尔逊等人所倡导的从社会生物学角度理解人性的观点，这一思想自20世纪70年代末提出以来，引起了轩然大波，遭到了许多批评，包括前面讲到的斯蒂芬森本人在内也不赞同。这里我们重点介绍一下斯库顿（Roger Scruton）的观点。

斯库顿（Scruton, 2017）对道金斯（Richard Dawkins）和丹尼特（Daniel Dennett）等人从生物学观点理解人性的立场进行了强烈批评，他的批评对象不限于进化心理学，也包含功利主义、唯物主义的人性论。他的基本人性观与前面海德所强调的、康德等人以来的人性观相近，大体认为人性应当理解为人不同于动物、高于动物、体现了人的尊严与高贵之处的本质属性，即人是有自由意志的、理性的存在。他由此出发解释了人为什么有道德、有信仰，以及道德、艺术和信仰等如何生动地展现了人的本质（即真正的人性）。在他看来，从这一观点出发，人们绝不会同意达尔文以来站在生物学或自然科学立场将人归结为基因的动物，或视人为与其他动物并无本质区别的生物。

（1）人为何物

斯库顿站在康德、费希特、黑格尔、狄尔泰、胡塞尔等人的立场，认为人性之所以不可能归结为生物性、动物性，是因为人的"我-意识"以及诸如意志、责任、理解，还有信念、欲望、意向、知觉等主观世界的内容与生物学意义上的物理过程是两码事，亦不可以归诸后者。如果把我的感受、思考、意向归结为数字过程以及肌肉对此过程的反应，那么我对他人就不可能有任何情感（Scruton，2017：40）。

他强调，脑科学不可能代替人的自我认知（awareness of self），即对第一人称我的认知（Scruton，2017：42-43）。对于生命来说，有意识与有自我意识是有本质区别的。就好比看一幅画，从中只看出颜料斑点，与从中看出面容，是完全不一样的（pp.44-45）。人作为一种生命与其他生命之间相比最独特的地方，历史上还有许多说法，比如：使用语言（乔姆斯基、Jonathan Bennett），第二欲望（second-order，Harry Frankfurt），第二意向（second-order intention，H. P. Grice），惯例（convention，David Lewis），自由（康德、萨特），自我意识（康德、费希特、黑格尔），哭笑（Helmuth Plessner），文化学习能力（the capacity of cultural learning，Tomasello）(p.44)。关于人的科学理论把人归类为猿类或哺乳动物，这种归类无法包括所有的人，比如天使和上帝。科学理论把人当成了客体而不是主体，它对我们的反应的描述并不等于我们的感受。精神科学并不是科学，它是人文学（humanities），它依靠的是人的理解力（pp.45-46）。斯库顿认为宗教、哲学和艺术虽然方式不同，但所追求的人性真理是一样的，取消它们，就等于剥夺了人们表现其内心孤独的应有方式，从而让人性不能实现、走向失落（p.49）。生物学的还原主义正是让人性失落的一种学说，因而也等于取消了人这个"类"（pp.47-49）。

（2）你我

斯库顿认为，笛卡尔把自我作为拥有诸多属性的灵魂实体对待，实际上是把人当作了客体。但我不是客体，我是主体，我是第一人称之我（the first person）（Scruton，2017：57）。

当我与他人相遇，"我"意识意味着我知道另一个同样有"我"意识的你，这才是我与你相遇。这个"我"是不可以化约为实体（entity）的。康德、费希特、黑格尔到胡塞尔均认识到了这个问题。康德主张，道德"来源于主体对于'我'的自我确认"（Scruton，2017：55）；而费希特、黑格尔则进一步主张"对于'我'的自我确认依赖于与他人相遇，以及对他人的确认"（p.56）。

进化心理学把一切快乐看成是调适的过程及其结果，解释为基因再生产机制。然而并不是所有的快乐都可以找到这方面的（物理）根据。比如从窗外望去我很快乐，这种快乐并无存在地点（你不能说在眼睛里），无所谓基因调适机制（Scruton，2017：60）。有时我们觉得快乐是因为自己赋予某事以价值，或者说因为我们看重它。这完全是价值立场问题。即便是性快乐，也与当事人对对方的看法有关。当一个女人发现自己受蒙蔽而跟一个不是自己丈夫的男人上床后，她会感到恶心，甚至可能自杀。可见性快乐不完全是感官的事，直接关系当事人的价值立场。正常的性快乐并不是基于对方是一个肉体的存在，而是基于对方是一个拥有"我"意识的、跟"我"一样的主体，奸尸、强奸则不一样（pp.61-64）。进化心理学无法解释人们为何反对诸如乱伦、强奸、恋尸、奸童、通奸等行为（p.64）。

他还进一步指出，审美快乐并不完全是为了生存需要，而是与人的价值判断有关（Scruton，2017：66）。人与动物也许没有不可逾越的鸿沟，但确有十分重要的区别：语言、自我意识、道德判断、审美趣味等，都是人所独有的特征（p.66）。

（3）道德

人是独立的、有自由意志、能自由选择的主体（agent），他的主体性意味着他也必须同时承认他人的主体性，由此才有了道德问题，道德的基础亦由此理解。这里的关键在于"人"（person，personhood）这一概念。斯库顿提出，人（person）——而不是human being——作为一个概念，包含人作为理性的存在者对人的尊严的理解和认识。只有当一个人把另一个人也当作人而不是物（object）来认识时，才能找到很多问题的真正答案。斯库顿在这里引用了萨特关于主体/客体关系的理论（Scruton，2017：120-121）。他一方面承继康德以来的德国哲学传统，强调人是有自由意志的理性存在者；另一方面，斯库顿认为每个有自由意志的人，也有可能认识到并承认他人是同样有自由意志的人（p.133）。

斯库顿因此批评了启蒙运动以来以双方同意为基础的自由主义契约论（liberal contractarianism，Scruton，2017：133）。这种思想把双方同意作为从事一种行为的前提和充分基础，这是对人性理解的肤浅表现。人对于他人的行为，不能完全以双方同意为基础，而是以人对人性的尊严的理解为基础的；很多基于双方同意的行为，事后人们发现并不正确（pp.120-124）。

他又批评了进化心理学无法解释道德行为，指出诸如虔诚、亵渎、神圣这些概念，不能简单地用进化过程中的"调适"来解释。进化心理学对于人类生活中所出现的这类现象背后的"思想"以及人类感情背后的"意向性"，未能提供说明（Scruton，2017：132）。

（4）善恶

斯库顿认为，恶（evil）与坏（bad）不同，恶是指对人性（humanity）的摧毁，是对人性的蔑视，而坏则仅仅是出于自利和人格缺陷（Scruton，2017：133-139）。对于恶行——比如纳粹集中营——的本质，斯库顿同样从人的自由意志角度给出了回答。大意是认为，因为我们是人，是有理性和自由意志的人，我们不得不从这个角度来看所有人，所以我们不能接受对他人那样的虐待。因此，他是基于自己对人性的理解——康德式理解——

来回答恶的来源,尽管他并不倾向于康德诉诸形而上学来这样做。他说:

> 在我看来,康德最伟大的见识在于,他认识到,我们在与他人相处时被一种真实的力量驱使,即不是视他人为单纯的物或有机体,而是视之为自由地行动着、理性地承担责任、自身就是目的的人。(Scruton, 2017: 140)

在斯库顿看来,如果停留在生物学角度,就无法认识到自由的真正含义,至多视之为一种比喻。他说:

> 作为人,我们自己对自己的行为和心灵状态作出解释。我们在他人面前对自己给出正当理由的习惯,引领我们对自身给出理由(reasons)。所以即使无人看到,我们也会被裁判。对自己缺点的意识使我们丧气,我们寻求宽恕、常感懊悔,尽管并不知道可以向谁恳求原谅。这就是"原罪"之义——"存在自身的罪恶",即叔本华所说的"此在之罪"(das Schuld des Daseins),是作为个体存在、在与同类自由相处时的缺点。(Scruton, 2017: 141)

斯库顿认为,正是人的自我意识,导致他们有负罪感,对自己的恶感到愧疚,由此才产生了"原罪"(original sin)意识。原罪意识,在斯库顿看来源于我们的这种自我意识,他是以人是有自由意志的理性的人格存在(persons)为前提的。这里,我们可以把斯库顿对人性善恶的看法与孟子进行对比,发现斯库顿似乎也有一种性善论。他认为,人性中有一种先天的力量,使人们对自己的罪恶有负疚感。这种先天的力量就是人需要在面对别人、进而在面对自己时对自己的言行给出正当理由!因此,斯库顿对善的原因的解释与孟子是有不同的,斯库顿重视的是先验理性。而同时,斯库顿虽然讲原罪,但将原罪归之于性之善:原罪是人意识到自己的罪,人有对自身罪恶的意识,这是人性善的表现。当然,斯库顿并没有使用过诸如人性善恶的术语。

（5）信仰

斯库顿诉诸信仰、超验存在的观点来进一步说明人性的善恶，指出：当我们渴望救赎、渴望免除罪恶感时，

> ……我们站在了超验存在的入口处（the threshold of the transcendental），达到了我们所不能达到或知道的地方。我们所达到的这个地方，因为它承诺救赎，故须从个人角度来理解。这正是作为第一人称单数的人——作为世界的灵魂——在其诞生地向摩西诉说。（Scruton，2017：142）

> 在那样的时刻 [指祈求获得原谅、灵魂得以净化的时刻——引者]，我们将自己的存在作为礼物接受下来，它是被赋予给我们的，这种赋予乃是首要的创世行为。然而，在遇到恶时，我们看到了与此相反的消极力量，它把给予我们的东西夺走，且特别专注于人、灵魂；我们还看到了存在的被给予性得到清楚的展现和理解、并被冠冕堂皇地毁掉的地方。(pp.142-143)

正是在这里，斯库顿赞扬了宗教的力量，或者说信仰的力量。因为宗教信仰通过超越者（the transcendental person）对我们的宽恕、救赎，让人的灵魂得以净化，让我们重新认识自己的同类、认识自己作为难免一死的人的命运。所以，宗教既是道德生活的产物，又反过来为道德提供支持（Scruton，2017：143）。

四、余论：中西人性论之别

我们知道，人性乃是中国思想史上十分重要的概念，从先秦到两汉，学者们从性情、阴阳乃至善恶讨论人性；宋人区分义理之性（又称天地之性、天命之性）与气质之性，清人戴震等人倡"血气心知之性"，这些都说明了中国古代人性论较为发达的事实。在中国古代人性论中，先秦形成、汉代发达的阴阳五行学说有特殊影响，它体现了中国人把生命看成阴阳两

方面合成的观点；宋明理学家所谓天地之性／气质之性，也体现了阴阳二分的特点。换言之，义理／气质之分，并未完全脱离先秦以阴阳／魂魄／性情／善恶为基本框架的二元人性观。

在西方人性论史中，二元生命观也有强大影响。如前所述，无论是基督教的灵肉二分说，还是近代哲学中的物质、精神二分说，均是如此。相比之下，中西方二元论最大的区别之一，在于中国人持阴阳和合、缺一不可的立场。而在西方思想传统中，灵肉紧张、对立直至彻底分开，乃是基调。此外，由于中国文化中没有本质主义思维，以及相应的决定论传统，中国人所谓阴阳或魂魄，均非独立于感官世界的实体或本质，而只是生命的两个方面，这也与西方迥然不同。

对人性的讨论就是对人的本质或特征的讨论，它深刻地反映了一种文化对生命的理解。总体上看，西方人性论在多个方面比中国人性论更加复杂、丰富和多样。一方面，上述二元论生命观主要体现了基督教的影响，古希腊哲学家柏拉图、亚里士多德还不是最典型的二元人性论者。近代以来，传统二元论之形而上学基础——本质主义——崩溃，传统的二元人性论也走向消亡。更准确地说自休谟（David Hume，1771—1776）等人以来，西方古典形而上学瓦解，导致对人性的研究彻底倾向对人的一系列典型（或突出）特征的分析。因而，近代以来西方人性论早就远远超出了二元论的范围。

与西方自然状态说相对应的学说应该是道家。不过，如果我们注意《老子》与《庄子》的不同，对其中"自然"一词含义的复杂性和丰富性有所了解，也可能不会简单地将老庄或道家学说与西方自然状态说对应。大抵来说，我认为老子所说的"自然"基本上指无为、"自己而然"，未必对应于一种蛮荒时期的人类状态，因而与欧洲学者所谓的"自然状态"有别，尽管在强调人们按照天然的而非人为的方式生活方面有一致处。而《庄子》的自然概念则含义更复杂一些，也与西方人的自然状态说多相近之处。一方面，《庄子》的自然含义有与老子一致之处，而另一方面，《庄子》确实也讲三代以前、近乎蛮荒的史前时期，并视之为理想的黄金时代，那时的人们皆能顺性而为、适性而居。《庄子·胠箧》称"昔者容成氏、大庭氏、伯皇氏、中央氏、栗陆氏、骊畜氏、轩辕氏、赫胥氏、尊卢氏、祝融氏、伏牺氏、神农氏,当是时也,民结绳而用之,甘其食,美其服,乐其俗,安其居,邻国相望,鸡狗之音相闻,民至老死,而不相往来。"《马蹄》称"夫赫胥氏之时,民居不知所为,行不知所之,含哺而熙,鼓腹而游,民能以此矣",所谓"赫胥氏之时",可能是五帝以前;"及至圣人,……民乃始踶跂好知,争归于利,不可止也。此亦圣人之过也",所谓"圣人"时期,应该是五帝以后。① 《骈拇》称"自三代以下者,天下莫不以物易其性矣",显然与卢梭一样,以文明的兴起为人性堕落的开始。与启蒙思想家一样,如果老子、庄子有一种政治理想的话,也是建立在他们的"自然状态说"之上的,不过对于理想政治制度的理解却与西方学者迥然不同。

相比之下,在儒家学说史上,人们虽然普遍承认有所谓刀耕火种、结绳记事的时代,但决不认其为理想的黄金时期,更不以其为衡量人性的标准或政治学说的理论基础。人们普遍认为三皇、五帝的兴起是一大进步、一大功德。虽然后世儒家普遍地认为人性出自"天命",但是明确地从蛮荒时期的面貌来讨论人性,实属罕见。我见到的一个例外是苏轼,他曾经在《扬雄论》中论述人性善恶时说:

> 夫太古之初,本非有善恶之论,唯天下之所同安者,圣人指以为善;而一人之所独乐者,则名以为恶。天下之人,固将即其所乐而行之。孰知夫圣人唯其一人之独乐,不能胜天下之所同安,是以有善恶之辨。(苏轼,1986:111)

苏轼所谓"太古之初",或许类似或接近于上述所谓"自然状态"。不过他的结论是,在太古之初,人性无所谓善恶。这与霍布斯、卢梭的看法迥然不同。总的来说,自然状态说在中国历史上的影响远远小于在西

---

① 类似的思想亦见于《庄子·胠箧》等之中。《天运》则称"三皇五帝之治天下,名曰治之,而乱莫甚焉"。据此,《庄子》心目中的理想时代要追溯至三皇之前。

方，秦汉以后严格说基本上没有影响，中国人历史上真心相信庄子以蛮荒时代为理想的人应该说极少。这与在西方，"在霍布斯之后，几乎所有重要的政治哲学家和道德哲学家……都以'自然状态'作为分析政治和道德的基本出发点"，"'自然状态'成为支配十七世纪至十八世纪西欧政治和道德思想的核心概念"（李猛，2015：90）这一西方历史上的状况截然不同。

西方人性论，特别是近代以来与中国古代人性论最大的区别，我认为是在讲人性的尊严和价值——人的本质属性——时，落脚于人的理性和自由意志，而中国人落脚于仁义或道德。这一点前已述及，在前面康德等三人那里也体现得非常清楚。

中西方人性论另一个重要区别，在我看来是西方人性论是以认知为宗旨，而中国人性论以道德和信仰实践为主。虽然西方人性论中也不乏注重道德或信仰实践思想，在古希腊哲学、经院哲学以及特别是基督教传统中，都有这方面内容；但总的来说，从古希腊到近代思潮，再到当代西方人文—社会科学，西方人性论体现了认知主义（intellectualism）为主流的特点。也正因如此，西方人性论在观点上多种多样、在内容上丰富多彩（对人性的内容论述甚多）、在学科上分布广泛（远不止哲学一个学科，包括社会学、心理学、生物学等多个学科均已涉及）。

这一区别也帮我们解释了另一个现象，即为何人性善恶问题在中西方人性论史上所占的比重大不相同。我们知道，两千多年来人性善恶一直是中国人性论的重心。但西方人性论则不然。西方人性论中虽然也不乏对人性善恶的讨论，但绝不能说善恶问题是西方人性论的重心。中国古代人性论以人性善恶为大宗，我认为可能与中国传统学问以道德/信仰实践为主有关。在西方，基督教教义中也有关于人性善恶的深刻论述，体现了与中国人相近的、在精神信仰和道德实践中关注善恶的特点。但由于《圣经》中对人性的善恶已有较明确答案，人性善恶的争议在基督教中较少。而在中国则不然，由于五经及孔子本人对人性善恶并无定论，加上孟子、荀子等先秦思想家的个人影响，后世一直争论不休，几成中国人性论的主旋律。

当然，西方人性论中有关善恶的讨论也不限于基督教。

总的来说，西方人性论除了基督教传统以外，大多数情况下以认知主义（intellectualism）而不以道德或信仰实践为特点。今天，阴阳二元论人性观在国人心目中似已消退，人们对人性善恶的理解更加复杂，同时对人性的理解和兴趣也远远超出了善恶范围。

跋：再谈孟子人性论研究中的若干问题

本书的主要任务之一是挖掘性善论的含义，我认为这比为性善论辩护重要得多。完稿之际，搜寻往日笔记，感到如何理解性善论，尚有许多问题值得重视。这里先将以前笔记中所涉有关问题、惜在正文中未有涉及的一些文字整理于此，作为本书性善论研究的补充。

1. 概念的澄清问题

本书第五章末尾曾结合陈大齐的意见，讨论了导致人性善恶争论的数千年的若干症结。这里再简单总结一下，理解孟子人性善所涉及的若干概念问题：

第一，"性"是何义？是指人与动物共有的普遍属性，还是人区别于动物的特殊性质？是指一种实然的状态，还是指一种动态的生长过程？是先天的属性还是后天的属性？是基于事实判断，还是基于价值判断？正如本书第一、四章所展示的，"性"字早在先秦就有多种不同的含义。近代以来学界多认为孟子、告子、荀子所使用的人性概念含义迥然不同。我在第一、二、三章试图揭示孟子性概念的另一长期不受关注的含义，即作为成长法则之义，以及其对于理解性善论的意义。关于"性"字之义，似乎依然有讨论的空间。另外，唐君毅先生在解"性"之义时，还提出了一种别样的看法，先秦时期的"性"是一具有内在能动性或包含内在生命力的概念，一直到董仲舒依然如此；但到后来，所谓"性"就变成无内在生命力的纯粹属性了。他说：

> 先秦之所谓性，乃皆可称为一内在之存在者，而能为人之生、心

之生之根据者。董子之性指生之质，亦即可以指人生中之阴阳之气之存在。董子较信教化之力，而人之善恶宜多可转，而其性亦有一能生之实质义。然王充之性，可为决定不移者，则善恶之性之名，便只能为气之一状态与活动方向之价值性的形容词，无能生之实质义矣。（唐君毅，1968：125）

先秦至董仲舒的人性概念，因具有内在能动性，故可推动善恶互转；而王充的人性善恶则全依从外在价值标准判断而生，故以外在行为为准。后来刘劭《人物志》所谓"品类"之分，正是基于此意，这样一来其人性概念不再是一有内在活动性或动力的实质之义。唐的观点颇有新义，是否成立尚可探讨。他将此含义用于解释性善，认为性善是指"心之生"（唐君毅，1968：20，30）。

第二，"善"是何义？董仲舒认为人性有善端、善质，不等于就是善，这也是后来孙星衍乃至傅佩荣等的观点。善端是不是善？孟子道性善之善，是指善端还是与善端不同的善？这是有关性善之善的一种争论。另外，胡安国则认为孟子"性善"之"善"只是"叹美之辞"，犹言"善哉善哉"，并不是善恶意义上的善（即"不与恶对"）（转引自朱熹，2010：3559）。据此性善之善，只是如今人"真好""真棒"之义，纯属感叹性质。然衡诸原文，孟子论性善时，却是从仁、义、礼、智四者出发，并非如胡氏所言。这是性善之善的另一种解读。第三种解读是把性善之善说成是"好"的意思。性善不是指与恶相对的道德判断，而变成了指与"不好"相对、道德含义不强烈、注重知觉发达因素的"性好"，即人性是个好东西。戴震（1982：183）的"材质良"之说，近乎在此意义上释性善。第四种解读则认为性善之善是至善意义上的善，此善的特点是不与恶对。因此有两种不同的善，一种是与恶相对意义上的善，另一种是超越善恶相对的善。这是中国历史上讨论性善论的一个重要论点，从胡宏、王阳明、王夫之至康有为[①]，均认为孟子以"至善"为善。梁涛则认为孟子对善有两处明确定义，"乃若其

---

① 康有为观点参氏著，《孟子微》卷二《性命》（康有为，1987：29-49）。

情,则可以为善矣,是所谓善也"(《告子上》6A6),"可欲之谓善"(7B25)。从这两处定义出发,再结合孟子在其他地方的言论,他认为"对于孟子而言,善首先是指'可欲'、'可求',也就是不受任何外在条件的限制,完全可以由我控制、掌握,能真正体现人的意志自由","孟子实际是以内在道德品质、道德禀赋为善"(梁涛,2009:30)。但陈大齐(1970:3)则认为孟子自己对善的定义有矛盾,一会儿说"可欲之谓善",一会儿又说"寡欲"(《尽心下》7B35)。究竟善与欲是什么关系?他认为孟子没说清楚。

第三,"人"是何义?长期以来学者多认为,当《孟子》说"以人性为仁义"(《告子上》6A1)、"人无有不善"(《告子上》6A2)、"虽存乎人者,岂无仁义之心哉"(《告子上》6A8),他所谓的"人"与我们今天所谓的人并无异义,就是指一般意义上的人。然而,当代学者安乐哲(Roger T. Ames, 1991)、信广来(Kwoi-loi Shun, 1997a/b)认为孟子所使用的"人"是指已经有一定文化修养的人,不是普遍的、生物学意义上的人(参第四章"人禽说"节及第五章"小结")。衡诸历史,孟子生活的春秋时期传统封建世袭并未解体,《春秋左传》《国语》等当时文献中所记载的"人""国人"多指有一定身份的"国人",而不是一般意义上的平民。相比之下,"人"比"民"身份等级高。《孟子·梁惠王下》"人皆谓我毁明堂"(1B5)中的"人","国人皆曰可杀"(1B7)中的"国人",颇类于《国语·周语》中的"厉王虐,国人谤之",《左传》襄公十九年"子展、子西率国人伐之",定公十三年"国人助公"中的"国人"。《周礼·地官·泉府》贾公彦疏:

> 云国人者,谓住在国城之内,即六乡之民也。云郊人者,远郊之外六遂之民也。(阮元,1980:738)

据崔大华(1980:7)考证,当时人居住地有国、郊、野之分。究竟孟子所说的"人"是不是国人,即有一定身份的人而非普遍的平民?当孟子说"无恻隐之心非人也,无羞恶之心非人也,无辞让之心非人也,无是非之心非人也"(《公孙丑上》2A6)时,他所针对的真的是有一定文化素养的人，还是一切普通意义上的人？

今查《孟子》一书，"人"字出现600多例，有"野人""庶人""乡人""小人""宋人""杀人""侍人""乞人""廪人""庖人""行道之人"等词语，尤其是《公孙丑上》（2A2）揠苗助长中的"宋人"，均非特指有文化教养者，安乐哲、信广来之说似不成立。

第四，"性善"是什么判断？我在本书第四章提出解释性善论的五组十个判断，即先天判断和后天判断、本质判断和特征判断、全称判断和特称判断、总体判断和比较判断、事实判断和价值判断，认为古今中外历史上学者们在解读孟子性善论时，自觉或不自觉地使用了这些判断中的若干个，这是导致人们对于性善论理解各异的重要原因之一。

2.《中庸》之"性"可理解为成长法则吗？

本书总结出"性"字有原初特性和成长法则这两种不同的含义。前者强调性之"前接物时之属性"，后者强调生命成长过程之法则。二者皆从属生有属性范围。根据我在书中的分析，所谓原初特性，其实是无法证明也无法讨论的。这里我们不妨考察一下，《中庸》中的"性"是什么意思，是否可理解为成长法则，还是只能按照郑玄、赵岐、朱熹等人的方式来理解？

自古学者认为子思作《中庸》，而孟子乃"受业子思之门人"（《史记·孟轲列传》），因此梁启超（2015：72）称"孟子学说，造端于《中庸》的地方总不会少"，"'率性之谓道'的解释，'率性'，为孟子性善说的导端；'尽性'，成为孟子扩充说的根据"。今本《中庸》"性"字共11见，下面我们将《中庸》涉及"性"的句子挑出来逐一分析（分章依朱子《章句》）。

"天命之谓性"（第1章）：郑注曰"天命谓天所命生人者也，是谓性命。……《孝经说》曰：'性者，生之质命人所禀受度也'"（《礼记正义·中庸》）。此不难理解，谓天生的属性，但性作何义没有交待。朱子《章句》曰"命，犹令也。性，即理也。天以阴阳五行化生万物，气以成形，而理亦赋焉，犹命令也"（朱熹，1987：26）。若依朱子之解，则性当指天赋予万物之理。这是以理释性。

"率性之谓道"（第 1 章）："率"释为"循"（郑注），与释为"治"（王充①、欧阳修②），含义迥异。我们先按梁启超孟子性善造端于子思之说，接受赵岐以来的第一种解释，释率为循。依此，率性即循性。性可循，则性善矣。然则性指什么？郑注曰："木神则仁，金神则义，火神则礼，水神则信，土神则知。……率，循也。循性行之是谓道"（《礼记正义·中庸》）。朱子《章句》则释此句为"人物各循其性之自然"（朱熹，1987：26）。依郑玄，此性当指天赋予万物的五常之性。朱子意识到此句接"天命之谓性"而言，未必专门针对人性，故未从郑注以五常释性，而释之为"理"，并称"天以阴阳五行化生万物，气或成形，而理亦赋焉"（页 26）。

"自诚明谓之性"（第 21 章）："诚"者，实也，故"诚"当与"率"同义，指实从于性。此处"性"当作动词，即《孟子·尽心上》"尧舜，性之也"（7A30）、《尽心下》"尧、舜，性者也"（7B33）之"性"，都是"率性"之义。

"唯天下至诚为能尽其性，能尽其性，则能尽人之性。能尽人之性，则能尽物之性。能尽物之性，则可以赞天地之化育"（第 22 章）：郑注曰"尽性者，顺理之而不失其所也"（《礼记正义·中庸》），以"顺理之而不失其所"释"尽性"，其中"顺"与"循"同义，"不失其所"才是对"尽性"之义的针对性解释，尽性就是使性不失其所。联系第一章，"不失其所"就是"发而皆中节"，当针对情而言。郑玄《毛诗·大雅·烝民》笺："天之生众民，其性有物象，谓五行仁义礼智信也。其情有所法，谓喜怒哀乐好恶也。"故郑氏以五常为性之内容，以喜怒哀乐好恶为情之内容，情法性，则所谓"顺理之使不失其所"指情从于性，性不受情所扰。朱熹《中庸章句》释

---

① 王充《论衡·率性篇》有言："论人之性，定有善有恶。其善者，固自善矣；其恶者，故可教告率勉，使之为善。凡人君父，审观臣子之性，善则养育劝率，无令近恶；近恶则辅保禁防，令渐于善。善渐于恶，恶化于善，成为性行。""今夫性恶之人，使与性善者同类乎？可率勉之，令其为善。"所谓"率勉""劝率"，与《孟子·梁惠王上》"率兽而食人"之"率"含义相近，类乎今日"率领"之。
② 欧阳修（2001：669）《答李诩第二书》称："《中庸》曰'天命之谓性，率性之谓道'，明性无常，必有以率之也。《乐记》亦曰'感物而动，性之欲'者，明物之感人无不至也。然终不言性果善果恶，但戒人慎所习与所感，而勤其所以率之者尔。"

"尽其性"曰:"德无不实,故无人欲之私,而天命之在我者察之由之,巨细精粗无毫发之不尽也。……能尽之者,谓知之无不明而处之无不当也"(朱熹,1987:47)。此以"尽"为完全、无所遗漏,故"尽其性"指"尽察其性"。方按:联系前文,"尽其性"当可读为"尽率其性"。

第 25 章 "性之德也",就其所有之德而言;第 27 章 "尊德性",德性当即包含美德之性。因此,"性之德"与"德性"含义无别。

根据上面分析,郑玄、朱熹都将"性"解释为原初特性,生命诞生前上天所赋予人的。然而,还有没有另一种解释可能?如果将《中庸》的"性"解释为成长法则,是否可通?

首先,率性、尽性之说,以合乎"性"为理想的行为(这与《庄子》一致),且谓"诚者"成己又成物,成己即尽己之性,成物即尽物之性。如果首章"天命之性,率性之谓道"并不专对人而言,而含万物在内,则《中庸》所谓万物,包含万物皆以尽其性而成为其自身。若性只是指未接物时的状态或属性,则尽性、率性就是指回到接物前的状态吗?如果我们严格按照《中庸》文本,文本并未将性定义为五常之德,也未称其为朱子所谓"理",则"性"之义似尚有解释空间。

性何以要率、尽? 按本书思路,其实有两种解释:一是指回到接物前的原初状态或属性;二是指让其最大限度地按照自身规则成长、发展。我们来看第二种解释是否可行。今按《中庸》第 25 章:

> 诚者物之终始,不诚无物。是故君子诚之为贵。诚者,非成己而已也,所以成物也。成己,仁也;成物,知也。性之德也,合内外之道也。故时措之宜也。

此处以"诚"与"成己""成物"相连。所谓成己、成物,可读为"成全自己""成全万物"。联系前文"自诚明谓之性",及本章"性之德也,合内外之道也",可以发现所谓"诚"就是"率性""尽性"。只有率性、尽性,才能成己成物。如果把性理解为事物健全成长的法则,这就非常好理解。如果把性理解为未接物前的状态或属性,就不好理解。若联系《孟子·告子上》"戕贼杞柳"（6A1），则孟子亦认定顺性为"成物"。"以人性为仁义"，不同于"戕贼杞柳以为桮棬"，后者并未遵循杞柳之性，而前者遵循了人之性。换言之，为仁义合乎生命健全成长的法则，而戕贼杞柳不符合其健全成长的法则。

又《易·系辞上》：

> 一阴一阳之谓道，继之者善也，成之者性也。
> 成性存存，道义之门。

此处"成性存存""成之者性"，与《中庸》"成己""成物"之"成"，含义相近。"成性存存，道义之门"，王弼（2011：349）注曰："物之存成，由乎道义也。"王弼似将"成性"解释为"物之成全"。虞翻曰"成性，谓成之者性也"（李鼎祚，2016：407），据此则"成性存存"与"成之者性也"含义不二。虽然"成性""成之者性"解释甚多，若将"性"解释成长法则，则"成生""成之者性"似可读为"性之成全"，与"成己""成物"同义。联系《中庸》"率性之谓道"，则《系辞上》"继善成性"句可解释为：遵循阴阳之道，乃生命健全成长法则，此法则即天命之性；"继之者善也"指遵循此法则则善（"继"指遵循）；"成之者性也"，成全自己和万物，就靠遵循此法则（"性也"读"遵循性"）。

又《易·说卦》：

> 昔者圣人之作《易》也……和顺于道德而理于义，穷理尽性以至于命……将以顺性命之理。

这里，"和顺于道德与理于义"让我们联想到《孟子·告子上》（6A7）"理义之悦我心"；"穷理尽性""顺性命之理"，让我们联想到《中庸》"尽性"和"率性"。而"顺性命之理"，与朱子"性即理也"（《中庸章句》第1章）之说可相参照，"顺性命之理"就是遵循生命健全成长的法则，就是率性、尽性。

无独有偶，清儒陈确即以"性之全""全其性"解释《周易》"成性""成之者性"。其所谓"性之全""全其性",指人或物能充分地健全成长,不过他强调的侧重点是后天的培养功夫,认为后者才是实现这一目标的根本任务。其言曰:

> 孩提少长之时,性非不良也,而必于仁至义尽见生人之性之全。继善成性,又何疑乎?(陈确,1979:449-450)

> 今夫一草一木,谁不曰此天之所生,然滋培长养以全其性者,人之功也。庶民皆天之所生,然教养成就以全其性者,圣人之功也。非滋培长养能有加于草木之性,而非滋培长养,则草木之性不全。非教养成就能有加于生民之性,而非教养成就,则生民之性不全。(页450)

当然,《中庸》中的"性"是不是只有这一种解释可能?还有无其他解释可能?学者不妨再探讨。

3.《孟子》"性"之义

本书第一章曾提出先秦"性"字多义的一个解释框架,如表7-1所示。

表7-1 性之多义归类

分类	含义
来源义	含义①:"生"
基本义:生有属性	含义②:生理属性
	含义③:物理属性
	含义④:道德属性
	含义⑤:原初特性
	含义⑥:生长特性
引申义	含义⑦:后天或特定属性

今本《孟子》共查"性"字出现37次。陈大齐(2012:1)曾统计发现:其中有12次"见于孟子以外的人的言论中",余25次"见于孟子本人的言论中";其中用作动词4次,用作形容词1次,"余均用作名词";而在

用作名词的 20 例中,"单用一个性字,或以泛言性、或以专指人性者十一次",言人性与人之性共 2 次(方按:陈有误。言"人性"3 次,"人之性"1 次),言天性、杞柳之性、山之性、犬之性各 1 次,言牛之性 2 次。

现将各次用"性"字具体情况及含义分析如下:

《滕文公上》3A1(1 次):

"孟子道性善,言必称尧舜。"方按:含义不明。

《离娄下》4B26(1 次):

孟子曰:"天下之言性也,则故而已矣。"方按:此章争议极多,若天下之言性是针对当时流行状况而言,则此性指的是生有属性,即"生之谓性"或"天命谓性"之类,应当以含义②③为主,若包含周人世硕、漆雕开、公孙尼子之类(王充《论衡·本性篇》),则当包括含义④。但如果换个读法,将"天下之言性"读为"天下当有之言性,则故而已",则可以读作含义⑥。

《告子上》,22 次(占总次数 59.5%):

告子曰:"性,犹杞柳也;义,犹桮棬也。以人性为仁义,犹以杞柳为桮棬。"孟子曰:"子能顺杞柳之性而以为桮棬乎?将戕贼杞柳而后以为桮棬也?如将戕贼杞柳而以为桮棬,则亦将戕贼人以为仁义与?"(6A1)(3 次)方按:针对杞柳,当为含义②或③。

告子曰:"性,犹湍水也,决诸东方则东流,决诸西方则西流。人性之无分于善不善也,犹水之无分于东西也。"孟子曰:"水信无分于东西,无分于上下乎?人性之善也,犹水之就下也。人无有不善,水无有不下。今夫水搏而跃之,可使过颡,激而行之,可使在山,是岂水之性哉?其势则然也。人之可使为不善,其性亦犹是也。"(6A2)(5 次)方按:水之性,当指含义③。人性则当指含义④道德属性,或含义⑥生长特性。然水之性并非就其颜色形状等静态属性而言,而就其运动方式而言,故人之性亦当涉及人的存在方式,故当与含义⑥有关;若如此,则人性之善当就人的存在方式而言。

告子曰:"生之谓性。"孟子曰:"生之谓性也,犹白之谓白与?"曰:"然。""白羽之白也,犹白雪之白,白雪之白,犹白玉之白欤?"曰:"然。""然则犬之性犹牛之性，牛之性犹人之性欤？"（6A3）（6次）方按：生之谓性，性之义不明。犬之性、牛之性、人之性含义皆不明。本章强调的是人性与动物性之别。

告子曰："食色，性也。"（6A4）（1次）方按：显然是含义②。告子由"生之谓性"得出以食色为性，是孟子批判的重点。道德属性、生长特性同样属于生之谓性范畴。

公都子曰："告子曰：'性无善无不善也。'或曰：'性可以为善，可以为不善，是故文武兴则民好善，幽厉兴则民好暴。'或曰：'有性善，有性不善，是故以尧为君而有象，以瞽瞍为父而有舜，以纣为兄之子且以为君，而有微子启、王子比干。'今曰'性善'，然则彼皆非欤？"（6A6）（5次）方按：含义④或⑥。含义④与含义⑥分别代表固有道德属性或生长过程两个不同视角，但本章未明确交代视角，只能从全书语境出发。

"如使口之于味也，其性与人殊。"（6A7）（1次）方按：指人与人口之性并无区别。此性当指含义②。

孟子曰："牛山之木尝美矣。以其郊于大国也，斧斤伐之，可以为美乎？是其日夜之所息，雨露之所润，非无萌蘖之生焉，牛羊又从而牧之，是以若彼濯濯也。人见其濯濯也，以为未尝有材焉，此岂山之性也哉？"（6A8）（1次）方按：山之性，当指②⑥，兼而有之。

《告子下》，1次：

"所以动心忍性，曾益其所不能。"（6B15）方按：当指含义②。此处"忍"当作抑制讲，"性"指人性。[①]

《尽心上》，8次：

孟子曰："尽其心者，知其性也。知其性，则知天矣。存其心，养其性，

[①] 陈大齐（2012：2-4）认为此句前头"苦其心志"的主语是"天"，故"动心忍性"的主语亦是天。此释似嫌穿凿。他正确地指出，联系《公孙丑上》"四十不动心"，此处"忍性"与"动心"并列，二事当非孟子理想；但他考察认为"忍"作抑制解与作放任解，难以确定。我以为，孟子"性"字有多义，此处性朱熹释为"气禀食色"无错。"忍性"的主语当是人，后面"曾益其所不能"的主语也是人，因前面有"所以"二字，当读"所以使其动心忍性，曾益其所不能"。

所以事天也。夭寿不贰，修身以俟之，所以立命也。"（7A1）（3次）方按：历代注解家理解为含义④，据本人解读兼含义④⑥，而以含义⑥为主，参本书第二、三章分析。

孟子曰："广土众民，君子欲之，所乐不存焉。中天下而立，定四海之民，君子乐之，所性不存焉。君子所性，虽大行不加焉，虽穷居不损焉，分定故也。君子所性，仁义礼智根于心。其生色也，睟然见于面、盎于背。施于四体，四体不言而喻。"（7A21）（3次）方按：历代注解家理解为含义④，据本人解读为含义⑥。应当是非常典型地反映了从成长方式看性善。参本书第二、三章分析。

孟子曰："尧舜，性之也；汤武，身之也；五霸，假之也。久假而不归，恶知其非有也？"（7A30）（1次）方按：含义⑥。历史注解家理解为含义④。

孟子曰："形色，天性也。惟圣人然后可以践形。"（7A38）（1次）方按：含义②。

《尽心下》，4次：

孟子曰："口之于味也，目之于色也，耳之于声也，鼻之于臭也，四肢之于安佚也；性也，有命焉，君子不谓性也。仁之于父子也，义之于君臣也，礼之于宾主也，知之于贤者也，圣人之于天道也；命也，有性焉，君子不谓命也。"（7B24）（3次）方按：含义②、④或⑥。耳目鼻口四肢之性，当属含义②。但仁义礼智圣人之性，历代注解家理解为含义④，据本人解读为含义⑥，参本书第二、三章。

孟子曰："尧、舜，性者也。"（7B33）（1次）历代注解家理解为含义④，据本人解读为含义⑥。

4. 孟子从成长法则论"性"原文

稍作检查，我认为《孟子》一书中较典型地体现人性作为成长法则（生长特性之一）的句子有如下几处：

● "我知言，我善养吾浩然之气。""敢问何谓浩然之气？"曰："难言也。其为气也至大至刚，以直养而无害，则塞于天地之间。其为气也配义与道，无是馁也。是集义所生者，非义袭而取之也。行有不慊于心则馁矣。我故曰：告子未尝知义。以其外之也。必有事焉而勿正，心勿忘，勿助长也。无若宋人然。宋人有闵其苗之不长而揠之者，芒芒然归，谓其人曰：'今日病矣，予助苗长矣。'其子趋而往视之，苗则槁矣。天下之不助苗长者寡矣。以为无益而舍之者，不耘苗者也。助之长者，揠苗者也，非徒无益，而又害之。"（《公孙丑上》2A2）

- 万物皆备于我矣。反身而诚，乐莫大焉。（《尽心上》7A4）
- 夫君子所过者化，所存者神，上下与天地同流。（《尽心上》7A13）
- 君子所性，仁义礼智根于心。其生色也，睟然见于面、盎于背。施于四体，四体不言而喻。（《尽心上》7A21）
- 居天下之广居，立天下之正位，行天下之大道；得志与民由之，不得志，独行其道；富贵不能淫，贫贱不能移，威武不能屈——此之谓大丈夫。（《滕文公下》3B2）
- 孟子曰："鱼，我所欲也；熊掌，亦我所欲也。二者不可得兼，舍鱼而取熊掌者也。生，亦我所欲也；义，亦我所欲也。二者不可得兼，舍生而取义者也。生亦我所欲，所欲有甚于生者，故不为苟得也。死亦我所恶，所恶有甚于死者，故患有所不辟也。如使人之所欲莫甚于生，则凡可以得生者，何不用也？使人之所恶莫甚于死者，则凡可以辟患者，何不为也？由是则生而有不用也，由是则可以辟患而有不为也。是故所欲有甚于生者，所恶有甚于死者，非独贤者有是心也，人皆有之，贤者能勿丧耳。一箪食，一豆羹，得之则生，弗得则死。呼尔而与之，行道之人弗受；蹴尔而与之，乞人不屑也。万钟则不辨礼义而受之。万钟于我何加焉？为宫室之美、妻妾之奉、所识穷乏者得我与？乡为身死而不受，今为宫室之美为之；乡为身死而不受，今为妻妾之奉为之；乡为身死而不受，今为所识穷乏者得我而为之——是亦不可以已乎？此之谓失其本心。"（《告子》上6A10）

- 口之于味也，有同嗜焉；耳之于声也，有同听焉；目之于色也，有同美焉。至于心，独无所同然乎？心之所同然者，何也？谓理也，义也。圣人先得我心之所同然耳。故理义之悦我心，犹刍豢之悦我口。(《告子上》6A7)
- 乐之实，乐斯二者，乐则生矣。生则恶可已也？恶可已，则不知足之蹈之，手之舞之。(《离娄上》4A27)
- 孟子曰："舜之居深山之中，与木石居，与鹿豕游，其所以异于深山之野人者几希。及其闻一善言，见一善行，若决江河，沛然莫之能御也。"(《尽心上》7A16)

5. 王阳明至牟宗三的"性体"是功夫产物，不能理解为现成事实

本书第四章论古今学者对性善论的辩护，提到陆象山、王阳明至牟宗三所代表的心学传统对性善论辩护意见中的本体说，特别是其与程朱理学本原说的区别。这里再补充一点，王阳明、牟宗三所谓的"性体"或"性之体"（牟常称"心体"），是基于一种体认，不能说成是现成的客观事实。严格说来，作为"超然的真实"，它是在特定的修炼过程中被体认到的；当人们体认到它时，会觉得这是一种客观存在，并会赋予人无比强大的力量，从此不再惧怕任何力量的威胁或伤害，从此心胸无比开阔，足以容纳人间万物。这里悟道者会认为常人活得多么悲哀、渺小！也会认识到，这个"性体"其实是人人都可以体认到的，也就是说每个人都有无限升华的可能，人皆可以为尧舜。这就是所谓"性善"。性善并不仅仅是说这个性体是无限善或超越善恶的，更主要的是指人性有如下特征：（1）人人皆有发现此性体的可能；（2）此性体才代表生命的本质（实际上是指最高状态、最大理想）。正因为生命有此潜能，所以说性善。说这是价值判断，是因为它还是以此性（性体）为真正的"性"。

由此，心学与理学的人性论就有了根本性区别：（1）理学把性体当作现成的事实，而非个人功夫的产物。当然，心学也不是说"性体"是人为创造出来的，但它确实只能依赖于人的修炼功夫才能被认识到。（2）理学

中的性体是更依赖于客观的认识，心学中的性体则更依赖于主观的体悟。

6. 朝鲜两场争论之意义

"四七之争"与"湖洛之争"暴露出程朱理学性善解说之内在逻辑悖论，使我们更清醒地认识宋明理学对性善论的论证与孟子本义的距离。

（1）四七之争

"四七之争"的实质是四端与七情关系问题，朝鲜名儒李退溪（1501—1571）、奇高峰（1527—1572）、李栗谷（1536—1584）、成牛溪（1535—1598）均曾参与其中。所谓四端就是孟子讲的"恻隐之心""羞恶之心""恭敬之心""辞让之心"，所谓七情就是《礼运》所说的喜、怒、哀、惧、爱、恶、欲七者。

焦点在于：四端是人之情，七情也是人之情，二者皆出于天生。四端被用于证明性善，七情则可被用于证明性有不善。那么，这两种不同的情究竟是怎么来的？特别是在朱子将孟子"乃若其情"（《告子上》6A6）的"情"与"端"等同的情况下。正是意识到这一问题，朱子、李退溪均认为四端七情来源不同，前者理之发，后者气之发；而李栗谷则可能意识到，既然是情，均属于接物后而生者，均与气有关，如何能把四端、七情归到两种完全不同的范畴中呢？所以他提出"气发理乘一途"说，当然也还是在理气关系的框架下展开的。李栗谷显然是认识到了朱子、退溪观点中的理论漏洞。

在我看来，这场争论表明，若以接物之前为性、接物之后为情，将性、情判然二分，孟子以接物之后产生的四端来证明性善就有问题，因为四端属于情、不属于性，至少不属于严格意义上的性。但实际上我们都知道，性只能通过情来认识，人们都是通过情来认识性的。这启发我们，性不可能在接物之前就真的存在。接物前（"人生而静"以上）之性不可知（程颢、王国维皆已指出），这么看来，性只能是接物后之性。然而接物后之性，何以能称为性？这与性之本义——先天的属性——之间有无冲突？我以为应当这样来理解，性一方面是天然决定、超出人控制范围的属性，但另一方面也必定是在后天行为中表现出来的。所以"性"虽然是"后天的"，但又有"先天性",否则就不是性了;但是性的"先天性",只是在限定的意义上,即只是把性限定为天然决定、不受人支配,类似康德意义上的先验(a priori, transcendental)特征,因为康德意义上的"先天"或"先验"是可以脱离经验、完全不依赖经验而独立存在的。严格说来,性的先天含义若读为时间性概念就存在程颢、王国维所讲的逻辑矛盾,若读为康德意义上的先天或先验、即不是一个时间性概念,则此矛盾可消。

(2)湖洛之争

人性与物性之不同,朱子解释为气禀不同所致,而气禀之异也是朱子认为人与人不同之原因。然而,在朱子看来,人与人从气质之性看有异,从天命之性(或称本原之性、义理之性)看相同,皆含仁义礼智。按照同样的逻辑,人与物不也是从气质之性看不同,从天命之性看相同吗?若将人物之性异同理解为人人之性异同之延伸,则可说不仅人与人天命之性皆同,而人与物天命之性亦皆同。故朱子以为人、物之性理同而气异。若依此理,则可以说人、物就天命之性而言亦皆善,何以说人与禽兽异者几希?毕竟孟子讲人禽之别,预设了人性善而物性未必善。

朝鲜历史上湖洛争论的两位人物,一是主张人性物性相异,及未发时心体有善有恶的韩元震(1682—1751);二是主张人性物性相同,及未发时心体纯善的李柬(1677—1727)。因此,这场争论的一个焦点是,未发之性(心)究竟是纯善的,还是有善也有恶?若说皆为纯善,是人与禽兽当无异,本性当皆为善;若说不为纯善,天命之性(本然之性)对于人与物岂有异乎?这其实还是程朱理学天命之性/气质之性区分的产物。①

《明儒学案卷三·崇仁学案三》载魏庄渠先生之友余子积的观点云:

> 性合理与气而成,固不可指气为性,亦不可专指理为性。气虽分散万殊,理常浑全。同是一个人物之性,不同正由理气合和为一,做成许多般来。在人在物固有偏全,而人性亦自有善有恶。若理则在物

---

① 相关研究参杨祖汉:《从儒学观点看韩国儒学的重要论争》,上海:华东师范大学出版社,2008年,页280-328。

亦本无偏,在人又岂有恶耶?(黄宗羲,2008:53)

魏氏以为人性由理、气合成,气有偏全之分,故人性有善也有恶。程朱学者从义理之性解释性善,然而若以理看性,则人、物所得于天之理岂有区别?从义理之性出发,不但人性善,物性亦善。这就点出程朱理学的一个内在矛盾:如何解释孟子性善论中的人禽之辨?到清代,陆世仪(1997:227)也意识到这个问题,他的解决办法是主张万物既生之前性犹未成,"但可以善名而不可以性名";因而,人性一词必是针对万物既生之后而言,因而人性之善只能是指"万物不齐之中,惟人得其秀而最灵"。

魏、陆发现的问题与韩元震、李栜争论的问题相近,它充分反映若从本原的角度——无论是发生学意义上还是本质论意义上——证明人性善、特别是人禽有别意义上的人性善,存在难以克服的困难。这也正是葛瑞汉反对从这一层面论性、反对从 human nature 视角理解孟子的重要原因。而宋儒天命/气质之分,明确承认性之本原状态或性之天命部分纯善,开启了这一问题的根源。而戴震、陈澧以来,可能正是意识到这一问题,反对从本原讲性,回到性之实然状态,所以从"血气心知之性"(《乐记》)出发来讲人禽之别及人性之善。这一思路的灵感,可能正是魏庄渠所说的,"理在天地间,本非别有一物,只就气中该得如此便是理"(黄宗羲,2008:53)。

戴震等人从实然状态论性善,只能基于人禽之别看,这暗含着这样的思想:人性并非纯善,所谓人性善只是在与动物比较的意义上讲的。然而这样又有了新问题:在比较的意义上,动物真的比人恶吗?从这个角度看,葛瑞汉正因为找到了解读孟子人性概念的新渠道,所以有理由不接受这一从实然状态论性的传统,应该说是极有新意的。

7. 孟子以善性/从人禽之别界定人性吗?

性善论的一个争论焦点是孟子是否承认食色之类的感官属性为性?同样是从人禽之别理解性善论,但一部分学者认为孟子不承认感官生理属性为性,而另一部分学者则相反,认为孟子承认感官生理属性为性。比如陈澧、徐复观、冯友兰、张岱年、钱穆、傅佩荣、信广来、梁涛等人均认为孟子的人性概念不包括食色之性，而王夫之、戴震、程瑶田、焦循、阮元、唐君毅、牟宗三、葛瑞汉等人则认为孟子的人性概念包含食色等感官生理属性（参第四章"人禽说"部分）。清儒虽也从人禽之别论性善，但多半同时认为孟子也承认食色等属性也是人性的一部分，近人徐复观、安乐哲、梁涛、王灵通、颜世安等人均主张孟子以善性为人性，或曰以人不同于或高于动物的属性为人性。相关观点本书第四章人禽说部分已经介绍，这里谈谈我对这个问题的看法。

对于主张孟子以善（性）为人性，或曰以人不同于或高于动物的属性为人性，我认为此说若成立，则等于说性善论不成立。此说理由是孟子讲人禽之别几希《离娄下》4B19，食色之类"君子不谓性"（《尽心下》7B24），无四端则"非人也"（《公孙丑上》2A6）。① 如果孟子真的如此做，等于重新定义了人性概念，与先秦同时期其他学者各说各话而无交集，他又如何能服人？说者的理由是，孟子提出人禽之别旨在说明什么是"真正的人性"，这当然是对的。但是若因此而谓孟子基于其对"真正的人性"的认识得出"人性善"，岂不是逻辑不通吗？所谓"真正的人性是某某"，乃价值判断，非事实判断。而人性善否，当基于事实判断。所以有人说孟子并非在一般意义上讨论性善，而是在讨论善性；也有学者主张孟子的人性论在逻辑上存在问题，孟子有诡辩。

现在还有一种典型的说法，认为性善论的基础在于孟子发现善端植根于人心，代表人之为人的尊严与价值，所以代表人性的本质。比如有的人称，人虽有食色等"生理天性"，但也有"道德天性"，即"向善爱人的天然需要"，后者体现了人为万物之灵；辨别人兽，推广道德天性，节制生理天性，"人就能迷途知返，恢复人的尊严，并进而推己及人"；因此，"人虽有生理的种种需要，但从本质而言——'人之初，性本善'"（赵昌平，

---

① 梁涛（2009）的说法颇完整，即认为孟子先证明了人有善性，然而说明了善性才是真正的人性，即人之所以为人者。

2008：2）。这一说法殊为可疑，人的道德天性何以能证明人性善呢？这至多只能证明人性有善的一面呀？以道德天性为人性之本质，此乃价值判断在先的思维方式，不能代替对人性的事实判断呀！人性是善是恶，毕竟首先是事实判断，而非价值判断。以价值判断（仁义才是真正的人性）代替事实判断，然后得出性善论，在逻辑上是不成立的。

这里还有一个问题，道德天性何以存在其实是有待证明的。不错，孟子以仁义礼智等道德为天性，但不代表他的全部思想。现代人也常常认为道德是相对于社会生活而言的，不存在什么先天的道德属性。因此，从道德天性的角度来论证性善，不仅存在以价值判断代替事实判断的问题，而且存在降低性善论的价值巨大问题，因为它等于是在说：孟子因为那个时代的局限，认识不到人性不存在先天的善恶，所以错误地提出了性善论。如此，尽管孟子道德内在于人性的观点十分有意义，但不能说孟子的观点在理论上站得住脚，至少并没有提出什么有力的证明。

8. 驳孟子以善性／人禽之别界定人性

从文本出发，我们很容易发现：

（1）孟子本人使用过"牛之性""犬之性""山之性""水之性""杞柳之性"（《告子上》6A3，6A8，6A2，6A1）等表达，且在与人论辩时使用之，可见他是与时人通用的意义上使用此一概念，并未自创新意，否则无法辩论；

（2）孟子有言"如使口之于味也，其性与人殊，若犬马之与我不同类也，则天下何嗜皆从易牙之于味也"（《告子上》6A7），此"性"字分明是属食色之性范畴（徐复观 [1978：165-166] 也提到过此条材料）；

（3）孟子"动心忍性"（《告子下》6B15）、"形色天性"（《尽心上》7A38）、"君子所性……其生色也，睟于面盎于背施于四体"（《尽心上》7A21）之言，其"性"字皆不能局限于四端，而已上升到感官生理属性；

（4）孟子在告子提出"食色性也"（《告子上》6A4）时并未反驳此判断，反驳的只是"义外"（阮元指出了这一点）；

（5）孟子在讨论人禽之别时，从未明言此别用于限定性之义。这里最值得争论的也许是《尽心下》"口之于味也"章中"性也，有命焉，君子不谓性"（7B24）一段如何解读。我会在接下来专门讨论。

下面有几条思路：

其一，若孟子将"善性/人异于禽兽者"定义为人性，则是孟子改变了人们流行的说法，人为而武断。然而，这样如何能反驳别人呢？而且，我们都知道孟子是在批判几种不同的人性论，比如"性无善无不善说""性有善有不善说""性可为可不为说"等不同的人性论的基础上提出性善论。他不可能武断地自己来重新定义"性"。他在回答告子的问题时说"乃若其情"（《告子上》6A6）、"尽其才"（《告子上》6A6）则可以为善。显然，人家已经否定人性为善了，孟子还以"善"定义"人性"，哪有任何说服力呢？陈大齐（2012：13）也指出，若孟子以善（即仁义礼智）为人性，"犯有理则学上循环论证的过失。性之所以善，因其内容仁义礼智无一不善。仁义礼智之所以善，因其为性的内容，性善，故亦善。以彼证此，又以此证此，反复互证，等于无证。为解释孟子言论而代作假设，只可代作绝无过失的假设，以免损害孟子言论的价值。故此一假设，非可采取。"① 阮元、葛瑞汉、牟宗三等人也皆指出孟子并不把性限定为人禽所别。

其二，若孟子将"善性/人异于禽兽者"（杨泽波、梁涛等）定义为人性，为何人同于禽兽者不能为人性呢？食、色当然是人性的一方面，孟子在反驳告子时（《告子上》6A4）并未反驳此断。善性固然是植根于人心，恶性也可以说植根于人心，何以能以善性定义人性？固然，人异于禽兽者代表了人的高贵，但如果以人高贵的地方定义人性，不是以偏概全吗？从本能上说，不善之性也有道德后果呀（荀子）！犹如一块金属中有一小点金子，尽管它很少很少（几希），也是这块金属中最珍贵的部分。但是当我们要评判这块金属好与不好时，可以仅以此一小粒金子为标准吗？孟子虽强调四端体现了人之为人（《公孙丑上》2A6），但可没有说这些就是人性的定义。孟子固然也说过耳目口鼻之类"君子不谓性"（《尽心下》7B24，下面专论），

---

① 但是遗憾的是，陈大齐未将此道理坚持到底，接下来他又说孟子"以人所独有而禽兽所不能有者为性，以禽兽亦有而非人所独有者为命"，以此来解释《尽心下》"君子不谓性也"（7B24）一段。

这或可证明孟子看出了人性中的精华，但这不等于说孟子道性善的主要依据在于他发现了善性。

其三，若孟子以"善性/人异于禽兽者"为人性，也无法回答为何"自反"会有无比强大的力量。孟子所谓"自反而缩"（《公孙丑上》2A2），所谓"舍生取义"（《告子上》6A10），所谓"浩然之气"（《公孙丑上》2A2），所谓"大丈夫"（《滕文公下》3B2），代表的是自反所带来的无比巨大的精神力量。这种精神力量从何而来？当然，你可以说因为回到了人之所以为人的尊严与价值。但后者毕竟是后发的人为价值判断，我们在讨论性善论时要避免先入为主地从道德价值出发。我们可以同意，善性/人高于禽兽者代表了人的高贵、尊严与价值；但是从事实判断的角度出发，人的高贵、尊严与价值感是怎么建立起来的？真正的理由是，为善因为符合人性成长的法则，所以使人变得生机勃勃而有无限活力。这也是"四体不言而喻"（《尽心上》7A21）、"足之蹈之手之舞之"（《离娄上》4A27）、"反身而诚乐莫大焉"（《尽心上》7A4）、"理义之悦我心犹刍豢之悦我口"（《告子上》6A7）、"若决江河莫之能御"（《尽心上》7A16）的根本原因。

其四，说孟子将"善性/人异于禽兽者"定义为人性，则隐含着反对食、色等本能属性（即人欲）的倾向，此亦宋明理学家区分天命之性与气质之性之由来。须知孟子"戕贼杞柳"（《告子上》6A1）、"尽心知性"（《尽心上》7A1）、"践形"（《尽心上》7A38）以及"睟面盎背"（《尽心上》7A21）的说法，均表明孟子探究的问题是生命整体之健康发展，而非只是一个方面的发展；他强调扩充四端及践仁行义，也是因为这有利于人性之全面、完整发展，而非由于四端或仁义礼智本身好。因此，得出"性善"的理由应当从仁义礼智有益人性之健康发展出发来理解。若说孟子以善性为人性，则完全回避了孟子性善说中最有意义的一面，即人只有为善才能尽其才的重大事实，唯此才能真正将道德奠基于人性深处，而不是奠基于外部社会需要。

其五，说孟子将"善性/人异于禽兽者"定义为人性，将会模糊道德教育和个人修身的方向，从而大大降低孟子性善论的魅力。这一说法在道德教育上的后果必然是，一味追求人性高于动物的所谓道德价值，其结果会导致扼杀人性，而这恰恰是孟子所反对的。孟子性善论的真义是要"率性"而行（《中庸》），是要"尽其才"（《告子上》6A6），而不能"戕贼"己性，这也正是孔子的"为己"传统。这才是几千年儒家道德传统的伟大精神和不朽魅力，它要人们从人性健康、完整发展的角度来看道德教育。人们从事道德，追求道德，都是为了人性的健康发展，不是为了求善而求善。将孟子的性善论解释为以善性释人性，容易先入为主地用道德来规范人性，绝不能充分解释孟子的人性论的深意。

其六，说孟子将"善性/人异于禽兽者"定义为人性，还是预设了"人性=人的本性"这一思维前提；因为发现通常理解的"人性本善"不成立，为了替孟子辩护而作此论，即将善性/人异于禽兽之性作为人性的本质来对待？其实孟子的性善，不是指"人性本质上善"，也不是指"人的本性善"。现代学者是否受到"本性"或"本质"的暗示，认为孟子在人性的诸多方面中，以善性/人异于禽兽者为人性的本质，而提出性善论？他们心里想着的是不是，鉴于"人性本质上或根本上善"之说不成立，孟子道性善时心里想的是"人性中善的一面"，因为毕竟这善的一面才能证明人之为人？

9. 原文解读："君子不谓性"该如何理解？

说孟子以"善性/人异于禽兽者"为人性，最主要的证据可能来自《尽心下》的一段话：

> 孟子曰："口之于味也，目之于色也，耳之于声也，鼻之于臭也，四肢之于安佚也，性也；有命焉，君子不谓性也。仁之于父子也，义之于君臣也，礼之于宾主也，知之于贤者也，圣人之于天道也，命也；有性焉，君子不谓命也。"（7B24）

方按："谓命""谓性"，绝不同于"谓之命""谓之性"！"谓"是动词，指称道、归诸，不是定义，焦循释其为"借口"是有道理的。

赵岐注前句"有命焉，君子不谓性"曰："不以性欲而苟求之也，故君子不谓之性也。"孙奭疏谓："君子以为有命，在所不求，而不可以幸得也，是所以不谓之性也。"赵注后句"有性焉，君子不谓命"以为，"有性焉"指"亦才性有之，故可用也"；又曰"凡人则归之命禄，在天而已，不复治性"，君子则"不但坐而听命，故曰君子不谓命也"。孙疏曰："君子以为有性，在所可求，而不可不勉也，是所以不谓之命也。"（《孟子注疏·尽心章句下》。阮元，1980：2775）

朱子注"君子不谓性也"，引程子曰"不可谓'我性之所有'而求必得之也"；注"有性焉君子不谓命"，引程子曰"然而性善可学而尽，故不谓之命也"，又引其师曰，"世之人以前五者为性，虽有不得，而必欲求之；以后五者为命，一有不至，则不复致力。故孟子各就其重处言之，以伸此而抑彼也。"（朱熹，1987：529）很明显，朱子之意，亦不以"不谓性""有性焉"为性之定义，而是针对修身方式而言，君子小人用力之处不同。

王夫之（2011c：373-374）《四书笺解卷十一 孟子七》解此段谓："君子以听之天而不求尽于己，故曰'不谓性'。"而对"仁之于父子"一段，则解道："此皆天理之自然，非人之所增益，得气禀之纯于天者，自能不思不勉而中，故曰'命也'。然必吾心之灵实存其理，而后行著习察，故曰'有性焉'。君子不恃天，而必尽其心以尽其道，见为吾生所必尽之理，故曰'不谓命'。"《读四书大全说卷十 孟子四》谓："其必尽者性尔；于命，则知之而无所事也。"（2011a：1142）

焦循（1987：992-993）《孟子正义》称："'谓'者，犹云借口于性耳。君子不借口于性以逞其欲，不借口于命之限之而不尽其材。……'不谓性'非不谓之性，'不谓命'非不谓之命。"君子不同于小人之处在于，"其口鼻耳目之欲，则任之于命而不事外求；其仁义礼智之德，则率乎吾性之所有而自修之"。

程瑶田（2008：42）《通艺录·述性》称："'不谓之性'，言不顺其性而使之过乎其则，过乎其则斯恶矣，是其性本善而转而之恶耳。"他并举盗贼例，谓"其初念未尝不善"，"只有谋生一念"，只因"迫于饥寒"，"转而之乎恶耳"（页42）。

阮元（1993：233）《性命古训》以为《孟子》7B24"口之于味也……

性也,有命焉;仁之于父子也……命也,有性焉"一段,最能说明性、命之义。其解释一依赵岐之注,认为孟子已明言口、耳、目、鼻、四肢之欲为性,故需要节性、弥性、度性、虞性,后者正《尚书》《诗经·卷阿》之义。

他还认为,告子"生之谓性"为古训,本不为误,孟子亦未辟之。孟子所辟者,为告子以此之故不知人禽之别,不知《孝经》人为贵之旨。"告子'生之谓性'一言本不为误……盖'生之谓性'一句为古训,而告子误解古训,竟无人物善恶之分,其意中竟欲以禽兽之生与人之生同论,与《孝经》'人为贵'之言大悖。是以孟子据其答应之'然'字,而以羽、雪至犬、牛、人之性不同辟之。……孟子非辟其'生之谓性'之古说也。"(阮元,1993:230)《告子》此章'食色,性也',四字本不误,其误以义为外。故孟子此章惟辟其义外之说,而绝未辟其'食色性也'之说。若以告子'食色性也'之说为非,然则孟子明明自言口之于味,目之于色为性矣,同在七篇之中,岂自相矛盾乎!"(页 230-231)

牟宗三观点类似。在介绍了有人提出"依孟子,食色固有不名曰性,但名曰命"后,牟氏称:

> 案此完全错误,不解孟子说"性也有命焉,君子不谓性也"之意。这样的答辩既不解孟子反对"生之谓性"所依据之立场,又不解两"固有"之不同,因而亦不解两固有所指之"性之层次"之不同。孟子反对"生之谓性"并不一定反对食色等是性,因为他明说"耳之于声也等等性也,有命焉,君子不谓性也"。虽"有命焉,君子不谓性",却亦并不否认其是性,亦并非直说它是"命"。"有命焉"并不等于名之曰命。因此,其所以反对"生之谓性"是只因为若这样说人之性并不足以把人之价值上异于牛马者标举出来,这明表示孟子另有说人之超越的真性之立场。(牟崇三,1985:6-7)

现在看来,7B24 这段话恐不能作为孟子以人异于禽兽者为"人性"之依据。因为说到味、色、声、臭、安佚时"君子不谓性",正如多家注解,并非孟子不承认此五者为性,而指孟子认为不能率性而为,因为受天命限制。所谓"不谓性",就是指"不以性为借口而必求"。孟子说仁、义、礼、智、天道"有性焉,君子不谓命",也并非不承认其中命定因素,但因人们可以率性而为,不全靠命定。综而言之,君子小人之别在于,君子以为当听命时,小人却要率性;君子以为当率性时,小人却要听命。

是否也可以说,"君子不谓性",亦暗指不真正符合性之理(成长法则);且"有性焉"一句,亦暗指才真正符合性之理(成长法则)。所谓"性之理",即成长法则,当然也是天之所命;此性常人不易察觉,而易察觉者惟其本能属性耳。这段话针对修养而言。①

10. 原文解读:"君子所性,仁义礼智根于心"(《尽心上》7A21)

有人以此段为据,说孟子所说的"性"就是指仁义礼智之性,即善性。换言之,孟子以善性界定人性(傅佩荣,2010:57;梁涛,2009:32-33)。请看上下文:

> 广土众民,君子欲之,所乐不存焉。中天下而立,定四海之民,君子乐之,所性不存焉。君子所性,虽大行不加焉,虽穷居不损焉,分定故也。君子所性,仁义礼智根于心,其生色也,睟然见于面、盎于背;施于四体,四体不言而喻。(《尽心上》7A21)

在全段话中,"乐"与"性"均既可作名词,又作动词解。"乐之"之"乐"是动词,联系孟子"尧舜性者也"(《尽心上》7A30)一句中的"性"也是动词。"所乐"之"乐"如是名词,则可指"所求之乐"。"性"作动词解何义?就是指"率性而行","尧舜性者也"则指"率性行仁义"。"所性"之"性"是名词,还是动词?若是名词,则是指"所求之性";若是动词,则是指"率性之行",亦可指"所具有的率性之行"。

另外,"所性不存焉"一句若依字面解,指"性"会消失,然而"性"怎么可能消失呢?我认为此句只是指合乎性的成长方式,"所性不存"就是无法率性而行;也可解读为"不能尽其性",即人性不能充分地按自身的

---

① 反对意见参徐复观,2001:145;梁涛,2009。

法则成长。这些都与下句"分定故也"相应。后面接连两个"君子所性"实际上是在解释率性而行的方式,即回答如何做到"所性存焉"。因此,承接上文,"君子所性"当解读为"君子所求的率性之行",不当读为"君子所求之性"。其中"分定故也"指无论是大行还是穷居其健全成长的法则并不会变。这里,"仁义礼智根于心"之"根于"当读为"以……为根",是动作、是修为,针对功夫而言,即孟子所讲的"求其放心"(《告子上》6A11)、"求则得之"(《告子上》6A8)之义,不当读为"回到仁义礼智之本心"。特别重要的是,应当把"根于……见于……盎于……施于……"连起来,共同作为对"君子所性"的描述。也就是说,合性的生存方式(成长法则)是……根于心、生于色、见于面、盎于背、施于体。之所以强调"其生色也,见于……盎于……施于……"也是描述"君子所性",因为孟子说过"形色天性也,惟大人可以践形"(《尽心上》7A38)。因此不能以"君子所性,仁义礼智根于心"为据,说孟子以"仁义礼智"定义"性",只能说仁义礼智合乎性,但不等于性。

11. 原文解读:"无……之心,非人也"(《公孙丑上》2A6)是价值判断,还是事实判断?

《公孙丑上》(2A6)有:

> 无恻隐之心,非人也;无羞恶之心,非人也;无辞让之心,非人也;无是非之心,非人也。

此处"无……之心,非人也",我想还是理解为事实判断更好。如果是事实判断,就好比说"无头无足,非人也",仅就必要特征说。赵注:"言无此四者,当若禽兽,非人心耳。为人则有之矣,凡人但不能演用为行耳。"(焦循,1987:233-234)朱熹《集注》曰:"言人若无此,则不得谓之人,所以明其必有也。"(1987:342)古人似皆以为事实判断。然而,个别西方学者欲站在荀子立场反驳孟子,硬将此句读作价值判断,认为孟子性善说混淆了事实与价值(Knoblock,1994;145-147)。

如果是价值判断,则变成"泯灭四端,还有资格为人吗?"。事实判断还是价值判断,在这里很重要。如果是事实判断,则以此作为孟子以人禽之别定义人性之理据弱。

12. 原文解读:"乃若其情,则可以为善矣,乃所谓善也"(《告子上》6A6)

《孟子·告子上》(6A6):

> 公都子曰:"告子曰:'性无善无不善也。或曰:'性可以为善,可以为不善,是故文武兴则民好善,幽厉兴则民好暴。'或曰:'有性善,有性不善,是故以尧为君而有象,以瞽瞍为父而有舜,以纣为兄之子且以为君,而有微子启、王子比干。'今曰'性善',然则彼皆非欤?"
> 孟子曰:"乃若其情,则可以为善矣,乃所谓善也。若夫为不善,非才之罪也。"

其中"乃若其情,则可以为性善,乃所谓善也"句,后世有多种争论。盖因此句涉及孟子性善的立论根据,故历来歧解纷纷。下面略述若干:

一是"若",释为"顺",还是语气词;

二是"情",读为情感之情、性情之情,还是"实""实情";

三是"四端"是否"情";

四是全句如何理解。

赵岐读"若"为顺,"情"为情感之情。"乃若其情"不是"顺应其情",而指"使其情顺乎性",谓"能顺此情,使之善者,真所谓善也"(《孟子注疏·告子章句上》)。朱子则训"乃若"为"发语辞"(朱熹,1987:470),《语类》卷七十二称"'乃若其情',只是去情上面看"(朱熹,1994:1821)。可见朱子以为"乃若其情",只是指去情上看,不是指顺应此情。程瑶田(2008:34)《通艺录·诚意义述》称:"'乃若'者,转语也,即从下文'若夫'字生根。"焦循(1987:756)《孟子正义》认为程氏"乃若"之释可从,而赵氏释"若"为顺为非。牟宗三(1985:23)亦认为"乃若""为发语词"。

不过对"情"的内容,各家看法差别甚大。

赵岐注"乃若其情"时,引《孝经》"哀戚之情"为喻,则其所谓"情"

当指喜怒哀乐之类;"若其情"即"顺此情",当指人的七情能得以顺遂(《孟子注疏·告子章句上》)。

朱子亦读"情"为性情、情感之情,不过,他以四端为其内容,故曰"情者,性之动也。人之情,本但可以为善而不可以为恶,则性之本善可知矣"(朱熹,1987:470),"恻隐、羞恶、辞让、是非,情也。仁、义、礼、智,性也。心,统性情者也"(页342)。如此,朱子与赵岐虽同以情感解"情",而赋予其内容迥然不同。朱子此解,面对的一大问题是:如何与通常人们所谓的喜怒哀乐之情相区别?难道孟子不知道此类中性的感情吗?

王夫之则与赵岐类似,将"乃若其情"的情理解为喜怒哀乐爱恶欲等七情。因此,他特别强调"情固有或不善者","大抵不善之所自来,于情始有而性则无"(2011a:967)。而另一方面,他主张不要将四端理解为情,因为四端"固全乎善而无有不善"(页967)。他指出:

> 孟子言情,只是说喜怒哀乐,不是说四端。今试体验而细分之。乍见孺子入井之心,属之哀乎,亦仅属之爱乎?无欲穿窬之心,属之怒乎,亦仅属之恶乎?若恭敬、是非之心。其不与七情相互混者,尤明矣。学者切忌将恻隐之心属之于爱。(王夫之,2011a:1067-1068)

四端不是情,喜怒哀乐才是情,情就是七情。他批评朱熹以四端为情,而不知四端是性、不是情:

> 《集注》谓"情不可以为恶",只缘误以恻隐等心为情,故一直说煞了。若知恻隐等心乃性之见端于情者而非情,则夫喜怒哀乐者,其可以"不可为恶"之名许之哉!(王夫之,2011a:1072)

> 性不可戕贼,而情待裁削也。故以知恻隐、羞恶、恭敬、是非之心,性也,而非情也。夫情,则喜、怒、哀、乐、爱、恶、欲是已。(页1067)

既然如此,王夫之如何解释"乃若其情则可以为善"呢?孟子此话分明是从正面理解情。以喜怒哀乐等为情,故情才可以导致不善。将"乃若其情"的"情"理解为情感之情，自然可以为善，亦可以为不善，但这与"乃若其情可以为善矣"似有矛盾，所以王夫之开释说：说"可以为善"，即暗含了"可以为不善"；说为不善"非才之罪"，即暗含了为善"非才之功"：

> 孟子曰："乃若其情，则可以为善矣。"可以为善，则可以为不善矣，"犹湍水"者此也；"若夫为不善，非才之罪也。"为不善非才之罪，则为善非才之功矣，"犹杞柳"者此也。（王夫之，2011a：1055）

> 孟子言"情可以为善"，而不言"可以为不善"，言"不善非才之罪"，而不言"善非才之功"，此因性一直顺下，从好处说。……此是大端看得浑沦处，说一边便是，不似彼欲破性善之旨，须在不好处指摘也。（页1066）

王夫之此说，主要是要将历史上七情之说与这里孟子从正面由四端讲性善相协调。因其不将情解释为"实情"，也不解释为"四端"，那么他必须解释孟子为何主张情可以为善。王夫之辩解说，孟子在《告子上》6A6言"恻隐之心，仁也；羞恶之心，义也；恭敬之心，礼也；是非之心，智也"，这分明是强调了四端即是仁义礼智，"既为仁义礼智矣，则即此而善矣。即此而善，则不得曰'可以为善'。恻隐即仁，岂恻隐之可以为仁乎？若云恻隐之可以为仁，则是恻隐内而仁外矣。"（王夫之，2011a：1067）他的意思是，孟子若以四端为情，则不当说"可以为善"，而当说四端"即是善"；孟子既说"可以为善"，正表明他不以情等同于四端，更不等同于善。

论情至戴震而一大变。戴震读"情"为"实"，与历来诸家之说有别。《孟子字义疏证》谓"情，犹素也，实也"（戴震，1982：41）。由此出发，他认为孟子所谓四端就是四心，不是情，孟子也没有称其为情：

> 孟子举恻隐、羞恶、辞让、是非之心之心谓之心，不谓之情。首云"乃若其情"，非性情之情也。孟子不又云乎："人见其禽兽也，而以为未尝有才焉，是岂人之情也哉？（戴震，1982：41）

戴震与朱熹不同，以为四端不是情；与赵岐、王夫之不同，以为情不是指《荀子·礼运》以喜怒哀乐等为内容的情感。情指实情,从孟子讲"是岂人之情也哉"(《告子上》6A8)即可看出。

然而另一方面,戴氏并非不承认或不重视情感之情。他主张"人生而后有情有欲有知",其中"情"包括喜怒哀乐在内。其言曰:

> 人生而后有欲,有情,有知,三者,血气心知之自然也。给于欲者,声色臭味也,而因有爱畏;发乎情者,喜怒哀乐也,而因有惨舒;辨于知者,美丑是非也,而因有好恶。……是皆成性然也。有是身,故有声色臭味之欲;有是身,而君臣、父子、夫妇、昆弟、朋友之伦具,故有喜怒哀乐之情。(戴震,1982:40-41)

此段性之三部分——欲、情、知——极为透辟,戴不以三者为恶,而以为欲之遂、情之达为理想:"惟有欲有情而又有知,然后欲得遂也,情得达也","天下之事,使欲之得遂,情之得达,斯已矣"(戴震,1982:41)。不过,这里对欲之遂、情之达的论述,与其对道、理的理解有关,而与孟子《告子上》6A6"乃若其情"之说无关。

程瑶田(2008:34、50)的观点则与戴氏又不同。他似乎回到朱熹,将朱子与王夫之对情的理解结合起来,将情理解为四端为体、六情为用的结合体;恻隐、羞恶、辞让、是非之情为情之体,喜、怒、哀、乐、好、恶为情之用,认为孟子以情善言性善:

> 是故恻隐、羞恶、辞让、是非之情,盖性之用,而实为情之体。若夫情之用,则喜怒哀乐好恶是也。所以跃露流布其"四端",其诸不及情者多,而过情者或寡也。(程瑶田,2008:49)

程氏同时指出,孟子"乃若其情,则可以为善矣"(《告子上》6A6)的"情",与下文"为不善"的"情"是同一个"情"。那么这个"情"是指四端呢,还是指六情(喜怒哀乐好恶)呢?《论学小记·慎独》称"此真好真恶之情,人皆有之,《孟子》所谓'乃若其情可以为善'者也"(程瑶田,2008:15),则以"其情"为好恶,属于六情。又同书《诚意义述》

引"乃若其情则可以为善"后称'其情'者,'下愚不移'者之情,即下文'为不善'者之情也",此处前文有"孟子以情验性,总就'下愚不移'者,指出其情以晓人。如言恻隐、羞恶、辞让、是非为仁、义、礼、智之端,谓'人皆有之'者,'下愚不移'者亦有也"(页34),则以"情"为四端矣。《述性二》谓"犬牛之愚,无仁义礼知之端;人之愚,未尝无仁义礼知之端。故曰:'乃若其情,则可以为善也,乃所谓善也。'"(页40),同样以四端为情。《述性四》云"其言'情'之'可以为善'也,则验之于人,皆有恻隐、羞恶、恭敬、是非之心"(页43),仍以"四端"为"乃若其情"之情。《述情一》引"乃若其情"句后言"'今人乍见孺子将入于井,皆有怵惕恻隐之心',孟子之善言情善也"(页48),亦以恻隐之心为情。

综上所述,程瑶田结合朱子以四端为情说和先秦以来的六情(《荀子》)说,以四端、六情合而言情;他认为情之本然、情之初为善,故谓孟子"以情善验性善"。然其解释孟子"乃若其情"之情,仍多释为四端,与朱子同;偶以六情当之,因其以体用解释四端与六情之故。对于六情,他其实认为其初无不善,不善乃诚意之意所为,"情无不善,情之有不善者,不诚其意之过也"(程瑶田,2008:50);《中庸》所谓"未发""已发"讲的就是性情,"其'中'也,情之含于性者也;其'和'也,性之发为情者也。是故'心统性情'。情者,感物以写其性者也,无为而无不为,自然而出,发若机括,有善而已矣"(页47)。

现代学者当中,牟宗三亦读"情"为实。《圆善论》释《告子上》6A6曰:

> 此段文中"乃若其情"之情字与"非才之罪"以及"不能尽其才者也"之才字皆不应离开仁义之心而歧出,把它们当作一独立概念看。此与下面一段文中"以为未尝有才焉者,是岂人之情也哉"中之才字与情字同。"人之情"即是人之为人之实,情者实也,非情感之情。(牟宗三,1985:23)

> "乃若其情","乃若"为发语词,"其"指人说,"情"是实情之情,"其情"就是人之为人之实情。(页23)

牟氏之说，显然承戴震而来。以"乃若"为发语词，是因为将"情"释为实情。此一说法已为越来越多的学者所接受，陈大齐（2012：7-8）指出，"情"字在《孟子》中出现4次，除了6A6之外，还有《滕文公上》"夫物之不齐，物之情也"（3A4），《离娄下》"故声闻过情，君子耻之"（4B18），《告子上》"以为未尝有才焉者，是岂人之情也哉？"（6A8）。在这三处，"情"均当读为"实在情形"为妥。因此，他认为孟子"乃若其情"当读为"性的实在情形或性的真相"（页8）。陈大齐的研究我想很有说服力。

总之，"乃若其情"之"情"若读为实情，我想原因有二：一是《孟子》并未明确以四端为情，二是这样解释才与其他地方情之用法相协。我将在其他地方论证，先秦"情"之二义（一实情，一情感）可统一为一义，指人对外物或环境的感应、反应。故古人讲情，含欲、好、恶等在内，不止喜怒哀乐。《易·咸·彖》"观其所感，而天地万物之情可见矣"最能体现情之本义，孟子之"情"亦此义，更近实情，而涵摄情欲在内。

13. 原文解读："继之者善也，成之者性也"（《易·系辞上》）

《易·系辞上》"一阴一阳之谓道，继之者善也，成之者性也"，因据传出于孔子，且同时出现了"性""善"二字，历来被引用来说明孟子性善论甚多，尤其是入宋以来。一开始苏轼、程颢均引此言而非孟子，但至朱子以来，理学家们多以此言为孟子性善根据；明末以来，王夫之亦如之。清儒戴震等反理学，但亦援引此言为性善之证，而有不同解释。至当代学者中李景林亦然，其立场与戴震等人颇相近。

（1）苏轼

《苏氏易传》之"一阴一阳之谓道，继之者善也，成之者性也"注中，苏轼称：

> 昔子孟子以善为性，以为至矣。读《易》而知其非也。孟子之于性，盖见其继者而已。夫善，性之效也。孟子不及见性，而见夫性之效，因以所见者为性。性之于善，犹火之能熟物也。吾未尝见火，而指天下之熟物以为火，可乎？夫熟物则火效也。（苏轼，1985：160）

苏轼的意思是，《易传》"继善成性"说明了善是性之效，"吾未尝见火，而指天下之熟物以为火，可乎？"苏氏读"性"为"成"之主语，"成之"之"之"当读为"道"。

（2）程颢

大程子对《易传》此言的理解与苏轼有相似处，他认为"继善成性"说明性之善是造化发育（"一阴一阳"）之后的事，并非之前的事。而性之本义既得自天命，不当从造化发育以后说，而当从造化发育之前说。故孟子所谓性善，未及造化之本源。其言曰：

> 凡人说性，只是说"继之者善"也，孟子言人性善是也。夫所谓"继之者善"也者，犹水流而就下也。皆水也。有流而至海，终无所污，此何烦人力之为也？有流而未远，固已渐浊；有出而甚远，方有所浊。有浊之多者，有浊之少者。清浊虽不同，然不可以浊者不为水也。……水之清，则性善之谓也。故不是善与恶在性中为两物相对，各自出来。（《二程遗书卷第一·二先生语》。程颢，2004：10-11）

以水的清浊喻性之善恶，清浊难分，正如善恶难分；由浊之清，正如由恶向善。然而，所谓水清水浊，只是从流而不是源出发。同理，性善性恶，皆只是从继之者出发。他暗示，从继之者出发，人性有善也有恶，不当如孟子片面论之。正如从流出发，水有清有浊一样。那么，如果从源而不是流出发，即回到"继成"之前，人性是善是恶呢？他的回答是，回到造化源头来说性，则性善性恶不可知，"盖'生之谓性'，'人生而静'以上不容说，才说性时，便已不是性也"（程颢，2004：10）。

大程子此言，后世引发许多讨论，今本《朱子文集》《朱子语类》中就有不少。由于朱子本人对此有不同看法，所以每每被学生问到，亦不得不曲解辩解，而有时无法辩解，更直言己意。例如，《朱子文集》卷52《答吴伯豐》称，明道引"继之者善也"解性善，"亦与《通书》所指不同，乃孟子所谓'乃若其情，可以为善'之意，四端之正是也"（朱熹，2010：2455）。然而卷61《答欧阳希逊》记载，朱子在被学生逼问之下，终于道出与明道的不同看法：

> "程子曰：'凡人说性，只是说继之者善也，孟子言性善是也。'近观先生答严时亨所问，云'《易大传》言继之者善，是指未生之前，孟子言性善是指已生之后'，与程子之说似若有异。伏乞指教。""明道先生之言，高远宏阔，不拘本文正意，如此处多。若执其方而论，则所不可通者，不但此句而已。须知性之原本善，而其发亦无不善，则《大传》《孟子》之意初无不同矣。"（朱熹，2010：2957）

朱子认为孟子性善就是从造化本源处说，与《系辞》之说无二，故他称明道"不拘本章正道"，"若执其方而论，则所不可通者，不但此句而已"。这里再明白不过地体现了朱子不同意明道之解。

（3）朱熹及其后学

朱子一生极注意《易传》"继之者善也，成之者性也"一句与性善论关系，并多处引用此言为性善作证。今以四库全书本电子版为据，查得朱子《语类》"继之者善"出现75次，"成之者性"出现55次；《晦庵集》"继之者善"出现32次，"成之者性"出现15次。总的来说，朱子认为《系辞上》"继善成性"正是孟子性善之义，皆是从造化源头说性善，讲道之所出。

《朱子文集》卷51《答万正淳》曰："'继之者善'，'继'之为义，接续之意。言既有此道理，其接续此道理以生万物者莫非善，而物之成形即各具此理而为性也"（朱熹，2010：2386）。《语类卷五·性理二》载朱子曰："'继之者善，成之者性。'这个理在天地间时，只是善，无有不善者。生物得来，方始名曰'性'。只是这理，在天则曰'命'，在人则曰'性'"（朱熹，1994：83）。《语类卷七十四·易十》更曰："继之成之是器，善与性是道"（页1898）。同卷亦曰："'继之者善'，方是天理流行之初，人物所资以始。'成之者性'，则此理各自有个安顿处"（页1897）。凡此皆证明朱子对"继善成性"的基本理解。

朱子多次以《易传》"继善成性"释孟子性善。《语类卷四·性理一》载学生对朱子观点之概括：

天理变易无穷。由一阴一阳,生生不穷。"继之者善",全是天理,安得不善!孟子言性之本体以为善者是也。二气相轧相取,相合相乖,有平易处,有倾侧处,自然有善有恶。故禀气形者有恶有善,何足怪!语其本则无不善也。(朱熹,1994:68)

《语类卷四·性理二》载朱子答学生问:

"继之者善也,成之者性也。"在天地言,则善在先,性在后,是发出来方生人物。发出来是善,生人物便成个性。在人言,则性在先,善在后。"或举"孟子道性善"。曰:"此则'性'字重,'善'字轻,非对言也。"(朱熹,1994:83)

《语类卷二十·论语二·学而时习之章》载朱子答问:

问:"孔子言性与天道,不可得而闻,而孟子教人乃开口便说性善,是如何?"曰:"孟子亦只是大概说性善。至于性之所以善处,也少得说。须是如说'一阴一阳之谓道,继之者善也,成之者性也'处,方是说性与天道尔。"(朱熹,1994:726)

此段表明朱熹认为孟子道性善不够清楚,不如《易传》"继善成性"说清晰。

然而,朱子的观点并非没有自相矛盾。根据《朱子语类》,他在解《易》时,就表现出与解《孟》时不同的倾向来。《语类卷六十五·易一·纲领上之上》:

"一阴一阳之谓道。"就人身言之,道是吾心。"继之者善",是吾心发见恻隐、羞恶之类;"成之者性",是吾心之理,所以为仁义礼智是也。(朱熹,1994:1897)

问:"孟子只言'性善',《易·系辞》却云:'一阴一阳之谓道,继之者善也,成之者性也。'如此,则性与善却是二事?"曰:"一阴一阳是总名。'继之者善',是二气五行事;'成之者性',是气化已后事。"

（页1897）

> 《易大传》言"继善"，是指未生之前；孟子言"性善"，是指已生之后。虽曰已生，然其本体初不相离也。（页1898）

由上可见，朱子在解《易》时或认孟子四端在继成之后，或认孟子性善为继成之后。若如此，则与明道相似，似乎不能以《易传》证孟子。然而朱熹又在《孟子集注》论及孟子性善时，认为孟子性善即是从大本处言，与"继善成性"之旨一致。同时既然"成之者性""是气化已后事"，怎么又说成是"吾心之理，所以为仁义礼智"？既然"继之者善""是二气五行事"，又怎么说成是本然之善？

朱子后学陈淳继承朱子思想，而将朱子看法说得更加精密。他一方面竭力强调，孟子性善即从夫子《系辞》"继善成性"而来。他认为"继""成"虽是阴阳相应，但"善""性"却与"道""理"相应。故以"善""性"为"继""成"之主语。另一方面，他又认为"孟子所谓性善，则是就'成之者性'处说，是人生以后事"（陈淳，1983：9），因而并非从"造化原头处"说，但又主张"孟子所谓善，实渊源于夫子"（页9）。理由是"由造化原头处"有是善，然后才有孟子成之者性时之善：

> 孟子道性善，从何而来？夫子系《易》曰："一阴一阳之谓道，继之者善也，成之者性也。"所以一阴一阳之理者为道，此是统说个太极之本体。继之者为善，乃是就其间说；造化流行，生育赋予，更无别物，只是个善而已。此是太极之动而阳时。所谓善者，以实理言，即道之方行者也。道到成此者为性，是说人物受得此善底道理去，各成个性耳，是太极之静而阴时。此性字与善字相对，是即所谓善而理之已定者也。"继""成"字与"阴""阳"字相应，是指气而言；"善""性"字与"道"字相应，是指理而言。此夫子所谓善，是就人物未生之前，造化原头处说，善乃重字，为实物。若孟子所谓性善，则是就"成之者性"处说，是人生以后事，善乃轻字，言此性之纯粹至善耳。其实由造化原头处有是"继之者善"，然后"成之者性"时方能如是之善。则孟子之所谓

善，实渊源于夫子所谓善者而来，而非有二本也。（陈淳，1983：8-9）

（4）王夫之

王夫之引《易传》"继善成性"解孟子，但他认识到了朱子等人的上述困难和漏洞，即《系辞》从造化源头说性善与孟子从人生以后说性善（程颢称为"继之者"，陈淳称为"成之者"）的不一致。因为按照本然之性与气质之性二分，孟子既然从人生以后说性，就是从气质说性，而从气质说性则不可能纯善，而是有善有恶，此即前述程颢之见。

王夫之面对此一问题的处理方法是，《易传》既以阴阳之道，即以理言性，则此性与其说善，不如说诚。即王夫之认为朱子、陈淳等所谓造化源头处之性不当说善，但他同时认为此时"性里面自有仁、义、礼、智、信之五常，与天之元、亨、利、贞同体，不与恶作对"（王夫之，2011a：1053）。这是讲性之本体。另一方面，孟子道性善，确实是从"继""成"之处说，是人物既生之后。这是讲性之定体。孟子从既生之后说性，乃苏轼、明道之见，朱子、陈淳亦承认过。

但王夫之何以解释，既生之后的性可以为善？王夫之因为并未接受本然、气质二性之分，无须认气质之性为恶，所以理学家的困境对他而言似乎不是问题。他的基本方式是区分性之本体与性之定体。性之本体，在造化源头；性之定体，在既生之后。他的意思是，性之本体虽不是善，但含五常（实为至善）；孟子言性之定体为善，当承本体而来，即从他引朱子"然其本体初不相离也"（王夫之，2011a：961），可看出他是这个意思。这样解释，与前述陈淳之释其实没有本质分别，只不过用语有异而已。《读四书大全说》称：

《易》曰"'继之者善也，成之者性也'，善在性先。孟子言性善，则善通性后。若论其理，则固然如此，故朱子曰"虽曰已后，然其本体，初不相离也。"（王夫之，2011a：961）

乃《易》之为言，惟其继之者善，于是人成之而为性。孟子却于性言善，而即以善为性，则未免以继之者为性矣。（页961）

这里他认为孟子以"继之者"为性，而不是从阴阳之道论性。若从《易传》，则善在先（生物之先），不当如孟子以善属之后（既生之后）。但他后面又提出，孟子讲性善，还是超越了既生之后，回到了"根原"，即回到生物之先（前述所谓"造化源头"）：

> 孟子斩截说个"善"，是推究根原语。善且是继之者，若论性，只唤做性便足也。性里面自有仁、义、礼、智、信之五常，与天之元、亨、利、贞同体，不与恶作对。故说善，且不如说诚。唯其诚，是以善（原注：诚于天，是以善于人）；惟其善，斯以有其诚（原注：天善之，故人能诚之。）所有者诚也，有所有者善也。则孟子言善，且以可见者言之。可见者，可以尽性之定体，而未能即以显性之本体。（王夫之，2011a：1053）

这段话值得琢磨。大意是说，性本身源于天，与天之元、亨、利、贞相应，而含仁义礼智信，此为性之本体。此本体不与恶对，故称为"善"有所不妥，不如称为"诚"。然称为"善"，是针对其外在表现而言，涉及的是性之"定体"而非性之"本体"。故有"定体"与"本体"之别。定体为何，本体为何，此处无交待，后面论"心"时云"不可执一定体以为之方所也"（王夫之，2011a：1080），似指一固定之位或理。此种理解，其实与王阳明"无善无恶性之体"之说颇近。

总之，王夫之对《易传》"一阴一阳谓之道，继之者善也，成之性也"的解释，强调性就是阴阳之道，而善乃是后继者，所以他一方面直接把性当作虚灵不昧、含有五常的本体，本身不与恶对，所以虽善而严格说来与其称为善，不如称为诚。此性与理、气不分，浑然为一；另一方面，他认识到此性发用为情才，用以解释人性之恶。即性之本体超越善恶，但性之发用可有善恶。

（5）颜元、戴震等

入清以来，理学家观点倍遭攻击，颜元、戴震、焦循、程瑶田、阮元辈实为主干。颜元《存性编卷一·性理评》批评程颢将性理解为"人生而

静以上",认为性就是既生以后之存在,性之理亦不当超越此气质之体:

> 玩程子云"凡人说性,只是说继之者善也",盖以《易》"继善"句作已落人身言,谓落人身便不是性耳。夫"性"字从"生心",正指人生以后而言,若"人生而静"以上,则天道矣,何以谓之性哉?(颜元,1987:6)

颜元的观点,实承陈确而来,陈确(1979:451)《性解下》曾明确批评程颢从"人生而静"说性"奚啻西来幻指!",并反对宋儒性之本体之说。

到了戴震(1982:25),对陈确、颜元所代表的人性观综合发挥,认为性就是合知、情、欲之"血气心知之性","性者,分于阴阳五行以为血气、心知、品物,区以别焉,举凡既生以后所有之事,所具之能,所全之德,咸以是为其本,故《易》曰:'成之者性也'"。程瑶田《通艺录·论学小记》则批评道,将性理解为成物之先即有之先天属性,这样就只能说万物之性皆善了:

> 使以性为超乎质、形、气之上,则未有天地之先,先有此性。是性生天地,天地又具此性以生人、物。如是,则不但人之性善,即物之性亦安得不善?(程瑶田,2008:38)

> 若以赋禀之前而言性,则是人物同之,犬之性犹牛之性,牛之性犹人之性,何独至于人而始善也?(页40)

其次,戴氏及其后学认为,其观点代表先秦时期各家,特别是孔子、孟子言性的共同特点。"《易》《论语》《孟子》之书,其言性也,咸就其分于阴阳五行以成性为言。"阮元(1993:222)《性命古训》也说:"成之者性,即孟子所说'命也有性焉,君子不谓命也。'"阮元又称:

> 《周易·系辞传》:"成性存存,道义之门。"按:此言《易》行乎天地之中,天地能成人与万物之性,人能自成以性,即所谓成之者性也。存存,在在也,如孟子所说"存其心养其性也"。道义由此而入,

故曰门也。（阮元，1993：222）

既然孟子所谓性与《系辞》所谓性相同，则孟子性善亦意谓《系辞》中"成之者性"为善，亦指后天所成之性为善也。

这样一来，戴震、阮元等人就把宋代以来认为《易传》与《孟子》甚至与《论语》所言之性不同的流行观点作了纠正，认为它们所言之性皆是针对人物既生之后而言，并无区别，而宋儒本然/气质之性、王夫之本体/定体之分皆无意义矣。由此出发，戴氏、阮元等人看来，性之善当然不是什么造化源头处之善，而是此血气心知之性相较于万物，特别是禽兽之性为善。

最后，戴震将《系辞》"继善成性"中的"善"与孟子性善之"善"分而言之，认为《系辞》中的"善"指天地生物之条理，此善乃"天下之大共"；而孟子所谓善则仅限于人所独有的、可进于神明的心知之能。由于他将两个善区分开，就避免了宋儒以本然之性与孟子之性等同所致的困境：本然之性是纯善、至善，而孟子之性既然是既生之后，不可能尽善。戴氏作此区分之后，性善之善就只变成相对意义上的善（相对于禽兽而言），同时也变成潜能意义上的善（有进于扩充心知、进于神明之能）。戴震这一解读，当然仍承认《系辞》之善有造化源头之义，但不承认《系辞》之性有造化源头之义（与朱子、陈淳、王夫之皆不同）。这是因为他把一切先秦之性皆归入人物既生之后范畴，反对先天后天之分。戴震在《读易系辞论性》中对《系辞》中的"性"义作了充分阐述：

《易》曰："一阴一阳之谓道，继之者善也，成之者性也。"一阴一阳，盖言天地之化不已也，道也。一阴一阳，其生生乎，其生生而条理乎！以是见天地之顺，故曰"一阴一阳之谓道"。生生，仁也，未有生生而不条理者。条理之秩然，礼至著也；条理之截然，义至著也；以是见天地之常。三者咸得，天下之至善也，人物之常也；故曰"继之者善也"，言乎人物之生，其善则与天地继承不相隔者也。（戴震，1982：180-181）

这里以一阴一阳释天地之道，称之为条理，连续到礼义，说明"继之者善"，又言"善，以言乎天下之大共也"（戴震，1982：181）。由于人物"本五行阴阳以成性"，其"所谓血气心知之性，发于事能者是也"；然而"人与物同有欲，而得之以生也各殊"，"存乎其得之以生，存乎喻大喻小之明昧也各殊"，故不能以人物之性同归之善（页181）。那么，人之性何以相对于禽兽之性为善呢？他认为这是由于人的心知"人之精爽可进于神明"（页30），"人之材质良，其本然之德违焉而后不善"（页183）。

但是，阮元则仍试图将《系辞》之善与孟子之性善相统一。《性命古训》称：

> 《周易·系辞传》："一阴一阳之谓道。继之者也，成之者性也。"按：善即元也。故《尚书》曰："惇德允元。"（阮元，1993：222）

他似乎认为"继善"之善为天地生物之善意，故称其为"元"，然并未交代天地之元善与孟子之性善，二善是否同指。但从后引《孝经》"天地之性，人为贵"而释来看，阮元似乎并未区分天地之善与人性之善。其言曰：

> 此经言天地之性，可见性必命于天也。言人为贵，可见人与物同受天性，惟人有德行，行首于孝，所以为贵，而物则无之也。所以《孟子》曰："仁之于父子也，命也。有性焉，君子不谓命也。"……孔子教颜子惟闻复礼，未闻复性也。（阮元，1993：222-223）

主张"性必命于天"，而人为贵在于有德行，且以此联系孟子性善之说。

参考文献

一、中文文献

【说明】本部分包括中文古籍、论文、专著及译著。本书所引先秦儒家核心经典（包括《周易》《尚书》《诗经》《左传》《礼记》等），主要依阮元校刻《十三经注疏》（中华书局 2009 年影印清嘉庆刻本）。先秦两汉子书（包括《论语》《孟子》及其注本）校对时使用了《四部丛刊》扫描影像本。① 不同版本有歧疑依现代精校纸本。《圣经》引用时依据了中国天主教教务委员会 1992 年所编本，并参照了其他流行本。英文作者改为姓在前编排，故"兰迪·拉森"写作"拉森，兰迪"，他仿此。

《辞海·哲学分册》，辞海编辑委员会编，上海：上海辞书出版社，1980 年；

《新华词典》（修订版），新华词典编纂组，北京：商务印书馆，1989 年第 2 版；

在线汉语辞海，https://cihai.supfree.net/，2021 年 12 月上网；

岑贤安、蔡方鹿（等），1996：《性》（张立文主编），北京：中国人民大学出版社；

陈彩虹，2014：《我读俄罗斯》，《读书》2014 年第 9 期，页 44-54；

---

① 《四部丛刊》所用的主要是书同文古籍数据库开发的《四部丛刊09增补版》（含一、二、三编）扫描影像版。

参考文献

陈淳，1983:《北溪字义》，熊国桢、高流水点校，北京：中华书局；

陈大齐，1953:《孟子性善说与荀子性恶说之比较研究》，台北:"中央"文物供应社；

陈大齐，1970:《研讨人性善恶问题的几个先决条件》，《孔孟月刊》1970 年第 8 卷第 8 期，页 1-4；

陈大齐，1987:《陈百年先生文集》第一辑，台北：台湾商务印书馆；

陈大齐，2012:《孟子待解录》，赵林校订，上海：华东师范大学出版社；

陈来，2010:《朱子哲学研究》，北京：生活·读书·新知三联书店；

陈来，2013:《有无之境：王阳明哲学的精神》，第 2 版，北京：北京大学出版社；

陈澧，2012:《东塾读书记》，钟旭元、魏达纯校点，上海：上海古籍出版社；

陈立，1994:《白虎通疏证》（全二册），吴则虞点校，北京：中华书局；

陈立胜，2001:《"四句教"的三次辩难及其诠释学义蕴》，《第七次"东亚近世儒学中的经典诠释传统"研讨会论文集》，广州：中山大学，页 1-16；

陈确，1979:《陈确集》（全二册），北京：中华书局；

程颢、程颐，2004:《二程集》（全二册），王孝鱼点校，北京：中华书局，第 2 版；

程瑶田，2008:《程瑶田全集》第一册（全四册），陈冠明等校点，合肥：黄山书社；

池田大作、阿·汤因比，1997:《展望二十一世纪——汤因比与池田大作对话录》，苟春生、朱继征、陈国梁译，北京：国际文化出版公司，第 2 版；

崔大华，1980:《释"国人"》，《历史教学》1980 年第 2 期，页 7-9；

崔英辰，2008:《韩国儒学思想研究》，邢丽菊译，北京：东方出版社；

戴震，1982:《孟子字义疏证》，何文光整理，北京：中华书局，第 2 版；

笛卡尔，1958a:《方法谈》，载北京大学哲学系外国哲学教研室编译，《十六—十八世纪西欧各国哲学》，北京：生活·读书·新知三联书店；

笛卡尔，1958b:《形而上学的沉思》，载北京大学哲学系外国哲学教研

室编译,《十六—十八世纪西欧各国哲学》,北京:生活·读书·新知三联书店;

丁若镛,2010:《孟子要义》(1813年),载张立文、王国轩总编纂,《国际儒藏·韩国编四书部·孟子卷3》,方国根、霍本科点校,北京:华夏出版社,页425-536;

丁四新,2006:《世硕与王充的人性论思想研究——兼论〈孟子·告子上〉公都子所述告子及两"或曰"的人性论问题》,《文史哲》2006年第5期(总第296期),页43-54;

丁四新,2015:《先秦哲学探索》,北京:商务印书馆;

丁四新,2020:《〈孟子〉"天下之言性也"章研究与检讨——从朱陆异同到〈性自命出〉"实性者故也"》,《现代哲学》2020年第3期,页130-140;

丁四新,2021:《作为中国哲学关键词的"性"概念的生成及其早期论域的开展》,《中央民族大学学报》(哲学社会科学版),第3期(第48卷),页24-38;

方朝晖,2011:《重新认识强大的性善论》,《中华读书报》2011年3月9日;

方朝晖,2022:《中学与西学:重新解读现代中国学术史(增补修订版)》,北京:中央编译出版社;

冯达文,2001:《"情"的唤醒——白沙心学在儒学发展史上的地位》,载氏著,《中国哲学的本源—本体论》,广州:广东人民出版社,页270-290;

冯耀明,2005:《荀子人性论新诠:附〈荣辱〉篇23字衍之纠谬》,《台湾政治大学哲学学报》第十四期,页169-230;

冯友兰,1961:《中国哲学史》(上下册),北京:中华书局;

冯友兰,1999:《中国哲学史新编(下卷)》,北京:人民出版社,2001年重印本;

傅佩荣,1988:《从人性向善论重新诠释儒家之正当性》,《中国论坛》

第 27 卷第 1 期（卷 313），页 24-26；

傅佩荣，2010：《儒家哲学新论》，北京：中华书局；

傅佩荣，2011：《向善的孟子：傅佩荣〈孟子〉心得》，北京：华文出版社；

傅佩荣，2012：《人性向善：傅佩荣说孟子》，北京：东方出版社；

傅佩荣，2016：《我对儒家人性论的理解》，《哲学与文化》第 43 卷第 1 期，2016 年 1 月，页 27-40；

傅斯年，2012：《性命古训辨证》，上海：上海古籍出版社；

傅伟勋，1989：《从西方哲学到禅佛教》，北京：生活·读书·新知三联书店；

傅元龙，1982：《中国哲学史上的人性问题》，北京：求实出版社；

高觉敷，1984："译序"，载弗洛伊德，《精神分析引论》，高觉敷译，北京：商务印书馆；

葛瑞汉，2005：《孟子人性理论的背景》，载江文思、安乐哲编，《孟子心性之学》(Mencius' Learning of Mental-Nature)，梁溪译，北京：中国社会科学出版社，页 13-14；

龚自珍，1935：《龚定盦全集·定盦文集补编卷三》（各卷独立页码），王文濡编校，上海：国学整理社出版，世界书局印刷发行，第 2 版；

关仪一郎（编纂），1924：《日本名家四书注释全书·孟子部》（一），服部宇之吉、安井小太郎、岛田钧一监修，东京：东洋图书刊行会，大正十三年十月三十日发行；

关仪一郎（编纂），1926：《日本名家四书注释全书·论语部》，服部宇之吉、安井小太郎、岛田钧一监修，东京：东洋图书刊行会，大正十五年五月五日；

关仪一郎（编纂），1927：《续日本名家四书注释全书》，服部宇之吉、安井小太郎、岛田钧一监修，东京：东洋图书刊行会，昭和二年六月二十八日发行；

关仪一郎（编纂），1928：《日本名家四书注释全书·孟子部》（二），东京：东洋图书刊行会，昭和三年六月三十日再版发行；

关仪一郎(编纂),1931:《续日本儒林丛书·第二册 解说部第一及杂部》,东京:东洋图书刊行会,昭和六年十二月十五日;

郭齐勇,1999:《郭店儒家简与孟子心性论》,《武汉大学学报》(哲学社会科学版)1999年第5期(总第244期),页24-28;

郭齐勇,2009:《中国儒学之精神》,上海:复旦大学出版社;

郭齐勇,2013:《孟子性善论所涵道德理性与道德情感问题》,载臧克和、顾彬、舒忠主编,《孟子研究新视野——〈孟子研究〉系列文丛第一辑》,北京:华龄出版社,页251-264;

郭庆藩,2004:《庄子集释》(全三册),王孝鱼点校,北京:中华书局,第2版;

韩先虎,2015:《先秦儒家思想八讲》,上海:上海交通大学出版社;

韩婴,2012:《韩诗外传笺疏》,许维遹校释,北京:中华书局;

韩愈,2010:《韩愈文集汇校笺注》(全七册),刘真伦、岳珍校注,北京:中华书局;

韩振华,2014:《"批判理论"如何穿越孟子伦理学——罗哲海的儒家伦理重构》,《国学学刊》2014年第3期,页133-140,144;

何怀宏,2017:《良心论:传统良知的社会转化》,北京:北京大学出版社;

何宁,1998:《淮南子集释》(全三册),北京:中华书局;

胡宏,1987:《胡宏集》,吴仁华点校,北京:中华书局;

胡适,1928:《中国哲学史大纲 卷上》(二册),上海:商务印书馆;

华霭云,2005:《孟子的人性论》,载江文思、安乐哲编,《孟子心性之学》(Mencius' Learning of Mental-Nature),北京:中国社会科学出版社,页125-173;

黄晖,1990:《论衡校释》(全四册)(附刘盼遂集解),北京:中华书局;

黄俊杰,2001:《评李明辉著〈孟子重探〉》,《台大历史学报》2001年第27期,页217-218;

黄开国,2006:《儒家人性与伦理新论》,西安:陕西人民出版社;

黄彰健，1955：《孟子性论研究》，载《历史语言研究所集刊》第26本，页227-308；

黄震，2013：《黄震全集》（全十册），张伟、何忠礼主编，杭州：浙江大学出版社；

黄宗羲：2008：《明儒学案》（修订本），沈芝盈点校，北京：中华书局，第2版；

简良如，2014：《论人之存有：先秦·儒学·人论》，北京：中国社会科学出版社，2014年；

江恒源，1926：《中国先哲人性论》，上海：商务印书馆；

姜国柱、朱葵菊，1997：《中国人性论史》，郑州：河南人民出版社；

焦循，1985：《雕菰集》（全六册，共24卷），丛书集成初编，北京：中华书局；

焦循，1987：《孟子正义》（全二册），沈文倬点校，北京：中华书局；

金春峰，2018：《汉代思想史》（增补四版），北京：中国社会科学出版社；

荆门市博物馆，1998：《郭店楚墓竹简》（引时简称《郭店简》），北京：文物出版社；

井上哲次郎、蟹江义丸（编），1901a：《日本伦理汇编·卷之三 阳明学派の部（下）》，东京：育成会，明治三十四年十一月八日发行；

井上哲次郎、蟹江义丸（编），1901b：《日本伦理汇编·卷之五 古学派の部（中）》，东京：育成会，明治三十四年十二月二十五发行；

井上哲次郎、蟹江义丸（编），1902：《日本伦理汇编·卷之四 古学派の部（上）》，东京：育成会，明治三十五年五月四日发行；

井上哲次郎、蟹江义丸（编），1903：《日本伦理汇编·卷之六 古学派の部（下）》，东京：育成会，明治三十六年十月九日再版；

康德，2003：《单纯理性限度内的宗教》（1793），李秋零译，北京：中国人民大学出版社；

康有为，1987：《孟子微》，楼宇烈整理，北京：中华书局；

拉森、兰迪、戴维·巴斯，2011：《人格心理学：人性的科学探索》，郭永玉译，北京：人民邮电出版社；

黎翔凤，2004：《管子校注》（全三册），梁运华整理，北京：中华书局；

李翱，1993：《李文公集》，四库全书影印本，上海：上海古籍出版社；

李鼎祚，2016：《周易集解》，王丰先点校，北京：中华书局；

李觏，2011：《李觏集》，北京：中华书局，第2版；

李景林，2009：《教养的本原：哲学突破期的儒家心性论》，北京：北京师范大学出版社；

李景林，2011：《从简帛文献看孔子后学的思想取向》，《北大中国文化研究》（第1辑），北京大学马克思主义学院主办（年刊），页151-169；

李景林，2021：《孟子通释》，上海：上海古籍出版社；

李猛，2015：《自然社会：自然法与现代道德世界的形成》，北京：生活·读书·新知三联书店；

李明辉，1994：《康德伦理学与孟子道德思考之重建》，台北："中央研究院"中国文哲研究所；

李明辉，2001：《孟子重探》，台北：联经出版事业公司；

李明辉，2008：《四端与七情：关于道德情感的比较哲学探讨》，上海：华东师范大学出版社；

李秋零，2003："中译本导言"，载康德，《单纯理性限度内的宗教》（1793），李秋零译，北京：中国人民大学出版社；

李沈阳，2010：《汉代人性论史》，济南：齐鲁书社；

李甦平，2009：《韩国儒学史》，北京：人民出版社；

李泽厚，2011：《关于情本体（2004）》，载氏著，《哲学纲要》，北京：北京大学出版社，页39-63；

梁启超，1983：《梁启超论孟子遗稿》，《学术研究》1983年第5期，页77-98；

梁启超，2015：《儒家哲学》，周传儒笔记，载氏著，《饮冰室合集（典藏版）》（全四十册），第四十册（专集第二十四册），北京：中华书局；

梁涛，2007：《"以生言性"的传统与孟子性善论》，《哲学研究》2007

年第 7 期，页 36-42；

梁涛，2008：《郭店竹简与思孟学派》，北京：中国人民大学出版社；

梁涛，2009：《孟子"道性善"的内在理路及其思想意义》，《哲学研究》2009 年第 7 期，页 28-35，128；

梁涛，2013：《荀子对"孟子"性善论的批判》，《中国哲学史》2013 年第 4 期，页 33-40；

梁涛，2015：《荀子人性论辨正——论荀子的性恶、心善说》，《哲学研究》2015 年第 5 期，页 71-80；

梁涛，2017：《荀子人性论的中期发展——论〈礼论〉〈正名〉〈性恶〉的性—伪说》，《学术月刊》，第 4 期（总第 49 卷），页 28-41；

梁涛，2019：《出土文献与〈孟子〉"天下之言性"章》，北京：人民出版社；

廖其发，1999：《先秦两汉人性论与教育思想研究》，重庆：重庆出版社；

林安梧、傅佩荣，1993：《人性"善向"论与人性"向善"论——关于先秦儒家人性论的论辩》，《鹅湖月刊》第 19 卷第 2 期（总第 218 期），页 22-37；

林桂榛，2014：《〈孟子〉"天下之言性也"章辨正》，《孔子研究：学术版》（济南）4 期，页 66-77；

林月惠，2004：《从宋明理学的"性情论"考察刘蕺山对〈中庸〉"喜怒哀乐"的诠释》，《中国文哲研究集刊》第 25 期，台北："中央研究院"中国文哲研究所，页 177-218；

刘述先，1981：《研究中国史学与哲学的方法与态度》，载韦政通主编，《中国思想史方法论文选集》，台北：大林出版社，页 217-228；

刘述先，1995：《孟子心性论的再反思》，载李明辉主编，《孟子思想的哲学探讨》，"中研院"中国文哲研究所筹备处印行；

刘文典，1989：《淮南鸿烈集解》（全二册），北京：中华书局；

刘又铭，2008：《宋明清气本论研究的若干问题》，载杨儒宾、祝平次编，《儒学的气论与工夫论》，上海：华东师范大学出版社，页 141-169；

卢梭，1962:《论人类不平等的起源和基础》，李常山译，北京：商务印书馆；

陆贾，2012:《新语校注》，王利器校注，北京：中华书局，第2版；

陆九渊，1980:《陆九渊集》，北京：中华书局；

陆世仪，1997:《性善图说》，载王德毅主编，《丛书集成三编》第十五册（景印自台湾大学图书馆藏本），台北：新文丰出版公司，页225-232；

陆世仪，2016:《思辨录辑要》，景海峰校点，载季羡林、汤一介等总编纂，北京大学《儒藏》编纂与研究中心编，《儒藏（精华编一九六）》（上下册），北京：北京大学出版社；

路德斌，2015:《荀子人性论：性朴、性恶与心之伪——试论荀子人性论之逻辑架构及理路》，《邯郸学院学报》，第3期（第25卷），页60-70；

洛克，1958:《人类理智论》，载北京大学哲学系外国哲学教研室编译，《十六—十八世纪西欧各国哲学》，北京：生活·读书·新知三联书店；

洛克，1964:《政府论——论政府的真正起源、范围和目的》（下篇），叶启芳、瞿菊农译，北京：商务印书馆；

马承源（主编），2001:《上海博物馆藏战国楚竹书》（一），上海：上海古籍出版社，2001年（引时简称《上博简》）；

马克思，2012:《关于费尔巴哈的提纲》，载中共中央马克思恩格斯列宁斯大林著作编译局编译，《马克思恩格斯选集》第一卷，北京：人民出版社；

马渊昌也，2008:《明代后期"气的哲学"之三种类型与陈确的新思想》，载杨儒宾、祝平次编，《儒学的气论与工夫论》，上海：华东师范大学出版社，页111-140；

毛奇龄，2005:《四书賸言》（共六卷），载（清）阮元、王先谦编，《清经解 清经解续编》，南京：凤凰出版社；

蒙培元，2002:《情感与理性》，北京：中国社会科学出版社；

孟德斯鸠，1961:《论法的精神》（上册），张雁深译，北京：商务印书馆；

末永高康，2020:《〈孟子〉和郭店简〈性自命出〉的性论》,《科学·经济·社会》2020年第4期,页1-15;

末永高康，2021:《孟子与〈五行〉》,佐藤将之监译,《科学·经济·社会》2021年第2期,页104-113;

牟宗三，1985:《圆善论》,台北:学生书局;

牟宗三，2003a:《心体与性体》(一),载氏著,《牟宗三先生全集》第5卷,蔡仁厚、林月惠编校,台北:联经出版公司;

牟宗三，2003b:《心体与性体》(二),载氏著,《牟宗三先生全集》第5卷,蔡仁厚、林月惠编校,台北:联经出版公司;

牟宗三，2003c:《心体与性体》(三),载氏著,《牟宗三先生全集》第5卷,蔡仁厚、林月惠编校,台北:联经出版公司;

牟宗三，2003d:《从陆象山到刘蕺山》,载氏著,《牟宗三先生全集》第8卷,杨祖汉编校,台北:联经出版公司;

欧阳修，2001:《欧阳修全集》(全六册),李逸安点校,北京:中华书局;

潘小慧，2012:《荀子言性恶,善如何可能?》,《哲学与文化》,第39卷第10期,页3-21;

庞朴，1998:《孔孟之间——郭店楚简的思想史地位》,《中国社会科学》1998年第5期,页88-95;

齐婉先，2014:《王阳明与黄宗羲关于性情善恶诠释之探讨》,《当代儒学研究》第17期,台北:"中央大学"文学院儒学研究中心出版,2014年12月,页77-101;

钱德洪，2019:《钱德洪集》,朱炯点校整理,宁波:宁波出版社;

钱穆，2011:《孟子要略》,载《钱穆先生全集·四书释义》(新校本),北京:九州出版社;

裘锡圭，2019:《由郭店简〈性自命出〉的"室性者故也"说到〈孟子〉的"天下之言性也"章》,载梁涛编,《出土文献与〈孟子〉"天下之言性"章》,北京:人民出版社,页52-67;

阮元(校刻)，1980:《十三经注疏》(全二册),北京:中华书局影印本;

阮元（校刻），2009：《十三经注疏》，清嘉庆刻本，北京：中华书局影印本；

阮元，1993：《揅经室集》（全二册），邓经元点校，北京：中华书局；

山鹿素行，1902：《圣教要录》《山鹿语类》，载井上哲次郎、蟹江义丸编，《日本伦理汇编》第四卷（《要录》在页12-28,《语类》在页29-679）；

史华兹，本杰明，2004：《古代中国的思想世界》，程钢译，南京：江苏人民出版社；

司马光，2010：《司马光集》（全三册），李文泽、霞绍晖校点，成都：四川大学出版社；

斯蒂芬森，L.& D. L.哈贝曼，2007：《世界十大人性哲学》，施忠连译，上海：复旦大学出版社（此中译本根据2004年英文第4版译出）；

宋翔凤，2005：《论语说义》，载阮元、王先谦，《清经解续编》卷七十一，南京：凤凰出版社，页1984-2010；

苏轼，1985：《苏氏易传》（全二册），北京：中华书局；

苏轼，1986：《苏轼文集》（全六册），孔凡礼点校，北京：中华书局；

苏舆，1992：《春秋繁露义证》，钟哲点校，北京：中华书局；

苏辙，1990：《苏辙集》（全四册），陈宏天、高秀芳点校，北京：中华书局；

孙启治（校补），2012：《申鉴注校补》，黄省曾注，北京：中华书局；

孙星衍，1996：《问字堂集》，骈宇骞点校，北京：中华书局；

孙诒让，2001：《墨子间诂》（全二册），孙启治点校，北京：中华书局；

孙易君、孟庆雷，2017：《"性"、"情"之辨与魏晋尚"情"观念的崛起》，《兰州学刊》第2期，页28-37；

唐端正，1981：《荀子善伪论所展示的知识问题》，载氏著，《先秦诸子论丛》，台北：东大图书有限公司；

唐君毅，1968：《中国哲学原论 原性篇——中国哲学中人性思想之发展》，香港：新亚书院研究所；

唐文治，2008：《茹经堂文集》第四编，载林庆彰主编，《民国文集丛刊》

第一编第64册，台中：文听阁图书有限公司；

唐文治，2016：《四书大义》（上下册），上海：上海交通大学出版社；

汪荣宝，1987：《法言义疏》，北京：中华书局；

王安石，2017：《临川先生文集》（全三册），聂安福等整理，载王水照主编，《王安石全集》第5-7册，上海：复旦大学出版社；

王弼，2011：《周易注》，楼宇烈校释，北京：中华书局；

王夫之，2011a：《读四书大全说》，载船山全书编委会编，《船山全书》第六册，长沙：岳麓书社，第2版；

王夫之，2011b：《尚书引义》，载船山全书编委会编，《船山全书》第二册，长沙：岳麓书社出版，第2版，页235-440；

王夫之，2011c：《四书笺解》，载王夫之，《船山全书》第六册，船山全书编辑委员会编，长沙：岳麓书社出版，第2版，页107-377；

王符，1985：《潜夫论笺校正》，汪继培笺，彭铎校正，北京：中华书局；

王国维，2009：《论性》，载谢维扬、房鑫亮主编，《王国维全集》第一卷《静安文集》，杭州：浙江教育出版社，页4-17；

王畿，1970：《王龙谿先生全集》，道光壬午年（1822年）重镌，莫晋校刊，台北：华文书局股份有限公司影印；

王令，2011：《王令集》，沈文倬校点，上海：上海古籍出版社，第2版；

王天海，2005：《荀子校释》（全二册），上海：上海古籍出版社；

王先谦，1987：《庄子集解》，沈啸寰点校，北京：中华书局；

王先谦，1988：《荀子集解》（全二册），沈啸寰、王星贤点校，北京：中华书局；

王阳明，2014：《王阳明全集》（全四册），吴光、钱明、董平、姚延福编校，上海：上海古籍出版社；

韦政通，1986：《儒家与现代化》，台北：水牛出版社；

Wilson, Edward O.1984：《人性是什么？——人类本性》，宋文里译，台北：心理出版社有限公司；

韦政通，1987：《伦理思想的突破》，台北：水牛出版社；

吴毓江，2006：《墨子校注》，孙启治点校，北京：中华书局，第 2 版；

武占江，2015：《论〈性海渊源〉对中国古代人性论的批判及其思想特色》，《世界宗教文化》第 4 期，页 27-33；

邢丽菊，2015：《韩国儒学思想史》，北京：人民出版社；

徐复观，1978：《中国人性论史 先秦篇》，台北：商务印书馆；

许慎，1963：《说文解字》，北京：中华书局；

许慎（撰）、段玉裁（注），1988：《说文解字注》，上海：上海古籍出版社，第 2 版；

许维遹，2009：《吕氏春秋集释》（全二册），梁运华整理，北京：中华书局；

荀悦，1935：《申鉴》，吴道传校，载国学整理社，《诸子集成》第七册，上海：世界书局；

亚里士多德，1959：《形而上学》，吴寿彭译，北京：商务印书馆；

颜元，1987：《颜元集》（全二册），张星贤等点校，北京：中华书局；

杨泽波，2010：《孟子性善论研究》（修订版），北京：中国人民大学出版社；

杨祖汉，1992：《儒家的心学传统》，台北：文津出版社；

杨祖汉，2008：《从当代儒学观点看韩国儒学的重要论争》，上海：华东师范大学出版社；

叶适，1977：《习学记言序目》（全二册），北京：中华书局；

叶适，2010：《叶适集》（全三册），北京：中华书局，第 2 版；

伊藤东涯，1934：《伊藤东涯集》，载大日本思想全集刊行会编，《大日本思想全集》第 4 卷，东京：吉田书店出版部，昭和九年；

殷海光，1988：《中国文化的展望》，北京：中国和平出版社；

于连，弗朗索瓦，2002：《道德奠基：孟子与启蒙哲人的对话》，宋刚译，北京：北京大学出版社；

余允文，1985：《尊孟辨》，北京：中华书局；

俞樾，2010：《春在堂全书》第三册，南京：凤凰出版社；

宇同，1958：《中国哲学大纲》，北京：商务印书馆；

袁保新，1992：《孟子三辨之学的历史省察与现代诠释》，台北：文津出版社；

乐小军，2020：《康德与根本恶》，《道德与文明》2020年第2期，页70-83；

曾昭旭，1982：《呈显光明·蕴藏奥秘——中国思想中的人性论》，载刘岱、黄俊杰主编，《理想与现实》（中国文化新论 思想篇一），台北：联经出版事业公司，页7-44；

张岱年，1986：《如何分析中国哲学的人性学说》，《北京大学学报（哲学社会科学版）》1986年第1期，页1-10；

张岱年，1996a：《中国伦理思想研究》，载《张岱年全集》第三卷，石家庄：河北人民出版社；

张岱年，1996b：《中国古典哲学概念范畴要论》，载《张岱年全集》第四卷，石家庄：河北人民出版社；

张灏，2016：《幽暗意识与民主传统》，广州：广东人民出版社；

张立文，1995：《中国哲学范畴发展史（人道篇）》，北京：中国人民大学出版社；

张奇伟，1993：《孟子"性善论"新探》，《北京师范大学学报》（社会科学版）第1期；

张栻，2015：《张栻集》（全五册），北京：中华书局；

张祥龙，2010：《先秦儒家哲学九讲：从〈春秋〉到荀子》，桂林：广西师范大学出版社；

张载，1978：《张载集》，章锡琛点校，北京：中华书局；

章太炎，2008：《国故论衡疏证》，庞俊、郭诚永疏证，北京：中华书局；

赵昌平，2008：《孟子人性的光辉》，上海：上海古籍出版社；

赵法生，2019：《情性论还是性理论？——原始儒家人性论义理形态的再审视》，《哲学研究》第3期，页53-64；

钟肇鹏（主编），2005：《春秋繁露校释》（校补本，上下册），石家庄：

河北人民出版社；

周桂钿，1989：《董学探微》，北京：北京师范大学出版社；

朱舜水，1981：《朱舜水集》（全二册），朱谦之整理，北京：中华书局；

朱熹，1987：《四书集注》，长沙：岳麓书社；

朱熹，1994：《朱子语类》（全八册），黎靖德编，王星贤点校，北京：中华书局；

朱熹，2010：《晦庵先生朱文公文集》（全六册），刘永翔、朱幼文校点，载朱杰人、严佐之、刘永翔主编，《朱子全书》（修订本），第20-25册，上海：上海古籍出版社。

二、英文文献

【说明】西方人名排列时一律按姓在前，名在后，如 Alfred Adler 写作 Adler, Alfred。他仿此。

Adams, Robert Merrihew,1998: "Introduction", in Immanuel Kant, *Religion within the Boundaries of Mere Reason and Other Writings*, Cambridge, UK: Cambridge University Press, 1998, pp.vii-xxxii.

Adler, Alfred, 2013: *Understanding Human Nature*, Hove, BN: Routledge, 2013【此书1928年初版，由 Geoge Allen & Unwin Ltd 公司出版。中译本有多个，可参阿尔弗雷德·阿德勒，《理解人性》，陈太胜、陈文颖译，北京：国际文化出版公司，2007年】。

Ames, Roger T. 1991: "The Mencian conception of Ren xing 人性; Does it mean 'human nature'?" in *Chinese Texts and Philosophical Contexts*; *Essays dedicated to Angus C. Graham*, edited by Henry Rosemont, Jr., La Salle, Illinois: Open Court, pp.143-175.

Ames, Roger T. 2002: "Mencius and a Process Notion of Human Nature," in: Alan K. L. Chan, ed., *Mencius*: *Contexts and Interpretations*, Honolulu:

University of Hawaii Press, 2002, pp.72-90.

Aristotle, 1941: *The Basic Works of Aristotle*, Richard McKeon ed., New York: Random House, Inc.;

Bayertz, Kurt, 2003: "Human nature; How normative might it be?", *Journal of Medicine and Philosophy,* 28 (2); 131-150.

Behuniak Jr., James, 2005: *Mencius on Becoming Human*, Albany: State University of New York Press.

Berry, Christopher J. 1986: *Human Nature*. London: Macmillan Education Ltd.

Bloom, Irene, 1994: "Mencian arguments on human nature (jen-hsing)," *Philosophy East & West*, vol.44, no.1, January 1994, pp.19-53.

Bloom, Irene, 1997: "Human nature and biological nature in Mencius," in *Philosophy East and West*, Vol. 47, No.1, January 1997, pp.21-32.

Bloom, Irene, 2002: "Biology and culture in the Mencian view of human nature," in Alan K. L. Clan, ed., *Mencius: Contexts and Interpretations*, Honolulu: University of Hawai'i Press, 2002, pp.91-102.

Britannica, 2020: *Online Encyclopædia Britannica*. https://www.britannica.com/topic/human-nature. 上网日期：2020年9月.

Calvin, John, 2020: *Commentary on Romans*, Chapter 2, online at http://biblehub.com/commentaries/calvin/romans/2.htm. 上网日期：2020年9月24日.

Cambridge, 2020: *Cambridge Dictionary*. https://dictionary.cambridge.org/dictionary/.2020年9月上网.

Chan, Alan K. L. ed., 2002: *Mencius: Contexts and Interpretations*, Honolulu: University of Hawai'i Press.

Chong, Kim-Chong, 2003: "Xunzi's systematic critique of Mencius," Philosophy East & West, April, vol.53, no. 2, pp.215-233.

Dictionary, 2020: *DICTIONARY.COM*. https://www.dictionary.com/. 2020年9月上网.

Dobson, W. A. C. H. 1963: *Mencius, A New Translation Arranged and Annotated for the General Reader*, Toronto: University of Toronto Press.

Eno, Robert, 1990: *The Confucian Creation of Heaven: Philosophy and the Defense of Ritual Mastery*, Albany, N. Y.: State University of New York Press.

Graham, A. C., 1986: "The Background of the Mencian Theory of Human Nature," in *Studies in Chinese Philosophy and Philosophical Literature,* Singapore; Institute of East Asian Philosophies, pp.7-66.

Graham, Angus C. 1990: *Studies in Chinese Philosophy and Philosophical Literature*, Albany, N. Y.: State University of New York Press.

Heyd, David, 2003: "Human Nature; An oxymoron?" *Journal of Medicine and Philosophy* 28 (2):151-169.

Human "Nature" in Chinese Philosophy: A Panel of the 1995 Annual Meeting of the Association for Asian Studies (Special Issue), *Philosophy East & West*, vol. 47, no. 1, January 1997, pp.1-74.

Hume, David. 2007: *A Treatise of Human Nature*. David Fate Norton and Mary J. Norton (Eds.), Oxford: Oxford University Press.

International Theological Commission, 1983: *The Dignity and Rights of the Human Person*, http://www.vatican.va/roman_curia/congregations/cfaith/cti_documents/rc_cti_1983_dignita-diritti_en.html. 上网日期：2020 年 9 月 24 日．

Ivanhoe, Philip J. 2002: *Ethics in the Confucian Tradition: the Thought of Mengzi and Wang Yangming*, second edition, Indianapolis: Hackket Publishing Company, Inc.

Kant, Immanuel, 1998: *Religion within the Boundaries of Mere Reason and Other Writings*, translated by Allen Wood and George Di Giowanni, Cambridge, UK: Cambridge University Press.

Knoblock, John, tran., 1994: *Xunzi: A Translation and Study of the Complete Works*, Vol.III, Stanford, Calif.: Stanford University Press, 1994.

Lau, D. C. 1970: "Introduction", in D. C. Lau, trans., *Mencius*, translated with an introduction by D. C. Lau, London: Penguin Books.

Merriam-Webster, 2020: *Merriam Webster online*. www.merriam-webster.com. 上网日期：2020 年 9 月.

Münro, Donald J. 1969: *The Concept of Man in Early China*, Standford, California: Standford University Press.

Naddaf, Gerard. 2005: *The Greek Concept of Nature*, Albany, NY: State University of New York Press.

Oxford, 2020:*Oxford English Dictionary*, https://www.oed.com. 上网日期：2020 年 9 月.

Oxford Lexico, 2020: https://www.lexico.com/?search_filter=en_dictionary. 上网日期：2020 年 9 月 24 日.

Roetz, Heiner, 1993: *Confucian Ethics of the Axial Age; A Reconstruction under the Aspect of the Breakthrough toward Postconventional Thinking*, Albany: State University of New York Press.

Sahlins, Marshall, 2006: "The Western illusion of human nature," *Michigan Quarterly Review*, No.3, Summer, pp. 454-83.

Schwartz, Benjamin I. 1985: *The World of Thought in Ancient China*, Cambridge, Mass. & London, England: The Belknap Press of Harvard University Press.

Scruton, Roger, 2017: *On Human Nature*, New Jersey and Oxford: Princeton University Press.

Shun, Kwong-loi, 1997a: "Mencius on Jen-Hsing," in *Philosophy East & West*, Vol. 47, No. 1, January 1997, pp.1-20.

Shun, Kwong-loi, 1997b: *Mencius and Early Chinese Thoughts*, Standford, California: Standford University.

Stevenson, Leslie & David L. Haberman, 1998: *Ten Theories of Human Nature*, third edition, New York: Oxford University Press, Inc., 1974/1987/1998.

Stevenson, Leslie, et al. 2018: *Thirteen Theories of Human Nature*, by

Leslie Stevenson, David L. Haberman, Peter Matthews Wright and Charlotte Witt, New York: Oxford University Press.

Tepe, Harun. 2014: "Rethinking human nature as a basis for human rights," in Marion Albers, Thomas Hoffman, and Jörn Reinhardt, eds. *Human Rights and Human Nature*, Ins Gentium; Comparative Perspectives on Law and Justice 35, Dordrecht; Springer, 2014, pp.57-77.

Van Norden, Bryan W., 2007: *Virtue ethics and Consequentialism in early Chinese Philosophy*, New York: Cambridge University Press.

Waley, Arthur, 1956: *Three Ways of Thought in Ancient China* (Doubleday anchor books), Garden City, N. Y.: Doubleday & Company, Inc.

Wikipedia, 2020: "Human Nautre," *Wikipedia Encyclopedia, https://encyclopedia.thefreedictionary.com/humannature*, 上网日期：2020年9月24日.

Wilson, Edward O.1978: *On Human Nature*, Cambridge, Mass.: Harvard University Press.

Wilson, Edward O. 2004: *On Human Nature, with a new preface*, Cambridge, Mass.: Harvard University Press, 1978/2004.

Yearley, Lee H. 1975: "Mencius on Human Nature; the Forms of his Religious Thought," Journal of the American Academy of Religion, vol. 43, no. 2, pp.185-198.

Yearley, Lee H. 1990: *Mencius and Aquinas: Theories of Virtue and Conceptions of Courage*, Albany, N. Y.: State University of New York Press.

Yu Jiyuan (余纪元), 2005: "Human nature and virtue in Mencius and Xunzi: an Aristotelian interpretation," in *Dao: A Journal of Comparative Philosophy*, Vol. V, No. 1, Winter, pp.11-30.

索 引

animality 257, 273

Christopher J. Berry 254

David Heyd 250

disposition 110, 116, 256, 274

essence 7, 129, 139, 170, 255, 259, 274

essential nature 278

evil 272, 273, 275, 276, 285

free power of choice 257, 274, 276

freedom 264, 282

Gerard Naddaf 250

Harun Tepe 252

human being 129, 254, 272, 280, 285

human nature 8, 37, 60, 115, 116, 117, 129, 249, 250, 252, 253, 254, 255, 256, 257, 258, 261, 263, 264, 267, 270, 274, 279, 280, 281, 282, 307, 346, 347, 348, 349, 350

humanity 60, 115, 257, 273, 285

identity 280

innate 165, 252, 256, 257, 274, 276

intellectualism 290, 291

Kurt Bayertz 258

Leslie Stevenson 258, 262, 350

Marshall Sahlins 269

matter 158, 260

natural aspects 277

natural inclinations 40, 126, 158, 159, 265, 272, 273, 276, 282

our nature 42, 58, 158, 159, 274

personality 116, 257

phusis 249, 250, 251, 252

physical nature 264

predisposition to good 273

propensity to evil 273, 275, 276

properties 129, 251, 254, 255, 256, 265, 277, 280, 281

radical evil 272, 273, 275

Roger Scruton 250, 258, 282

self-transcendence 277

sense impulses 272

sensuous impulses 265

social nature 265

spirit 256, 260, 263, 264

spiritual nature 263, 264

spiritual substance 256, 260

substance 98, 256, 259, 260

transcendent 146, 147, 257, 287, 306

艾文贺　34, 93, 94, 113, 173, 178

安乐哲　8, 34, 37, 39, 56, 57, 60, 61, 62, 66, 70, 82, 93, 94, 113, 114, 115, 116, 117, 120, 123, 125, 127, 167, 170, 172, 173, 294, 295, 308, 335, 336

奥古斯丁　263, 269

白虎通　130, 131, 132, 149, 202, 203, 204, 333

柏拉图　35, 129, 205, 251, 255, 256, 259, 260, 261, 264, 269, 270, 271, 288

本然之性　129, 130, 132, 133, 149, 151, 306, 327, 330

本体　7, 45, 92, 94, 96, 101, 102, 103, 134, 135, 139, 140, 141, 142, 143, 144, 145, 146, 147, 155, 163, 164, 167, 168, 170, 171, 172, 173, 174, 175, 177, 178, 189, 190, 191, 194, 195, 196, 197, 198, 200, 224, 257, 258, 304, 325, 326, 327, 328, 329, 330, 334, 338

本心　33, 45, 46, 80, 93, 94, 96, 97, 98, 99, 100, 101, 102, 103, 104, 142, 146, 147, 161, 174, 177, 237, 303, 316

本性　3, 6, 7, 8, 9, 11, 12, 14, 15, 21, 22, 26, 30, 32, 61, 65, 74, 103, 105, 107, 129, 130, 131, 147, 164, 166, 170, 180, 181, 184, 200, 202, 203, 205, 206, 209, 210, 211, 226, 227, 242, 247, 257, 260, 262, 264, 272, 274, 275, 278, 280, 282, 300, 304, 306, 312, 343

本原　6, 7, 32, 33, 37, 47, 92, 94, 129, 130, 132, 133, 134, 135, 136, 137, 138, 140, 141, 155, 156, 163, 164, 167, 168, 171, 173, 174, 175, 176, 177, 188, 194, 196, 204, 205, 224, 304, 306, 307, 311, 338

本质论　33, 35, 36, 37, 307

本质主义　59, 170, 255, 259, 261, 265, 288

才情　7, 92, 94, 148, 150, 154, 168, 173, 174

才质　69, 71, 138, 148, 153

恻隐之心　23, 25, 51, 52, 67, 68, 79, 82, 95, 97, 98, 99, 102, 109, 120, 156, 159, 171, 174, 176, 212, 231, 232, 246, 247, 294, 305, 316, 318, 319, 321

超善恶　146, 179, 181, 182, 183, 188, 190, 191, 194, 196, 197, 199, 200, 206, 224, 248

超验　147, 256, 257, 287

陈淳　94, 134, 135, 136, 137, 326, 327, 330, 333

陈大齐　16, 58, 68, 82, 93, 94, 104, 111, 123, 168, 183, 233, 236, 245, 246, 248, 292, 294, 299, 301, 310, 322, 333

陈澧　9, 36, 93, 94, 118, 119, 168, 171, 175, 307, 308, 333

陈确　17, 26, 57, 94, 138, 150, 151, 153, 154, 161, 163, 164, 165, 176, 298, 299, 329, 333, 340

成长法则　2, 6, 16, 17, 25, 26, 28, 29, 30, 32, 33, 38, 39, 40, 41, 43, 44, 45, 47, 48, 50, 51, 52, 55, 56, 59, 61, 64, 65, 66, 67, 68, 69, 70, 71, 72, 73, 76, 81, 83, 84, 85,

索引

86, 91, 158, 160, 167, 169, 292, 295, 297, 298, 302, 315, 316

程颢　9, 23, 82, 85, 86, 133, 134, 135, 136, 137, 138, 176, 182, 183, 188, 222, 223, 224, 243, 246, 305, 306, 322, 323, 327, 328, 329, 333

程瑶田　9, 82, 94, 120, 123, 138, 150, 152, 154, 171, 176, 308, 313, 317, 320, 321, 328, 329, 333

程颐　37, 94, 133, 181, 202, 223, 242, 243, 333

春秋繁露　97, 112, 185, 203, 208, 225, 226, 234, 244, 247, 342, 345

辞让之心　23, 97, 120, 171, 212, 232, 246, 294, 305, 316

大学　8, 25, 34, 73, 89, 102, 107, 108, 139, 144, 179, 306, 332, 333, 334, 336, 337, 338, 339, 340, 341, 342, 343, 344, 345, 346

戴震　9, 34, 36, 37, 39, 45, 52, 68, 71, 82, 83, 88, 89, 90, 91, 94, 96, 120, 122, 123, 127, 138, 148, 150, 151, 153, 154, 160, 166, 171, 176, 179, 287, 293, 307, 308, 319, 320, 322, 328, 329, 330, 331, 333

道德属性　7, 15, 17, 18, 58, 59, 72, 82, 83, 123, 125, 126, 159, 166, 167, 171, 282, 299, 300, 301, 309

道家　14, 16, 17, 30, 41, 42, 55, 65, 66, 81, 83, 93, 110, 163, 180, 182, 183, 191, 194, 195, 239, 240, 288

荻生徂徕　138, 150, 177, 182, 183, 207, 214, 225, 228, 230, 239, 240, 242, 244

丁茶山　93, 95, 105, 106, 109

定体　171, 189, 190, 195, 327, 328, 330

董仲舒　9, 34, 36, 93, 97, 111, 112, 118, 130, 133, 149, 181, 182, 183, 185, 186, 197, 202, 203, 206, 207, 208, 209, 214, 223, 225, 234, 243, 247, 248, 269, 292, 293

恶端　46, 124, 137, 154, 225, 226

恶性　201, 221, 239, 310

二元论　24, 127, 181, 182, 202, 223, 260, 288, 291

法家　10, 219

法言　201, 226, 343

佛法　184, 197

弗洛伊德　265, 266, 271, 335

傅斯年　13, 16, 335

傅伟勋　93, 94, 103, 140, 146, 147, 172, 335

告子　9, 10, 19, 20, 23, 33, 36, 38, 43, 44, 45, 46, 47, 48, 49, 51, 62, 63, 64, 67, 68, 69, 70, 71, 72, 76, 78, 79, 80, 82, 83, 84, 85, 86, 87, 88, 89, 90, 98, 99, 102, 104, 108, 111, 114, 115, 116, 117, 119, 120, 124, 125, 131, 133, 138, 141, 142, 145, 148, 160, 164, 168, 170, 171, 173, 175, 176, 180, 181, 182, 183, 184, 185, 191, 194, 196, 197, 198, 199, 200, 201, 203, 207, 220, 221, 224, 225, 226, 227, 232, 235, 236, 240, 241, 242, 245, 246, 247, 269, 292, 294, 298, 300, 301, 303, 304,

305, 309, 310, 311, 312, 314, 316, 317, 318, 319, 320, 321, 322, 334

葛瑞汉　8, 13, 14, 15, 17, 26, 32, 34, 37, 38, 40, 41, 42, 43, 47, 55, 56, 57, 58, 59, 60, 66, 73, 77, 83, 93, 94, 115, 120, 123, 126, 156, 157, 158, 159, 161, 162, 163, 164, 167, 170, 173, 174, 177, 180, 239, 307, 308, 310, 335

龚自珍　182, 184, 335

郭店简　17, 18, 74, 116, 130, 239, 337, 341

韩愈　9, 118, 131, 132, 133, 149, 175, 179, 181, 182, 186, 187, 197, 207, 211, 212, 214, 231, 269, 336

后天属性　17, 18, 25, 62

胡安国　9, 118, 194, 195, 293

胡宏　9, 94, 101, 182, 190, 194, 195, 293, 336

胡适　34, 37, 93, 97, 234, 336

湖洛之争　138, 139, 177, 305, 306

华霭云　34, 39, 60, 61, 93, 117, 336

淮南子　13, 16, 17, 18, 19, 20, 21, 22, 23, 25, 26, 28, 30, 31, 40, 46, 66, 76, 162, 193, 336

黄彰健　73, 93, 94, 120, 123, 125, 126, 179, 337

黄震　9, 94, 118, 134, 337

黄宗羲　144, 149, 307, 337, 341

霍布斯　10, 11, 12, 206, 261, 262, 269, 289, 290

基督教　98, 109, 115, 129, 205, 206, 221, 238, 239, 249, 256, 259, 262, 263, 264, 265, 269, 270, 271, 275, 277, 278, 279, 282, 288, 290, 291

江文思　57, 60, 61, 66, 82, 93, 94, 113, 116, 117, 167, 170, 173, 335, 336

焦循　9, 73, 74, 76, 82, 84, 88, 93, 94, 97, 112, 113, 117, 120, 131, 138, 148, 150, 171, 176, 204, 308, 312, 313, 316, 317, 328, 337

尽性　38, 41, 45, 46, 58, 160, 189, 201, 209, 295, 296, 297, 298, 328

井上哲次郎　105, 112, 121, 149, 156, 214, 228, 231, 240, 242, 244, 337, 342

精神　11, 22, 28, 29, 30, 31, 32, 41, 45, 46, 55, 59, 69, 77, 79, 80, 141, 144, 219, 222, 239, 256, 259, 260, 261, 264, 265, 270, 271, 282, 283, 288, 290, 311, 312, 333, 335, 336, 340

君子　27, 48, 51, 52, 62, 65, 72, 74, 78, 79, 80, 99, 108, 109, 111, 119, 121, 123, 125, 126, 163, 191, 192, 195, 204, 206, 214, 230, 233, 234, 242, 297, 302, 303, 308, 309, 310, 312, 313, 314, 315, 316, 322, 329, 331

康德　7, 24, 53, 82, 113, 129, 147, 148, 205, 224, 239, 249, 250, 256, 257, 258, 261, 264, 268, 270, 271, 272, 273, 274, 275, 276, 277, 278, 279, 280, 281, 283, 284, 285, 286, 290, 306, 337, 338, 345

康有为　10, 34, 73, 94, 112, 123, 138, 149,

179, 182, 204, 205, 207, 213, 214, 293, 337

可善　61, 81, 90, 92, 94, 111, 112, 113, 114, 149, 167, 173, 174, 175, 178, 226, 234, 236, 237

礼记　16, 17, 19, 21, 75, 89, 96, 132, 295, 296, 332

李翱　9, 120, 131, 132, 133, 149, 203, 338

李觏　9, 182, 207, 212, 213, 338

李栗谷　305

李退溪　305

李耶理　37, 93, 113, 114, 173

良心　11, 33, 45, 46, 47, 51, 52, 70, 71, 72, 80, 94, 96, 97, 99, 100, 101, 102, 107, 109, 113, 142, 147, 161, 168, 175, 177, 263, 336

梁启超　10, 82, 123, 127, 146, 172, 182, 184, 190, 197, 199, 200, 201, 225, 248, 295, 296, 338

凌廷堪　94, 149, 150

刘殿爵　59, 81, 93, 94, 95, 96, 120, 123, 156, 157, 172, 177

刘述先　93, 94, 103, 109, 147, 172, 179, 339

刘向　9, 130, 149, 150, 151, 170, 202, 203, 207, 211

刘宗周　73, 144, 149

六经　229, 243, 244, 248

卢梭　10, 11, 12, 113, 129, 191, 206, 239, 261, 262, 274, 277, 278, 279, 280, 281, 289, 340

陆贾　131, 149, 181, 340

陆世仪　94, 118, 120, 123, 137, 138, 156, 171, 176, 177, 307, 340

陆象山　73, 94, 103, 304, 341

论衡　9, 130, 131, 170, 180, 181, 184, 200, 201, 202, 203, 209, 226, 227, 242, 247, 296, 300, 336, 345

罗哲海　93, 109, 110, 113, 123, 336

洛克　10, 11, 12, 129, 206, 239, 256, 260, 261, 262, 268, 340

吕氏春秋　16, 17, 40, 46, 62, 66, 181, 344

率性　41, 45, 46, 209, 211, 221, 227, 230, 295, 296, 297, 298, 312, 314, 315, 316

马克思　229, 249, 254, 258, 265, 266, 269, 270, 271, 280, 338, 340

孟旦　34, 93, 120, 123, 126, 182, 183, 238

孟德斯鸠　10, 11, 12, 129, 229, 239, 261, 262, 340

孟子　5, 6, 7, 8, 9, 10, 14, 16, 17, 23, 25, 33, 34, 35, 36, 37, 38, 39, 40, 41, 42, 43, 44, 45, 46, 47, 48, 49, 50, 51, 52, 53, 54, 55, 56, 57, 58, 59, 60, 61, 62, 63, 64, 65, 66, 67, 68, 69, 70, 71, 72, 73, 74, 75, 76, 77, 78, 79, 80, 81, 82, 83, 84, 85, 86, 87, 88, 89, 90, 91, 92, 93, 94, 95, 96, 97, 98, 99, 100, 101, 102, 103, 104, 105, 106, 107, 108, 109, 110, 111, 112, 113, 114, 115, 116, 117, 118, 119, 120, 121, 122, 123, 124, 125, 126, 127, 128, 130, 131, 132, 133, 134, 135, 136, 137, 138, 139, 141,

142, 143, 146, 147, 148, 149, 151, 152, 153, 154, 155, 156, 157, 158, 159, 160, 161, 163, 164, 165, 166, 167, 168, 169, 170, 171, 172, 173, 174, 175, 176, 177, 178, 179, 180, 181, 182, 183, 185, 186, 188, 189, 190, 191, 195, 196, 197, 198, 199, 201, 202, 203, 204, 205, 207, 208, 209, 210, 211, 212, 213, 214, 215, 217, 218, 219, 220, 221, 223, 225, 226, 227, 230, 231, 232, 233, 234, 235, 236, 237, 238, 239, 240, 241, 242, 243, 245, 246, 247, 248, 258, 269, 275, 282, 286, 290, 292, 293, 294, 295, 296, 297, 298, 299, 300, 301, 302, 303, 304, 305, 306, 307, 308, 309, 310, 311, 312, 313, 314, 315, 316, 317, 318, 319, 320, 321, 322, 323, 324, 325, 326, 327, 328, 329, 330, 331, 332, 333, 334, 335, 336, 337, 338, 339, 341, 344, 345

民主　10, 12, 239, 270, 345

墨子　17, 181, 235, 247, 342, 344

牟宗三　13, 14, 16, 34, 68, 81, 82, 93, 94, 96, 102, 103, 120, 123, 134, 139, 140, 141, 145, 146, 147, 148, 172, 177, 179, 216, 242, 304, 308, 310, 314, 317, 321, 341

欧阳修　9, 181, 183, 225, 229, 230, 244, 245, 296, 341

七情　6, 9, 19, 31, 132, 138, 139, 149, 177, 305, 318, 319, 338

气质　20, 34, 37, 71, 83, 94, 105, 118, 123, 129, 130, 133, 136, 137, 138, 147, 148, 149, 150, 151, 152, 164, 176, 177, 179, 181, 205, 230, 270, 287, 288, 306, 307, 311, 327, 329, 330

禽兽　7, 14, 27, 36, 37, 40, 41, 45, 46, 51, 52, 70, 82, 83, 90, 95, 96, 97, 109, 112, 113, 117, 119, 120, 122, 123, 124, 125, 128, 146, 154, 158, 169, 171, 172, 175, 176, 191, 192, 208, 209, 221, 233, 245, 258, 306, 310, 311, 312, 314, 316, 319, 330, 331

人禽之辨　5, 6, 51, 56, 81, 82, 83, 167, 282, 307

人性不齐　206, 207, 209, 248

人性论　1, 5, 8, 9, 10, 12, 13, 14, 16, 21, 30, 34, 36, 37, 39, 40, 46, 55, 59, 65, 82, 93, 116, 127, 130, 133, 147, 148, 154, 158, 170, 174, 178, 179, 180, 181, 182, 188, 197, 200, 202, 206, 215, 219, 224, 238, 239, 247, 249, 250, 256, 258, 259, 260, 261, 262, 264, 265, 266, 268, 269, 270, 271, 272, 277, 281, 282, 287, 288, 290, 291, 292, 304, 308, 310, 312, 334, 335, 336, 337, 338, 339, 340, 344, 345

人性善　7, 8, 9, 10, 12, 13, 36, 39, 48, 51, 52, 56, 82, 92, 93, 99, 112, 113, 114, 116, 119, 120, 127, 129, 136, 137, 154, 155, 156, 157, 168, 169, 170, 171, 172, 173, 174, 175, 176, 178, 179, 180, 181, 182,

183, 188, 191, 192, 194, 200, 201, 205, 206, 207, 209, 211, 215, 217, 218, 219, 220, 222, 223, 224, 225, 227, 231, 232, 233, 234, 237, 238, 242, 245, 246, 247, 248, 249, 261, 269, 270, 271, 273, 275, 286, 289, 290, 291, 292, 293, 306, 307, 308, 309, 323, 333

人之性　17, 27, 45, 61, 70, 71, 82, 87, 103, 112, 113, 118, 120, 121, 122, 123, 124, 132, 133, 151, 153, 154, 156, 158, 171, 186, 188, 192, 201, 206, 211, 212, 213, 214, 215, 216, 217, 218, 219, 221, 226, 227, 228, 231, 240, 241, 244, 248, 296, 298, 299, 300, 301, 306, 314, 329, 331

儒家　7, 8, 9, 13, 14, 34, 60, 61, 65, 81, 84, 89, 106, 107, 115, 127, 166, 179, 180, 182, 184, 186, 191, 194, 197, 201, 221, 222, 237, 238, 239, 277, 289, 312, 332, 334, 335, 336, 338, 339, 343, 344, 345

儒学　8, 10, 139, 144, 147, 166, 177, 180, 187, 238, 306, 333, 334, 336, 337, 338, 339, 340, 341, 344

阮元　13, 82, 123, 138, 150, 171, 176, 179, 294, 308, 309, 310, 313, 314, 328, 329, 330, 331, 332, 340, 341, 342

萨特　228, 229, 254, 265, 266, 268, 271, 283, 285

山鹿素行　138, 150, 177, 183, 224, 225, 230, 342

善端　36, 37, 61, 82, 93, 96, 97, 98, 104, 106, 108, 109, 111, 112, 137, 154, 156, 165, 167, 174, 175, 185, 218, 225, 226, 227, 234, 239, 248, 293, 308

善恶并存　130, 179, 180, 182, 200, 201, 205, 206, 207, 270

善恶不齐　179, 182, 206, 207, 247

善恶混　9, 154, 156, 171, 175, 182, 188, 198, 201, 202, 209, 211, 212, 213, 231, 246

善性　37, 46, 98, 101, 109, 117, 118, 131, 135, 154, 181, 188, 200, 201, 205, 210, 223, 229, 230, 233, 242, 244, 307, 308, 309, 310, 311, 312, 315, 323

善质　94, 111, 112, 185, 204, 208, 225, 226, 293

尚书　56, 62, 121, 314, 331, 332, 343

生长特性　13, 17, 18, 23, 25, 55, 57, 58, 64, 66, 159, 299, 300, 301, 302

生存方式　15, 16, 17, 25, 26, 27, 28, 29, 30, 32, 48, 55, 56, 59, 61, 64, 65, 66, 67, 81, 83, 85, 167, 192, 193, 316

生理属性　13, 16, 18, 23, 27, 28, 59, 67, 72, 83, 123, 126, 127, 299, 307, 308, 309

生物学　1, 2, 47, 48, 249, 253, 254, 256, 258, 259, 266, 267, 268, 271, 279, 282, 283, 284, 286, 290, 294

生性　183, 185, 207

圣经　11, 275, 278, 290, 332

圣人　21, 22, 31, 32, 48, 59, 72, 76, 88, 90, 97, 118, 119, 120, 131, 132, 138, 158, 160, 176, 177, 179, 183, 185, 186, 187,

190, 192, 196, 201, 203, 208, 209, 212, 213, 218, 221, 226, 228, 230, 231, 232, 233, 236, 240, 242, 243, 244, 245, 247, 248, 289, 298, 299, 302, 304, 312

圣王　165, 192, 208, 210, 219, 244

诗经　16, 62, 89, 314, 332

史华兹　34, 56, 58, 93, 178, 250, 342

是非之心　23, 68, 97, 98, 105, 109, 120, 125, 171, 212, 232, 233, 246, 247, 294, 316, 318, 319, 321

司马光　9, 34, 36, 68, 118, 137, 147, 171, 181, 182, 183, 184, 201, 202, 207, 212, 213, 231, 241, 242, 342

斯蒂芬森　258, 262, 263, 264, 265, 266, 268, 269, 270, 274, 275, 282, 342

四端　17, 23, 50, 51, 56, 57, 61, 63, 64, 68, 77, 80, 94, 97, 99, 101, 105, 108, 114, 118, 128, 135, 136, 137, 138, 139, 148, 149, 152, 161, 164, 165, 166, 175, 176, 177, 232, 265, 305, 308, 309, 310, 311, 316, 317, 318, 319, 320, 321, 322, 323, 326, 338

四七之争　305

宋翔凤　94, 150, 342

苏辙　9, 36, 73, 118, 137, 171, 181, 182, 183, 184, 187, 229, 232, 342

苏轼　9, 34, 36, 82, 181, 182, 184, 186, 187, 188, 189, 194, 223, 224, 228, 289, 322, 323, 327, 342

孙星衍　9, 36, 93, 149, 204, 226, 293, 342

太宰春台　138, 150, 177, 182, 207, 214, 244

唐君毅　13, 15, 17, 26, 34, 36, 55, 56, 57, 59, 61, 69, 81, 93, 94, 95, 96, 104, 105, 106, 107, 109, 120, 123, 161, 162, 163, 202, 203, 207, 209, 292, 293, 308, 342

唐文治　93, 94, 95, 100, 119, 123, 136, 152, 153, 342, 343

体用　145, 148, 184, 190, 194, 195, 197, 199, 200, 321

天地之性　28, 120, 121, 133, 134, 137, 140, 149, 164, 171, 176, 205, 287, 288, 331

天命之性　37, 46, 83, 136, 138, 140, 143, 144, 147, 197, 230, 265, 287, 297, 298, 306, 311

涂尔干　266, 271

王安石　9, 34, 36, 68, 118, 147, 149, 150, 151, 171, 181, 182, 183, 184, 186, 187, 223, 224, 231, 343

王充　9, 34, 118, 130, 131, 149, 181, 182, 184, 197, 198, 200, 201, 202, 203, 207, 209, 210, 211, 225, 227, 228, 242, 247, 269, 293, 296, 300, 334

王夫之　25, 26, 34, 56, 57, 73, 76, 83, 94, 120, 121, 123, 125, 138, 149, 150, 151, 170, 171, 176, 182, 188, 189, 190, 191, 195, 200, 224, 234, 248, 293, 308, 313, 318, 319, 320, 322, 327, 328, 330, 343

王国维　13, 24, 25, 82, 182, 183, 223, 224, 305, 306, 343

王畿　141, 144, 181, 182, 191, 196, 197, 343

王廷相 149

王先谦 193, 340, 342, 343

王阳明 93, 94, 96, 102, 127, 141, 142, 143, 144, 145, 146, 147, 149, 177, 181, 182, 184, 190, 191, 195, 196, 197, 199, 200, 224, 248, 293, 304, 328, 333, 341, 343

威尔逊 259, 266, 267, 268, 271, 282

韦利 123, 125, 183, 232, 246

韦政通 182, 183, 222, 229, 238, 239, 339, 343

为善 33, 41, 45, 46, 47, 50, 52, 55, 56, 59, 60, 61, 63, 64, 65, 66, 67, 68, 69, 70, 72, 76, 77, 78, 79, 81, 89, 97, 98, 99, 104, 106, 108, 110, 111, 112, 113, 114, 116, 118, 119, 122, 130, 134, 135, 137, 138, 139, 148, 150, 151, 152, 155, 157, 158, 161, 164, 165, 167, 169, 171, 172, 176, 185, 186, 187, 189, 195, 198, 199, 200, 201, 202, 203, 204, 205, 208, 209, 211, 214, 218, 221, 225, 226, 227, 228, 229, 230, 234, 236, 248, 263, 269, 270, 273, 289, 293, 294, 296, 301, 306, 310, 311, 317, 318, 319, 320, 321, 323, 325, 326, 327, 328, 330, 331

无善恶 179, 181, 182, 183, 184, 185, 186, 187, 188, 190, 194, 195, 196, 197, 199, 200, 206, 224, 245, 246

无善无恶 50, 144, 146, 147, 181, 183, 184, 190, 194, 195, 196, 197, 198, 200, 223, 225, 328

五常 17, 86, 130, 132, 136, 171, 189, 190, 296, 297, 327, 328

物质 15, 25, 253, 260, 261, 263, 271, 288

习相远 9, 112, 137, 166, 187, 199, 230, 244

系辞 64, 89, 135, 136, 137, 138, 140, 143, 144, 166, 170, 176, 187, 298, 322, 324, 325, 326, 327, 329, 330, 331

向善 33, 36, 37, 47, 57, 61, 62, 63, 64, 67, 81, 92, 93, 94, 97, 104, 105, 106, 107, 108, 109, 110, 111, 154, 155, 167, 168, 172, 174, 175, 206, 215, 226, 257, 264, 273, 277, 308, 323, 334, 335, 339

叶适 9, 181, 183, 225, 244, 245, 344

心理学 103, 198, 249, 253, 254, 256, 258, 259, 266, 267, 279, 282, 284, 285, 290, 337

心善 33, 36, 37, 46, 47, 50, 51, 55, 56, 58, 61, 62, 68, 69, 72, 73, 77, 78, 79, 81, 82, 83, 84, 92, 93, 94, 95, 96, 97, 98, 99, 100, 101, 102, 103, 104, 105, 112, 146, 148, 158, 167, 172, 173, 174, 175, 178, 339

心统性情 101, 321

心之本体 96, 101, 102, 142, 144, 195, 196

信广来 34, 56, 58, 62, 63, 64, 66, 81, 93, 95, 111, 120, 123, 125, 173, 235, 236, 247, 294, 295, 308

性本恶 7

性本善 7, 8, 33, 34, 35, 61, 63, 64, 70, 98, 104, 107, 109, 147, 154, 161, 167, 170, 221, 275, 308, 312, 313

性恶　7, 8, 10, 12, 16, 24, 35, 36, 39, 44, 48, 49, 50, 51, 54, 74, 101, 104, 105, 113, 130, 150, 154, 178, 179, 181, 182, 183, 184, 186, 188, 197, 198, 199, 201, 203, 206, 207, 209, 210, 211, 212, 213, 215, 216, 217, 218, 219, 220, 221, 222, 223, 226, 227, 229, 230, 231, 235, 236, 237, 240, 242, 244, 246, 248, 270, 272, 274, 275, 296, 323, 333, 339, 340, 341

性即理　84, 85, 86, 134, 147, 190, 298

性情　95, 101, 129, 130, 131, 132, 133, 148, 149, 150, 151, 181, 185, 186, 193, 202, 203, 204, 206, 219, 287, 288, 317, 318, 319, 321, 339, 341

性三品　9, 154, 175, 182, 198, 201, 206, 207, 209, 211, 212, 213, 214, 246, 248, 269

性善论　6, 7, 8, 9, 10, 16, 24, 33, 34, 35, 36, 37, 38, 40, 41, 43, 44, 45, 46, 47, 48, 49, 50, 51, 52, 53, 54, 55, 56, 57, 58, 60, 61, 62, 63, 64, 65, 66, 68, 81, 82, 83, 84, 88, 90, 92, 93, 94, 96, 98, 104, 107, 111, 113, 114, 117, 119, 120, 121, 122, 123, 130, 131, 132, 133, 147, 148, 149, 150, 151, 154, 155, 156, 158, 159, 161, 163, 165, 167, 168, 169, 170, 171, 172, 173, 174, 175, 176, 177, 178, 179, 180, 181, 182, 183, 185, 186, 187, 188, 190, 191, 195, 196, 199, 200, 201, 203, 204, 205, 206, 208, 210, 212, 213, 215, 217, 218, 219, 220, 222, 223, 225, 227, 229, 231, 232, 233, 235, 236, 237, 238, 239, 240, 243, 244, 245, 247, 248, 258, 272, 286, 292, 293, 295, 304, 305, 307, 308, 309, 310, 311, 312, 322, 324, 334, 336, 338, 339, 344, 345

性相近　9, 45, 112, 122, 137, 152, 166, 230, 244

性有善　9, 10, 63, 97, 111, 112, 118, 124, 130, 157, 171, 175, 180, 182, 185, 199, 200, 201, 202, 204, 206, 208, 225, 227, 234, 237, 293, 307, 309, 310, 323

性之本体　7, 45, 101, 134, 144, 164, 170, 174, 177, 189, 190, 194, 195, 196, 200, 325, 327, 328, 329

性之善　8, 58, 67, 70, 74, 81, 85, 88, 92, 95, 101, 105, 112, 113, 122, 131, 132, 136, 138, 146, 150, 151, 156, 163, 164, 168, 173, 176, 177, 178, 203, 204, 225, 229, 230, 233, 286, 300, 307, 323, 330, 331

熊十力　197

休谟　113, 252, 256, 259, 261, 262, 268, 270, 288

羞恶之心　23, 67, 68, 98, 102, 109, 120, 156, 171, 212, 232, 247, 294, 305, 316, 319

徐复观　13, 14, 16, 34, 36, 46, 51, 61, 62, 68, 81, 82, 93, 94, 100, 101, 120, 123, 124, 125, 126, 127, 128, 172, 179, 216, 246, 258, 308, 309, 315, 344

许慎　75, 130, 131, 132, 149, 152, 202, 204, 344

索引

荀悦　9, 130, 149, 150, 151, 181, 182, 203, 207, 211, 344

荀子　7, 8, 9, 16, 19, 20, 34, 36, 44, 54, 74, 104, 113, 118, 125, 130, 170, 180, 181, 182, 183, 184, 186, 197, 198, 199, 201, 202, 205, 206, 211, 212, 214, 215, 216, 217, 218, 219, 220, 221, 223, 224, 225, 226, 231, 235, 236, 237, 240, 242, 245, 246, 247, 248, 276, 290, 292, 310, 316, 320, 321, 333, 334, 339, 340, 341, 342, 343, 345

亚里士多德　35, 39, 129, 170, 205, 255, 259, 260, 270, 271, 277, 278, 282, 288, 344

颜元　34, 83, 94, 123, 138, 150, 151, 152, 166, 171, 328, 329, 344

扬雄　9, 10, 118, 147, 156, 171, 175, 181, 182, 186, 194, 197, 198, 201, 205, 209, 211, 212, 213, 223, 224, 226, 228, 270, 289

杨朱　41, 42, 46, 66, 163, 180

尧舜　45, 46, 48, 51, 62, 78, 100, 126, 133, 165, 192, 206, 221, 224, 235, 239, 275, 296, 300, 302, 304, 315

一元论　24, 182, 202, 223

伊藤东涯　94, 120, 121, 123, 138, 150, 156, 157, 171, 177, 344

伊藤仁斋　93, 94, 104, 105, 112, 120, 121, 123, 138, 150, 156, 171, 177

易传　17, 26, 188, 189, 190, 322, 323, 324, 325, 326, 327, 328, 330, 342

阴阳　28, 86, 122, 130, 131, 135, 144, 145, 150, 153, 170, 189, 191, 200, 202, 203, 204, 205, 206, 207, 209, 213, 214, 287, 288, 291, 293, 295, 296, 298, 326, 327, 328, 329, 331

殷海光　183, 229, 237, 238, 344

幽暗意识　221, 222, 239, 345

有善说　36, 81, 92, 94, 117, 118, 171, 173, 175, 178

有善有恶　151, 156, 186, 195, 197, 200, 201, 202, 203, 211, 296, 306, 325, 327

俞樾　9, 36, 73, 172, 176, 177, 182, 183, 220, 221, 228, 344

原初特性　13, 16, 17, 18, 19, 21, 22, 23, 25, 28, 29, 30, 32, 295, 297, 299

原罪　263, 275, 286

乐记　17, 18, 19, 21, 25, 71, 89, 130, 153, 200, 230, 296, 307

张岱年　13, 14, 16, 19, 23, 25, 34, 36, 37, 45, 46, 56, 57, 82, 93, 94, 120, 123, 124, 125, 126, 136, 148, 172, 182, 183, 191, 195, 201, 202, 203, 206, 234, 246, 308, 345

张灏　34, 221, 222, 239, 345

张载　37, 86, 94, 101, 103, 133, 181, 190, 202, 223, 345

章太炎　10, 182, 183, 184, 197, 198, 199, 201, 228, 345

郑玄　131, 132, 149, 182, 202, 295, 296, 297

至善　86, 102, 108, 134, 135, 139, 143, 144,

146, 152, 177, 190, 191, 194, 195, 197, 203, 239, 248, 287, 293, 326, 327, 330

中庸　23, 38, 45, 46, 49, 75, 86, 87, 89, 103, 108, 130, 132, 151, 160, 163, 166, 170, 211, 214, 230, 257, 295, 296, 297, 298, 299, 312, 321, 339

冢田大峰　183, 226, 230

周敦颐　140, 144, 223

周易　74, 100, 170, 188, 298, 329, 331, 332, 338, 343

朱利安　93, 98, 113

朱熹　9, 10, 37, 73, 74, 76, 85, 86, 87, 88, 93, 94, 99, 101, 102, 107, 120, 125, 133, 134, 139, 143, 149, 176, 181, 194, 195, 202, 223, 234, 293, 295, 296, 297, 301, 313, 316, 317, 318, 319, 320, 323, 324, 325, 326, 346

庄子　13, 16, 17, 18, 19, 20, 21, 22, 25, 26, 27, 28, 29, 30, 40, 46, 66, 75, 76, 162, 163, 182, 190, 191, 192, 193, 194, 197, 228, 288, 289, 290, 297, 336, 343

自然状态　10, 11, 12, 21, 47, 48, 129, 184, 191, 192, 193, 194, 206, 228, 246, 249, 259, 261, 262, 269, 270, 288, 289, 290

罪恶　221, 222, 238, 239, 264, 275, 286, 287

左传　16, 17, 62, 66, 75, 162, 247, 294, 332

佐藤一斋　149

后 记

本书或许可算我 2016 年申报获批的国家社科基金资助项目"先秦秦汉'性'字词义及其与人性论关系研究"成果，该成果以系列论文形式展示，其中不少内容曾作为单篇论文发表。但由于发表时受版面限制，一般篇幅较短，通常只在一万多字。而本书所收各篇篇幅，字符数一般在 3 万字以上，有的多达 7 万字（初步统计，第三、四、五、六章字符数分别为 3.1 万、7.0 万、5.0 万、3.7 万），远超发表字数。它们其实是论文为发表需要删节前的原稿。只有第一、二章篇幅较短，分别为 1.4 万、1.7 万。另外，本次汇集成书，我对各章内容均作了相当大幅的修订。

下面是本书各章内容作单独发表信息：

第一章 《先秦秦汉"性"字的多义性及其解释框架》，发表于《中国人民大学学报》2016 年第 5 期；

第二章 《本质论与发展观的误区》，初稿表于 2014 年 6 月 6—8 日山东邹城"孟子国际学术研讨会"，此处经过较大修订；

第三章 《从生长特性看孟子性善论》，发表于《北京师范大学学报》2016 年第 4 期，此处有大幅修订，最后一节为增补；

第四章 《古今学者对性善论的解释：模式与判断》，分别发表于《复旦学报》（社科版）2017 年第 3 期 [短版] 及《国学学刊》2018 年第 1 期 [长版]，此处有大幅增加和重要修订；

第五章 《古今学者对性善论的批评：回顾与总结》，发表于《国学儒学》杂志 2021 年第 5 期；

第六章 《西方人性论的主要问题与焦点——兼论中西人性论异

同》，发表于《复旦学报》（社科版）2022 年第 5 期。

本书中未曾发表过的部分包括"导言"及"跋"（合有约 7.5 万字），这次整理出版，我发现各章篇幅或长或短，很不均衡。但考虑到主题差别，分成不同章还是有必要的。

2016 年申报国家社科基金的成功，对推进相关研究及本书的形成起到了很大作用，促使我花了大量精力进行了资料上的积累，对包括古今中外的前人研究作一全面梳理。虽然国家课题是以人性概念含义为主，但我的研究后来较多偏向了性善论。本书原计划分上下两卷，上卷（即现在这本书）是以专题研究为主，其中第四、五、六章均是对前人研究的整理，第一、二、三章，特别是第二、三章体现我自己对孟子性善论的解释。下卷是对前人观点的整理汇编，汇集了 160 多位学者或文献中有关人性问题的各种看法，所及人物或文献分为中国古代、中国近现代、日韩、西方四大块，其中有很多自己的评论。上卷大约 30 万字，共计 100 多万字。我原计划是两卷合在一起出版，分成两册。但由于现实原因，特别是到现在为止下卷才基本搞完，只好先把上卷单独出版，即本书。希望下卷也能尽快出版。

以上论文在发表过程中得到了友人梁涛兄、干春松兄、曹峰兄及李景林老师、李淑英老师、蒋重跃主编等的支持和帮助，在此深表谢意。本书的出版，要感谢黄振萍老师大力支持。黄老师负责历史系丛书出版工作，如果不是他主动多次催促，拙著不可能如此快问世。同时，特别感谢清华大学历史系对拙著出版的支持。责任编辑梁斐从一开始坚持不懈地鼓励我出版此书（包括帮助调整合同条款以满足我的要求），到后来以极大耐心接受我无止境的修订再修订，是保证此书目前这个样子问世的重要条件。这里要特别对她的敬业精神表示感谢。

本书索引由博士研究生周秦汉制作，博士研究生王海岩对全书引文作了一次通校。

方朝晖
2022 年 9 月 16 日星期五于清华园